文
景
———
Horizon

社 科 新 知　文 艺 新 潮

✳ **光启文景丛书**

陈恒 主编

中国现代历史意识的产生

从整理国故到再造文明

王晴佳 著

上海人民出版社

出版说明

梁启超在《清代学术概论》中，把由徐光启（1562—1633）为代表的回溯"汉学"、追求"西学"的学术思潮，看作中国近代思想的开端。正是以徐光启为首的一代人，立足中华文化，承续学术传统，致力中西交流，展开文明互鉴，在江南地区开创出思想文化的新局面，也遥遥开启了上海作为近现代东西交流、学术出版的中心地位。有鉴于此，我们秉持徐光启的精神遗产，继承和发扬其经世致用、开放交流的学术理念，创设"光启文景丛书"，立足中国、借鉴国外，挖掘历史、把握当代，关怀人类、面向未来。努力构筑优秀学术人才集聚的高地，思想自由交流碰撞的平台，展示当代学术研究所取得的成果；同时，大力引介高质量的世界学术精品，既在自身文化中汲取活力，又积极把自身文明带到世界前沿，以高水准的国际性成果丰富中华文化的内涵。

丛书推重"经世致用"，即是注重文化的学术性和实用性，既促进学术价值的彰显，又推动现实关怀的呈现。本丛书以学术为第一要义，所选著作务求思想深刻、视角新颖、学养深厚。同时也注重实用，收录学术性与普及性皆佳、研究性与教学性兼顾、传承性与创新性俱备的优秀著作。以此，关注并回应重要时代议题与思想命题，推动中华文化的创造性转化与创新性发展，在与世界学术的交流对话中，努力打造和呈现具有中国特色的价值观念、思想文化及其话语体系，为夯实文化软实力的根基贡献绵薄之力。

丛书推动"东西交流"，即是注重文化的引入与输出，促进双向的碰撞与沟通，既借鉴西方文化，也传播中国声音，并希冀在交流中催生更绚烂的精神成果。丛书着力收录西方古今智慧经典和学术前沿成果，推动其在国内的译介与出版；同时也致力收录国内优秀专著，促进其影响力的提升，发挥更大的文化效用；此外，还将留意海内外学者具有学术性、思想性的随笔、讲演、访谈等的整理汇编，结集出版，建构思想操练和精神对话的空间。

我们深知，无论是推动文化的经世致用，还是促进思想的东西交流，本丛书所能贡献的仅为涓埃之力。但若能成为一脉细流，汇入中华文化发展与复兴的时代潮流，便正是秉承光启精神，不负历史使命之职。

丛书创建伊始，事务千头万绪，未来也任重道远。本丛书涵盖文学、历史、哲学、艺术、宗教、民俗诸多人文学科，需要不同学科背景的学者通力合作。本丛书综合译、著、编于一体，也需要多方助力协调。总之，丛书的顺利推进绝非仅靠一己之力所能达成，实需相关机构、学者的鼎力襄助。谨此就教于大方之家，并预致诚挚的谢意。

清代学者阮元曾高度评价徐光启的贡献："自利玛窦东来，得其天文数学之传者，光启为最深。……近今言甄明西学者，必称光启。"追慕先贤，知往鉴今，希望通过"光启文景丛书"的工作，搭建起东西文化会通的坚实平台，打造上海乃至当代中国学术高原的瞩目高峰，以学术的方式理解和阐释中国，阅读与走向世界。

"光启文景丛书"编委会

2017 年 8 月 1 日

目　录

第二部分　人物与思想

序　言

　　此书收入的 16 篇论文，希图从多个方面讨论中国史学观念和历史书写的变化。这里我想借写作这篇序言的机会，简单地对"历史意识"这一概念做一个界定。从最普通和最简易的角度来理解，我们或许可以这样说：历史意识指的是人们持有的一种观念，认为过去与现在和将来之间存在着某种联系，因此有必要记住过去、理解过去和书写过去。以我的管见所及，如果从这一宽泛的定义出发，那么全世界所有的民族都具有"历史意识"，只是表现形式有所不同。再从这个定义出发做一点延伸，那么"历史意识"可以细化为几个方面。若想对过去发生的人和事之间的关系及其原因做深入且抽象的思考和概括，那么这一努力可以称作为历史哲学。若想就人们记忆和书写过去的行为加以探究，那么这一做法可以归作历史方法论。若有兴趣探讨人们认识和重建有关过去的认知如何可能、受到何种限制，那么这一兴趣可以属于历史认识论。最后，若想探讨和总结人们如何书写历史，书写的体裁和方式又在历史过程中发生了何种变化及其原因，那么这一探索便是史学史的研究。上述这些方面是相互联系、交互重叠的。譬如探讨历史方法论，往往会采取历史的方法，将以往人们记忆和书写过去的行为加以总结，如此这般的研究，与史学史的书写便有很多相似性。而历史认识论的研究，常常可以是历史哲学的一支抑或其发展，因为若想对过去加以思考和概括，需要考察和分析今人认识过去的可能。无怪乎在现代西方学界，历史认识论与分析历史哲学有着近乎相同的含义。[1]

虽然历史意识存在于全世界所有的人类文明中，但将之作为一个研究对象，则是现代，特别是第二次世界大战以来出现的现象。以"历史意识"（historical consciousness）冠名的著作，基本都出现在 20 世纪下半叶至今，便是例证。这一现象本身或许也值得略作解释。上面已经提到，历史意识的一个表现是，人们意识到有需要记住过去，认为过去与现在有所关联。书写过去便是其中的一个方式（口口相传有关过去的故事和史诗当然亦是一种方式），于是便催生了我们通常意义上的历史学。久而久之，以研究和书写历史为职业的历史学家，便成了表达历史意识，也即有关过去所有知识的代言人。19 世纪中叶开始，历史学家走向职业化，更加强了这一趋向，巩固了历史学家的地位——职业历史学家的作品，因其遵循既定的研究方法和写作规范而逐渐被视作表述过去、解释过去的权威读物。但二战之后，西方的学术文化产生了一个明显的变化，其影响波及到了世界其他国家和地区。这一变化的表现是，公众不满职业史家独霸天下的做法，挑战其研究和讲述过去的观念、方法和体裁，试图尝试获得自身对过去认知的话语权。值得注意的是，职业史家中也有不少人认同这一改变。二战之后，史学界出现的许多新的流派和研究趋向，如社会史、妇女史、日常生活史、新文

---

1 参见 Arthur Danto, *Analytical Philosophy of History* (Cambridge: Cambridge University Press, 1965)。

化史、记忆研究等等，大致都由学院派内部的职业史家参与乃至发起。

发明和使用"历史意识"这一概念，与上述史学界出现的新潮，颇有关联。现举一例，加拿大学者彼得·塞依克斯（Peter Seixas）在 2006 年主编了《历史意识的理论化》（*Theorizing Historical Consciousness*）一书，成为这一领域为数不多的著作之一。塞依克斯在书中提到，他所谓的"历史意识"与记忆研究的兴起有关，因为后者让人注意到，有关过去的观念和认知普通大众也有参与。的确，"历史意识"这一概念的使用，有意且有助突破职业史家代言过去的传统，提供了一个考察过去与现在关系的新视角，让人看到历史认知的社会面向和文化背景。塞依克斯在序言中还提到了美国历史地理学家、文物遗产研究倡导者大卫·劳文沙尔（David Lowenthal）在 1996 年出版的一部著作，原题为《怀古：文物产业和历史的残余》（*Possessed by the Past: The Heritage Industry and the Spoils of History*）。[1] 在我看来，劳文沙尔此部著作之所以被点名，是因为其书名表达的便是"历史意识"的一种形式，也认定了过去对现在的重要性。而这一重要性并不为职业史家的作品所限，因为书中处理的内容是文物遗产。劳文沙尔写作该书的意图和取径，想来是为了扩大和超越职业历史学的传统视野。

"怀古"体现了有关过去与现在关系的一种认知，是历史意识的一种表现形式，并不局限于西方，也见于中国传统史学（参见本书第二章）。既然历史意识的表现多种多样，那么发现和讨论其

---

1 Peter Seixas, ed., *Theorizing Historical Consciousness* (Toronto: University of Toronto Press, 2006), pp. 3-20; David Lowenthal, *Possessed by the Past: The Heritage Industry and the Spoils of History* (New York: The Free Press, 1996); John Lukacs, *Historical Consciousness: The Remembered Past* (London: Routledge, 2017).

时代性抑或历史性便有可能。本书所谓的"现代历史意识",就是一个尝试。德国历史思想家约恩·吕森(Jörn Rüsen)对"历史意识"(有时他将德文"Geschichtsbewusstsein"[历史意识]译为英文"historical thinking"[历史思维])做过比较详细的归类分析。他将"历史意识"或"历史思维"分为四种:(1)传统型(traditional);(2)镜鉴型(exemplary);(3)批判型(critical);(4)创生型(genetic)。也就是说,人们对过去的看法或态度,可以用上面四种类型概括。[1]如果按照他的分类,"怀古"应该是传统型的历史意识,而镜鉴型的历史意识希望从过去中提炼概括出经验教训,以求垂训今人及后人。批判型的历史意识与上述两种不同,主张过去与现在本质上不同,而现在需要对过去持以批判的态度。创生型的历史意识则基于变化的理念,看到历史发展的阶段性和时间性,希求在不断变化的历史场景中重塑过去和现在的关系。

我们当然不一定要完全同意吕森的归类和界定,但他的归类的确有助于我们认识到历史意识或历史思维的时代性,即传统和现代的区别。吕森所谓的传统型和镜鉴型,主要代表了传统社会的历史意识,而批判型和创生型更倾向于代表现代人对过去的态度。吕森对历史意识的这一总结,与前人的相关论述有一定的相似之处。比如美国的《历史和理论》(History and Theory)杂志在1964年曾发表过一篇由乔治·奈德尔(George Nadel)写作的论文,探讨(德国)

---

1 Jörn Rüsen, "Historical Consciousness: Narrative Structure, Moral Function, and Ontogenetic Development," *Theorizing Historical Consciousness*, pp. 70–78. Jörn Rüsen, *History: Narration, Interpretation, Orientation* (New York: Berghahn Books, 2005) 和 Jörn Rüsen, *Geschichtsbewusstsein: psychologische Grundlagen, Entwicklungskonzepte, empirische Befunde* (Köln: Böhlau, 2001). 吕森对创生型历史意识的概括,与他和其他学者对德国历史主义的界定比较符合。吕森对历史主义也有论著,如 Friedrich Jaeger & Jörn Rüsen, *Geschichite des Historismus: Eine Einführung* (München: C. H. Beck, 1992)。

历史主义之前的历史哲学，而作者的主要论点便是，镜鉴型的历史思维是历史主义兴起之前欧洲人对过去的基本态度。[1] 在 1990 年出版的《过去的疏离：现代历史意识起源研究》（*The Estrangement of the Past: A Study in the Origins of Modern Historical Consciousness*）一书中，作者安东尼·肯普（Anthony Kemp）具体论证到，欧洲人对过去态度的改变，由文艺复兴和宗教改革促成，他们由此看到过去与现在（他们所处的时代）之间出现了明显的断裂。[2] 易言之，既然过去被"疏离"了，与现在不再有一脉相承的联系，那么就没有什么镜鉴价值，也无需对之顶礼膜拜、抒怀古之幽情了。而更重要的是，这一历史意识的变化，之后成为近代欧洲历史学发生、发展的一个前提：一个已经被"疏离"的过去，恰可成为今人对其"客观"研究、冷静处理的对象了。代表近代史学的德意志兰克学派，便以提倡客观治史、不偏不倚和如实直书而影响深远。

上述的论著，对我们理解历史意识的传统和现代，颇有帮助。不过笔者认为，过去被疏离抑或过去与现在出现断裂的情形，在近现代之前并非史无前例。中国历史上便有先例可寻，而这些断裂发生之后，同样促成了历史书写的繁荣。譬如汉代灭亡之后，中原大地经历了数个世纪的分裂状态。隋唐两朝在 6 世纪末 7 世纪初的崛起和统一，开创了一个新的历史时代，与南北朝的过去相疏离。而其结果之一，便是官修历史在唐代的高度繁荣——唐代史家修撰了多部之后被称为"正史"的史书，数量占所有"正史"的近三分之一，并对整个东亚地区的历史编纂产生了典范性影响。英国史学史

---

1 George H. Nadel, "Philosophy of History before Historicism," *History and Theory*, 3:3 (1964), pp. 291–315.

2 Anthony Kemp, *The Estrangement of the Past: A Study in the Origins of Modern Historical Consciousness* (Oxford: Oxford University Press, 1990).

专家赫伯特·巴特费尔德（Herbert Butterfield）并非中国史学史的专家，但他对中国史学传统有所涉猎后便关注到一个更早的相似现象，那就是汉代史学的兴盛。他认为这与欧洲文艺复兴稍有类似之处，因为秦朝的崩溃标示了过去的结束，因而汉代孕育了一种新的历史意识，"不仅想通过历史书写来借鉴过去，还有恢复古典文化的努力"。[1]

尽管有上述先例，但清末以来中国在欧风美雨的侵蚀下所经历的巨变，更易让人产生过去与现在之间断裂不续、需要重新认识过去的认知。梁启超在1902年发表《新史学》，便是一个十分明显的标志。他指出，甲午战败后的中国必须走出传统治史的路径，从"君史"转向"民史"，通过发动一场"史界革命"来推动民族主义观念的普及，并在此基础上建立民族国家。本书主要讨论和分析的，正是这一过去与现在断裂和疏离之后所催生的现代历史意识，及其在人物和思想等方面的具体表现。

在题为"思潮与特征"的第一部分，笔者首先简单讨论一下史学史研究之于历史研究的价值，接着从现代回视过去，从文化比较的角度重新审视中国史学的传统。笔者认为，在这一悠久的历史书写的传统中，中国传统史家不仅出产了大量历史作品，而且还对历史的进程做了独特的抽象思考。具体言之，汉亡之后有关朝代正闰问题的争论，其实是一种历史哲学的思考，堪称主导中国历史思维的"元叙述"。之后的三章，是第一部分的重点。笔者以为，梁启超提出创建"新史学"的必要之后，胡适、顾颉刚和傅斯年等五四学人将之付诸实施。他们看到，传统的历史智慧已经无法指导20世纪的中国。基于这一过去与现在已经"疏离"的立场，他们用科

---

1 Herbert Butterfield, *The Origins of History* (London: Eyre Methuen, 1981), p. 156.

学方法重新研究过去、写作历史。胡适"整理国故，再造文明"的口号，正是这一努力的真切写照。从表面上看，胡适及其弟子的意图似乎还是表现为一种"怀古"的心态，但其实与传统史学有着本质上的不同。"整理国故"希图在现代的立场上看待和研究过去，而"再造文明"则是要以新的观念和方法重新写作中国的历史。他们在20世纪二三十年代的尝试，拙以为是"现代历史意识"的集中体现。可是，如所周知，20世纪上半叶的中国，堪称多事之秋。在剧烈动荡的政治、社会背景下，五四学人对"现代历史意识"的探寻（包括梁启超写作《中国历史研究法》及其续篇），经历了几次比较重大的方向性转折。改革开放之后，中国史学进入了一个蓬勃发展的时期，其中一个表现就是对现代思潮的吸收和互动。第一部分的最后两章从后殖民主义和后现代主义对近代史学的批评入手，探讨它们与中国史学的关系，并希望对其发展前景，做一点前瞻性的思考。

　　第二部分"人物与思想"，选择了一些当时史学界的"弄潮儿"做具体的案例分析。第一篇从当代史学理论的新视角出发，探讨梁启超、胡适等人的治史风格与其扮演的"学者角色"之间的差异，由此揭橥在中国历史大转折的时期，个人与社会之间复杂的双向互动。清末民初社会变迁在历史书写形式上的表现，便是新式历史教科书的出现，所以我接着以"中国史学的西'体'中用"为题，描述了进化论思潮的影响，及其如何通过这些历史教科书的写作和使用，渐渐深入人心。这一变化与外来思潮的影响密切相关，从西方传教士到日本汉学家，他们的作品都起到了推波助澜的作用。留美归来的中国学人如胡适、何炳松等的作用，亦不可小觑，而且其风格还各有千秋。他们的言传身教，促成了他们学生辈顾颉刚、傅斯年等人的成长。与他们的老师一样，他们对"现代历史意识"的探寻和贡献，重要且不同。顾颉刚以辨伪书入手，对中国古史的真实性提出了怀疑，而傅斯年在欧洲受到了多种现代学科的训练，归国之后首先对殷墟进行发掘，为中国古史的重建做出了影响深远的贡献。他们的努力，从不同的角度促进了科学方法研究历史的进展，而钱穆在其早期学术生涯中，也对这一"科学史学"有所贡献，以其《先秦诸子系年》和《刘向歆父子年谱》等著作为标志。在海外游学多年、"大器晚成"的陈寅恪从东方语言文字的学习入手，专研佛教的东传，成为了一位受人尊敬的文字学家（philologist），但抗战的爆发让他转向了历史研究。陈寅恪在抗战期间写作和出版的《隋唐制度渊源略论稿》和《唐代政治史述论稿》，让他以唐史研究而享誉国际。"文字学"是胡适对 philology 的译法，而傅斯年则译为"语言学"（也有其他学者译作语文学、语义学）；后者在 1928 年建立历史语言研究所，英文名称便是"Institute of History and Philology"。陈寅恪的学问得到傅斯年的激赏，在成立该所的时候便积极延揽陈作为该所骨干，两人惺惺相惜、视为知己。无奈抗战全面爆发之后，战火纷飞、生灵涂炭，史语所的成员亦不得不流散各地。笔者以史语所保存的档案为基础，分析了陈寅恪和傅斯年在 20 世纪 40 年代的不同经历及最后的分道扬镳。他们当时的分别（也是两人的永别）是中国现代史学演化道路上的一个终结，笔者也以此作为本书的终篇。

此书各篇论文的写作，时间跨度约有二十年。此书将之汇集在这里，希望能为有兴趣的读者对中国史学的悠久传承和自清末以来的深度变迁，提供一个思考、分析的视角。笔者对历史意识的关注，及以此角度考察中国的历史书写从传统到现代的转化，主要始自我博士毕业在美国任教之后。这些篇章的写作，或许便有点自然地带上了某种跨文化比较的维度，但这些论文又大多以中文写就，其契机常常是中文学界师友的热情邀约及为参加台海两岸召开的相关学术会议。拙稿写成或发表前后，亦得到众多师友和杂志编辑的批评和指正。本书得以此形式问世，笔者须对下列人士呈上我的谢忱（以姓氏拼音字母为序）：陈怀宇、陈启能、古伟瀛、管琴、郭秀文、胡逢祥、胡箫白、黄俊杰、黄克武、黄自进、蒋维崧、李明辉、李又宁、刘东、罗志田、欧阳哲生、潘光哲、钱永祥、秦丽、孙卫国、王汎森、王学典、伍安祖、邢义田、许丽梅、张国刚、张越、邹振环。最后我想对世纪文景／上海人民出版社对出版本书的支持和编辑周官雨希的辛劳，表示我由衷的感谢。本书所含的错误，则当由笔者一人负责。

王晴佳

2023 年 10 月 14 日于美国费城东南郊霁光阁

第一部分　思潮与特征

01　历史学与史学史

一

历史一词，实际包含两种意义。一是指过去发生的一切事情，包括人们的思想和行为。二是人们，主要是历史学家，对历史的总结。后一种意义也就是历史学，简称史学。[1] 对历史学家所写的历史的总结，则称为史学史。以此看来，史学史应该是很重要的。如果说历史是人们对以往一切过往行为的总结和阐述，就像人们必须依靠记忆来生存那样，史学史则是历史学家对以往一切历史著述的反思。没有史学史的研究，历史学家就无法在前人研究的基础上进一步提高水平。没有史学史的研究，历史学家甚至无法了解历史学的过去。

但古今中外，历史学家对史学史的研究并不很重视。中国古代史籍浩如烟海，光正史就有二十多部，俗称"二十四史"。但在这些浩繁的史籍中，只有唐朝的刘知几写过一本《史通》。在其中，

---

1 我曾在《世界历史》上对"历史"一词的理解做过一些阐述，见《历史学的发展需要历史哲学》1986 年第 4 期，第 58—60 页；另见白寿彝：《史学概论》，宁夏：宁夏人民出版社，1983，第 18 页。

他总结了历史学的发展，并提出了自己对历史学编撰的设想。刘之后，清朝的章学诚写了《文史通义》一书，进一步阐发了对历史学编撰和研究的看法。从刘知几至章学诚，其中隔了有千年之久。期间尽管也有一些史评、史论或读史笔记之类的著作，但其质量和规模，都不足以与刘、章两书相比，称不上正规的史学史著作。实际上，章学诚的《文史通义》也不单纯是一部史学史著作。顾名思义，章企图将文史糅合在一起，不加区别。这种文史不分家的传统，是中国文化的传统之一，下面还要谈到。我们因此可以这样说，在众多的中国史学典籍中，仅刘知几《史通》一书硕果独存，为正宗的史学史论著。

相似的情形也见于欧洲。自古希腊开始，史学家希罗多德（Herodotus）写就《历史》一书以后，历史写作在西方堪称绵绵不绝，蔚然成风。希罗多德写作的时代是公元前5世纪，与孔子差不多同时。比之司马迁，则早了有三百年。从古典时代至文艺复兴，欧洲史学经历了两千年的发展历程。即使在中世纪，人们对历史的兴趣也不曾减弱。中世纪的僧侣们企图运用历史来阐述宗教教义，揭示上帝对人类历史的主宰。在这两千年中，尽管历史名著杰作层出不穷，但史学史的专著，则寥寥无几。杰出的古希腊史学家波里比阿（Polybius）曾经对前人的著作发表过一点议论，这可算是一个例外。16世纪法国的博丹（Jean Bodin）写了《易于认识历史的方法》一书，可称得上是较早的一本欧洲史学史的著作。比它更早的，据我所知，可能是阿拉伯历史学家伊本·赫勒敦（Ibn Khaldun）的《历史导论》了，但如所周之，赫勒敦并不是欧洲史学家，尽管他的书对后来的欧洲史学有一定影响。

但实际上，博丹等人也并非对历史写作本身感兴趣。他们只是阐发自己对历史的看法。从现代意义上来说，他们属于历史哲学家，而不是史学史家。在欧洲，真正的史学史方面的研究，则要到 19 世纪才出现。一开始主要是历史资料的编撰，以德国为领先。1830 年，德国史学家达尔曼（Friedrich Dahlmann）编出了《德国史史料》（*Quellenkunde der deutschen Geschichte*）一书。接着英国和法国的史学家，加上美国史学家，也相继编出了史料性的著作。1874 年，在上述史料研究的基础上，英国史学家罗伯特·弗林特（Robert Flint）写出了一部史学史的专著——《欧洲历史哲学：法国和德国》（*The Philosophy of History in Europe: France and Germany*）。尽管书的名称用的是历史哲学，但弗林特实际上写的是欧洲史学在近代的发展。书中论述了理性主义史学、浪漫主义史学、民族主义史学，以及历史哲学的形成。19、20 世纪之交，史学史专著在欧美各国层出不穷。对我国读者来说，比较熟悉的有美国历史学家詹姆斯·哈威·鲁滨孙（James Harvey Robinson）的《新史学》（*The New History*）和鲁滨孙在哥伦比亚大学的同事绍特韦尔（James T. Shotwell）的《史学史导论》（*Introduction to the History of History*），这两本书都有中文译本。另外，两位法国史学家朗格诺瓦（Charles V. Langlois）和瑟诺博司（Charles Seignobos）的《史学原论》（*Introduction to the Study of History*）也早在 20 世纪 30 年代就有了中文译本。当然，在这一时期，最著名的史学史著作可能要数英国古奇（George P. Gooch）的《十九世纪历史学与历史学家》（*History and Historians in the Nineteenth Century*）了。此书中文译本由商务印书馆于 1989 年出版。上述的几本书都是概括总结西方史学发展的名著，也是当时欧美各国大学历史系通用的教材。从那时起至今，史学史的课程在欧美许多大学成了一门基础课。

西方史学家对史学史的重视也影响了 20 世纪的中国史学家。但因为当时中国和西方社会情形的差异以及国际地位的不同，研究者的目的和心态很不同。研究的方向也不一样。如果说西方史学家研究史学史是为了总结以往历史学的成就，那时的中国史学家考虑的更多是怎样批判和改造传统史学。梁启超的《新史学》（1902 年）是一显例。《新史学》不仅是中国史学家在近代第一本史学史研究的杰作，而且是批判封建旧史学的先声。激愤于中国的贫穷和积弱，梁启超企图对整个传统文化进行一个彻底的改造。历史学向来是中国传统文化的主体之一，因此史学的改造便成了当务之急。

梁启超的《新史学》可说是为中国近代史学史的研究设定了一个基调。虽然他本人后来逐步改变了对传统史学一概否定的态度，但就总体而言，中国近代史家承认旧史学改造的必要；他们的区别是怎样改造，或用什么方法进行改造。顾颉刚否定古史的可信性是一种方式，胡适的"大胆假设，小心求证"来整理古籍也是一种，傅斯年强调史料的验证和地下实物史料的发掘在这一方面也有一定贡献。当然，马克思主义史学家在 1949 年前后出版的一系列运用阶级斗争理论来重新写作古代历史的著作更是引人注目的一个例子。[1]

二

以上对中外史学发展的简单回顾有助于我们认识史学史研究的必要性。但是，我们还需面对的一个现象是，为什么历史写作在西

---

1 有关的中文著作很多，不再举例。英文的早期研究可见阿里夫·德里克（Arif Dirlik）的《革命和历史：中国马克思主义历史学的起源，1919—1937》(*Revolution and History: Origins of Marxist Historiography in China, 1919-1937*, Berkeley: University of California Press, 1978)。

中国现代历史意识的产生

方各有好几千年，而史学史研究则是在近代以来才出现呢？从表面上看，这一现象似乎可推导出一个危险的结论：历史学家并不重视自身学科的发展史。一方面，历史学家要求人们重视历史，牢记过去的一切。但另一方面，历史学家本身并不重视历史学的研究。这一分析乍似有理，却并不完全正确。至少以此指责历史学家是不公平的。实际上，这种现象普遍存在。尽管现代科学已经有了不少瞩目的发展。但大多数科学家并不从事对自身学科的研究。就物理学来说，只有托马斯·库恩（Thomas Kuhn）写了一本轰动一时的总结物理学发展史的书《科学革命的结构》（*The Structure of Scientific Revolutions*）。库恩的书自然是划时代的著作，对其他学科也有相当大的影响。但相类似的著作，却并不见多少。自称物理学史家的人，也不多见。

如果这是一个普遍的现象，这一现象是否说明人类的自然健忘，几乎是一种本性呢？我不知道，也不想做出这一判断。但也许正因为人们不想总是回顾过去，才会有今天的发展和成就吧。中国古代史书汗牛充栋，但王朝循环往复，社会不见得有长足进步。但我不想因此建议我们不学历史，或者说历史不重要。因为历史和社会发展的联系，还有待研究，不能假设，更不能视作理所当然。学术研究是人类社会的一个独特的传统，人类对知识的追求是其区别于动物的一个主要标志。它并不因为其社会功利价值的大小而丧失其存在的地位。

实际上，历史研究表达了人们积累知识的一种愿望，而知识的积累是社会发展的基础。我之所以并不赞成近年有人提出建立"实用历史学"的建议，是因为这种做法只能使历史学庸俗化，或沦为"影射史学"，对历史学发展无益。史学史的研究是历史学家积累历史学知识的一种方式。因此，这一研究必然与历史学的发展有联系。为什么在历史学发展的早期，史学史研究不曾发达，就显示了这样一个道理。换句话说，史学史的研究依赖于历史研究本身的进步。这一进步主要表现之一是历史学研究的专业化。在欧洲，长期以来，历史著作的写作常常是一种业余爱好，其写作者有自己的职业，并不以写作历史为生。他们或是旅行家、政治家、军人，或者是宗教人士、尼姑、僧侣等等。历史写作对他们来说是一种业余爱好，或出于一种政治目的。如古罗马政治家恺撒（Julius Caesar）就写了两本有名的历史著作，记述了他远征高卢的功绩，以此来扬名政坛，拓展仕途。显然，历史研究对于恺撒来说，只不过是他政治手段的一种，我们因此很难想象像恺撒这样的"业余"历史学家会有意识地对历史学的发展做进一步的反思，尽管他的著作本身对罗马史学进步有一定贡献。

欧洲史学的专业化是在 19 世纪下半叶才形成的。其标志是历史研究机构的建立、专门史学杂志的发行，以及大学作为教学和研究机构有意识地培养和训练专业历史研究人才。19 世纪 70 年代，就美国而言，一些大学开始设有历史学教授的职位。1876 年，约翰·霍普金斯大学开始培养历史系研究生。哈佛大学也建立了相应的项目。至 19 世纪 80 年代，德国、英国和美国都相继建立了历史研究的专业学会，以后又出版了专业刊物，如 1886 年的《英国历史评论》（*English Historical Review*），1895 年的《美国历史评论》（*American Historical Review*）等。不过，在这些专业学术团体建立的初期，并不是所有的会员都是专业历史学家，但显然，这些机构大大地促进了史学研究专业化的形成。[1] 历史研究在近代中国，也经

---

1 John Higham, *History: Professional Scholarship in Americ*, Baltimore: John Hopkins University Press, 1989; Peter Novick, *That Noble Dream: The "Objectivity Question" and the American Historical Profession*, Cambridge: Cambridge University Press, 1988.

历了相似的过程。不过我国自己培养历史学博士则是近几年的事。

历史学家的专业化还表现在，他们必须有独立的社会地位和独立的人格。在中国古代，历史学家很早就成了一种职业。"史"的原意就是一种宫廷的官职。但是，我们能不能说，历史学家在中国古代早已专业化了呢？显然不能。其中理由很简单，那时的历史学家是宫廷意志的附庸，他们不能独立思考，也不能自由写作。事实上，所谓"正史"的写作，多是在皇帝的直接旨意下进行的。

宫廷的直接干预看起来似乎有助于历史的编撰。历史学家进入宫廷，便能看到许多难以寻觅的文件资料。但实际上，宫廷史家的历史研究，受到极大限制，忌讳颇多。刘知几曾对此做过精彩的描述，兹不举例。[1] 宫廷史家的作品，因此也常常失实。他们对一些有损宫廷脸面的事实，讳莫如深。"为尊者讳，为亲者讳，为贤者讳"是孔子早就制定的一条准则。"如实直书"的作品，并不太多。仅举一例，《明实录》对明朝初年的"靖难之役"和"夺门之变"两事，巧言粉饰，不敢直书，而实录通常是宫廷史家写作历史的基本素材。如果实录都有所隐讳，何谈正史？当时的历史学家就对此特别不满，他们叹道："有明以来，国史失诬，家史失谀，野史失臆。"[2] 所以有谈迁的《国榷》、张岱的《石匮藏书》等所谓野史在明朝的盛行。试想，在封建统治的高压下，历史学家怎能对于历史学做出客观的总结呢？正宗的史学史家像刘知几等，因此也就成了凤毛麟角。

---

1 刘知几：《史通·忤时》。
2 张岱：《石匮藏书·自叙》。

三

　　历史学家不能自由写作，也就不能自由评论别人或前人的作品，这两者都导致系统的史学史的研究不能开展。因为历史思想的研究，是史学史这一学科的主体。从欧洲史学史的发展来看，正是由于史学家思想的活跃，才引发了史学史这一学问。上面提到的罗伯特·弗林特一书，正好说明了这一情况。弗林特阐述了对各种史学流派的看法，成为史学史研究最早的一个例子。这一例子还说明，社会思潮所导致的历史学家对历史所作的不同解释，是史学史研究的前提之一。这一说法在中国近代也成立，梁启超的《新史学》一书的产生，便是在欧风美雨的飘荡下中国知识分子为了改造中国文化而对传统史学进行反省的一个产物，以后随着时代的变迁，中国史学家继续对史学的改造进行探索，产生了各种各样的史学流派，成为史学史研究的丰富题材。[1]

　　欧洲社会思潮对史学史的影响，十分明显。文艺复兴时代，史学家即将历史发展分为三个阶段：古典、中世纪和他们自身的时代，认为古典文化经过了中世纪的漫漫长夜，在 15、16 世纪复苏，进入了新时代。这实际上既是对历史的一种解释，也是对史学发展的总结。18 世纪的启蒙学派史家继承了这一解释，发展出理性主义史学。18、19 世纪之交，浪漫主义思潮在欧洲盛行，中世纪文化得到了重新估价，历史学家更注重历史学发展的延续，而不是断裂和复苏。至 19 世纪中叶，实证主义思潮成为主导，历史学家力求在事实中寻求解释，而将对历史的理论探讨让给了历史哲学家，

---

[1] 对中国近代史学史的研究，近来已有不少。如许冠三的《新史学九十年》二卷（香港：香港中文大学出版社，1986）和吴泽主编的《中国近代史学史》二卷（南京：江苏古籍出版社，1989）。

或干脆哲学家来处理。当然，这并不等于历史学家在写作历史时，不带任何政治或学术信念。

上述社会历史思潮的递嬗，形成了欧洲史学史的主要内容，对这些不同史学流派的分析，我们可以从中看出历史学家对历史所做的各种解释，以及这些解释所反映的史学的进步和社会的发展。事实上，史学流派的产生，也会对历史编撰产生影响。启蒙史学家伏尔泰一再强调古不如今的理性主义思想，强调史学必须为现实服务，他认为古史既不可信也不实用，同时期的英国历史学家博林布鲁克（Bolingbroke），伏尔泰的朋友，也重申了他的论点，并运用历史批判方法对古史的欺隐做了揭露。与伏尔泰相比，博林布鲁克的历史实用主义更为明显，他信奉古希腊时代就流行的"历史是以事实为训的哲学"的论点。[1] 至于实证主义对史学编撰的影响，更是明白无误。由于实证主义强调对事实的搜集和整理，导致历史学家埋首于文件档案堆里，一时间，大有不用档案就不能写作历史的气概，这种风气直至今日仍然在欧美各国盛行。当然，历史史料的使用在今天已大大拓宽，社会史家开始运用各种文献资料，也包括口述史料来写作历史。但注重史实考证之风，仍旧与19世纪史家一脉相承，只不过，彼时运用档案写作历史还是一种创新，而在现在，档案的运用和对史料的批判则成为历史学家的基本训练了。

由于历史研究很早就为统治阶级所严密控制，中国古代并不见多种史学流派，这也从一个侧面解释了为什么史学史在中国古代不曾发达的缘故。从秦统一中国，特别是汉武帝"独尊儒术"以来，中国古代学术界相对比较划一沉寂，儒家学说一统天下，直至北

---

1 有关伏尔泰，可见张广智：《略论伏尔泰的史学家地位》，《历史研究》1982年第5期。关于博林布鲁克，可见拙文《博林布鲁克的历史研究》，见王晴佳、陈兼主编《中西历史论辩集》，上海：学林出版社，1992，第239—254页。有关英文著作略。

宋，理学的产生才掀起了一些波澜，但也是对儒家学说的解释和发展，主体内容并无根本性的变化，这样的社会环境必然限制了史学流派的产生。举例来说，孔子力求通过历史著述来树立道德标准和政治理念的传统，始终为后来的史家所继承和发扬。司马光的《资治通鉴》是这方面的样板。与之相比，司马迁"究天人之际，通古今之变"的理想，并没有多少人能真正响应，付诸实践。也许宋朝的郑樵可算拾到一点牙慧，理学家朱熹、二程，历史学家司马光、郑樵，以及历史编撰的通鉴体、纪事本末体都出现于宋代，可见那时思想还比较活跃，哲学家、历史学家能对文化的发展做一些补充，偶尔也能启发一点新意，不过对宋代史学和社会思潮的进一步的研究，仍为数不多。

救亡图存是中国近代文化的一个主要特点，为严酷的现实所逼迫，这一特点在思想上表现为民族主义，方法上则是实用主义；文化改造、西学输入的目的都是为了拯救中国。从魏源的《海国图志》到黄遵宪的《日本国志》，其宗旨都是为了"师夷制夷"，并不想对中国史学本身做改造。康有为、严复接触了不少西学，但其历史思想仍受制于公羊三世说，企图用三世说来附会历史进化论，为变法开辟道路。梁启超的《新史学》的产生才有意识地将改革传统史学提上议事日程。梁写作此书时，正值他变法失败，流亡日本。他广泛阅读了日译西方历史哲学方面的著作，服膺历史进化论等西方历史思想，反观中国传统史学，痛定思痛，因而对中国旧史学发动了猛烈批判。这可说是中国史家第一次自觉地运用新的历史理论改造旧史学的尝试。我以为，梁的《新史学》一书应被视为中国近代史学的开端。

梁启超之后，各种史学流派纷呈，但其基本特点未变。胡适宣扬杜威（John Dewey）实用主义之所以能风行一时，说明了当时中国学者寻求治国救国药方的急切心情。毋庸置疑，杜威实用主义推重科学方法的万能作用，符合了人们的心理。许多人认为，只要掌握这一方法，他们就能变腐朽为神奇，使中国文化复苏，使中国富强。所以，如果说民族主义和实用主义勾勒了中国近代史学的基本面貌，一点也不为过。以后的史学发展，也未脱窠臼。

四

以上分析说明，与历史研究相比，史学史的研究要相对更专业化一些；它大致上是近代才发展起来的历史学的一门分支。我国对史学史的有意识的研究，则更晚。1949年以前，只有少量总结中国古代史学的著作，如金毓黻的《中国史学史》。当然，梁启超、钱穆的《中国近三百年学术史》也描述了史学在清朝的演变。20世纪70年代末，史学史，主要是中国史学史的研究，逐渐兴旺，不但有了多种史学史的专著、教材，如刘杰的《中国史学史稿》、仓修良和魏得良的《中国古代史学史简编》、吴泽的《中国近代史学史》，也有了专门的史学史研究刊物《史学史研究》。但是，我以为，从这些著作和《史学史研究》上所发表的文章来看，我国的史学史研究还存在一定缺陷和不足，这些不足首先表现在方法和形式上。

第一，史学史研究者忽视对二手材料和著作的征引和运用。也许是乾嘉学派余风所及，中国历史学家从来就不重视对二手著作的征引，出处和注释从来都是为了原始史料的引用而设，而对其他学者对这一课题的研究，经常忽略不提。这给人的感觉是，似乎每一篇研究文章都能发前人所未发，是第一手的研究成果。但实际上，不少文章既没有对已有的学术成果做评论，也没有任何新东西，只是"炒冷饭"，对史学发展并无益处。

不幸的是，这一种做法也发生在史学史的研究中，我认为实在不应该。因为史学史研究是为了总结前人对史学所做的贡献，评论有关学者在这一方面的研究成果，是一种基本训练和要求。此处仅举一例，仓修良和魏得良的《中国古代史学史简编》是一本比较详尽的教材，作者的概括和表述能力都值得赞赏。但是，无论在其导言和行文中，两位作者都不提前人在这方面的研究成果，不说前人对司马迁、刘知几等已有大量的研究。对中国古代史学史的通览，已有好几本著作。没有人能对中国古代史学作一概括而不参考已有的著作。郑樵曾号称他的《通志》是前所未有的，但后人也发现该书抄袭之处颇多。事实上，列举前人的研究对作者和读者都有利，因为这让读者知道作者对这一课题有研究，曾阅读过大量有关著作。

第二，重论反复，缺少新意。这一问题可能与第一个问题有关。因为史学史研究者不重视二手著作，他们也就有意无意地重复已经被多次提出的观点，成为"文抄公"而不自知，有的则会使读者产生错觉。这种事情经常发生，十分不利于读者和同行的进一步研究。例如，在一份专业刊物上，有一篇关于夏曾佑的文章，文章本身质量是一流的，但其中提到，尽管夏的《中国古代史》一书有颇大影响，然而对它的研究却显不足。这样的论述显然很笼统，也不符合事实。首先，既然该书有很大影响，那么这种影响体现在何处？一般认为，一本书之所以会有影响，一定是有不少人对它做了评论。既然有评论，怎么会没有研究？其次，就我所知，即使在近年，对夏的研究也不是一片空白。吴泽主编的《中国近代史学史》一书中就有一节专门论及夏曾佑的史学。在这之前，吴泽编的《中国近代史学史论文集》中也有一专题论文。我认为，这篇文章至少应提一下这些近年的研究。即使认为那些著作不够质量，也应加以评论，以表示对同行著作的认识。

相似的情形也见于老一辈的史家中，上述刊物还刊载过关于顾颉刚与《古史辨》的文章。可惜的是，这篇文章只是重复了人们有关顾和《古史辨》的一些基本常识，特别是有关顾的"读书癖"和"疑古癖"，以及他"疑古思想的来源"。对顾颉刚稍有研究的人都对此熟知能详，因为顾本人在"自序"中已交代明白。有趣的是，同一刊物后来还发文特意赞扬了这篇文章，认为此文能指出顾受到康有为今文学派影响而有所偏颇是了不起的观点。但是，顾本人在《古史辨》的自序中已然承认过这点。台湾学者王汎森的《古史辨运动的兴起》（1987年）一书对此也做过论述。

重复论述的现象还表现在对一些课题一而再再而三地研究，不胜其烦。司马迁的研究是一个例子。作为中国古代伟大的史学家，司马迁受人重视自然无可非议。但是几十年来，每当论及司马迁，总要对他写作《史记》的宗旨和生平做一论述，却又缺乏新意。实际上，这样的重复只是在写作教材时才有必要，其他场合都可省略，因为同行学者都知道。如果司马迁研究者对他的生平和抱负不能阐发新观点，他们尽可略而不谈，而将精力集中在他们有所心得的地方，这样才能更好地体现学术的进步。

第三，学术批评风气的薄弱。中国近代以来，特别是1949年以来，历史学研究已经逐渐专业化。我们有各种历史研究团体，也有十几种历史专业刊物。我国的大学和研究院里不断培养历史研究人才，虽然有志历史的学生愈见减少，但作为专业历史学家，就得有一种关心历史学发展的共识。每当涉及一个课题，研究者必须对该课题的有关著作做一总结和批评，以此来证明进一步研究的必要。没有这种"史学史"的探讨，历史学何以进步？但显然，这一要求还没有成为共识。即使在最近培养的研究生论文中，也常常少了这一步。

学术讨论的缺乏也是史学批评缺乏的一种表现。我国众多的历史研究杂志中，书评寥若晨星，讨论更是罕见，真诚的批评常常为虚伪的捧场所取代。在书评中，不足和缺点常常被置于最后，轻描淡写地带过，唯恐开罪作者。这实际上是对历史学发展的漠不关心，也是缺乏专业意识的表现。没有史学批评，史学史的研究也就丧失了基础，而没有史学史的研究，历史学本身的进步就会受到影响。身为历史学家，应该更知道总结前人经验的重要性。这是我写作此文的主要目的。不当之处，敬请批评指正。

（原载《史学理论研究》1994 年第 1 期）

02　比较视野下中国古代史学的特征 *

　　中华文明的历史编撰，悠久而绵长，举世闻名。自先秦时代开始，史书编撰就成为中国人阐述和形塑文化的典型方式。随着中华统一帝国的形成，历代王朝统治者将史书编撰逐步定为朝廷日常事务。公元 7 世纪开始，朝廷任命专职史官，朝中常设史馆，成为历朝定制，即为典型表现。实际上，从公元前 3 世纪开始，编撰前朝史就已成为惯例。新朝编修前朝历史，成为一项责无旁贷的任务。正史是新朝统治正统性的文字表述，而通过帝国诏令，重塑过去，成为新朝权威的象征。据有关统计显示，要把编修超过一千多年的各朝正史译为英文，大约需要四千五百万字。[1] 这还不包括与正史数量相当的私修史书和其他非官方史书，这些历史著述充分证明了中国人对通过历史叙述来梳理过去的偏好。

　　英语世界对中国史学的研究，从未真正繁荣过，关注者甚少，持之以恒研究中国史学者更微乎其微。据我们所知，1938 年

---

* 本文原为伍安祖、王晴佳著《世鉴：中国传统史学》（ *Mirroring the Past: The Writing and Use of History in Imperial China,* Honolulu: University of Hawaii Press, 2005）导言。
1　Homer H. Dubs, "The Reliability of Chinese Histories", *The Far Eastern Quarterly* 6, 1(November 1946), pp.23–43.

嘉德纳（Charles Gardner）出版了美国第一本关于中国史学通史的著作《中国传统史学》(*Chinese Traditional Historiography*)，只是一本百来页的小册子。随后，韩玉珊在 1955 年出版了《中国史学纲要》，比斯利（W. G. Beasley）和蒲立本（E. G. Pulleyblank）于1961 年编辑出版了《中日史家》(*Historians of China and Japan*) 一书。后来，蒲立本撰写了一篇长文《(中国) 史学传统》，收入雷蒙·道森（Raymond Dawson）的论文集《中国之遗产》(*The Legacy of China*)，该书出版于 1964 年。之后从 20 世纪 60 年代到 90 年代的三十年中，西方学界对中国史学的研究陷入低谷期。这一时期值得注意的著作是唐纳德·莱斯利（Donald D. Leslie）、科林·马克拉斯（Colin Mackerras）和王赓武共同主编的《中国历史资料论文集》(*Essays on the Sources for Chinese History*)，论及了中国传统史学的某些层面。此外，并无其他英文专著问世。尽管上述研究有着巨大的学术价值，但这些开创性成果如今早已绝版且略显陈旧。1992年，杜希德（Denis Twitchett，旧译崔瑞德）出版了《唐代官修史籍考》(*The Writing of Official History under T'ang*)，该书是长久沉寂后，西方学界出版的第一本论述中国传统史学的专著。随后，杜润德（Stephen Durrant）和侯格睿（Grant Hardy）各自发表了关于汉代伟大史家司马迁的专题论文。但所有这些研究都只局限于某个特定领域和论题，杜希德集中于唐代，杜润德和侯格睿则只关注司马迁一位史家而已。这些研究尽管非常有价值，但其只论及中国史学某方面或某个人，难以代替有关中国史学的整体性论述。因此，如今尚缺乏一本独立的、全面系统反映中国传统史学最新成果的英文评述性专著。

对中国传统史学研究的相对贫乏，不仅暴露出西方中国研究领域的学术空白，同时也不利于我们对中华文明全面而深入的理解，因为史学是中华文明不可或缺的部分。史书作为载录道德教训和政治经验的宝库，是中国文人的良师益友，忽视了中国史学传统的研究，就意味着对中国文化观察视野的狭隘化。因此，出版一本反映过去二十年中西学术界对中国传统史学研究状况的综合性著作，切近时需，极为必要。

或许，我们可以认为这种需求，并不只局限于中国研究领域。当下后结构主义、解构主义、后现代主义、后殖民主义以及人文科学中的诸种后启蒙运动理论，给我们带来了巨大的冲击，向人们强调了真理可以有多种表述的特性。暂不论这些理论的说服力与解释力有多大，它们已经有效地削弱了自欧洲启蒙运动以来所形成的西方价值观与世界观凌驾其他地区的霸权地位。因为大量历史观念被证实乃思想建构而非文化公理。例如，现在学术界已经形成了这样一种共识，即打破了许多以欧洲为中心所建构起来的观念，诸如现代性甚至文化概念本身。随着西方传统史学所公认的普适性逐渐退出历史舞台，似乎越来越需要史学家和历史编纂者接受非西方的研究视角。例如，在最近出版的一部由一批西方史学家主编的《全球历史书写百科全书》（*A Global Encyclopedia of Historical Writings*）中，[1]许多条目就是关于非西方传统史学的。因此，尽管这本关于中国传统史学的书是面向中国学者与学生的，它同时也应该赢得世界其他地区学者的关注，哪怕仅仅是出于教学的需要。因为虽然用于欧洲和美国史学教学的著作多种多样，但教师们时常感到难以找到合适的有关中国史学的书籍。许多人不得不采用几十年前出版的史书。因此，我们的工作，意在勾勒出中国传统史学基本轮廓的同时，也

---

1 D. R. Woolf, ed., *A Global Encyclopedia of Historical Writings,* New York: Garland Publishing, 1998.

提供一本关于这一主题最新的前沿性和专门性综合研究的著作。

为便于介绍中国传统史学，《世鉴》以年代为依据、以朝代为顺序加以编排。上起先秦时期，原始形态的历史意识开始萌芽；下迄19世纪中叶，此乃中国遭到西方冲击后历史面貌出现大变局的时期。这一分期，与现存许多西方学术文献中有关中国历史的传统分期，是一致的。其长处在于，它能引起人们对现存有关中国历史其他方面书籍的共鸣。读者可以很容易地将从本书中发现的材料与从他处发现的其他历史信息相整合。本书各章节将对中国史学传统演变过程中的复杂性与细微变化予以详细阐明，并揭示史学及史学家在中国历史上的角色与地位。就每个时期而言，我们将从两方面来探究中国传统史学的特色：首先，史学是作为原始材料的汇编及历史叙述的写作，以如实描述过去所发生之事为目的，也就是历史编纂；其次，史学乃是作为对过去意义与模式的思考与反思，也就是历史哲学。

一、中国史学对历史功用的认识

以宏观形势考察，进行间断性阐述，常常陷入"见木不见林"的困境。对各朝史学诸多联系的关键要素进行详述之时，可能会使其首要主题变得模糊不清。它可能掩盖历史的元叙述，同时，在某种程度上，可能忽略隐藏于历史表象之下的逻辑与假设的深层原因。拘泥于叙述每个朝代的史学事业，强调其彪炳千古的史学成就，最终可能无法阐明中国传统史学的特有本质。沉溺于细节的调查，加以描述，史学故事或许会如同手册、百科全书一样，呈现为一个接一个的糟糕的事实堆砌。那么，全部王朝历史图景构成了怎样的整体面貌呢？超越单个发展阶段能够建立怎样的整体轮廓？在新旧时代分明的断裂处又贯穿着怎样的连续性？从部分的积累中能够感知到怎样的整体呢？我们的工作旨在回答这些问题，从而阐明中国史学发展的主线与主题。试图阐明作为整体的中国史学，并不是要以固有连贯性的名义，抹杀古往今来中国史学的多样变化。也不像如今许多评论家所说的，中国的王朝历史是千篇一律、毫无变化的。我们在这里寻求的，是一种中国史学的宏观视野，它能够揭示贯穿于不同历史时期史学的连续性。

早期中国的史学意识，萌芽于一种独特的世界观，也就是天人合一的宇宙观。在这种世界观中，人类事务及其机构同时也是上天意志与行为的反映与体现。一般认为《春秋》的编纂者孔子，就有意识地把历史书写作为教育题材。他把《春秋》这样一部枯燥的编年体著作，当作寓道德于史书编撰的有力工具。这样一种"春秋笔法"，用历史书写来传达上天所赐予的道德启示的教化行为，对中国史学产生了深远影响。历史编撰开始沉浸于道德教化中。正是由于这种史学笔法与对往昔人物、事件进行褒贬的实践，历史才获得了它无可争辩的魅力与权威。

汉代两位备受推崇的史学家司马迁和班固，在开创史学写作的新方向上扮演了重要角色。从此以后，历史编撰的伟大事业，在范围及风格上，开始与孔子所确立的古老编年模式渐行渐远。尽管他们的创新形成了史书编撰纪传体的新传统，拓展了史学写作的视野，但司马迁试图通过历史书写探究天人关系，班固对王朝断代史和过去知识呈现方式的重视，都明显反映出早期史学认识的痕迹。他们两人都宣称人类知识的历史和过去意识在本质上是经世致用的，以惩恶劝善的方式得以体现。历史的实用经验教训通过典型人物的书写，能够更充分地传达下来。自司马迁开始，纪传体就成为中国史家记录史实的主要叙述方式。本质上，历史是记录以往杰出人物道德力量的作用与影响，反过来，这些人物的行为与活动又作用于现实国家与社会福祉。因此，历史是规范的；在惩恶劝善这一主要教化职能指导下，历史展开道德铺陈。[1] 历史不仅具有道德教化功能，同时它还被认为能够提供可靠的社会经济和政治经验教训。因此，历史成为当下人们治国安邦最可靠的指导。中国古代对历史有这样一种持久信念，所谓"观今宜鉴古，无古不成今"，即认为通过对比研究古今的相似事件，将会产生无可估量的实用洞见，而这对国家与社会的改良是极为重要的。[2] 这也难怪白乐日（Etienne Balazs）对中国史学的著名论断，即中国史书"由官吏而写，为官吏而写"，在某种程度上成为概括中国传统史著本质与意义的不刊之论。

除去治国之道与道德教化功用之外，历史还有论证政治合法性与政治宣传的作用。帝制时代，断代史的编修乃是为了证明新政权继承合法性的政治目的。王朝更替，被解释为由一个成功实现"大一统"（即"统"）"正当"的统治者（即"正"），按照权力与权威的延续来实现的，即"正统"观念，也就是权力的正统和系统性延续的观念。新王朝凭借其德行、其自不待言的政治、军事优势，获取

---

1 E. G. Pulleyblank, "Chinese Historical Criticism: Liu Chih-chi and Ssu-ma Kuang", in *Historians of China and Japan,* eds. by W. G. Beasley & E. G. Pulleyblank, London: Oxford University Press, 1961, pp.143–144; Yang Liansheng, "The Organization of Chinese Official Historiography: Principles and Methods of the Standard Histories from the T'ang through the Ming Dynasty", in *Historians of China and Japan*, eds. by W. G. Beasley & E. G. Pulleyblank, p.52; Brian Moloughney, "From Biographical History to Historical Biography: A Transformation in Chinese Historical Writing", *East Asian History* 4: 1–30, 1992, pp.1–7.
2 Robert M. Hartwell, "Historical Analogism, Public Policy, and Social Science in Eleventh- and Twelfth-Century China", *American Historical Review*, 76, 3: 1971, pp.694–699.

天命和实际权威，以取代日薄西山的前朝。历史之服务于正统，乃是以确认权力转换的正统性来呈现事实。[1]

这种不加掩饰的公开将历史视作意识形态的、政治正统性及道德教化的工具，被视作中国人重视历史的一种明显迹象，许多西方评论者将此视作一种中国人记录史实与诠释过去的典型力证。但西方评论家时常以现代西方史学标准来论断中国传统史学，常常忽视中国传统史家的丰硕成果，其结论往往过于简单且有失公允。在近年的一篇文章里，汪荣祖对西方某些完全漠视中国史学成就的观点深表不满。他在文章中充分展示了中国的史学成就，并以为任重道远。即如以史学的褒贬原则为例，尽管历史说教与类比，通常被看作是为道德和政治信念服务的，但它们绝不是不顾历史真相，一味进行道德兜售与意识形态狂热宣传的偏执而古板的形式。褒贬事实上是为了表彰该表彰者，贬斥该贬斥者，乃是为忠实呈现历史而做出的努力。通过真实再现过去，历史有效地扮演着人生良师益友的伟大角色；也正是在如实记录过去的实践中，道德教训才得以彰显，千古铭记。同样地，有关权力正统性与合法性，中国不同时代的史学家有不同的认识，并没有一种古今一致的共识，而是在经常发生激烈的论辩。每位史学家都基于其对历史事件的严谨研究与客观理解，从而做出独立论断。[2]

---

1 杨联陞：《中国官方史学的组织机制：唐至明历史正史的原则和方法》，参见比斯利（W. G. Beasley）和蒲立本（E. G. Pulleyblank）编《中日史家》（*Historians of China and Japan*），伦敦：牛津大学出版社，1961，第46—48页。陈学霖（Hok-Lam Chan）：《金代（1115—1234）正统论的辩论》（*Legitimation in Lmperial China: Discussions Under the Jurchen-Chin Dynasty [1115-1234]*），西雅图：华盛顿大学出版社，1984，第19—48页。
2 汪荣祖：《西方史家对所谓"儒家史学"的认识与误解》，《台大历史学报》2001年第27期，第128—131页。杨联陞：《中国官方史学的组织机制》，载比斯利、蒲立本编《中日史家》，第32页。许冠三：《中国的批判传统》，《历史学刊》1983年第26卷第2期，第435—436页。

事实上，我们应该知道，试图探究过去真相本身的认识，在西方国家也是相当晚近才出现的。客观追求过去知识与史学认知，不带任何实用意图，这种史学方法的形成，与欧洲现代性的发轫密切相关。16、17世纪以前，西方与中国一样，也是专注于把过去作为实用知识来加以研究。[1] 实际上，我们可以这样认为，对于体现重大意义的历史观念，任何尊重历史的文化都在不断酝酿和维系，即如人类行为的典范、宇宙运动的模式以及上天的意志。即便到了今天，对隐藏于历史深处重要意义的领悟，还依旧能赋予我们理解现实、构想未来的力量。换言之，历史如同一个实用的过去。[2] 从这一跨文化的角度来看，传统中国亦是如此，并非例外。

此外，启蒙运动之后，或者现代社会建立以后，西方早已肯定并视为当然的，就是历史的重建与当下密切相关。兰克的客观现实主义与科学史学主张，由历史本身再现历史，即据事直书，剥离现实中文化与个人的负担，只不过是一个神话而已。同样，儒家主张现在只是过去的重演，亦是神话。在史学实践中，我们已经接受了这样一个事实，即史学家的着眼点始终是现实关怀和时事动态，或者假设，更确切地说是现实当下，我们可以称之为现在主义。法国杰出史学家吕西安·费弗尔（Lucien Febvre）曾公然宣称现在主义是重建过去的特有基石："过去是对存在于当下人类现实网络中的人与社会的重建。"[3] 幸而有诸如爱德华·萨义德（Edward Said）这

---

1 伊格尔斯、王晴佳：《西方历史哲学与儒学》，《台大历史学报》2001年第27卷，第21—35页。

2 Graham Gordon, *The Shape of the Past: A Philosophical Approach to History*, London: Penguin, 1997, pp.1–2, 201–202.

3 Michel De Certeau, *The Writing of History*, translated by Tom Conley, New York: Columbia University Press, 1988, p.11.

样的文学评论家和海登·怀特（Hayden White）这样的史学理论家的许多作品，在此无须赘述，缘此史学家已经变得对史学论说的内在建构主义与表现性质有相当程度的认知。对过去的叙述与解读不可能完全真实地还原过去，它们必然只是一种再现，或是一种描述。同时，历史叙述"不仅是一个中性话语形式，可能会或可能不会被用来表示真实事件"，因为它需要了解叙述者的意识形态与政治立场。换句话说，历史真相的信念，已被撕破，因为这种所谓的真相，是建立在历史事实本身与史学研究的重现和史学叙述的重演二者之间一致性的前提之下，而这一前提根本就是不成立的。当然，我们论及当代西方学术的发展与敏感，并不是为了表明中国传统史学同样自觉地意识到了描绘或重建过去的本体论与认识论的条件。相反，中国人将历史视作为当下与未来行动服务的知识宝库，这种观念正是其在发掘历史的努力中坚定奉行现在主义的动机的例证。

然而，这是否意味着对历史外在力量的信念淹没了对怎样建立真实历史的深切关照？中国史学家仅将过去看作是可应用于当下社会经验教训的宝库吗？历史仅仅是以信念来铭记、以死记硬背来记忆，而非以热情来检视、以想象来重建吗？

二、中国史学中叙述体例与如实直书之精神

此外，评论者经常将传统中国皇权对历史写作的干预与控制，视作如实反映历史的障碍。的确，大多数王朝史都是由任职于官方机构的史官所完成。从 3 世纪汉帝国的灭亡，到 6 世纪后期隋王朝的建立，王朝史的编撰逐渐获得了官方认可，并日益成为人所共知

的"正史"。随着官方史学地位的巩固，诚如白乐日所言，历史编撰仿佛就是"由官吏而写，为官吏而写"。[1]在唐代，随着史馆的设立，官方修史制度化了。史馆为史学家研究与撰写史书提供支持与帮助，同时他们也会受到来自皇帝与监修官的指示与命令的制约。随着历史编撰逐渐制度化，并成为官僚机器的一部分，不难想见，史学的批判力与创造精神日渐迟滞。例如，詹纳尔（W. J. F. Jenner）就对中国传统史学，尤其是官方史学进行了严厉批判，他将官方史学视作以死板与僵化的语言来措辞的行政经验的层层积累，目的在于向官僚集团灌输正确的价值观。由此，得到皇权认可的虚构历史，成为名副其实的文化牢笼，其显著体现在专制的史书，乃是作为人们价值观与行为的最终裁判者。[2]

詹纳尔的描述有何不妥？关键在于，中国历史上对如实直书有着一贯的坚持，他却极端漠视这种精神。中国史学家历来受到一种精神的激励，这就是被柳诒徵称为"史权"的理想。这一理想的特有力量与说服力正是来自其对过去发生之事的如实记载。孔子本人亦十分重视史料的可用性。他对弟子们说，他能够讨论夏与商朝的礼仪，却不能讨论杞与宋的礼仪，因为对于后者，他找不到足够的文献、实物和口头资料。（"夏礼吾能言之，杞不足征也。殷礼吾能言之，宋不足征也。文献不足故也。"）孔子的杰出弟子子贡，曾就史书中对商朝亡国之君纣王的一般描述，提出了合理质疑，并推断纣王的腐朽与堕落或许被夸大了。孟子曾警告说，假如完全相信《书经》上所说的，那还不如不读它。（"尽信书，则不如无书。"）

---

1 白乐日：《官方史学实践指南》（"L'Histoire comme Guide de la Pratique Bureaucratique"），参见《中日史家》，第 78—94 页。

2 W. J. F. Jenner, *The Tyranny of History: the Roots of China's Crisis*, London: Penguin Books, 1992, pp.5–12.

　　　　　　　　　　　　　　　中国现代历史意识的产生

韩非对尧、舜传奇故事始终抱着一种含混态度，而尧、舜一直被视为儒家的文化英雄与圣人。支撑如实直书这一原则的最重要的证据或许来自《左传》。公元前 568 年，身为史官的齐国三兄弟因为坚持如实记录史实，违背了当权者的意愿，相继被杀。此故事被《左传》完整而如实地记录了下来，这清楚地表明，在古代中国就已存在一个广为人所接受的信念，即不惜任何代价，即便是坦然接受死亡，也要坚守历史真相。

值得注意的是，中国人自身十分清楚，在朝廷主导与监督下，官修史书中所存在的潜在缺陷。由此，历史编撰的制度化，同样意味着史官必须具备捍卫历史真相的本领，以防止腐败与妥协。唐代史馆设立之后，出于对皇家干预历史写作的防范与恐惧，朝制规定皇帝不得观看史馆内的确切记载。事实上，为了确保各位史官的独立性，免受外在不良影响与压力干扰，他们彼此之间并不分享写作内容。官方史家勇敢地为真相而战，不惜冒着被君主疏远甚至失去生命的危险，这样的案例在中国历史上不乏其数。等到清修《明史》之际，彻底收集史料、公正叙述过去的原则，已成为官方史学界的标准。这其中包括广泛收集材料、精心审核史料、编修者之间严密的分工合作、记录规则严格标准、坚定记录史实真相、评价公允、编修过程中的史官耐心与勤勉，以及文字的简洁明了。[1]

此外，我们也不能无视成果丰硕、生机勃勃的私家史学领域，它不受朝廷控制，也没有官方修史的限制。这些私修史书中之创新与想象，令人无法忽视。而且，我们应该注意到，中国史学家对官方史学的可靠性提出过诸多质疑与警告。以唐代杰出历史学家及历

---

1 杨联陞：《中国官方史学的组织机制》，载《中日史家》，第 55 页；陈锦忠：《中国传统史学工作的内涵与德治浅说》，《东海大学历史学报》1981 年第 4 期，第 38—47 页。

史哲学家刘知几为例，他就将对史馆的批评扩展到了史学研究的其他重要领域。他孜孜不倦地强调史家要公正地采择史料、如实直书，自觉避免曲笔、讳饰、歪曲的恶习。与此同时，他坚持以褒贬为历史的首要功能，他提醒读者，这一功能首先取决于历史材料的真实性。只有当历史叙述辨明真伪、善恶兼书时，历史才能当之无愧地扮演其道德裁判的角色。[1]

除去历史叙述的真实性问题，西方观察者与评论家对中国传统史学的本质与研究方法亦深表怀疑。尽管他们中许多人折服于中国史学丰富而从未间断的记录，且毫不怀疑这些记录，为理解中国历史，提供了重要线索。但是，他们依然乐于借用柯林武德（Robin George Collingwood）的话，将中国传统史著概括为"剪刀加浆糊"式的作品，认为其缺少对历史本质与意义的思考。换言之，在许多西方观察者看来，大部分中国史学著作只是对历史事件与故事的机械堆积，是事实与史料的简单排列。

事实上，我们或许能够很容易地分辨出主导中国传统史学写作的某些标准化体例。首先，绝大多数王朝正史所采用的是纪传体。如上所述，传记性文章构成了传统史学书写的核心部分，因为典范人物被视为古典著作中所包含的永恒原则与价值的直观体现。王朝的兴衰与历史的复杂演变，直接渗透在重要历史人物的生命之中，而通过他们，我们能够对过去时代，加以深刻洞察。此外，史官经常以"赞"的形式，对传记材料与叙述进行补充说明，并有意识地突出所述人物的重要性。帝王本纪和显要人物的列传，通过揭橥历史上个人行为的优劣，来阐明那些久经考验而又值得遵循的原

---

1 许冠三：《中国的批判传统》，《历史学刊》1983 年第 26 卷第 2 期，第 435—438 页；陈锦忠：《中国传统史学工作的内涵与德治浅说》，第 47—56 页。

则。这些典范人物与楷模成为后世子孙日常行为及伦理道德的生动向导。然而，值得注意的是，早在司马迁、班固时代，他们就已意识到了纪传本身的不足。因此，在此种复合体例之内，同时对某些特定主题，兼之以"表"与"书""志"体裁。"表"乃载录历史大事记，"书""志"体裁，则对超出传记之外的问题，略作补充，它涵盖了诸如地理、天文、动植物等主题，相当广泛。总之，中国史学家潜心研究人类活动的方方面面，却以人物的生平作为叙述的主要方式。

与这种复合体例截然相反的是编年体叙述形式。它按照时间顺序记录历史，并通过有序编排，使之呈现为一系列的连续性事件。这种叙述方式的一个明显不足在于，历史事件被孤立地记载，而缺少一种广义上的具体情境与间接关联。尽管编年体能够展现时间连续性的清晰图景，但它常常缺乏对事件空间连贯性的描述。于是，第三种编写体例，即纪事本末体，应运而生。此类史学家的目的在于重新编排和整合撷取于编年史著作中的材料，并将其归入新的主题之下。关于某一特定主题或事件的材料，常常散见于编年史著作之中，通过再次编排这些材料能够达到描绘、追溯与重建历史事件轨迹的目的。在这种记录方式中，孤立的部分得以聚合并构成一个整体，从而提供关于事件本末始终的完整历史叙述。

这三种主要体裁之外，还有许多其他体裁，尤其是在私家史学领域。一些史家重点采用"书"和"志"体；另外一些史家则专注于按主题来编排高度专题类著作，如关于典章制度发展史的典制体著作；但是，也有一些史家倾向于史料笔记。此处问题的关键在于，尽管显然存在着为正史所垂青的单一叙述体裁，但事实上却存在着许多风格各异的史书体裁。另外，史书体裁绝不是如此之僵化，以至于淡化了事件本身所固有的复杂性。它们只不过是枯燥的人类历史百科目录中乏味的事实条目而已。[1]

  体裁形式是否妨碍史实内容的表达？程式化的史书体裁是否意味着史书内容的因袭？事实上，如果中国史学仅仅出自"剪刀加浆糊"的方法，且这一形式束缚了史学内容的表达，那么史学批评就不会成为历代史家们的不懈追求，又谈何激励如此多的史学家投身其中！更进一步讲，这些历史批评并非单单立足于孤立的细枝末节，也并非以历史的一事一物为目标。许多史学家试图通过大量严谨的史学批评，来重建和重振古代史学的事实根基。例如，刘知几不只是要解决个别经典或文献的问题，更是致力于对整个古代史学传统的重新审视，因为古史对他来说是面目模糊的神话和传说。他对《春秋》中许多记录的准确性提出了质疑，同时亦对司马迁、班固所构建的中国古史的真实性深表怀疑。甚至远古传说中的图腾故事，如备受后人称颂的尧舜禹禅让的故事，即尧无私地将其王位让与品德高尚的舜，舜又无私地将其王位让与贤良的禹，亦被刘知几视作怀疑的对象。

  金石学研究在宋朝的发展，进一步刺激了中国史学内部的批评与怀疑精神。欧阳修通过对古器物的深入研究，补充了其史学研究中的文献材料。更为重要的是，他的这一研究表明，《十翼》（阐述《易经》诸卦重要性的附录）中至少有三篇不是孔子所写，而是后世学者附会之作。郑樵同样长于金石学与古典学术研究，他细致考察了汉代对儒家经典的注解传统，并对其描述与解读的准确性提出了质疑。司马光在史料分析考异的基础上，建立了探究史实真相的严格标准；并绝不使用包含想象、怪诞、神话色彩的各类文学作

---

1 汪荣祖：《西方史家对所谓"儒家史学"的认识与误解》，《台大历史学报》2001 年 6 月（第 27 期），第 138—144 页。

　　　　　　　　　　　　　　中国现代历史意识的产生

品中的材料。

在追求精确、严谨的考证学方法论的带动之下，清朝考据学家与史学家开始批判地解读圣人之言，并审慎地判断古代文献与器物的来源与真实性。这一时期学者们开始重新审视儒家经典与上古先秦史，缘此，上古史愈发被剥去中国文化中的神圣光环，而成为一个历史时段，儒家经典亦成为学术研究的对象。故而，二者在中国文化中的角色日益史学化。随着儒家经典与上古史的史学化，它们不再被视作跨时空的，因而也不是永恒的，而是历史发展及历史本身的产物。这一努力推动了史学的两项发展。首先，它促进了史料阅读与考订方法的极大改善，反过来它又促进了对以往学术的全新理解。其次，它催生了一种历史主义意识和观念，即对时代推移的意识、对时代差异的认知，以及对过去与当下本质的差异性的认识。例如，王夫之主张对史料进行审慎地核查与考订，同时他强调史学家应该培养一种"时代不同"的观念，并认识到过去与现在都"自有其时代背景，其具体情境和情感、价值观及理由"。[1]顾炎武则埋首于古史与文化的研究，包括文字、音韵、典章制度等，他同时立志于完全依托强有力的事实与史料来客观地重建过去。18世纪，戴震要求学者们"以过去之意解释过去，不把个人见解或后人思想强加其中"。[2]章学诚"六经皆史"的大胆论断，使这种认识论立场达到了顶峰。

---

1 许冠三：《中国的批判传统》，《历史学刊》1983 年第 26 卷第 2 期，第 443 页。
2 同上书，第 445 页。

三、中国史学中的形塑模式与历史分期思想

中国史学家不仅坚持以严谨的方法来考订史料、构建叙述、形成解读，从而探求历史的真相，他们也十分热衷于探讨历史观念模式，力图重建过去。换句话说，中国思想家大都有其宏大而包罗万象的历史哲学理论。大体而言，中国史家关于历史流变的理论主要体现为三种态度，即崇古、怀古和信古，但三者在表达方式上相互关联。崇古的态度是指将上古时期视作已确立了一种出色价值判断的标准，使之成为衡量后世与文化的标尺。故而，作为黄金时代的上古时期，成为道德与实践教训的源泉与宝库。而怀古的态度则促成了以史为鉴观念的形成，即认为历史是现实生活的全能导师。[1]怀古的态度引出了与此相关联的另一观点，即今不如昔、往事一去不复返。而信古的态度称颂永恒的普遍性，反对偶然的特殊性。这样，现在与过去被等而视之，因其二者在本质上是一致的。因为没有时代差异感，对古今差异的认识，就是通过崇古与怀古之镜的过滤而得来的，亦即古今之不同，源自辉煌古典时代的一去不复返。[2]

因为这种普遍的历史主义观念，即崇古的、怀古的和信古的态度，使得帝制中国的主要价值标准皆来自过去，而非现实经验或对未来理想的预期。不过，尽管人们缅怀古典时代，但这并不意味着对过去的盲目效仿与迷信，而对上古典范的追寻，也并不意味着后世及当下被这样一种恶疾所笼罩，即随着时间的推移，人类文化每

---

1 Robert Eric Frykenberg, *History and Belief: The Foundations of Historical Understanding*, Grand Rapids, MI: Eerdmans Publishing Co., 1996, pp.149−152.

2 Peter Burke, *The Renaissance Sense of the Past*, London: Edward Arnold, 1969, pp.1−2; George, M. Logan, "Substance and Form in Renaissance Humanism", *Journal of Medieval and Renaissance Studies* 7, 1. 1977, p.18.

况愈下、万劫不复。其实，以史为鉴的观点已经暗示出古今之间内在的连续性。现在虽然有所衰退，却以通过回归古典而得以改善，因二者之间存在质的一致性。

　　崇古的、怀古的和信古的态度，毕竟勾勒了中国史学思维的三种主要模式。受此影响，中国思想家各自系统阐述了其时代观，以求通过历史学说来理解过去。遵循今文经学的传统，董仲舒提出了"三正"说。这里他指的是三个政权的合法承继，即商朝、周朝及以孔子为素王的鲁国。同时，董仲舒提出了"质""文"循环学说，认为王朝之兴与简单而虔诚的典礼仪式密切相关，而王朝之衰则潜藏于过度放纵与虚伪的行为中，这些行为埋下了最终灭亡的种子。东汉经学家何休提出了一种改良型的更迭形式，即"存三统"或"通三统"，它们依次与"三世"相联系。在 18 世纪，今文经学的继承者，诸如庄存与等人，提出了他们自己对朝代更迭的理解及具体的更迭形式。但是所有这些时代建构与时期划分都只涉及古史问题。[1] 本质上他们持有崇古的历史观点。

　　19 世纪初期，其他今文经学家如龚自珍与魏源，纷纷提出了他们自己的"三世"说。龚自珍事实上提出了几个版本，旨在阐释历史演变的普遍原理与方式，且这些原理与方式不再仅仅适用于上古时代。但是，正如龚自珍自己所言，现世的三分法不过是古代"三世"说的重复，其终点为太平世，一个可与上古黄金时代相媲美的阶段。换言之，历史古典性的范式仍存在于龚自珍的历史主义中。魏源的"三世"说也超越了古史的界限，但大体来说，它们在本质上是倒退的，由此来支撑历史的倒退性范式。此外，他将永恒

---

1 On-cho Ng, "Mid Ch'ing New Text (chin-wen) Classical Learning and Its Han Provenance: The Dynamics of a Tradition of Ideas", *East Asian History*, 8:1991, pp.1–32.

性原则或称为"一"，抑或无为的理想和展现其符合传统连续性范式一致性的"道"。[1]

此外，还有一些划分历史时期的其他方法。以程朱理学道统递变的观点来看，从上古圣王时代到孟子所处时代，是道统产生与繁荣的黄金时期。随着孟子的去世，道统日渐式微，且伴随佛教、道教以及其他异端思想在中国的盛行，道统进入了长时段的衰退期。随后，韩愈恢复儒家道统，成为时代重建的新起点。儒学宗师们从周敦颐到朱熹，继之而起，最终实现了道统的复兴。

在宋朝，另一种历史分期方法逐渐为人们所认可，即以特定时段内学术研究的主导类型为依据来划分历史时期。一些学者认为尚未遭到佛教侵袭之前的汉朝，是语言学时代；自此至唐代为文学时代；宋朝由于其卓越的思辨性而成为哲学时代。[2]另一个值得注意的重要分期方法是源自佛教千禧年观念的"末法论"。根据这一划分法，在佛陀涅槃之后，世界经历了三个阶段：正法时期、像法时期、末法时期。随着人们对佛陀教法信仰的衰减，世界会出现暂时的动乱与变迁，直到最后，由于人们彻底背弃佛法，世界会淹没在混乱与废墟中。就像中世纪的欧洲恐慌于千禧年的结束，中国的佛教徒中间同样存在对末法时期发端的广泛关注。事实上，在中国中世纪时代，这一时期被认为开始于公元552年。[3]

---

1 On-cho Ng, "Worldmaking, Habitus and Hermeneutics; A Re-reading of Wei Yuan's (1794–1856) New Script (chin-wen) Classicism Wu Anzu", in *Worldmaking*, edited by William Pencak, New York: Peter Lang, 1996, pp.82–85.

2 T. H. Barrett, "China and the Redundancy of the Medieval", *The Medieval History Journal*, Vol. 1, 1998, pp.180, 187–188.

3 Masayuki Sato, "Comparative Ideas of Chronology", *History and Theory,* Vol. 30, 3, pp.275–301; T. H. Barrett, "China and the Redundancy of the Medieval", *The Medieval History Journal,* Vol. 1, 1998, pp.75–78; Peter Burke, "Tradition and Experience: The Idea of Decline from Bruni to Gibbon", *Daedalus*, 1976, Vol. 105, pp.137–152.

也许对中国历史最常见的分期方式，是与干支历法相结合的年号制度，这一方式首创于公元前114年西汉武帝时期。汉武帝宣布其登基之年（前116年）为元鼎元年（三足鼎的开始，登基的一个比喻说法）。这一做法逐渐制度化，故自此以后，每有皇帝即位，必会宣布一个新的年号。然而，有时一些特殊的事件也会促成年号的改易。毋庸置疑，这一纪年体系是以政治目的为出发点的，它能够为统治者提供统治合法性、尊严、权威，以及每个新统治者的行政理想。实际上，这一分期方式的支配地位，或多或少地妨碍了人们以其他形式对历史进行时代划分。[1]

就现代意义上的历史性而言，以上所有的分期方式，最终都未能形成全面的时代差异感，即一个时代区别于另一时代的独特性与唯一性。不过，在中国传统史学领域，存在着这样一种史学视角，它能展现对历史长河中的特殊性与偶然性的深切关注。在宋代，一些史学家如欧阳修、司马光，就深刻意识到了史料的时代属性，因为他们从王朝兴亡中探寻治乱兴衰之因果联系。特别是在17、18世纪，伴随儒家经典研究与古史研究的日渐兴盛，上古史越来越被视为一个历史时段。例如，顾炎武极力反对固守旧制度，主张顺应时代的具体需求进行制度改革，并严厉斥责那种认为古代经典能够解决一切现实问题的论调。同样，王夫之认为，随着新情况与新形势（"势"）的不断涌现，变革是必然的趋势。[2]

---

1 Mary C. Wright, "What's in a Reign Name: The Uses of History and Philology", *Journal of Asian Studies*, Vol. 18, 1958, pp.103–106.

2 S. Y. Teng, "Wang Fu-chih's Views on History and Historical Writing", *Journal of Asian Studies*, Vol. 28, 1, pp.111–123; C. A. Peterson, "Court and Province in mid and late T'ang", in *The Cambridge History of China,* Vol.3, edited by Dennis Twitchett, London: Cambridge University Press, 1979, p.12；伍安祖：《清代思想的张力：十七、十八世纪中国思想史中的"历史主义"》，《思想史学刊》1993 年第 54 卷第 4 期，第 567—578 页。

18 世纪，章学诚提出"六经皆史"的论断，为这一历史观念做了总结，在此意义上，儒家经典不过是古代统治者治国经验的记录。而且，章学诚还认为，上古时代是有时间断限的，它并不能预示在其之后将会发生什么。[1] 同样地，戴震认为"道"不过是"人伦日用"，由此对理学的普适性原则的总体主张加以驳斥。[2] 19 世纪，龚自珍和魏源更倾向于把握变动历史环境中的特殊性；人类成就与行为既非天意所成，又非古典模型所生硬定义，而与人类世界的时空变化休戚相关。

因此，中国史学也用历史主义的观点，形塑和重构过去。这些做法挑战了"道"的超越性、普遍性和永恒性，从而修正了传统史学的崇古、怀古和信古的特性。在一定程度上，当下开始与远古渐行渐远，因而就逃脱了历史之上"道"的幽灵的控制。

至此，我们已从三个维度对中国传统史学进行了阐述：历史的功用、历史叙述的体例与形式、历史形塑与历史分期。中国传统史家以历史来指导道德行为，并利用历史比附作为社会政治的指南，由此宣告了历史与文化之间密切而有机的联系。历史因其英雄般的魅力、道德改造的工具及文化的化身，而备受推崇。历史是集体文化的记忆，通过它，哲学（是追求的首要原则）与政治（理想统治的建立与管理的实现）不再深奥难解。历史叙述（呈现为种种形式与体例）与历史哲学（给显然无序的时间以秩序和形塑）生动地刻画了宇宙（天地之运作）与人类（人类事件与行为的发生与演变）

---

1 David S. Nivison, *The Life and Thought of Chang Hsueh-ch'eng (1738—1801),* Stanford: Stanford University Press, 1966, pp.141—142.
2 伍安祖：《清代思想的张力：十七、十八世纪中国思想史中的"历史主义"》，《思想史学刊》1993 年第 54 卷第 4 期，第 567—578 页。

的持久原则。

在《世鉴》一书中，我们将详细考察中国史学在不同历史时期的创新与变化，以凸显中国史学动态发展的本质。我们将说明传统中国的历史书写绝不仅仅是书目之丰富和缺乏批判力史料的堆积，且其并未因对旧传统的崇敬而陷入重复旧传统的怪圈。通过对大量历史学家与历史文献的考察，其中包括官方正史与私修史书，我们希望能够描绘出中国传统史学领域的多样性与异质性。尽管我们试图重建一个连续的、综合性的叙述，但我们所构建的中国史学的框架，并不完整，而必然有所遗漏。通过本书的写作，我们旨在阐发解读与看待过去方式的变化，并进一步说明这些变化与历史写作产生了怎样的关联，而这些变化又是如何影响历史写作本身的。

然而，在综合叙述之外，我们还期望确定某一特定时代历史思想的主导模型或时代精神，并从当时的社会政治与知识背景中阐释其起源及影响。值得注意的是，中国史学家倾其毕生精力，梳理人类历史的多样性，详细注解王朝兴衰史，这是因为他们对"道"和"理"的信念——精神、思想，尤其是文化的启发性、导向性力量。从这个角度来讲，人的死亡、政权垮台、制度覆灭、事物消亡、物质分解、颜色褪去，是必然的结果；然而，"道"、文化、人类历史的模式却会持久延续下去。他们深知事实确实如此，因为历史作为一面镜子，反映并展示了"道"与古老而悠久文化模式的永恒价值。归根结底，出自传统中国丰富而严谨的史学著作，反映了中华文明的基本轮廓，这并不是为了将理解过去视为枯燥的、教条化的学习，而是为了通过毫无保留地借鉴过去，以实现指导世界宏伟而现实的目的。

因为我们已经认识到，历史并不只是载录过去所发生之事的纯粹实证学科，而且，目前学术界的各种新思潮和关注热点也促使我们对历史进行反思。也许在当下，我们能在精神上对中国历史学家们探究历史实用性的不懈求索产生更多知音之感。

（孙卫国、秦丽译，原载《史学理论研究》2013 年第 4 期）

03　中国史学的元叙述：以"文化中国"说考察正统论之意涵 *

1991 年，哈佛大学的中国哲学与史学教授杜维明在《代达罗斯》（*Daedalus*）杂志上发表了题为《文化中国：边缘中心论》（"Cultural China: The Periphery as the Center"）的文章，提出"文化中国"的概念，认为所谓的"中国性"并非仅是一地理和政治意义上的指涉，同时也囊括了文化及族群层面的丰富意涵。因此，即便是旅居中国大陆以外，或曰生活在"边缘地区"的台湾、香港人，仍然可以因为"共同的族群祖先与相似的文化背景"而被视为"文化上的中国人"，或者说是，"文化中国"的重要成员。[1]

1949 年中华人民共和国成立，一批活跃在海外的华人知识分子致力于复兴儒家文化，并于 1958 年在香港发表了《为中国文化

* 作者不但感谢美国宾夕法尼亚大学博士研究生胡箫白的认真翻译，而且对首都师范大学江湄教授的修正意见，深表谢意。文中的不妥之处，则由本人负责。

1 Tu Wei-ming（杜维明），"Cultural China: The Periphery as the Center", *Daedalus*, 120: 2 (Spring 1991), pp.1–32；引文见第 22 页. 根据杜氏的定义，除却海外华人被视为"文化上的中国人"，韩国与新加坡亦被囊括在"文化中国"的影响范围之内。Tu Wei-ming, "Confucian Traditions in East Asian Modernity: Exploring Moral Authority and Economic Power in Japan and the Four Mini-Dragons", *Bulletin of the American Academy of Arts and Sciences*, 46: 8 (1993), pp.5–19.

敬告世界人士宣言》，呼吁回到中国文化传统中去找寻重构中国认同的可能。此一批知识分子以"当代新儒家"名世，杜维明即是其中代表人物之一。"新儒家"以复兴儒家文化为其任务，从而让中国走回更加适合自身历史脉络和文化传统的发展道路。与20世纪初期的定性不同，儒家礼教不再被视为国家发展的"绊脚石"，而是对中国现代化进程大有裨益的一剂良药。1990年代，亦即杜维明发表其文章之际，杜氏成长之地，同时亦是大多数新儒家学者任职所在的中国台湾地区，正与另外三只"亚洲小龙"一起享受工业化的红利。

一

为了支持自己"文化中国"的立论，杜维明提醒，历史事实为我们提供了诸多例证，如汉代以降北方中国曾出现的少数民族政权，或如所谓"佛教征服中国"。杜氏说道："中国作为一个地缘政体从这些征服中幸存了下来，而中华文化则得到了繁荣发展。"[1] 其所谓"繁荣发展"，指的则是11世纪以后的汉人精英对儒家文化的复兴运动。在西方的学术语境中，此一进程也即理学的兴起往往被称为"新儒学"（Neo-Confuciansim）运动，理学家亦被唤作"新儒家"（Neo-Confucians）。而20世纪的新儒家在英文中则是"New Confucians"，中文翻译无法区别两者。理学思潮发轫于宋代（960—1279年），其参与者有感于作为中华文化发源地的北方中国

---

[1] Tu Wei-ming, "Cultural China: The Periphery as the Center", *Daedalus*, 120:2 (Spring 1991), pp.2-4.

陷于异族统治，意识到维系中华认同的必要性，因之通过大量援引外来文化元素，尤其取材于佛教经典，来对儒学的知识体系进行重整更新。本文集中讨论历史书写在理学也即西方所谓"新儒学"运动中所扮演的角色，以及理学家如何在参与正统论的讨论中，构建一种历史演变的元叙述，并以此来诠释过去，展望未来。

要想深入体察宋代理学运动的来龙去脉，一个对古代中国历史及历史学的简单描摹便显得殊为必要。在文章中，杜维明介绍道："虽然'中国'这一概念在地理意义上的指涉经历着历时性的大幅拓展，但黄河的一条支流，也就是渭水流域作为中华文化核心区的地位则从未动摇。"[1] 学者们对此判断或多或少予以同意。也就是说，纵使中国南方的长江流域亦曾产生过令人艳羡的文明形态，但同时期的黄河流域才是孕育中华文明的摇篮，因为相关的重要文献记录几乎都发现于北方。这些文献，亦即通常所说的"五经"，长久以来一直被认为是孔子的作品，而这也是杜维明及其同侪定义所谓"文化核心"的主要依据。在这些文献的基础上，大量的历史记载随之产生，中国史学传统亦由此发轫。易言之，虽然唐代以后政治中心有所转移，但华北或中原对一个政权及其合法性而言，仍具重要的历史意义。

公元前3世纪以降，以黄河流域作为核心地带的"中国"逐渐为秦汉帝国统一，文化繁荣相继而起，尤以儒家学说被奉为官方思想最为醒目。公元前1世纪，司马迁完成了皇皇巨著《史记》。作为中国史学史上的里程碑式著作，《史记》反映并扩大了儒家思想在政治与文化等诸多方面的深刻影响。司马迁出生于史官世家，承

---

1 Tu Wei-ming, "Cultural China: The Periphery as the Center", *Daedalus*, 120:2 (Spring 1991), pp.2-4.

袭父业，担任太史令后发愤著书，写作跨度上讫远古而下至汉武帝时代。与多数儒家学者相同，司马迁崇尚夏、商、周三朝，并以朝代循环论看待汉代秦起的史事。司马迁一方面肯定了秦（前221—前206年）统一六国的伟业，另一方面，又将秦之失国归咎于其未曾恢复上古三代的政教秩序，认为秦朝并未推动历史的进步：

> 太史公曰：夏之政忠。忠之敝，小人以野，故殷人承之以敬。敬之敝，小人以鬼，故周人承之以文。文之敝，小人以僿，故救僿莫若以忠。三王之道若循环，终而复始。周秦之闲（间），可谓文敝矣。秦政不改，反酷刑法，岂不缪乎？[1]

司马迁进而认为，直到汉朝（前206—220年），真正有效而合理的统治才得以建立。因此，汉代是通过建立"天统"而获取政权合法性的。司马迁生活在被认为是汉朝"黄金时代"的武帝时期（前156—前87年）。除却"独尊儒术"以外，汉武帝还以其他功勋如开疆拓土、集权中央等留名青史。无怪在司马迁眼中，汉朝值得他寄予厚望，并视为延拓其循环历史观的例证。换言之，纵使与其父司马谈一齐遭到了武帝的不公对待，司马迁仍然对汉帝国统治的正当性坚信不疑。我们必须铭记，司马迁著《史记》不光是为了合法化汉代秦治的历史过程，在他的写作中，还体现出对在汉帝国建政立国过程中产生过威胁的敌对势力的充分同情和足够敬意。

司马迁未曾预见的是，在统治了数个世纪以后，汉帝国同样在3世纪早期走到了其命运的终点。然而他对于汉帝国统治合法

---

1 司马迁：《史记》卷八《高祖本纪》，北京：中华书局，1959，第393—394页。

性的立论并未失效，事实上，所谓"统"的概念在汉以后的历朝历代仍不断为史家所论述与发挥。汉朝灭国以后，曹魏、蜀汉、孙吴势均力敌，逐鹿中原，然而三国鼎立的局势亦无法被轻易打破。直至公元 280 年，魏国权臣司马家族才在篡位以后建立晋朝，史称西晋（265—317 年），并先后灭亡蜀汉与孙吴政权，重新统一中国。然而晋朝立国不久便爆发的"八王之乱"使得此番统一不过是昙花一现，北方民族亦利用中原的纷乱局面趁势南下。晋室皇族因之无奈南渡，并在今天的长江下游地区建立了偏安政权，史称东晋（317—420 年）。自此开始，直至隋朝（581—618 年）在 6 世纪末的重新统一，北方中国一直处于游牧民族政权的轮番控制之下。而尽管政权易手频繁，由鲜卑人建立的北魏政权（386—534 年）却与众不同，享国近 150 年之久。

汉亡之后纷乱的政治态势给史家提供了足够的历史资源，重新吊起了他们对历史正统性问题的胃口。自公元 3 世纪汉献帝退位，直至三百余年后的隋立国，此一政权林立的历史时期，抑或中国史书上所谓的魏晋南北朝时期，在西方学术语境中则被称为"分裂时代"（period of division）。在对这一时期文化与文学发展脉络的研究中，查尔斯·霍尔库姆（Charles Holcombe）多次使用"在汉朝的阴影里"（in the shadow of the Han）这一说法，并将之用为书名，以示汉王朝在灭亡以后仍旧存续于诸多领域的典范效应。[1] 对于此时的历史书写而言，一个重要的议题便在于，究竟将哪一个政权视为汉朝"正朔"的继承者。其实这在三国时期便已经成为难题。当时的北方中国处于曹魏政权的统治之下，而其政权建立者曹操，

---

1 Charles Holcombe, *In the Shadow of the Han: Literati Thought and Society at the Beginning of the Southern Dynasties,* Honolulu: University of Hawaii Press, 1994.

不仅曾任汉朝丞相，其子曹丕亦是汉献帝禅位的受益者。而另一个主要竞争对手，一直以汉朝皇室成员自居的刘备，则在偏离中心的四川地区建立了号称沿袭汉朝国祚的蜀汉政权。其后的情况愈加复杂，如上所述，晋朝在终结三国分裂状态后的不久便丢掉了对北方中国的控制。不妨试想，有哪一个北方游牧政权会被史家接受，而将之视作汉朝"正统"的合法继承者呢？

陈寿是经历过三国时代的晋朝史家，并以著作《三国志》为人所知。作为曾经服务于蜀汉政权的下层官吏，陈寿本人却并不承认这一政权的合法性，相反，他认为因为对北方中国的统治，曹魏政权才应该算作汉朝"正统"的继承者。一个世纪以后，陈寿的立论遭到了东晋史家习凿齿的挑战。不满于陈寿的判断，习凿齿著《汉晋春秋》，指出"正朔"的延续应当基于相同的血脉，而非对于特定地理空间的控制，因此汉朝的合法继承者应当是蜀汉，而非曹魏：

> 除三国之大害，静汉末之交争，开九域之蒙晦，定千载之盛功者，皆司马氏也。而推魏继汉，以晋承魏，比义唐虞，自托纯臣，岂不惜哉！今若魏有代王之德，则其道不足；有静乱之功，则孙刘鼎立。道不足则不可谓制当年，当年不制于魏，则魏未曾为天下之主；王道不足于曹，则曹未始为一日之王矣。……以晋承汉，功实显然，正名当事，情体亦厌，又何为虚尊不正之魏，而亏我道于大通哉！[1]

---

1 习凿齿：《晋承汉统论》，转引自饶宗颐：《中国史学上之正统论》，上海：远东出版社，1996，第81—83页。

习凿齿发此言论的真正动因，其实源于对晋朝作为汉朝合法继承者身份的强调。虽然因为对史料的处理有欠妥当，导致习凿齿在当时以及后世都未得到足够的重视，但由他所提出的富有争议性却影响巨大的观点，却在中国史学史的发展轨迹上留下了一席之地：自此以后，对于一个需要论证合法性的政权来说，是否控制北方中国似乎已经失却了意义。另外，因为东晋皇室已然放弃了对"恢复中原"的憧憬，并且相当安适地立国于南方，那么在论述晋承汉统的合法性时，习凿齿关于文化延续之重要性的立论便发挥了现实作用，他自己亦因此受到了东晋皇室相当的器重。[1]

二

马克·吐温曾经总结道，历史从不简单重复，但却往往惊人相似。面对着北方中国的"沦陷"，11 世纪的历史学家又一次面临着陈寿和习凿齿所纠结的问题。诚然，经历了隋朝的短暂统治后，唐朝的崛起重将南北方纳入同一政权的控制之下，并统治达三世纪之久。然而与汉朝相似，唐代亦由盛转衰，经历了长时间的藩镇割据后，最终在公元 9 世纪初分崩离析。与魏晋南北朝不同的是，因为唐王朝的灭亡而造成的五代十国的分裂局面并未如汉代灭亡之后那样的漫长，公元 960 年，在唐王朝灭亡五十年后，北宋（960—

---

1 在对中国史学范畴内的"正统"问题展开论述时，饶宗颐亦认为习凿齿的言论开风气之先对后世史家存在巨大影响。参见饶宗颐：《中国史学上之正统论》，第 9—10 页。钱穆也持相同的意见，并肯定了朱熹等人强调文化正统的立场，可见理学和当代新儒家之间，颇有思想上的关联。参见钱穆：《中国史学名著》，北京：生活·读书·新知三联书店，2004，第 187—188 页。

1127 年）建立，并进而统一了中国。然而相较唐朝来说，宋朝不仅疆域狭小，亦有欠稳定。因为无力完全扭转唐亡以后的纷乱局势，北宋一如 4 世纪的西晋一般，面对着诸多困境，其中之一便是北方政权的持续威胁。公元 1126—1127 年，北宋国都开封在金军的强攻下沦陷，徽钦二帝亦被女真人掳走，史称"靖康之难"。面对此，赵宋王朝的幸存者做出了与晋人相似的决定，即南渡长江，并推选出一位皇室宗亲继承大统，建立南宋（1127—1279 年）朝廷。因此，宋人的统治得以延续了一个半世纪，直至 13 世纪才最终屈服于蒙古人的铁骑之下。

有鉴于唐亡以后五代十国混乱的政局，"正统"问题重新回到宋代史家的讨论中并不是一件让人意外的事情。的确，不论一个政权的体量大小或是国祚短长，它都需要对"正统"问题进行申述，以论证政权的合法性。为了使自己的立论更有说服力，不少宋代史家选择回到先贤著述中找寻理论依据。然而此种做法亦是一把双刃剑：不论采取何种手段登上权力巅峰，抑或是统治家族的郡望如何，汉朝灭国以后兴起的诸多政权都千方百计将自己描述成刘氏政权的合法继承人。北魏就是一个典型例子。作为一个由游牧民族建立的政权，北魏在巩固了自身对北方中国的统治之后，其统治者亦开始声称北魏承袭了代汉而治的历史使命。如北魏孝文帝曾在太和十四年让群臣讨论历朝递嬗，中书监高闾说道："臣闻居尊据极，允应明命者，莫不以中原为正统，神州为帝宅。"所以他指出北魏理当被视为正统的政权，"非若龌龊边方，僭拟之属，远如孙权、刘备，近若刘裕、肖道成，事系蛮夷，非关中夏"。[1]高闾的论证从

---

[1] 参见瞿林东、李珍主编：《中国古代历史理论（中册）》，合肥：安徽人民出版社，2011，第 313—314 页。

地理位置出发，强调中原也即华北对于一个王朝建立正统性的重要意义。

由此观点，那么同时期的南方政权，也即晋朝这一由农耕民族建立的汉人政权，便在正统性的论证上有其所短。更有甚者，晋朝还有一个难题，那就是作为由曹魏政权臣子所创立的王朝，晋朝完全可以被视作篡位夺权行径的产物。与此相似，此类经由篡权而发生的朝代更替甚至不止上演一次，而是相当频繁地发生，其中便包括了隋王朝的立国。那么如果一个政权的草创过程都遭人诟病的话，它还能够宣称自己是前朝的合法继承者吗？这也是许多宋代史家需要直面的问题。

换言之，宋代学者们与他们的前辈使命相似，需要建构一套强有力的叙述来合法化本朝的崛起，论证宋代唐治的合理性。尽管唐亡后的五代十国历史时间远远短于魏晋南北朝，但前者的混乱程度相较于后者来说有过之而无不及。在短短五十年间，十数个政权竞相建立并相互征伐，直至后周大将赵匡胤将它们逐个击破，在960年经由陈桥兵变夺取后周政权，建立宋朝。诚然，很少有宋代学者去质疑赵匡胤的做法，但这并不代表他们对此一无所知。他们对这段历史的评点方式是宋代耐人寻味的"正统"讨论的缩影。

在对唐朝之后五代时期诸多政权的正当性进行讨论时，宋儒选取了对本朝政治合法性相当有利的论述立场。在宋室南迁以前，大多数宋代学者都将能否带来统一视为衡量政权合法性的首要标准。试举数例。如曾写作《南北正统论》的张方平，是有宋一代最早讨论历史上政权交替现象的学者。尽管对大多数政权的属性都有所交代，张氏作品的用力之处依旧在于讨论西晋与北魏在多大程度上足以称为汉朝的继承者。首先，张方平认为政权的合法性相当仰赖其对"大一统"事业的完成程度，晋朝在这一点上未尽如人意，但其南渡却保存了中华传统政治制度与文化形态。而另一方面，作为由游牧民族建立的政权，北魏却在汉人聚居的北方中国站稳了脚跟。这也是有些学者认为北魏相比晋朝来说更好地继承了汉朝"正朔"的原因。虽然张方平自己语焉不详，但从他的设问来看，北魏相对而言更得其心。其次，张方平还相当强调地理因素的重要性，也就是说，政权对北方中国地理上的控制意义，其实比文化上、族群上的优势更为重要。[1] 张方平这样的价值判断很可能源自他本人的人生经历：作为曾经任职北宋北方边境地区的中央政府官员，张氏对于国家时刻面临的异族威胁感受真切，因此，他才在论述宋朝政权合法性时，着力强调"大一统"的重要性。

与张方平约略生活在同一时代的欧阳修对此问题亦有所关注。作为北宋重要的政治家与历史学家，欧阳修对"正统"问题进行了相当详尽的讨论。针对"何种因素使得一个政权具备合法性"的问题，欧阳修认为"居天下之正，合天下于一"是其关键。也就是说，一个理想的合法政府应该凭借正当的手段，在地理意义上取得对中国的统一。在中文里，"正统"一词可以拆解为代表"公平、合理"意义的"正"，以及表示"合于法则"的"统"。欧阳修的诠析完全依照"正统"的字面意思进行，并强调只有那些不但在地理意义上，更在政治属性上具备正当性的政权才可以被视为获得了"正统"。在这其中，"统"似乎是理所当然，毕竟建立一统天下对于任何想要获得合法性的政权来说都是必不可少的条件。而对"正"的强调则多少显得有些累赘并令人不解。但是对于欧阳修来说，重视

---

1 张方平：《南北正统论》，参见饶宗颐：《中国史学上之正统论》，第 91—92 页。事实上，张方平的观点并不算新颖，北魏时期的史家已经强调了"控制北方"和"获得正统"之间的密切联系。参见瞿林东、李珍主编：《中国古代历史理论（中册）》，第312—316 页。

"正"即是他的意图所在。用他自己的话说："正者，所以正天下之不正也。"也就是说，如果以"正天下之不正"作为揭竿而起的原因，那么如此建立的政权及其随后的征伐扩张也就自然而然具备了合法性。当然，很少有前朝能够同时满足这两个条件，它们或是无法完成统一大业，或是统一方式非"正"。有鉴于此，欧阳修创制了一个新的概念，亦即所谓的"绝统"，以示政权合法性的继承脉络存在断绝的可能。[1]

为了对政权建立途径之"正"进行强调，欧阳修还为其关于"正统"的讨论加入了道德维度的考量。但是在将理论应用于诠释历史事实时，欧阳修与张方平一样变得支支吾吾。事实上，欧阳修设想着构筑一条可以连接大多数王朝的"正统"传承脉络，这便如有的学者指出的那样，导致了他的论述中存在着某种断裂甚或自相矛盾。[2] 在其早期著述中，欧阳修更强调"大一统"的重要性，因此在他眼里，任何未能统一中原的王朝都未能履行承续"正统"的义务，也因之失却了政权合法性。但在这以后，尤其是在完成了对五代史的重新纂修工作之后，欧阳修的观念逐渐产生了变化，他发觉这些分裂政权也应该包括在"正统"的论述之内。纵使这些政体疆域狭小、国祚短促，但五代诸政权的真实存在无法否认，因此，在《新五代史》中，欧阳修将五代宗室与汉唐皇室等量齐观，为后梁在内的五代之君列《本纪》，给五代历史以应有的地位。欧阳修写道：

> 夫居天下之正，合天下于一，斯正统矣。（尧舜三代秦汉晋唐）天下虽不二，而居得其正，犹曰天下当正于吾而

---

1 欧阳修：《明正统论》，参见饶宗颐：《中国史学上之正统论》，第93、94页。
2 刘连开：《再论欧阳修的正统论》，《史学史研究》2001年第4期，第42—48页。

一，斯谓之正统，可矣。（东周魏五代）始虽不得其正，卒能合天下于一。夫以天下而居上，则是天下之君矣，斯谓之正统，可矣。……夫秦自汉以下，皆以为闰也，今进而正之，作《秦论》。魏与吴蜀为三国，陈寿不以魏统二方而并为三志，今乃黜二国，进魏而统之，作《魏论》。东晋后魏，议者各以为正也，今皆黜之，作《东晋论》《后魏论》。朱梁，四代之黜也，今进而正之，作《梁论》。此所谓辨其可疑之际，则不同之论息，而正统明者也。

在其他叙述中，欧阳修亦对历史上的其他史家有所揶揄，认为他们削足适履地裁剪历史，以迎合统治者的喜好。虽然欧阳修在其作品中并未提及习凿齿及其论著，我们还是能够在此处察觉到他对欧阳修的影响。[1]

欧阳修似乎面临着一个两难的困境：在论述"正统"问题时，是应该选择道德的立场抑或历史的立场呢？与此同时，他的理论关怀亦在理想主义和实用主义之间摇摆。从道德的立场出发，欧阳修坚持认为获得权力的途径应当具备"正"的属性，而这一标准却显得相当理想化：前文已经提到，很少有统治者可以做到这一点。但是作为历史学家，欧阳修亦不愿意看到"绝统"的发生，因此他倾向于认为，纵使一些政权的建立过程让人诟病，但如果它们治下的人民还算安居乐业的话，那么这一类政权便尚属有所成就。以此，欧阳修在作为历史学家进行叙述时，更多采取的是实用主义的立场。而这样一种态度又不一定要求牺牲"道德考量"，

---

1 欧阳修：《明正统论》，参见饶宗颐：《中国史学上之正统论》，第93—94页。关于此问题的具体讨论，可见伍安祖、王晴佳：《世鉴：中国传统史学》，孙卫国、秦丽译，北京：中国人民大学出版社，2014，第142—143页。

因为欧阳修曾经提及，若是出现了足以终结乱世的英雄人物，那么他们的崛起本身便万众瞩目，自然而然地具备了相当的合法性。

欧阳修并非唯一一个北宋时代以实用主义视角思考"正统"问题的学者。另一位北宋硕学、《资治通鉴》的作者司马光亦对欧阳修的观点表示赞同，认为无论"正"与"不正"，所有政权都应该被纳入史学家的讨论范围。在《资治通鉴》完成之后，司马光将之呈与当朝皇帝，并说道：

> 是以正闰之论，自古及今，未有能通其义，确然使人不可移夺者也。臣今所述，止欲叙国家之兴衰，著生民之休戚，使观者自择其善恶得失，以为劝戒，非若《春秋》立褒贬之法，拨乱世反诸正也。正闰之际，非所敢知，但据其功业之实而言之……然天下离析之际，不可无岁、时、月、日以识事之先后……故不得不取魏、宋、齐、梁、陈、后梁、后唐、后晋、后汉、后周年号，以纪诸国之事，非尊此而卑彼，有正闰之辨也。[1]

也就是说，司马光认为史学家的职责仅仅是如实记述历史事实，应当将点评议论的空间留待读者。针对此，有学者认为司马光是在刻意避开对"正统"问题的讨论，以为自己的史学书写留有余地。[2] 作为一个编年体作品的作者，司马光无法将"绝统"的概念纳入自己的叙述，因为那便意味着历史的断裂。而若要以编年体例书写历史，那么时间序列便是最为基础的叙述框架，无论其单位是

---

1 司马光：《通鉴（论正闰）》，参见饶宗颐：《中国史学上之正统论》，第 110—111 页。
2 刘连开：《再论欧阳修的正统论》，《史学史研究》2001 年第 4 期，第 42—48 页。

年、月，或是季节。与世界上很多其他地区类似，在东亚地区，以月球运动周期为基础的阴历时间计算法十分普遍。在 20 世纪之前，中国并未采用从某一具体时间点开始的历算系统。与欧洲将耶稣诞生作为一个重要的历史时刻不同，中国早自周朝（前 1066—前 256年）时便以当朝统治者登基的年份作为历算循环的节点，这一原则至今仍适用于日本。因此，一如司马光，编年史家也许会更为关注所谓"正统"承续的问题，因为在对公元前 403 年到公元 959 年之间漫长的历史进行叙述，尤其是诸多政权并立的时候，司马光需要做出选择，决定将哪一个政权的历算系统视为基准，而对同时期其他政权的时间标识进行换算。事实上，此一问题自始至终伴随着《资治通鉴》的撰写，比如在论述公元前 403 年开始的战国时代时，司马光就必须在争雄的诸国与羸弱的周王室之间做出抉择。

另一个迫使司马光对"正统"问题做出回应的时段是三国时代。与习凿齿不同，司马光认为在汉朝灭亡以后，是地域辽阔、政权稳固的曹魏，而非蜀汉沿袭了汉朝正朔。相较而言，纵使蜀汉政权由汉朝宗室成员建立，它在与曹魏比较时还是相形见绌，因为其不仅政权动荡，而且偏安一隅。此外，蜀汉的建立者刘备也不过是汉朝皇室的偏远宗支。因此，在司马光看来，蜀汉与曹魏无法相提并论。质言之，司马光在考虑"正统"承续问题时，首要的衡量标准是地理因素。在他与友人的通信中，他认为如此考虑的原因是除却地理因素以外，其他的衡量标准，诸如认定统治者的血脉亲缘等，皆相当不具备可操作性，并且标准模糊，让人无法信服。[1] 换句话说，司马光是一个相当的实用主义者。

---

1 司马光：《答郭纯长官书》，参见饶宗颐：《中国史学上之正统论》，第 111—114 页。

　　　　　　　　　　　　　　　　　中国现代历史意识的产生

三

　　然而因为南北宋的交替，一切问题都变得复杂了起来。北宋朝廷在 1127 年丢掉了对北方中国的控制，而从南渡以后第一位君主宋高宗开始，几乎所有的南宋皇帝要么无意、要么不能成功恢复中原。的确，南宋朝廷的局促偏安似乎印证了这一印象：他们好像已经忘却了祖先对北方大地百余年的统治。但是对于文人来说，很少有南宋的学者会同意司马光认为文化与族群因素并不重要的言论。相反，他们相当积极地对司马光或是与他观点相似的学者发起挑战。在这些学者看来，不论地理疆域是辽阔还是局促，文化形态与血缘基础都是对讨论"正统"问题至关重要的元素。在对司马光的批评声中，最为响亮的声音来自朱熹。虽然朱熹只是一名小官，但其作为影响力巨大的理学家和教育家已经闻名于世。纵然历史并不是朱熹的主要关注点，他仍有三部历史作品存世。其中之一即是对司马光著作的修订版本——《资治通鉴纲目》。朱熹此举传达了他一举更新《资治通鉴》史观，尝试表明一些新的史学态度的意图。一方面，朱熹希望对司马光部分观点进行重述与强调，另一方面，他亦坚持补充一些细节，对他认为值得扩展论述，但却在原著中略遭漠视的观点加以生发。

　　朱熹有关"正统"论的叙述是观察他史学倾向的上佳例子。与司马光按照时间序列串联起所有政权更迭的次序不同，朱熹将这些政权重新组合，并统统贴上"正统"或是"非正统"的标签。在历代王朝中，只有六个王朝符合朱熹对"正统"政权的定义：周、秦、汉、晋、隋、唐。有鉴于司马光的《资治通鉴》并未涉足宋代史事，朱熹亦选择不去触碰宋朝"正统"渊源何自的问题。除却上述六个王朝以外，其他政权统统被朱熹归进了"非正统"的范畴，并

被称为"列国"。因为这些政权未能完成对中原的统一，他们自然
而然被视为"非正统"王朝。而对于由周、秦、汉、晋、隋、唐构
筑起的历史主线，朱熹亦有自己的看法。他认为在正统、非正统王
朝，统一、分裂政权的序列以外，尚可以按照承续大统的方式对
这些政权做一区分：是通过禅让改朝，抑或是篡权换代？也就是
说，与欧阳修的处理方式相似，朱熹将读者的注意力引到了政权建
立的方式上，去观察究竟是军事行动还是宫廷政变导致了统治权的
转移。[1]

　　朱熹对六个所谓"正统"政权的建立及获得合法性的过程进行
了细密的观察阐释。在他看来，秦朝直至公元前 221 年统一六国时
才获得了政治合法性，而西晋开国之初，年号变更频繁，直到太康
年间才最终灭亡孙吴，完成统一，并承续"正统"。在这些分析中，
朱熹显然表明了他对统一的重视，并将之视为衡量政权合法性的重
要基准。那么对于那些未能像汉唐那样建立天下一统，而局促一方
的政权，朱熹又如何看待呢？如上所述，他将所有的偏安或是短命
王朝都归在了"列国"范畴，以与控制全域的统一王朝相区别。但
这并不意味着朱熹将它们一视同仁，相反，他着力对诸多政权的起
源、延续及统治进行详密分析，以此，朱熹明确表达了与司马光不
同的观点，尤其是在对三国时代的蜀汉及曹魏做一检审之时，与司
马光、陈寿按照曹魏历算计年的方式相左，朱熹坚持认为蜀汉的国
号年份才应该是该时期历算统计的基准。两者的差池在于前者非
"正"，而后者的建立过程则满足了"正"的要求。朱熹认为，蜀汉
由汉朝宗室成员建立，并延续了汉朝的历算系统，因此显得更具合

法性。而曹操，虽然曾是汉朝的丞相，却架空了应当效忠的君主而大权独握，并最终由自己的儿子篡权灭汉。这样的行径让朱熹无法接受，因之将其判为非"正"的政权。虽然最终这两个政权都无法统一中原，从而无法达到"正统"的标准。但相较而论，蜀汉毕竟"出身"纯正，而曹魏却是通过篡权上位。因此，朱熹严厉批评司马光，认为他犯了相当严重的错误，竟然用曹魏的历法作为编年的基准。而通过抬高蜀汉的历史地位，朱熹重新将欧阳修提出的"道德论"引入了"正统"问题的思考框架，也就是说，不论疆域的大小偏正，政权建立方式的"正"才至关重要。此外，朱熹亦与欧阳修、司马光以及其他北宋史家一样，坚定不移地认为统一是评判王朝正统性的主要标准之一。

然而与前贤们不同，朱熹面对的赵氏山河已经不再是统一的整体了。在反对将曹魏视为正统的论述中，朱熹的确承认了其对北方中国的控制。但他很快就强调将曹魏归入"列国"范畴的一大原因是其最终未能完成统一。在这一点上，曹魏比蜀汉其实好不了多少，更不要提其对正朔所在之汉王朝的侵吞蚕食了。当然，欧阳修和司马光并不是不知道曹魏以及其后不少政权遭人诟病的建立方式，但尽管他们心生勉强，也只得无奈地承认这些控制北方的政权的合法性。欧阳修的确在一开始对曹魏抱有负面态度，不过在后来的叙述中他调整了自己的观点。对此，他给出的理由是东汉末年天下已经大乱，而曹魏的崛起则终结了这一民不聊生的混乱局面，而为之后的晋朝建立铺平了道路。因此，曹魏的所为与汉代秦治别无二致。与此类似，司马光亦承认曹魏之建立是对历史进程的延续，并进而提出，他不得不正视包括南方偏安政权在内的诸多王朝存在的原因，只是为了服务于自己对于历史发展脉络的理解。

在我们将话题引向南宋——一个对北方中国已然失去控制的时期之前，不妨先花一点时间，看一看朱熹同时代的思想家们如何思考"正统"问题。如果朱熹在讨论王朝正统性时避重就轻，不去谈论北方中国的重要性的话，那么这便绝不可能是他个人的态度，而应该是一批人共同的操作手段。的确，事实证明几乎所有的南宋理学家都颇为赞同朱熹的想法，认为尽管地理疆域对于一个政权来说非同小可，但是统治家族的政治资本与血脉身份的来源对于论证政权合法性来说更为重要。尤其是南宋朝廷的统治在日渐强大的蒙古势力面前显得岌岌可危时，越来越多的学者开始强调政权合法性的决定性因素是族群和文化，而非地理位置和疆域大小。

周密便是一个典型例子。作为南宋末年的著名词人，还曾在王朝覆灭以前出仕，他对朱熹的观点一度表示赞同，认为在有些历史时期，具备统治合法性的政权似乎并未出现。周密亦强调了"正"和"统"两个要素的重要性，而在二者中，他则将"正"看得更为重要，毕竟"正"关乎王朝的建立手段，而地理意义上的"统"则可以退而为次。周密认为，这两者的次序仅只能够先"正"后"统"，无法调换。事实上，周密已经对朱熹的理念进行了生发，他认为"正"的政权比"统"的疆域更为关键。在这个意义上，秦与隋便无法与汉、唐相提并论。所以他言道："夫徒以其统之幸得，而遂畀以正，则自今以往，气数运会之参差，凡天下之暴者、巧者、侥幸者，皆可以窃取而安受之，而枭獍蛇豕豺狼，且将接迹于后世。"[1]

而与周密同样拒绝出仕新朝的宋末文士郑思肖（1241—1318年），亦大体持相似的观点。他谈道："是故得天下者，未可以言

---

1 周密：《论正闰》，参见饶宗颐：《中国史学上之正统论》，第120—121页。

　　　　　　　　　　中国现代历史意识的产生

中国；得中国者，未可言正统；得正统者，未可言圣人。"[1] 由此看来，对于疆域的地理意义上的控制似乎已经显得无关紧要，而文化层面的发展才是政权获取合法性的关键。而郑思肖口中这一所谓的文化优势，毫无疑问，指的便是足具典范意义的儒家礼教。

四

如果观察从张方平、欧阳修、司马光到朱熹、周密与郑思肖的思想史发展脉络，我们不难梳理出南北两宋儒者关于"正统论"叙述的几点共性思考。首先，宋儒们普遍对"统"相当看重。尽管对概念的具体定义未能达成一致，但他们都赞同这是衡量政权合法性的重要元素。其次，宋儒对政权的建立方式表达了道德层面的考量，即对"正"提出要求。颇具讽刺意味的是，伴随着宋朝国力的日益衰弱，并逐步丧失对北方中国的控制，文士们对"正"的强调亦与日俱增。再次，宋儒们通过对"正统论"进行的不同角度的论证，都注意到了理想化的道德论叙述和理论设计与现实层面的历史进程之间存在着不可调和的张力与矛盾。的确，不论是"正"还是"统"，这些概念都存在着过于理论化甚至理想化的解读空间，因此学者们在将它们应用于历史现实的诠释时，便很容易感到掣肘与束缚。

宋儒在面对并处理这些理论挑战时所采取的立场，表明了他们在关于"正统"的历史学讨论中所处的位置。当然，文士们的价值判断与论述角度各有不同，但在讨论进程中有一点的变化是显而

---

1 郑思肖：《古今正统大论》，参见饶宗颐：《中国史学上之正统论》，第 123 页。

易见的，而这一变化又相当有趣地与朝代更迭过程两相对应。在1127 年北宋失国、南宋建立以后，儒士们不约而同开始对"文化中国"进行强调，而开始淡化疆域控制的重要性。作为曾经的政治中心，北方中国逐渐失却了其一直以来对中国认同的承载能力。上引郑思肖的论述便是个典型：他拒绝将任何排斥儒家礼教的政权视为中华王朝。蔡涵墨（Charles Hartman）同样发现，在从北宋过渡到南宋，或曰从司马光发展至朱熹的思想脉络中，存在着史家与读者关系的鲜明对比。用蔡涵墨的话说，司马光将"历史"完全呈献给读者，并适当给以道德训诫，而朱熹则对赋予读者以自行判断的自由没有信心，他更倾向于代读者进行总结，选取个别历史事件并加以导向性明显的编排诠释，以达到自己输出道学价值观的意图。[1]

　　针对此一历史学意义上关于"正统论"的变化态度，一个比较便捷的解释方法是将之与历史发展的轨迹做一并置。在金人控制了北方之后，南宋士人显然不能再强调北方中国是华夏认同的根基所在，因此转向文化传统与族群起源寻求替代。这样一种思维方式同样适用于解释北宋时的状况。相较于唐代而言，宋代的军事实力有限，并不能保障边境无虞，而宋儒们也都明了契丹、女真和其他游牧民族给宋北方边境所造成的持续压力。考虑到这样的历史社会背景，以后见之明的角度来看，发生于 1126—1127 年的"靖康之变"也不算让人意外。但不论怎么说，北宋时期北方中国仍处在赵家王朝的控制之下，因此几乎所有学者都自然而然地强调南北统一之于政权合法性的必要，一如欧阳修和司马光这样的历史学家也都毫不

1 Charles Hartman, "The Reluctant Historian: Sun Ti, Chu Hsi and the Fall of Northern Sung", *T'oung Pao*, second series, v.89, fasc. 1/3 (2003) p.147.

含糊地宣扬"大一统"自古以来便是保障政权正统性的关键。而在这其中，欧阳修观点的前后变化尤有代表性。因为执着于统治方式的"正"，欧阳修一开始的态度是排斥那些上位方式欠妥的政权，而后来则因为这些政权完成统一的成就而将它们重新纳入考量。而对于司马光来说，因为急于为统治者奉献良策，因此他最大化地将古往今来所有政权囊括在了《资治通鉴》的历史叙述中，而如何保障疆土的统一，也便成了司马光希望统治者能够从他的书中读出的应有之义。

纵然史家们费尽心思，北宋朝廷还是丢掉了北方的大片土地。那么对于华夏文明来说，历史走到尽头了吗？大概也不能这么说。历史在此时成了史家的智慧源泉，这一点从南宋儒士们对于政权合法性的持续激辩中得到了证明。过往的经验成为他们找寻慰藉和解决方案的所在。一个常常被提及的时段便是汉朝覆灭以后的历史进程，另一个多番出现的例子则是秦代周治、平灭六国。对于后者，朱熹扩展了欧阳修的论点，认为秦最终取得合法性的原因，在于它结束了战国时期诸雄纷争的"不正"乱世。而对于前者，朱熹建立了自己的一套理论，他认为在东汉末年的混乱时局中，刘备，作为汉朝宗室的成员，应该并且有义务肩负重任，延续汉朝国祚。只不过鉴于曹魏的强势，蜀汉才不得已与其余两个政权并立共存于后汉时代。[1]

依笔者管见，朱熹的观点不仅颇具新见，而且发人深省。它

---

1 有关宋代的"中国"观念，江湄有更为详细的讨论，见其《从辽、金行纪看宋代士人的"华夷之辨"：也论宋朝的"中国"意识》，载王晴佳、李隆国主编：《断裂与转型：帝国之后的欧亚历史与史学》，上海：上海古籍出版社，2017。葛兆光在其《何为"中国"：疆域民族文化与历史》（牛津：牛津大学出版社，2014）中，对"中国"观念的历史演化做了更为宏阔的梳理。

通过拆解历史事件，尝试回应"历史之应然"（what should happen）与"历史之已然"（what actually happened）之间的张力，并由此推演出了中国史学的一种元叙述。在朱熹眼中，蜀汉并非唯一一个具备"正统性"，却最终没能够建立长时段、广地域控制的政权。反之，亦有不少政权虽然"名不正言不顺"，却最终建立了长久的有效统治，并因之获得了政权合法性。不论如何，朱熹都认为过往的历史现实往往并不能如实、准确地反映具备普遍价值的道德准则，即与"历史之应然"合而为一。而历史学家的工作则是在其中做一调和。然而从另一个方面来说，史家们又应该接受并呈现出这样一种矛盾，亦即一种存在于"形上之学"（the metaphysical）与"实际历史"（the historical）之间的鸿沟，并试图将历史变迁形上构建为一种历史哲学，希求消弭差异的存在。作为理学家，朱熹坚信宇宙万物皆本于理和道，而所有的历史现象也不外是理之表现。[1]

朱熹当然没有看到南宋朝廷恢复中原，而其后辈，例如周密和郑思肖在百余年后经历了更为揪心的遭遇：在他们晚年，南宋朝廷甚至无法自支，而最终屈服于蒙古人的铁骑之下，但从他们的著述可以看出，周氏、郑氏一直致力于对"文化中国"的宣扬。他们认为，虽然丢掉了对黄河流域的控制，但是基于政治承续、人口构成及文化传统等方面的考量，南宋依然是具备合法性的华夏政权。这也难怪作为"文化中国"工程的组成部分，所谓的"宋明理学"运动在宋代与推翻元朝统治的明代得以繁盛发展。当代著名历史学家

---

1 参看 Huang Chun-chieh（黄俊杰），"The Philosophical Argumentation by Historical Narration in Sung China: The Case of Chu Hsi", *The New and the Multiple: Sung Senses of the Past*, ed. by Thomas H-C Lee (Hong Kong: Chinese University of Hong Kong Press, 2004), pp.107–120。

许倬云曾经如此评价南宋理学的发展：

> 宋代的中国，不能再以"天朝"自居，是以有反求诸己的内敛气象。宋人重华夷之别、正闰之辩，宋代史学著作，每多这些讨论。宋人好古，常有复古的倾向，理学思想必以上溯孔孟为标榜，宋代稽古的学风，开中国传统考古学的先河。凡此作风，都可解释为在列国体制中，寻找汉族中华文化的定位。[1]

毫无疑问，通过贬低疆域控制的重要性来建构"文化中国"的叙述是"内向"的，它将人们的注意力转移到了对人民的文化和道德培养上去（在这个层面上，这与德语词 Bildung 两相类似）。而这仅仅是南宋理学的一个方面，因为打从一开始，理学家们就如同朱熹所论、许倬云所概括，将"内圣外王"视为远大理想。[2] 纵然如此，南宋儒士们亦从未放弃恢复中原的目标，一如陆游那首著名的诗歌里咏叹的那样："王师北定中原日，家祭无忘告乃翁。"在将历史引入形上层面进行讨论时，朱熹告诫自己的读者，纵然历史轨迹的发展遵循着自身的逻辑，但在这过程中仍然存在着一内嵌的、原生的元史学叙述。虽然在朱熹自己的时代，这一观点可能因为宋王朝的日益羸弱显得一厢情愿，但是在不到一个世纪的时间里，朱元璋建立了明朝，理学亦即呈井喷式的蓬勃发展，并由此进入了一新的阶段。有趣的是，杜维明对复兴儒家文化的呼吁同

---

1 许倬云：《万古江河：中国历史文化的转折与开展》，上海：上海文艺出版社，2006，第 208 页。
2 同上书，第 215 页。

样始于 1980 年代后期这样一个相当不成熟的历史阶段。但自此以后，伴随着中国经济的迅捷成长，自 20 世纪初便被西方价值观判为现代化"绊脚石"的儒家文化亦经历了令人欣喜的锐意复兴。或许是振奋于此一文化复兴大潮的蓬勃态势，甚至杜维明本人亦选择在哈佛大学荣休以后，旋即到中国担任北京大学高等人文研究院的院长。

（胡箫白译，原载《江海学刊》2017 年第 1 期）

04　从整理国故到再造文明：五四时期史学革新的现代意义

　　1919 年的五四新文化运动，代表了中国现代文化的一个重大转折，其主要特征是，五四的学者在接受西方科学文明的基础上，希图对中国的传统文化提出一个新的解释，以改造文化、革新传统为手段，追求中华民族国家的富强。在中外文明的交流史上，这一新文化运动显示了中国人在吸收、消化外界文化方面的高度热忱，为晚清以来所未曾见。当时这一种热忱，基本被投注于西方文化。甲午战后年轻中国人被日本迅速崛起所激起的浓厚兴趣，由于日本在第一次世界大战以后对中国领土的侵占野心，可以说已经全面消退。五四运动的当天，学生们高喊"还我青岛""打倒日本帝国主义"，并焚烧了亲日派曹汝霖的房子，即是一例证。有趣的是，日本之所以能在凡尔赛会议上对中国提出接收德国在山东权益的要求，无疑是得到了西方强权的首肯。而日本的帝国主义做法，也显然是效法西方强国。但是，这些似乎都没有影响当时中国年轻人对西方文化、科学的热情向往。

　　五四青年对西方文化的憧憬，可以说是兼容并蓄，从古典资本主义、自由主义到无政府主义、共产主义，他们都表示出很大的兴趣。于是，五四运动成为中国共产主义运动的开端，在中国大陆得到推崇。而 1949 年后退居台湾的国民党，对如何纪念五四运动则常常举棋不定、欲言又止。在台湾，当时离开大陆的知识分子中，对五四运动持怀疑甚至否定态度的人不在少数。比如"新儒家"张君劢、唐君毅、徐复观、牟宗三等人 1958 年在香港发表的"中国文化与世界"的宣言，就代表了这一立场。他们基于复兴中国儒家文化的立场，呼吁对五四以来中外文化，特别是中西文化交流的过程做深刻反省。这一反省，自然也包括了对五四时期学习西方的批评。大陆开放以来，学界逐渐对"新儒家"表现出强烈的兴趣，对他们所持的复兴中国文化的立场，也开始表现出某种同情。这些变化，对我们重新考虑五四新文化运动的内容及其影响，提供了一个新的观察角度。

本文想用文化研究的方法，对五四新文化运动期间中外文化交流及其内涵做一探讨。笔者并无意否认五四新文化运动在提倡中国文化对外开放方面的贡献和影响。相反，本文试图在肯定这一前提之下，对五四时期中外、中西文化交融的状况，从史学革新的角度做一个比较细致的观察，以求获得一些新的认识，从而对中华文明如何在新的世纪与世界其他文明进行交流和融和，提出一些启发性的建议。

一、五四史学革新的背景

中国文明不但以历史悠久闻名于世，其史学传统的长久、丰富也同样著名。中国人对自身文明的自豪感，来自这一历史感。而这一历史感的形成，与中国的史学传统大有关系。从其起源来看，中国史学传统的建立，与中国人的宇宙观、世界观不无联系。从历史

　　　　　　　　中国现代历史意识的产生

感的诞生来看，结绳记事是一种近乎自然的心理发展。但古代中国人的记事，包括了人类与自然界的重大事件，与天人合一的思维方式有关。虽然现存的《春秋》只有一部，而其还残缺不全，但从中我们也可看出这种思维方式对历史著述的影响。在《春秋》中，自然界的变化是人类历史变化发展的框架。春夏秋冬的季节变化代表了基本的时间观念，为历史记载提供了方便。

这一时间观念以其循环往复为特征，因此也影响了古代中国的历史观。孟子所谓"五百年必有王者兴"就是循环史观的一个例证。如果说《春秋》中确实隐含有孔子的"三世说"——衰乱、升平与太平——那么这一"三世说"也同样以循环史观为基础。孔子的"信而好古"自然反映了他对古代的向往，但这种向往还是有一种循环论的前提，即希望美好理想的过去会在将来重新回来。从历史哲学的角度来看，这一循环论的历史观念，非但促使古代中国人不断依照时间的顺序往返记载历史，而且给他们提供了一个全面的、长久的历史认识。这一认识同时包含了过去、现在和将来的三个方面。如果以《春秋》为代表的编年体史书是"结绳记事"的一种文字形式，那么这种"结绳记事"远远不是仅仅出于一种对现实、现世的关心，而是体现了对整个人类历史的思维勾画。

有了对《春秋》等史书这样一种历史哲学的认识，我们就不难理解司马迁"究天人之际、通古今之变"的由来。自然，司马迁本人有其高远的理想，但他的"究天人之际"，还是建立在前人的基础上的。他本人对孔子的推崇就是一例。虽然这么说，司马迁在中国历史上首次明确表明他的理想追求仍然具有重大的意义。他的《史记》中的"史"，用现代的语言来说，不仅可以被认作是复数的，也可以是一以贯之的单数，取决于我们把《史记》放在什么样的尺度来评价。但无论怎么看待，《史记》所体现的是古代中国的一种复杂的历史思维，既有时间的深度，又有空间的跨度。

自司马迁以来，中国史学不但改变了记述的形式——从编年改到纪传，而且也变得愈来愈政治化，因此史学的范围逐步狭窄，以朝代的兴亡为主题。但是，从史学观念来看，中国史学仍然保持着广阔的幅度、长远的眼光。中国史家之记述朝代的兴亡，已经自然有过去与现在的两个方面：他们所记录的是前代的、过去的历史，但这一记载有现在的因素，因为是现在的人在进行这一记载的活动。更重要的是，史家记载的目的显然是为了将来，即为了维持和延长当朝政权的统治。于是，一部朝代史，在时间上包含了过去、现在与将来，尽管它记载的只是一个朝代的历史。

这种以过去为资鉴、即"以古鉴今"的历史观念，在东汉以后的年代里，也表现在所谓"正统论"的讨论中。"正统论"讨论的中心是如何确定王朝更替的正统性。这一问题在东汉灭亡以后，显得十分尖锐。但史家之所以对这一问题如此关心，还是出于一种对将来的考虑，即如何在中国的历史中，找到一个一以贯之的沿革传统。这种重塑传统、追求正统的做法，到了唐朝的韩愈，则被用来总结儒学，即所谓"道统"的沿革变化，可见其影响之深远。

但这种重塑传统的需求正是因为历史的断裂而产生的。从东汉到隋唐、从隋唐到北宋以及南宋，都有不同长短的分裂期。这种分离时期的存在，使得史家更为注意"正统"，即过去与将来之间的联系。为了建立这种联系，史家就必须根据需要重写历史，以便更好地表述历史的演变。宋代欧阳修的"新"史，就是一个很重要和明显的例子。欧阳修新修的历史，不但是在重塑过去，而且是在构造现在和将来。唐宋以来，由于文化传统的剧烈变动，这种对历史加以重新整理提出新解的举动并不少见。"三通"（唐朝杜佑的《通典》、宋朝郑樵的《通志》、元朝马端临的《文献通考》）的写作，乃至司马光的《资治通鉴》，都表现了这样的企图。这种对通史的热心，虽然上承司马迁，但也与中国的历史思维传统十分契合。因此这些著作都得到不少好评。

到了明清两代文网日密，史家著史往往招致杀身之祸，因此到了清代，便盛行考史、评史，在考评中抒发己见，借他人之酒杯，浇心中之块垒。虽然清代的考据家以考证为业，但其实他们仍然具有"通史"的眼光，如清代三位历史大考据家王鸣盛、钱大昕和赵翼的作品，都没有局限在一两部朝代史，而是企图评论许多部"正史"，以求对以往的历史有一种通盘的了解。他们的评注，也往往掺杂了对历史变动所做的解释，不仅是一种文字上的订正而已。

既然中国的史学传统中有如此悠久的思维传统，因此到了19世纪，当中国面临危机的时候，史家自然又承担起重修历史、重塑传统的任务。在起初，魏源、徐继畬、梁廷楠等人的著作，只是想"开眼看世界"，将明代中期中国闭关以来所产生的剧烈变化告知国人。他们的著作，为重修历史建立了必要性，也为政治上的变法提供了理论论证。甲午战败的惨痛，使得人们更加认识到变化的必要和必然，因此许多青年人去了日本，他们寻找的不但是西方成功的秘密，而且是"西化"成功的秘密。他们的日本之行，为中国史学的革新提供了便利的样板。日本史家不仅用"新式"手段写作历史，而且写了"新式"的中国历史。那珂通世（Naka Michiyo）《支那通史》的流行就是一例。梁启超的《新史学》，也直接受到了浮田和民的启发，而《国粹学报》的"国粹"两字，则是日语的直接借用。既有重修历史的悠久传统，又有东洋近邻提供便利的样板，加上那时的人视"西化"为富强之道的认识，中国史学在20世纪初年的大幅革新，因此就顺理成章。

二、传统与新潮的交融

应该注意的是，这一史学的革新，虽然有现实的考虑、外界的影响，但还是得益于中国的文化传统。我们在前节不厌其烦地将中国以往的史学传统加以分析，正是为了让读者更为清晰地看到五四新文化运动的新旧两重性。既然我们已经在上面对传统做了比较详尽的描述，我们现在就来着重看一下"新"的方面。

20世纪初年史学革新的首要特征，是民族主义史学的兴起。梁启超在1902年写作《新史学》，在起首便强调史学与民族主义之间的密切联系。他说：

> 于今日泰西通行诸学科中，为中国所固有者，惟史学。史学者，学问之最博大而最切要者也。国民之明镜也。爱国心之源泉也。今日欧洲民族主义所以发达，列国所以日进文明，史学之功居其半焉。[1]

这里，梁启超不仅指出史学研究能增强爱国心，强化民族主义，而且以欧洲为例，认为民族主义能帮助文明的进化。有意思的是，他还认为中国的旧学问中史学有革新的可能。

几乎同时，同样有日本经验的《国粹学报》诸学人，也认为民族主义是史学革新的主要动力。如黄节就在《黄史·总叙》中说道："西方哲儒论史学之关系，有国家与人种两端。柏林史学大会宣言曰：提倡民族帝国主义，造新国民，为历史家第一要义，否则外族

---

1 梁启超：《梁启超史学论著三种》，香港：香港三联书店，1980，第3页。

人霸、国恒亡。"[1] 他所写作的《黄史》，以中国人种的演变为主要线索，叙述社会总体的变化演进，因此书的起始便列《种族书》，其中讨论"种源""种别""立国""种名国名"等诸节，显然把民族主义史学视为新时代史学著述的主要模式。[2]

这种民族主义史学，如梁启超和黄节等人所言，源自西方，虽然他们也参考了日本的模式。民族主义所追求的目标，就是国家的强盛、民族的进化，因此与19世纪后半期流行西方的进化论思想有深刻的联系。用进化论观点看待人类历史的变化，有两个基本特征。首先是把人类的历史视为单一、一线的演化过程，由低到高，不断进步。其次，进化论史观虽然重视人类历史的一体性，但在具体论述时，则以民族、国家为基本单位，衡量国家之间的先进、落后，提倡相互竞争、适者生存。黄节在前面所言，非常明确地表述了西方民族主义史学的这些特征。

在梁启超、黄节等人倡导民族主义史学的时候，中国人对进化论思想已经不再陌生。留学英国的严复，已经把《天演论》等西方进化论的论著译成了中文，在思想界引起激烈反响。事实上，在严复移译这些西方著作以前，中国人已经接触了用进化论观点写作的历史著作，如在1894和1895年，英国传教士李提摩太（Timothy Richard）就将罗伯特·麦肯齐（Robert Mackenzie）的《十九世纪史》（*History of the Nineteenth Century*），通过助手，译成了中文，题为《泰西新史揽要》。先在《万国公报》上连载，以后又出单行本。出版之后，适逢百日维新，因此非常畅销，销售达100万册以上。[3]

---

1 黄节：《黄史·总叙》，《国粹学报》，第1期（1905，上海），第43页。

2 同上书，第47—60页。

3 邹振环：《影响中国近代社会的一百种译作》，深圳：中国对外翻译出版公司，1996，第101—105页。

这些译作对推广进化论的历史思想有很大的作用。因此，梁启超在《新史学》中界定史学的定义时，一连三处用了"进化"，认为新史学的基本宗旨，就在于把进化的道理通过历史的叙述表述出来。[1]

值得注意的是，这一追求进化论史学的潮流，到了五四新文化运动时期，则有了新的含义。它不仅是解释历史的手段，也是研究历史的方法。这一新含义的发现，归功于胡适。胡适在介绍其老师杜威的实用主义科学观时，将进化论的思想放在方法论上做了分析。他说：

> 这种进化的观念，自从达尔文以来，各种学问都受了他的影响。但是哲学是最守旧的东西，这六十年来，哲学家所用的"进化"观念仍旧是海智尔（Hegel，通译黑格尔）的进化观念，不是达尔文的《物种由来》的进化观念。到了实验主义一派的哲学家，方才把达尔文一派的进化观念拿到哲学上来应用；拿来批评哲学上的问题，拿来讨论真理，拿来研究道德。进化观念在哲学上应用的结果，便发生了一种"历史的态度"（The genetic method）。怎么叫作"历史的态度"呢？这就是要研究事物如何发生；怎样来的，怎样变到现在的样子：这就是"历史的态度"。[2]

这一方法论的转变，在那个时代有十分重要的意义。因为一旦

---

1 梁启超：《梁启超史学论著三种》，第10—15页。
2 胡适：《实验主义》，《问题与主义》，收入《胡适文存》第一集第二卷，台北：远东图书公司，1990，第66—67页。有关这一方法论对当时史学的影响，见拙文《论20世纪中国史学的方向性转折》，《中华文史论丛》第62期，第1—84页，特别是第22—26页。

进化论的思想成了一种研究学问的方法，那么它就不再是西方所专有的了，其他地区的人也可以拿来运用。这样一来，人们对进化论的思想也有了一种新的认识。它不再仅仅是为了突出西方文明在现代社会的优越和超前，而是可以研究文明先进与落后的原因与过程，其应用面大为扩大。胡适本人就是一个非常好的例子。他在撰写博士论文时，就想通过这一"进化的方法"，寻找中西文化的共同点，即"用现代哲学去重新解释中国古代哲学，又用中国固有的哲学去解释现代哲学"。[1] 这种从方法论的层面沟通中西文化的做法，是五四新文化运动的一个重要特色。

因此，五四学者虽然一心追求西方的科学与民主，但至少在学术思想和方法上仍然体现出一种新旧融合的特征。换言之，如果说梁启超等人在 20 世纪初年提倡"新史学"，希望用进化论的观点重新写作历史，已经上承中国古代重修历史的传统，那么胡适等五四学者的做法则更清楚地显示，这一"新史学"的事业必须建立在对旧有传统的新的解释之上。于是胡适提出"整理国故，再造文明"，由此出发来建立中国的现代学术。[2]

五四学者的具体做法是，一方面用西方输入的科学方法，对传统文化提出激烈的批评，其态度远甚于晚清那些主张"中学为体、西学为用"的学者。但在另一方面，五四的新派学者又追求中华民族的重振，因此并无意将传统文化全盘否定。他们的目的是，首先用科学的方法"整理国故"，然后在一个新的、科学的基础上"再造文明"，也即重写中华民族的历史。于是，史学革新就成了五四

---

1 胡适：《先秦名学史》，见姜义华主编：《胡适学术文集（中国哲学史）》，北京：中华书局，1991，下卷，第 776 页。
2 有关中国现代学术的建立，陈平原的《中国现代学术之建立：以章太炎、胡适之为中心》（北京：北京大学出版社，1998）一书有比较详尽的讨论。

时期新文化运动的主要组成部分。从"新史学"的先驱梁启超到五四时期的代表人物胡适、顾颉刚和傅斯年，他们都从史学方法论的革新入手，重新审视中国的文化传统，在科学方法的基础上，以新的手段阐述过去与现在的联系。他们的成就，代表了中国史学的一个新的阶段。

由此看来，五四时期的史学革新，同时包含了"破"和"立"两个方面。而这两个方面的工作，都采用了同样的方法，即对史料的考证、对史书的鉴别，以求对过去有一种精确、可靠的认识。对这一方法的认同，主要还是通过胡适的论证。作为杜威的弟子、留美的博士，胡适对现代科学方法的阐述自然有一种权威的影响。饶有趣味的是，胡适一方面推崇现代科学方法，延请杜威来华讲学。而在另一方面，他又企图在中国旧有的文化传统里面，发现现代科学方法的成分。胡适在 1921 年写作的《清代学者的治学方法》一文是这一方面的代表作。在文章的开始，胡适便指出，以西方的经验来看，科学方法包括演绎和归纳两种，特别是两者的结合。由此出发，他对中国的文化传统从方法论的层面做了观察。他的结论是："中国旧的学术，只有清代的'朴学'确有'科学'的精神。"[1]然后他便开始论证他的观点。胡适以钱大昕等人的著作为例，从清代音韵学、训诂学和校勘学等几个方面，检验清代考据家运用演绎和归纳方法的做法，以证明他们研究方法的科学性。这一科学性，用胡适的话来说，主要体现在两个方面，即"大胆假设，小心求证"。[2]

如所周知，胡适的"大胆假设，小心求证"，是他治学的座右

---

1 见葛懋春、李兴芝编：《胡适哲学思想资料选》，上海：华东师范大学出版社，1981，上册，第 191 页。
2 同上书，第 194—211 页。

铭，也是他作为新派科学学者的标志。有趣的地方是，他不仅对这一科学方法用中文做了简练的表述，而且是基于清代考据学家治学的经验。于是，原来被认为是属于现代西方的科学方法，一下变得亲近起来，不再隔膜、陌生。正是通过这样的"汉化"过程，现代科学方法在现代中国开始得到了普及。譬如，没有受过西方学术训练的顾颉刚，在回顾他挑起"古史辨"的讨论时，也认为胡适所表述的科学方法对他启发很大。[1]

的确，"古史辨"的讨论是这一科学方法的首次使用，其效果主要体现在"破"的方面。在讨论中，顾颉刚、钱玄同、胡适等人运用文献考证的手段，鉴定古书的真伪，并发现不少古人作伪的现象。于是，顾颉刚大胆断言，先秦以前的中国古代史并不可信。所谓三皇五帝，只是后人杜撰、想象出来的。这一结论引起不少人的反对，讨论于是就变得十分激烈，在学术界造成了"疑古"和"信古"的两派。[2] 顾颉刚之"疑古"，自然受到了胡适所界定的科学方法的影响。但他在《古史辨》自序中，还提到了其他人，譬如章太炎、康有为，甚至更早的崔述、姚际恒等人。至于他所提出的所谓"层类地造成的古代史"的观点，则与他喜欢中国戏曲有关。[3] 顾在《古史辨》第二册自序中，则干脆说，他的疑古是"今文古文讨论百余年后该作的工作"。[4] 由此看来，虽然"古史辨"的讨论是新文化运动中对传统的一种激烈的批判，但其学术渊源，则大致上是承继了清代学术的传统，从方法到观点都没有太大例外。

---

1 顾颉刚：《古史辨》，香港：太平书局，1962，第一册，"自序"，第 1—103 页，特别是第 59—60、77—80 页。
2 这一讨论影响之深远，可以从李学勤提出的"走出疑古时代"的口号中见其一斑。
3 顾颉刚：《古史辨》，第一册，第 1—103 页。
4 顾颉刚：《古史辨》，第二册，第 6 页。

如果说"古史辨"的讨论反映了五四新文化运动中传统学术的深刻影响，那么在这以后，这一情形就变得更为明显。在胡适倡导用科学方法"整理国故"的时候，起而响应的不仅是顾颉刚，还有何炳松、傅斯年，甚至还有大胡适一辈的梁启超等人。他们的"整理国故"主要是从史学方法上人手，寻找中西文化之间的共同点。比如，梁启超和何炳松都写了史学方法方面的论著，而傅斯年在留学欧洲的时候也一心想找到西方科学的"真学问"，即科学的方法。他回国以后在北大上的课，也是史学方法论。从方法论的角度，傅斯年对史学做了一个定义：

> 近代的历史学只是史料学，利用自然科学供给我们的一切工具，整理一切可逢着的史料，所以近代史学所达到的范域，自地质学以至日下新闻纸，而史学外的达尔文论，正是历史方法之大成。

同胡适一样，傅斯年认为达尔文进化论，可以是一种科学方法。但是，傅对科学方法的应用度的理解则比胡适更为广泛。在他看来，科学方法只有一种，可以放之四海而皆准。这就比胡适更为清楚地讲明，科学方法完全适用于整理中国传统的学问。傅斯年对科学方法的这种实证主义解释，有助于史学的进一步革新。我们将在下面再述。

何炳松与梁启超在史学方法论方面的论著，只是当时众多相似论著的两种。但由于他们的学术背景和地位，因此有一定的代表性和影响力。何炳松是留美学者，回国以后又以翻译西文历史书著名，因此说是一位十分"西化"的人物。何的《历史研究法》，显示了他西方教育的背景。他在一开始便指出，现代的历史研究方法，与中国古代的所谓"史法"（春秋笔法），有明显的不同，也与传统的"史评""史论"不一样。他从现代史学的观点出发，认为历史研究的方法也即对人的历史的研究，而不是对古代史著的评论。这里何炳松引进了西方哲学传统中的"主观"与"客观"的差别，指出历史研究的对象是人类过去的活动，也即一种客观存在的历史。但是，他在下面又说道，虽然历史研究的是过去，但由于这一过去是人的活动，因此又有主观的因素。更有意思的是，他对这一主、客观交融的解释，则用了章学诚的论述，"史之义出于天，而史之文不能不借人力以成之"，并且说这是"中外史学界中未曾有过的至理名言。就是现代西洋新史学家恐怕也不能说的这样透辟精到"。[1]

何炳松不仅在界定史学方法时力图沟通中西学问，而且借用了不少传统的治学手段来论述历史研究方法的步骤。他认为历史研究需有以下的几个步骤：搜集史料、辨明真伪、知人论世、阐明史料、断定史实、比次史实和勒成著作。这些步骤显然受到了章学诚著作的影响。而他在阐述各个步骤时，还不时称赞司马光的《考异》，认为是中国史学史上有关史学方法的一个典范。[2]

如果有西洋留学背景的何炳松都对中国的史学传统充满兴趣，那么在这方面有更深素养的梁启超，其表现当然就更为明显了。梁在 1902 年提倡"新史学"时，曾对中国的"正史"传统做了严厉的批判，认为其只是一朝一姓的历史，不是中华民族的历史。但是，当他在 20 年代初重新回过头来检视中国传统史学时，看法有了很大的改变。这一改变与他在一战以后游历欧洲，目睹西方文明战后的悲惨有关，这使他认识到西方强盛的背后仍然存在不少问题。但

---

1 何炳松：《历史研究法》，载刘寅生等编：《何炳松论文集》，北京：商务印书馆，1990，第 149—150 页。
2 同上文，第 152—165 页。

04 从整理国故到再造文明：五四时期史学革新的现代意义　　　　　　　85

同时，梁启超也显然受到胡适"整理国故，再造文明"运动的鼓舞。因此，他受邀到清华国学研究院教书的时候，就开始从史学方法的角度来比较中西学问在这一方面的相似之处。梁在那个时期出版的《中国历史研究法》及其补编体现了他的努力，其影响十分深远。

与何炳松一样，梁对史学和史学方法的界定，参照了西方现代史学的观念。他也谈到了历史研究的主、客观问题以及史料中存在的抽象与具体的问题。比如，他在论述史学的主观和客观性时说："故吾以为今后作史者，宜于可能的范围内，裁抑其主观而忠实于客观，以史为目的，而不以为手段，夫然后有信史，有信史然后有良史也。"[1] 这说明梁启超与何炳松一样已经接受了西方的史学观念，认为历史研究的目的是反映真实的客观历史，而不是仅仅为了校订古代的史书。

梁对史料的认识也受到了西方的影响。他认为史料的种类主要有两种，一是文字史料；二是文字以外的史料。有意思的是，他首先讨论非文字的史料，譬如"现存之实迹""传述之口碑"和"遗下之古物"，包括了现代人所称的口述史料和实物史料。然后他才论述文字的史料。[2] 这一安排，也反映了他的科学史学观。在传统的史学中，虽然史家也运用实物史料，但毕竟只是起辅助的作用，不是史家注意的中心。但在梁著中，显然实物史料已经取得了不同的地位。

可是，在论述史料整理、批判的方法时，梁启超就几乎完全以中国传统为主了。他的古典涵养为他的著作增色不少。如他在谈到搜集史料的重要时举例说，《史记》中有关墨子的记载只有 24 个

1 梁启超：《中国历史研究法》，见《梁启超史学论著三种》，第 79 页。
2 同上书，第 85—104 页。

字。但《史记》成书两千年后，孙诒让对墨子做了深入研究，通过各处搜集史料，最终得《墨子传》，有数千言。[1] 同样，他在谈到鉴别史料时也用了不少中国史学的例子，并且用这些例子来补充甚至纠正西方史家在史学方法上的论述。譬如，梁在谈到史料运用的原则时说，原始史料自然是最有价值的。要了解一个人，可以读他的自传，如司马迁的"自序"，王充的"自纪"都是例子。但是，他又说，自传也有不少不足之处，如中国古诗所谓"不识庐山真面目，只缘身在此山中"。有些时候，旁观者反而更清楚。同理，在旁观者中，自然最为接近本人的东西最真实。但梁又举例说，明末徐霞客卒后，由其挚友为他作墓志。一般人都以为这一墓志非常可信，实际上，梁发现其中也有一些史实的错误。如徐霞客因病未能去西藏一事，挚友就不知，反而以为他得以成行。[2]

梁启超希图在史学方法论上沟通中西的做法，也使得他对中国传统史学的看法，与以前相比有了不少改变。如他在《新史学》中曾对中国各正史传统有不少批评，但从史学方法的角度着眼，梁启超则发现了其中的不少长处，胜于世界其他各国。"中国于各种学问中，惟史学为最发达；史学在世界各国中，惟中国为最发达。"而这一发达的原因，在梁看来，正是由于中国有史官建置的悠久传统。他说道：

> 汉魏以降，世官之制虽革，而史官之华贵不替。所谓"文学侍从之臣"，历代皆妙选人才以充其职。每当易娃之后，修前代之史，则更网罗一时学者，不遗余力，故得人往

---

1 梁启超：《中国历史研究法》，见《梁启超史学论著三种》，第 116 页。
2 同上书，第 123—125 页。

往称盛焉。三千年来史乘，常以此等史官之著述为中心。虽不无流弊，然以专才任专职，习惯上、法律上皆认为一种重要事业。故我国史形式上之完备，他国殆莫与京也。[1]

在《新史学》中，梁启超批评中国的修史传统，认为是为一家一姓服务。但现在他从方法论的角度着眼，则显然有了非常不同的看法。这是因为，有了史官建置的这一传统，中国不仅产生了持续绵延的史学著述，而且在保存和整理史料方面独占鳌头。

何炳松与梁启超都在史学方法论上，将中国的传统史学重新做了整理。他们的著作给人以这样的印象，虽然中国的史学传统中比较缺少对史学方法的理论论述，但在实践方面则毫不逊色，有着十分优良的成绩。通过他们的分析，中国的史学传统取得了与西方史学相埒的地位。他们的工作也反映了五四新文化运动时期的特质。虽然这一运动旨在改造中国的文化传统，但在具体做法上，仍然企图在新的观念基础上，重新认识这一传统。因此，这些学者的大部分工作仍然放在中国文化的研究上。

这些"整理国故"的工作，自然而然地让人们对中国的文化传统有了一个新的认识，其中也包括对中国历史的新理解。顾颉刚的"疑古运动"，使得人们对中国的上古时代，一下变得将信将疑。从史学革新的观点来看，顾所做的还十分初步。他只是从文献考证的手段出发，发现了几部伪书，从而指出古史的问题。但从梁启超的《中国历史研究法》中我们可以看出，史学革新的进一步是要扩充人们对史料的认识，由文献材料到实物材料，以求对过去取得更丰富的认识。

---

1 梁启超：《中国历史研究法》，见《梁启超史学论著三种》，第 55 页。

在扩充史料、革新史学这一方面，傅斯年的成就比较突出。傅从北大毕业以后即赴英国留学，以后又去了德国，一共在欧洲待了七年，到1926年底才回国，到中山大学任教。他在国外期间，获得了伦敦大学心理学的学士学位，但自此以后，便在各系听课，以自然科学的科目为主。由于他涉猎很广，缺少专攻，因此让人有一事无成的感觉。傅的老师胡适1926年在法国见到他，便颇感失望，认为傅在海外游历多年并无多少收获。[1] 其实，傅斯年虽然没有在海外获得学位，但在国外的几年，还是对他以后的学业颇有帮助。他旁听了不少课程，让他认识到各种学问之间的相通之处，因此他就更坚固了实证主义的观念，坚信科学方法的普遍性和各种学科之间的相似性。这一信念对他回国以后的工作有深远的影响。

傅斯年到了中山大学以后，成立了语言历史研究所。1928年，值中央研究院成立之即，他又将该所移到北京，称之为历史语言研究所。他在该所的计划就是想要沟通各种学问，用自然科学的方法研究中国的历史。对傅斯年来说，为了真正了解上古的中国，必须从实物史料入手，因为文献史料的争议太大。于是他便组织人员到殷墟发掘，用考古的手段研究商的历史。经过一段时间的发掘，殷墟出土了不少文物，证明殷商的文明不但有文字，而且其经济与社会都已经达到了一定的水准。这一发现，使得"疑古派"的说法不再有多少说服力，连胡适都改变了态度，不再疑古了。[2]

---

1 见王汎森（Wang Fan-shen），*Fu Ssu-nien: An Intellectual Biography*, Ph. D dissertation, Princeton University, 1993, 第 97 页。

2 见刘起釪：《顾颉刚先生学述》，北京：中华书局，1986，第 262 页。有关从"疑古"到"信古"的过程，可见屈万里：《我国传统古史说之破坏和古代信史的重建》，载《中国通史集编》，香港：未名书屋，无出版日期，第 246—266 页。

傅斯年用比较夸张和明确的语言，阐述了他心中的"历史科学"的方法，那就是："现代的历史学研究，已经成了一个各种科学的方法的汇集。地质、地理、考古、生物、气象、天文等学，无一不供给研究历史问题者之工具。"用了这些工具，历史学家能发现各种不同的史料，发现历史的真相，即所谓"一分材料出一分货，十分材料出十分货，没有材料便不出货"。"我们不是读书的人，我们只是上穷碧落下黄泉，动手动脚找东西。"[1]这就从根本上改变了人们对史学研究的看法。

　　这种注重实物史料来研究历史的态度，只是在那时比较突出的一种史学革新的手段，并不为所有人接受。其实，虽然傅斯年领导了考古的发掘，但他本人的研究也还是以文献材料为主。[2]不过，从史学观念的革新来说，运用实物史料来参证文献材料，两者比较之后来获取可靠的历史知识，的确是当时的一大成就。从傅斯年对之的提倡来看，似乎主要是受西方的影响，但细究起来，我们还是可以见到不少传统的因素。譬如傅斯年在写《历史语言研究所工作旨趣》时就说，语言学或训诂学的研究在中国由来已久。他本人在早年也有这方面的训练，为章太炎的弟子黄侃所欣赏。而他所提倡的实物史料与文献史料相比较的研究方法，也与王国维的"二重证据法"一脉相承。这说明，尽管傅斯年以"新"学著名，但他的学术训练仍然与清代的学问密切相连。

1　傅斯年：《傅孟真先生集》，台北：台湾大学出版社，1952，第 4 册，第 177—178 页。
2　可见傅的代表作《夷夏东西说》和《大东小东说》。

三、现代史学与现代文明

从中国现代史学的演变、发展来看，以胡适、傅斯年等人所提倡的"科学派"，无疑是代表了当时新文化运动中"新"的一面。但是，通过我们上面的分析，可以看到，在这种"新"的学问中仍然有不少传统的成分。胡适等人对西方科学方法的理解与改造，梁启超、何炳松将之运用于历史研究的尝试，以及傅斯年以这种"新"的手段研究中国的上古时代，表明这些以"新学""西学"闻名的学者，都在很多方面与传统保持紧密的联系。由是，我们可以对新文化运动有一个不同的认识。也许，50 年代以来"新儒家"对五四运动的批评与指摘并不完全正确。

不过，对五四运动所包含的传统方面的认识并不新鲜，以前已经有不少人对此有所阐述。譬如美国学者列文森（Joseph Levenson）便在其著作中指出，中国现代的自由派知识分子与中国的旧传统藕断丝连，因此导致了他们思想观念以及理想追求的不彻底性，乃至最终的失败。[1] 这种观察，反映了冷战时期美国对现代中国历史的解释。尽管如此，美国学者从局外人的角度研究中国的问题，有不同的观察点。而中国学者对五四新文化运动，则常常过分注重其崇尚西学的一面。

这里的关键问题是，如果我们承认在新文化运动中有"新""旧"之间的联系，那么应该如何看待和解释这样的联系呢？当代的文化研究已经在外来文化与本地文化之间的关系问题上有了不少论述，也许可以对我们有所启发。自 19 世纪以来，西方工业

---

1 列文森的代表作是 *Liang Ch'i-ch'ao and the Mind of Modern China*（Cambridge MA: Harvard University Press, 1959）和 *Confucian China and Its modern Fate: A Trilogy*（Berkeley: University of California Press, 1968）。

革命完成以后不断对外殖民扩张，利用工业革命的成果在亚、非、美洲等地征服，几乎所向披靡。西方军事上的胜利也有助于其文化上强势地位。因此，在几乎所有非西方地区，都有不同程度的"西化"运动。中国的新文化运动是其中之一。当然，现代中国虽然在与西方强国接触时伤痕累累，但毕竟没有被彻底征服，沦为殖民地，与印度、埃及等地不同。不过，从印度等西方殖民地的经历来看，西方文化虽然在一时凌驾一切，但其实也无法真正全面压倒本地文化。相反，有许多例子证明，在西方向非西方地区推广其文化的同时，也同样受到非西方地区文化的影响，以致对其本身的文化造成各种影响。如萨义德（Edward Said）在《文化与帝国主义》一书就指出，现代英语文学课程，首先是在印度开设以后，然后才引进回英国，成为英国大学教育的重要课程。[1]

同样，我们也可以自然地认为，现代中国人接受和消化西方文化的时候，也会对这一外来的文化进行选择和改造，不会无条件地接受。在胡适等人进行史学革新的时候，我们所见到的正是这种新旧、中外不断协商、交流的过程。对于这种协商，我们不应过于指责，认为其体现了新文化运动的不彻底性。同理，我们也不必对此感到沾沾自喜，认为其是中国文化顽强生命力的一种表现。事实上，在现代世界，文化之间的沟通或者冲突，都经过这种类似的协商过程。印度学者帕塔·查特吉（Partha Chatterjee）已经发现，非西方地区的民族主义运动，通常是以反抗西方的帝国主义统治为目的的，但其表述形式则往往是西方式的。[2] 用中文来说，即"以其

1　Edward W. Said, *Culture and Imperialism*, New York: Vintage Books, 1994, p.42.

2　参见 Partha Chatterjee, *Nationalist Thought and the Colonial World: A Derivative Discourse*, Minneapolis: University of Minnesota Press, 1993; *The Nation and Its Fragments: Colonial and Postcolonial Histories*, Princeton: Princeton University Press, 1993。

　　　　　　　　　　中国现代历史意识的产生

人之道反治其人之身"。因此，萨义德指出：

> 虽然西方帝国主义与第三世界民族主义相互激励，但即使在冲突最为激烈的时候，它们也不是单一的，或者能由一方决定一切的。事实上，文化也决不可能是单一的。它既不是东方或者西方的私有财产，也不归一小部分的男人或者女人所有。[1]

现代文化的"混杂性"（hybridity）正是其生命力的表现。五四时期史学革新的过程可以帮助我们认识到，在中华文明走向未来的时候，我们应该不断保持一种对外开放的态度，在与外来文明不断接触交流的过程中，充实补充自身，以保持永久的生命活力。我们不必庸人自扰，以为对外开放，会导致自身文化的败落。如果以五四新文化运动的激烈，都包含有大量传统的因素，何况其他？事实上，只有通过对外的接触才会真正认同自身文化的不同及其价值。这正如人们在到国外旅游的时候，往往才更深入地认识到自身文化与国外文化的差别来。文化之间的交流也会增进文化的认同感。

五四新文化运动的两重性也让我们看到，虽然在那个时代，激进与保守似乎界限分明，其标志是如何看待自身文化与外来文化之间的关系。强调文化变革之需要的，则被视为激进、改革的代表，反之则视为保守。但从文化研究的角度来看，这两者之间的区分，主要表现为态度的不同，而在文化交流的具体结果上并不会产生巨大的差别。这是因为，在自身文化与外来文化交流、碰撞的过

---

1 Edward W. Said, *Culture and Imperialism*, p.xxiv.

程中，双方都会有交互的影响。热衷西化的人并不能完全把传统抛弃，而固守传统的人也无法拒绝外来的影响。如倡导"全盘西化"的胡适，一生都致力于中国文化传统的研究，而处在他的对立面的"学衡派"，对西方学问的了解，与他相比并不逊色。因此，所谓"激进"与"保守"之间的差别，只是一种依当时情况而定的态度上的差别。余英时先生尝言，"这两个态度'激进与保守'是相对于某一种现状、某一种现存的秩序来说的"，就是这个意思。[1] 因此对于这一差别，我们需要有历史的眼光，既注意当时的情形，又看到以后的发展。这是史学研究的长处，也是五四史学的变革对我们的启示。

五四时期的史学革新，也让我们认识到，在文化经历重大变迁的时候，史学往往有举足轻重的表现。历史研究从本质上来看，起了一种将过去与现在相互连接的作用，这在中国传统史学中，已经屡见不鲜。西方学者也认为，"过去是异邦"，也即在人们每次到国外走动的时候，都有可能会产生新的发现。[2] 这是因为，人们在国外旅游，都会不断地将自身的经验带去，做情不自禁的比较，而因为自身的经验也在不断变化，因此每次涉足海外，都会有新的发现。由此看来，人们研究历史，也同样受到现在条件的影响。由于现在条件或情景的变化，就需要不断重新研究历史，重新认识过去。以五四时期的史学革新来看，当时的史家用科学的态度审视过去，从中国的传统文化中发现科学的因素，与现代文明沟通，也就是在新的观念下重新写作了中国的历史，重新塑造了中国的传

---

1 余英时：《中国近代思想史上的激进与保守》，见其著《钱穆与中国文化》，上海：远东出版社，1995，第 188—222 页，引语见第 199 页。
2 David Lowenthal, *The Past is a Foreign Country*, Cambridge: Cambridge University Press, 1985.

中国现代历史意识的产生

统。[1] 同样，我们在新的世纪，也应该用新的眼光看待中华文明的传统，从新的观察角度，也即全球文明的观点，为中华文明重新定位。这是对所有关心中华文明的人的一个挑战，史学家更是责无旁贷，我们该如何应战，尚看诸位的努力。

（原载张国刚主编，《中国社会历史评论》第 5 辑）

---

[1] 参见拙著 *Inventing China through History: The May Fourth Approach to Historiography*, Albany: SUNY Press, 2001。

05　中国 20 世纪史学与西方

——论现代历史意识的产生

　　本文旨在探讨中国近代历史观念的变迁以及与西方的关系。这是一个比较史学的尝试。中国史学在近代的变化有目共睹，其原因十分复杂。就外来影响而言，不只是西方，譬如日本也曾对中国史学的改造，影响不小。作者之所以选择这一题目，只是想提供一个观察的角度，希望引起讨论。

　　历史学的兴起，表达了人们希求认识过去的愿望，这在古代中国和西方，都是一样。认识过去的目的，是更多地了解现在和将来。所谓"鉴往知来"就表达了这样的意思。在古代中国，历史学十分发达。其中原因，自然很多。但从统治者对史学的重视来看，史学的兴盛，与当政者认为史学能够"资治"，成为巩固政权的"借鉴"，有很大关系。中国古代史学的"官方性"，使得历史研究多多少少成为维持政权、维护传统的一种手段。官方历史学家的研究与写作，一方面享受到不少优惠，有着不少便利之处。但另一方面也受到各种牵制，影响了历史学家自身的独立思考。譬如，为了迎合统治者的需要，中国古代的所谓"正史"，基本上都以政治人物为中心，以王朝的兴衰为经纬。即使是史料性质的著作，如"起居注""实录"等，其性质内容也无大不同。

因此，中国古代官方史学的形成，似乎基于这样一种近乎常识的观念，即过去的经验可以直接指导现在。统治者认为，"以古为镜，可以知兴替"。因此史家就忙于搜集以往朝代的记录，集成长编，勒成删定，希望能有助于政权的延续。当然，并没有多少人对史学的发达和一个朝代"生命"长短的关系做过研究。但是，这种过去可以帮助现在、过去等同于现在，甚至过去胜于现在的观念，则似乎源远流长。

这种历史观念在中国古代的历史学和历史文化中，都有表现。人们崇敬过去，认为过去的经验对现在有用，因此搜集和保存有关过去的资料。从"左史记言，右史记事"开始，史料的保存和整理，成为中国历史学的一个重要内容。隋唐年间史馆的建立不仅是为了写作历史，也是为了保存史料。[1]对史料的重视也体现在一般平民的生活中。许多地方流行的"敬惜字纸"的风俗，便是一例。人们将任何写有字的纸张送入寺庙，由专人处置，表明了人们对历史记录的重视，已近似一种宗教礼俗。[2]

事实上，官方历史学也没有摆脱编辑与整理史料的窠臼。除了仅有的几部通史以外，中国古代的史书大都是断代史，由史家在前代留存史料的基础上进行整理和加工而写成。这一现象在史馆建立之后，更为明显。明清两代，对史料文献的整理和搜集，臻于极致，体现于《永乐大典》和《四库全书》的编撰。由于整理史料的

---

1 有关唐代的官修正史，见（唐）刘知几著，（清）浦起龙注：《史通通释》，上海：上海书店出版社，影印本，1983，《外篇·史馆建置》，第1—18页。另见杜希德（Denis Twichett）的《唐代官方历史的写作》（*The Writing of Official History under the T'ang*, New York: Cambridge University Press，1992）。

2 见韩玉珊（Yu-shan Han）：《中国古代史学纲要》（*Elements of Chinese Historiography*, Hollywood, Ca.: W. M. Hawley, 1955），第1页；朱维铮：《走出中世纪》（*Coming out of the Middle Ages*, New York：M. E. Sharpe, l990, trans. by Ruth Hayhoe），第 viii 页。

需要，古代历史学家在史籍的考证和辨伪方面取得了很大的成绩。从裴松之的《三国志注》到清朝考据学派对古籍的系统考证，我们可以清晰地观察到中国古代史学的成就。

但是，从现代历史研究的标准来衡量，历史资料的整理并不是历史研究的全部；历史学家必须对历史作出不同的解释。中国古代史家在历史解释方面做过一些尝试，如司马迁之"究天人之际"，司马光、欧阳修、朱熹的道德解说和章学诚的"六经皆史"论等。但总的来说，古代历史学家，特别是官方历史学家，在历史解释方面，并无太大创新。它们常常以统治者道德水准的高下和政权受外戚和宦党干扰的程度，来解释王朝的兴衰，比较千篇一律。因此，历史著作水平的高下，常常由文笔的好坏来决定，两司马的著作受人欢迎，首先是因为它们的文字优美，他们的历史解说则似乎处于次要地位。

要想对过去做出不同的解释，首先需要打破崇拜过去的心理，以现在的立场出发，回视、研究和解释过去，以帮助人们认识他们在现在的地位。保存过去，并非首要的任务。依笔者之见，这种看待历史的态度，区别了过去与现在，体现了一种不同的历史时间观念。以这种现代历史意识为指导的史学，并不把过去的经验视为理所当然的资鉴。相反，这种历史学鼓励历史学家不断发现过去，重新认识过去，并在新的认识基础上，不断重写历史。

以下所述，主要以中西文化在近代的交流为背景，对中西史学发展进行比较，以探讨这一现代历史意识在近代中国的产生和影响。

一、历史意识在西方的演变

我们可以先回顾一下史学在西方的演变。如果以古代希腊史学为起点，西方史学渊源于公元前 5 世纪左右。古希腊史家希罗多德（Herodotus）通常被视为西方"史学之父"。他的《历史》（*Histories*）——又名《希波战争史》——力求包罗万象，但其基本主题则是希腊与波斯在公元前 5 世纪的战争。也许是因为有了这一主题，希罗多德的著作采用的是叙述体，而不是中国古代史家常用的编年体。[1] 尽管有着这一显著区别，像中国古代史家一样，希罗多德认为历史的目的是保存记忆，以求指导现在和未来。他在著作的起始便道明了他的写作动机："为了使希腊人和异邦人的那些值得赞叹的丰功伟绩不致失去它们的光彩，特别是为了把他们发生纷争的原因给记录下来。"[2] 以后的古希腊史家如修昔底德（Thucydides）和波利比阿（Polybius）都认为历史写作的目的是吸取过去的教训，以便嘉惠未来。这表明，虽然西方史学在写作形式上与中国史学有着不同，但其基本思想则颇类似，对历史功用的认识也无大不同。

中世纪欧洲的史学，以揭示上帝的意旨为宗旨，开始把历史的演变视为一种"向上发展"的过程（Revelation），即从尘世（City of World）走向天国（City of God）。为了展示神意的凯旋（Providence）和魔鬼的灭亡（Apocalypse），中世纪僧侣采用编年的体裁，力求忠实地记录从上帝创世以来所有人类的历史。由于这一

---

1 有关中国和欧洲古代史学的比较，见杜维运：《中西古代史学比较》，台北：东大图书公司，1988；齐思和：《欧洲历史学的发展过程》，《文史哲》1962 年第 3 期；王晴佳：《中国和欧洲古代史学比较》，《社会科学（上海）》1984 年第 8 期，第 64—67 页。
2 *Herodotus*, trans. by A. D. Godley (Cambridge MA: Harvard University Press, l926), Vol. 1, 3.

历史有着阶段性的发展，过去便无法成为现在的楷模，而变成现在的一种铺垫。但是，我们并不能说西方中世纪的史学体现了现代的历史意识，因为它并没有对传统采取批判的态度。易言之，虽然中世纪的僧侣史家不认为传统能指导现在，他们也不认为人们有必要重新认识传统，区别过去与现在，而是认为整个人类的历史是浑然的一体；他们并没有提出不同的历史的时间观念。

在文艺复兴时代，新的历史时间观念开始产生。文艺复兴的史家不满中世纪的宗教神学，提倡人文主义，希图复兴希腊和罗马的古典文化。对中世纪文化的批评态度，使得他们开始具有历史的时间观念，即开始注意划分历史的时期。文艺复兴的人文主义者如彼得拉克（Petrarch）首先将西方的历史分为三个时期：古代、中世纪和现代，认为各个时期有其不同的特点。他们推崇古典文化，贬低中世纪神学，把复兴古典人文主义的传统视为首要任务。这种历史态度使得文艺复兴的史家不再迷信中世纪的文化传统，但同时却使他们对古典希腊罗马文化倾倒万分。

不过，虽然文艺复兴的学者意图恢复古典文化的传统，他们并没有能把古典的传统照搬照抄。他们的真正成就在于在过去和现在之间寻求一种平衡和综合。正如大卫·劳文沙尔（David Lowenthal）所言："人文主义者知道他们需要同时尊敬和超越古典的过去，他们并没有要么全盘照搬，要么全面拒绝；要么顶礼膜拜，要么粗暴破坏；要么极力保存，要么进行改造，而是取得了一种平衡。"[1]

---

1 大卫·劳文沙尔：《过去是异邦》(*The Past is a Foreign Country*, Cambridge: Cambridge University Press, 1985)，第 86 页。有关文艺复兴时期的历史观念及其史学成就，见 Peter Burke：《文艺复兴的历史观念》(*The Renaissance Sense ofthe Past*, London, 1969) 及 Eric Cochrane：《意大利文艺复兴时期的史家与史学》(*Historians and Historiography in the Italian Renaissance*,（转下页）

这种认识到过去与现在不同的时间观念使得人们能认识到传统并不是一个浑然的整体，而是不同成分的组合。这就有助于他们在各种传统中加以取舍，用新的眼光看待过去。然而，如何衡量传统的价值，与现在相比较，仍然是一个棘手的问题。18 世纪上半叶，英国学术思想界有过一番激烈的争论，一派主张过去（古典文化）胜于现在，其成就为现在人所无法超越。他们所用的例子是古希腊罗马在艺术方面的成就。而另一派则主张现代胜于过去，特别是在科学技术方面。这一争论在当时并没有明显的胜负。[1] 但争论的本身表明，西方学者在这一时期不仅不满中世纪的传统，而且也开始对古典文化有所怀疑。这种历史怀疑主义（historical Pyrrhonism）与当时科学革命的进展有关。哥白尼等人提倡"日心说"，使得人们怀疑中世纪的神学体系，而培根和笛卡尔的科学方法论，则教导人们不仅用科学的方法研究自然，而且用批判的眼光检查过去的史籍，因而孕育了一种新的世界观和历史观。

这一历史怀疑主义在 18 世纪为启蒙运动思想家所继承和发展，成为他们提倡历史进步观念（the idea of progress）的理论基点之一。在启蒙思想家眼里，过去不仅不如现在，而且也无关紧要。历史研究应该以现代为主，因为历史是不断进步的。在伏尔泰给友人

（接上页）Chicago：University of Chicago Press, 1981）和 Donald Kelley：《近代历史学的基础：法国文艺复兴时期的语言学、法学和史学》（*Foundations of Modern Historical Scholarship: Language, Law, and History in the French Renaissance*, New York: Columbia University Press, 1970）。

1 有关这一争论，可见 Joseph M. Levine：《书之战：十八世纪英国的史学与文学》（*The Battle of the Books: History and Literature in Augustan Age*, Ithaca: Cornell University Press, 1991）及《人文主义与历史学：英国近代史学的起源》（*Humanism and History: Origins of Modern English Historiography*, Ithaca: Cornell University Press, 1987）。

的信中，他强调了现代（当代）历史的重要性。[1] 这种历史的进步观念在本质上是非历史的，但却有助于人们摆脱崇拜过去的心理，为现代历史意识的成长奠定了基础。[2]

19世纪在西方被称为"历史学的世纪"，其表现是历史学家运用科学方法，争相撰写各国的历史，以求重新审视过去。这一现象在德国表现得特别突出。如果说启蒙运动的史观以法国18世纪的思想家为代表，19世纪的历史研究则以德意志历史主义史学为典型。历史主义是当时德国乃至欧洲思想界的主要思潮之一，其涵义复杂且广泛，表现亦多种多样。但就总体而言，历史主义者寻求历史地看待过去，主张各个历史时期都有其自身的价值。因为强调历史的个别性，历史主义的史学家认为历史无法概括，而必须理解（Verstehen）。[3] 这就使得他们沉浸于对过去的研究中，力求逼真地重

1 伏尔泰写道："总之，我们要教育年轻人热爱现代史而不是古代史。现代史对我们来说十分重要，而古代史则只能满足我们的好奇心。"引自 Fritz Stern 编选：《多种多样的历史》（The Varieties of History, New York: Meridian Books, 1956），第36页。

2 参见 M. S. Anderson：《十八世纪欧洲的史学家》（Historians and Eighteen Century Europe, 1715-1789, Oxford: Clarendon Press, 1979）。这里我们必须指出，18世纪欧洲的史学并不是铁板一块；史家对过去的态度也不尽相同。譬如在德国的哥廷根大学，历史学家便十分注重历史的延续性。见 Peter Reill：《德国启蒙运动与历史主义的兴起》（The German Enlightenment and the Rise of Historicism, Berkeley: University of California Press, 1975）；Georg Iggers：《1760至1800年的哥廷根大学和历史学的变迁》（"The University of Goettingen 1760-1800 and the Transformation of Historical Scholarship"），《史学史》（Storia della Storiografia）1982年第2期，第11—37页；以及 Hans Erich Boedeker 等编：《启蒙运动和历史学：德国历史科学研究》（Aufklaerung und Geschichte. Studien zur deutschen Geschichtswissenschaft, Goettingen, 1986）。

3 有关历史主义的概念和史学，见 Georg Iggers：《历史主义的由来及其涵义》（"Historicism: The History and Meaning of the Term"），《思想史杂志》（The Journal of the History of Ideas）1995年第1期，第129—152页；又见《德国的历史观念：自赫尔德至现在历史思想的民族传统》（The German Conception of History: The National Tradition of Historical Thought fromHerder to the Present, Middletown: Wesleyan University Press, 1983, re. ed.）。黄进兴：《历史主义和历史理论》，台北：允晨文化，1992。

现过去（*wie es eigentlich gewesen*）。为此目的，德国的史学家如尼布尔（Barthold Niebuhr）和兰克（Leopold von Ranke）开创了批判的历史方法，力求在验证史料的基础上重写历史。他们对史料的批判，始于历史怀疑主义。譬如尼布尔就对长期以来被奉为经典的李维的《罗马史》做了系统的考证，指出李维将神话和历史混为一体的错误。在细致考证史料的基础上，尼布尔写出了自己的罗马史著作，被视为近代罗马史研究的权舆。[1]

　　与尼布尔相似，兰克也在批判传统的基础上建立自己的史学。在他的第一本著作《拉丁与日耳曼诸民族的历史》中，他不仅在序言中提出历史学的任务只是为了"如实直书"，而且在书末的附录里，对文艺复兴史家马基雅维利（Machiavelli）和圭昔亚狄尼（Guicciardini）的历史著作提出了严厉的批评，认为他们在史料运用上多有错误。兰克自己在严格批判史料的基础上写出了好几本著作。同时他首创"研究班"（seminar），培养了不少当代著名的史学家，在西方史学史上形成了"兰克学派"。"兰克学派"的标志是注重对原始史料（包括档案）的运用，并采用比较语言学（philology）的方法对之做谨慎的考订，然后以客观的态度写作科学的历史，以求重现过去。[2] 阿诺尔多·莫米利亚诺（Arnaldo

---

1　参见古奇（G. P. Gooch）：《十九世纪的史学与史家》（*History and Historians in the Nineteenth Century*, London, 1952），第 16—23 页。

2　见王晴佳：《近代德国的历史思想和实践》，《世界历史》1990 年第 6 期，第 105—113 页；《简论朗克和朗克学派》，《历史研究》1986 年第 2 期，第 118—128 页。1986 年美国和德国召开了兰克忌辰百年的学术讨论会，出版了论文集，体现了兰克研究的最新成果，见 Georg Iggers 和 James Powell 编：《兰克和历史学科的建立》（*Leopold von Ranke and the Shaping of the Historical Discipline*, Syracuse: Syracuse University Press, 1990）和 Wolfgang Mommsen 编：《兰克和近代历史学》（*Leopold von Ranke und die Moderne Geschichtswissenschaft*, Stuttgart: E. Klett Verlag, 1988）。

Momigliano）指出，对原始和二手史料的区分和运用是现代史学的标志之一。[1] 显然，兰克学派的史学是这方面的典型。自此以后，西方历史学家不断地在批判史料的基础上重写历史，成就了历史研究在 19 世纪的繁荣。至 20 世纪，西方史家又向兰克史学提出了挑战，使得历史研究不断更新，历史理论层出不穷，历史研究呈现出百花齐放的局面。

从上述的简略描述可以看出，现代历史意识的产生在西方经历了漫长的过程。一直到 19 世纪，才开始取得统治地位。这一历史意识产生的一个重要原因，是因为人们对过去产生了一种不满的心理，开始批判过去、怀疑传统，因而不断用新的角度，重新审视过去，不断重写历史。

二、现代历史意识在中国的产生

现代历史意识在中国的产生，与西方文化的侵入密切相关。19 世纪中期以降，随着清王朝的衰落，西方强权对中国的主权发起了挑战。面对严酷的现实，一些开明的知识分子开始注意西方国家的历史。魏源、徐继畬和王韬都对西方的历史和文化做了介绍。黄遵宪则写了《日本国志》。他们对西方和亚洲其他邻国的兴趣，已经表明中国人开始开眼看世界，不再把眼光局限于自身的传统了。但

---

1 参氏著《古代史和博学家》（"Ancient History and the Antiquarian"），载《史学史研究》（*Studies in Historiography*, New York: Harper & Row Publishers, 1966），第 1—39 页。莫米利亚诺在文中指出尽管近代史学家吸收了博学家的比较语言学的方法来鉴定史料的真伪，但他们的目的不同于博学家。史学家的目的是为了重写历史，而不单单是为了找出确真的史实和史料。

当时思想界的主要趋向是认为西方的强大，在于其军事和科技，而中国的传统文化仍然是立国之本，即所谓"中学为体，西学为用"。直至甲午战败，传统文化的价值才开始让人怀疑。许多知识分子不但认识到西方在军事上的强大，同时也开始抛弃"中体西用"的观念，西方的政治和文化因而也为他们所青睐。人们对传统的态度一旦有所改变，对主宰传统史学的"正史"的地位，也产生了怀疑。1902年梁启超发表《新史学》，首次对传统的官方史学进行系统的批判，可以说是一种时代的产物，体现了对过去所持的否定态度。这种否定，有助于人们重新审视过去、考察过去，在新的认识基础上重新写作历史。由此看来，《新史学》可以说是标志了中国现代历史意识的产生。

以现代历史意识的产生和发展来探讨中国现代史学的成长，有助于我们了解五四一代学者（胡适、顾颉刚、傅斯年等）在历史学方面的成就和他们对中国史学发展的贡献。与西方近代史学的发展相似，20世纪的中国史家的工作，主要体现在如何运用新的理论（民族主义、科学主义、实用主义等）和新的方法（科学方法）重新解释和写作历史，重构中国的过去。

梁启超的《新史学》首开其例。他之所以提倡新史学，是为了用民族主义的观点来解释历史。他开宗明义，直率地提出：

> 于今日泰西通行诸学科，为中国所固有者，惟史学。史学者，学问之最博大而最切要者也。国民之明镜也。爱国心之源泉也。今日欧洲民族主义所以发达，列国所以日进文明，史学之功居其半焉。[1]

---

1 梁启超：《新史学》，载《梁启超史学论著三种》，第3页。

除了提倡用新的、民族主义的理论写作历史，梁还指出传统史学的缺点就在于不敢创新，不能用新的观点解释过去，只是一味推崇以往的光荣。用他的话来说，古代史家"知有陈迹而不知有今务"，"能铺叙而不能别裁；能因袭而不能创作"。[1] 从梁启超对旧史学的批判中可以看出，他认识到了过去与现在的不同，即"anachronism"，因而反对将古代强加于现代，表现了一种新的历史时间观念。

民族主义史学是梁启超提倡新史学的宗旨之一，他力图用进化论的角度来解释其必要性。梁从三个方面来界说"史学"，认为它必须揭示人类的进化及其公理。这种历史进化论，是他批判传统的依据。因为历史是进化的，过去便无法指导现在。他写道："进化者，往而不返者也。进而无极者也。凡学问之属于此类者，谓之历史学。"他进而批判旧史学的历史循环观念，认为"三世说"尚可称为进化论，而"三统说"则不能成立，因为三王之道不可能周而复始，即政治制度不能因袭。[2] 由此可见，梁十分反对因袭过去的传统观念，反对让传统统治现在。这种用现在的眼光看待和处理过去的意图，是现代历史意识的表现。对梁启超来说，这一历史意识的革命，至关重要，是中国能否救亡图存的关键。"史界革命不起，则吾国遂不可救。悠悠万事，惟此为大。新史学之著，吾岂好异哉！吾不得已也。"[3]

梁启超首创的"史界革命"，为五四一代的学者所积极响应。这一"革命"，其实质是企图从现在的立场出发对传统进行重新认识。这种对"传统的革新"（the invention of tradition）在欧洲历史

---

1 梁启超：《新史学》，载《梁启超史学论著三种》，第4—9页。
2 同上书，第10—15页。
3 同上书，第9页。

上出现过。正像梁自己所指出的那样，史学在西方曾有力地促进了民族意识的增长。总结这一现象，埃里克·霍布斯鲍姆（Eric Hobsbawm）写道，"只要有可能，现代人总想与一个合适的和历史的过去建立联系"。[1] 这种运用历史重塑传统的意向，勾画了五四新文化运动时期中国思想界的主潮。

梁启超不但号召"史界革命"，而且身体力行，在《新民丛报》上连续撰文，重新检视中国的学术传统。当时还年轻的胡适为之吸引，每期必读。后来梁因事停写，胡适为此嗟叹不已，发奋要加以继续，他自己承认，这是他写作中国古代哲学史的最初的动机。[2] 从"诗界革命"到"整理国故"，胡适的学术生涯始终围绕着怎样运用科学方法对传统文化进行革新和创造。[3] 他指出，中国新文化运动的本质是创造中国的"文艺复兴"。他写道：

> 这是一个理性对抗传统，自由对抗强权，伸张生命和人类价值以对抗所有对它们的压迫的运动。然而奇怪的是，这一新的运动是由那些深知他们的文化传统的人领导的；他们力求用新的现代历史批评主义的方法来对之作研究。[4]

---

1 见 Eric Hobsbawm 和 Terence Ranger 编：《创造传统》（ *The Invention of Tradition*, Cambridge: Cambridge University Press, 1983 ），第 1 页。

2 胡适：《四十自述》，上海，1933，第 49—54 页。

3 有关胡适在中国文化史上的地位，见余英时：《中国思想史上的胡适》（台北：联经出版公司，1984）；周策纵编：《胡适与近代中国》（台北：时报出版公司，1991）；Jerome Grieder：《胡适和中国的文艺复兴》（ *Hu Shih and the Chinese Renaissance: Liberalism in the Chinese Revolution, 1917–37*, Cambridge: Harvard University Press, 1970 ）；Min-chih Chou：《胡适和近代中国知识分子的选择》（ *Hu Shih and Intellectual Choice in Modern China*, Ann Arbor: University of Michigan Press, 1984 ）。

4 Hu Shih, *The Chinese Renaissance: The Haskell Lectures, 1933*, New York: Paragon Book Rep., 1963, p. 44.

为此，胡适延请了他的美国导师杜威（John Dewey）来华讲学（1919—1920 年），推动科学方法的普及。胡适自己也写作了不少文章，介绍现代科学。他把杜威的科学论述总结为"实验主义"，由五个步骤组成，即（1）疑难的境地；（2）指定疑难之点；（3）假定解决的方法；（4）选定一种解决的方法；（5）证明。[1] 饶有趣味的是，这一方法起始于怀疑主义，即对现有的传统提出怀疑，进行新的审视。他后来提出的"大胆假设，小心求证"也是首先建立在怀疑过去的基础上，因为要做大胆假设，人们不可能对传统唯唯诺诺，作应声虫。这说明胡适的学术研究宗旨都与推进和培养现代历史意识有关。

既然现代历史意识意味着改造过去和革新传统，五四学人的学术研究就不可能仅仅局限在介绍西学这一方面，尽管他们对此曾非常热衷。对胡适来说，西方的科学知识不仅重要，而且能够运用到中国文化的研究中。他自己把所学到的科学知识，用来查验中国的传统，以求其共同点。用上引埃里克·霍布斯鲍姆的话来说，是寻求一个"合适的过去"（a suitable past）。虽然胡适在生前曾被指控为"全盘西化"论者，实际上，胡适毕生追求中国与西方文化在方法论上的沟通，即过去与现在的对话，以求证明文化改造在现代中国的必要性和可能性。[2]

他的追求开始于他在 1917 年完成的博士论文《中国古代逻辑

---

1 胡适：《实验主义》，见葛懋春等编：《胡适哲学思想资料选（上）》，上海：华东师范大学出版社，1980，第 73—79 页。杜威的原著可见《我们怎样思考》（*How We Think*, Boston: D. C. Heath & Co., Publishers, 1910），第 72 页。
2 我并不非常同意林毓生先生的观点，他认为五四学者有全面反传统的倾向，即把传统视为一个整体。见他的《中国意识的危机》（*The Crisis of Chinese Consciousness: Radical Antitraditionalism in the May Fourth Era*, Madison: The University of Wisconsin Press, 1979）。相反，我认为胡适等人的目的是鉴别不同的传统，重新塑造过去。

方法的发展》（中译为《先秦名学史》）。他在卷首便指出："中西哲学史上都有大量的例子可以说明哲学受方法支配；哲学的发展亦就是逻辑方法的发展。"[1] 胡适由此认为，科学的方法不仅产生在西方，中国古代也有踪迹可寻。他在不遗余力地介绍西方科学方法的同时，也竭力在中国的传统学术中寻找科学方法的存在。他从研究宋代理学家入手，认为他们的"格物致知"的方法体现了"独立的思想精神"，但他们的唯心论则使得他们的方法无法达到科学的境界。只有清代的"朴学"才开始具有真正科学的精神。胡适认为清"考证"学派的文字学、训诂学、音韵学和校勘学等都体现了科学的归纳方法：从假设出发，收集证据，然后得出结论。[2]

胡适认为，这些清代学者所表现出的科学精神，与西方的自然科学家的工作只有对象的不同，而没有本质的差异。虽然中国古代没有产生像哥白尼、伽利略等的科学家，但中国人在版本考订和文字学方面的成就，与西方的科学研究在科学方法的发展，难分轩轾。当然，两者的结果是不同的。西方的自然科学家对天体运行的研究造成了"新的科学和新的世界"，而中国学者的考证研究则形成了"三百年科学的书本知识"。[3]

由于胡适强调用学术方法发展的眼光看待过去，他因此认识到传统文化不是一个浑然的整体，而是各种部分的组合。中国古代也有科学的传统。他有信心地指出，如果我们能继承清代学者的科学传统，并将其发扬光大，用来检验以往的文化遗产，我们便能建立

---

1 Hu Shih：《中国古代逻辑方法的发展》(*The Development of Logical Method in Ancient China*, New York: Paragon Book Rep. Corp., 1963)，第 1 页。

2 胡适：《清代学者的治学方法》，见《胡适哲学思想资料选（上）》，第 184—211 页。

3 Hu Shih, *The Chinese Renaissance*, pp. 66–71.

现代文化。[1] 实际上，胡适本人的学术研究便围绕着这一目的。他在《中国哲学史大纲》的导言里指出，尽管哲学史研究的根本目的是"明辨，求因，评判"，但现代人首先应该做的是对史料进行充分的检验（"述学"），以求哲学家"学说的真面目"。像 19 世纪的西方历史学家一样，胡适强调史料的鉴别（原料和副料）和审定（史事、文字、文体、思想和旁证）。在胡适眼里，这一步的工作，即运用科学方法鉴定史料，是最基础也是最必要的工作。[2] 显然，这一工作的目的是为了重新写作历史，即重建中国的文化传统。

在当时与胡适有同样想法的，并不只是他一人。胡适的《中国哲学史大纲》得到蔡元培的称赞，成为一时的畅销书，说明他的努力，有不少人支持。与胡适同时任教北大（1917）并曾留学美国的何炳松，便是一位。何炳松和胡适一样，对史学方法论十分重视。他在北大教授该课，得到学生的欢迎。在胡适和北大历史系主任朱希祖的怂恿下，何炳松将他所用的课本，詹姆斯·鲁滨孙（James Robinson）的《新史学》（*The New History*）一书，译成了中文，亦成为一时畅销书。[3] 更有兴味的是，何炳松与胡适一样，力求以现代的眼光重新审视过去。当胡适发现了章学诚，开始为他写作年谱，何炳松也以章学诚为对象写了研究论文。他们的不同点是，胡适的年谱以核实史料为主，以求章学诚史学的真面目，实践他提倡的"述学"的目标；而何炳松则着重章学诚史学思想的研究，并将

---

1 Hu Shih：《中国哲学中的科学精神和方法》(*The Scientific Spirit and Methodin Chinese Philosophy*)，见《中国人的精神》(*The Chinese Mind*, ed., Charles Moore, Honolulu: University of Hawaii Press, 1967)，p. 106.

2 胡适：《中国哲学史大纲·卷上·导言》，见《胡适哲学思想资料选（上）》，第21—44 页。

3 何炳松：《新史学导言》，见刘寅生等编：《何炳松论文集》，北京：商务印书馆，1990，第 63—64 页。

之与西方史学观念作比较。

在何炳松看来，章的史学思想中带有不少现代的因素。或反过来说，由于何力求以现代的眼光看待章的史学，因而便发现和强调了章的史学的现代因素。譬如，何指出：

> 吾国研究历史，意在垂训，故崇古之见极深。章氏独主今古不同，及改制更新之说，隐将泥古之习打破，其功固不仅及于史学一端而已也。[1]

这里很明显地表示出何炳松本人的历史观念。他不但强调了新旧史学的不同，而且指出现代人不应"泥古"不化，而应打破旧习。这意味着对传统做改造。他又指出，章学诚不但"力主古今进化之说"，而且在史学研究中"主张详近略远"。[2]因此在何炳松的笔下，章学诚不但有梁启超所竭力推崇的历史进化观念，他的史学思想也与上面提到的欧洲伏尔泰等人主张研究现代史的意见相类似。

何炳松还提出，章在史学史方面也有不少卓见。首先，章把撰述和记注（考证或比次）做了区分，认为前者是历史著述，而后者只是史料收集与考订，即"比次之书在于整齐故事而已，非专门著作也"。但是，章并非轻视考证史料。相反，他在史料方面，"独重奏议与诏策"，即政府档案；也注意"残碑断石，余文剩字，以及征述之文"，即实物史料。更有意思的是，何炳松发现章还提倡历史学家应提供引文注释和征引书目，"此与今日著作中流行详列参考书目法正同"。[3]总之，从章学诚的史学中，何炳松发现了不少

---

1 何炳松：《读章学诚文史通义札记》，见《何炳松论文集》，第31页。
2 同上书，第30—32页。
3 同上书，第33—47页。

现代史学的要素。因此虽然他研究章学诚的方法与胡适不同，但殊途同归，他们都是为了重塑中国的史学传统。[1] 如果胡适用科学方法把清代的学术与现代文化相连接，何炳松则从史学观念入手把章学诚的史学与他所译介的西方现代史学作了沟通。他们都从现在的立场出发，重新发现和描述了过去。

三、现代历史意识的实践：科学史学

胡适与何炳松属于五四的"老师"辈，他们的一言一行对他们的学生产生了很大的影响，他们在西方求学的经历也为他们的学生所效仿。譬如罗家伦在留学美国时，便首先去了何炳松的母校普林斯顿，一年后又像胡适那样，转学哥伦比亚大学，从学于杜威。当时的哥伦比亚大学结集了不少人，成为中国留学生留美的热点。这自然与杜威在华的讲学有关，但作为胡适的母校，哥伦比亚大学也增加了几分吸引力。[2] 继续五四学生运动时的热情，罗家伦在留美期间（1920—1923 年）积极参与了支持中国参加华盛顿会议的代表收回青岛的行动。但他在哥伦比亚大学的学习也颇有收获。[3] 一

---

1 胡适《章实斋年谱》再版时，由何炳松作序，可见他们志趣相同。见何炳松：《增补章实斋年谱序》，见《何炳松论文集》，第 132—146 页。
2 1909 年，哥伦比亚大学只有 24 位中国学生，但至 1920 年罗家伦去时，人数已达 123。见 Barry Keenan：《杜威在中国的经验》(*The Dewey Experiment in China: Educational Reform and Political Power in the Early Republic*, Cambridge: Harvard University Press, 1977)，第 18—19 页。
3 罗在 1922 年于美国写信给胡适，汇报了他的学习情况，表示满意，并提到他在美国历史学年会上做了一次发言。见《胡适来往书信选》，北京：中华书局，1983，第 1卷，第 226—227 页。根据美国历史学年会 1922 年的记录，他的发言题为"中国史学的现状"(The Present Outlook for Chinese Historical Studies)，其中提到王国维、梁启超和胡适等人的研究及其趋向。

个显著的标志是，他从美国"新史学"派的史家那里学到了当代史的重要性，并与当时在哥大的蒋廷黻商量，打算在中国提倡相应的研究。[1] 后来罗转学欧洲，在德国和法国辗转学习，但他并没有忘记这一想法。1926 年离欧返国前夕，他写信给他北大的同学顾颉刚，提出在顾任教的厦门大学建立一个中国现代史的研究中心。其中提到原始史料的搜集以及外文资料的购买。[2]

归国之后，罗家伦在东南大学教了半年书，同时讲授中国和西洋现代史。可是不久他就参加了北伐战争，中断了教学与研究。但在戎马倥偬之间，他与郭廷以等人仍然热心中国近代史的研究，并有计划编撰多卷本的中国近代史史料丛书。[3] 1928 年他出任清华大学的校长，甫任之初，他就延请了不少学兼中西的学者，如冯友兰等。为了充实中国近代史的研究，他特意聘请了蒋廷黻，主持历史系的工作，贯彻他推进现代中国历史研究的计划。从一定的意义上说，蒋以后在中国近代史方面的成就，与罗最初的鼓励与提携不无联系。[4]

实际上，罗本人对中国近代史也颇有开创之功。他在 1929 年

---

1 见罗家伦：《凭悼蒋廷黻先生》，见《罗家伦先生文存》，台北："国史馆"，1976—1989，第 10 卷，第 191—194 页；又《逝者如斯集》，台北：传记文学出版社，1967，第 201 页。有关美国哥伦比亚大学的"新史学"派史家的史观，见 John Higham：《美国历史学的专业化》（ *History: Professional Scholarship in America*, Baltimore: Johns Hopkins University Press, 1983 ），第 92—116 页。

2 罗的计划写在他 1926 年 9 月 8 日给顾颉刚的信里，题为《研究中国近代史的计划》。后由顾在《中山大学周刊》上发表，刊于第 2 卷第 14 期（ 1928 年 1 月 ），第 399—401 页。此时顾已任教中山大学，与回国不久的傅斯年共事。

3 见郭廷以的回忆，参阅张朋园等编：《郭廷以先生访问纪录》，台北："中央研究院"近代史研究所，1987，第 121、149、163—165、243 页。

4 同上书，第 192—194 页。蒋自己承认"最早赏识我，劝我做中国近代史研究工作的人是罗志希"，见罗家伦：《凭悼蒋廷黻先生》，前揭书，第 193 页。

做的一次讲演中已把现代中国的历史划分为四个阶段，以中国与西方的关系着眼。他认为：

> 自一八三四年至一八六〇年为冲突时期，自一八六一年至一八九五年为屈服时期，自一八九六年至一九一九年为乞怜时期，一九二〇年至现在为国民革命时期。总观以上之四种时期，实开始于一八三四年之鸦片战争，而为沟通中西交通之始。[1]

罗家伦这种以中西关系的变迁观察中国历史发展的观点，为以后研究中国近代史的人所常用。他对这一段历史时期所划分的各个阶段，也体现了以现在的眼光看待历史的态度。像启蒙时期的思想家一样，罗十分重视现当代的历史，他说：

> 要知人类或民族过去的来历和演进，现在的地位和环境，以及他将来的生存和发展，都非研究他近代的历史不可。这不是说远的古的不要研究，或是研究了也不重要，乃是说近的切的更当研究，尤为重要。[2]

罗对近代史的重视，与何炳松对章学诚"详今略古"的称赞，可以说是异曲同工，说明他们都受到了美国"新史学"派史观的影响。

---

[1] 罗家伦：《对于中国近代史应有的认识》，见《罗家伦先生文存》，第2卷，第37页。所谓"一八三四年之鸦片战争"为罗原文。
[2] 罗家伦：《研究中国近代史的意义和方法》，见《罗家伦先生文存》，第2卷，第51页。写作此文时，罗已卸任清华大学校长一职，转任武汉大学历史系的教授，但任期也不长。

在他的同辈人中，罗家伦可以称得上是一位具有哲学头脑的史家。他在哥伦比亚大求学时，不仅心仪于杜威的哲学，而且从学于弗里德里克·伍德布里奇（Frederick Woodbridge），研究历史哲学，他从哲学眼光分析近代史的重要性，认为从历史的两个特性："连续性"和"交互性"来看，中国近代史都有其重要地位。他申言，强调近代史并不表示古代史不重要，而是因为就与现实的结合来看，近代史更为贴切。这是很明显的"新史学"派和杜威实用主义哲学的理论。而从"交互性"来看，近代史更能体现这一特点，因为中国近代史便是以中国与西方的交往为特征的。[1] 这些分析，充分表现出罗对历史的认识：基于现在的立场，以现在的观念来看待过去。

罗家伦一生热心政治，因此尽管他对历史研究颇有成见，实际研究成果则不多。只是到了晚年，他主持国民党"国史馆"和"党史会"，在搜集和整理国民党史料方面，作出了贡献。这也可以说是部分地实现了他专研近代史的愿望。[2]

如果说罗家伦研究历史的目的是重现最近的过去，他的北大同学傅斯年则力图再现中国的远古时代。他们的相同点是注意史料的收集，用科学方法加以核实，写出信实的历史。像他们的老师胡适、何炳松一样，他们都热心介绍西学，但目的是改造中国固有的传统。他们在北大求学期间编辑刊物，以《新潮》命名，并以英文"Renaissance"为副题，充分表明他们的宗旨是复兴中国的文化传

---

1 罗家伦：《研究中国近代史的意义和方法》，见《罗家伦先生文存》，第2卷，第51—54页。罗曾就历史哲学为题作过不少讲演和论文，如《历史哲学的派别和我的意见》《历史哲学之鸟瞰》和《史观》，见《罗家伦先生文存》，第2卷，第81—85页；第5卷，第278—287页；第6卷，第24—35页。
2 有关罗家伦的生平和史学成就，见蒋永敬：《罗家伦先生的生平及其对中国近代史研究的贡献》，见《罗志希先生传记暨著述资料》，台北：史料研究中心，1969，第75—82页；陈春生：《新文化的旗手——罗家伦传》，台北：近代中国出版社，1985。

统。[1] 为此目的，他们必须首先对传统的观念进行批判的审视，而怎么批判，则必须借助西方科学的方法。因此他们在毕业之后，相继留学欧美，希望能在西方学得自然科学的方法论，用来克服中国传统文化的病症。傅斯年在这方面显得特别热心。在英国，他希图广种博收，选了大量自然科学的课程，并以心理学为专业，而不修他素有兴趣的人文学科。罗家伦对此解释道：

> 要明白他这个举动，就得要明白当时新文化运动时代那般人的学术的心理背景。那时候大家对自然科学，非常倾倒；除了想从自然科学里面得到所谓可靠的知识而外，而且想从那里面得到科学方法的训练。认为这种训练在某种学科以内固然可以应用，就是换了方向而来治另外一套学问，也还可以应用。这是孟真要治实验心理学的原因。[2]

1923 年傅转学德国以后，仍然坚持这种学习态度，在科学方法论上加强训练。有所不同的是，在那时他受到陈寅恪的影响，开始注意人文学科的方法。他因此与陈一起，修了比较语言学的课，并认识到运用这一方法鉴别和批判史料的用处。为此目的，他也修了梵文等其他语言，但并不很成功。[3] 但为他在归国之后兴办历史语言

---

1 当然，在当时傅斯年罗家伦也发表过一些过激的言论，如打算取消汉字，用拉丁文字改造中国文字的意见。罗直至晚年一直坚持中国文字必须简化。但从他们一生学术的趋向来看，他们的目的并不是为了用西方文化代替中国的传统，而是借助西方科学方法，加以改造和重建。

2 引自傅乐成著：《傅孟真先生年谱》，台北：文星书店，1964，第 20 页。傅在 1920 年写给胡适的一封信中也披露了他的这种偏向自然科学的心态，见《胡适来往书信选》，第 1 卷，第 103—108 页。

3 有关傅在德国的学习，见罗家伦：《元气淋漓的傅孟真》，见《逝者如斯集》，第 173—175 页。德国柏林大学的记录表明，傅没有能通过梵文语法等科目的考试。

研究所，埋下了伏笔。傅斯年在德国的另一个收获是，通过阅读恩斯特·马赫（Ernst Mach）等实证主义哲学家的著作，他加强了对科学方法普遍性的认识，认为科学方法只有一种，可以适用于各种学问。这一实证主义的信念，贯穿他的学术生涯。[1]

正当傅斯年、罗家伦和姚从吾等人在西方接受科学的熏陶，他们的同学顾颉刚及老师胡适、钱玄同则在国内掀起了"古史辨"运动，对中国传统的古代史概念作了系统的批判。这一运动，实践了胡适用科学方法查验古代文化传统（"重新估定一切的价值"）的意图。顾颉刚在《古史辨》序言里也承认，他在方法论上受胡的启发很大。实际上，他的"层累地造成的古代史"的观点便是胡适"历史的方法"的翻版。[2] 这一运动的重要结果是将历史与史料做了区分，即在怀疑的基础上批判处理，过去遗传下来的史书不再把它们视为古代史本身，而是想通过对这些史书的核实考订，搜求中国古代史的真相。在顾颉刚自己所设定的"辨古史"的四个目标中，就有"打破古史人化的观念"和"打破古代为黄金世界的观念"这两项。前者表现出他决心将古代历史与古代人对历史的描述作出区别；后者则表现他以现在为主体研究历史的态度，反对崇拜过去。这些都体现了现代的史学观念。[3]

---

1 傅对恩斯特·马赫的重视，可见毛子水：《师友记》，台北：传记文学出版社，1967，第90—91页。
2 参顾颉刚《古史辨》第一册的"自序"。这一方法又称"历史发生学"（genetic method）。从冯友兰的回忆中可见，这一方法源自杜威见冯友兰：《三松堂自序》，见《三松堂全集》，郑州：河南人民出版社，1985，第1卷，第193、201页。
3 顾颉刚：《答刘胡两先生书》，《古史辨》，第一册，第99—101页。有关顾颉刚的史学，已有不少专著，如 Laurence Schneider：《顾颉刚和中国的新史学》（*Ku Chieh-kang and China's New History*, Berkeley: University of California Press, 1971）；王汎森：《古史辨运动的兴起——一个思想史的分析》，台北：允晨文化，1987；Ursula Richter：《疑古：顾颉刚和作为中国新文化运动结果的古史辨讨论》（*Zweifel am Altertum:*（转下页）

顾颉刚的这些史学实践，为傅斯年所称赞。在归国之际，傅作长书给顾，赞扬他的识见。[1]回国之后，傅任教于中山大学，特意将顾从厦门大学请来共事。傅于 1927 年在厦大创办历史语言研究所，亦由顾主编其周刊。从傅斯年写的《历史语言研究所工作旨趣》中可以发现，他当时的兴趣，与顾很相似，都是为了搜集检验史料，对古史亦持怀疑的态度。他说：

> 近代的历史学只是史料学，利用自然科学供给我们的一切工具，整理一切可逢着的史料，所以近代史学所达到的范域，自地质学以至目下新闻纸，而史学外的达尔文论，正是历史方法之大成。[2]

由此可以看出，傅斯年既信奉历史进化论，认为历史不断进步，又主张历史学的基础在于收集和鉴别史料。为了鉴别史料，他提倡运用文字学或比较语言学（Philology）的方法。这种通过文字训诂检验史料的方法，胡适、顾颉刚等人已经开始尝试："古史辨"派对中国古史的怀疑和批判，正是以此为基础的。同时，这种方法也体现了德国兰克学派史学的主要特色。

然而，傅斯年的实证主义观念，使得他所界定的史学具有更多"科学"的因素。易言之，傅所追求的并不仅仅是把文字学（他谓

（接上页）*GuJiegang und die Diskussion über Chinas Alte Geschichte als Konsequenz der "Neuen Kultur-bewegung, ca. 1915–1923"*, Stuttgart: Franz Steiner Verlag, 1992）；陈志明：《顾颉刚的疑古史学及其在中国思想史上的意义》，台北：商务印书馆，1993。

1 傅斯年：《与顾颉刚论史书》，《中山大学周刊》第 2 卷第 13 期（1928 年 1 月），第 354—374 页；第 14 期，第 391—398 页。

2 傅斯年：《历史语言研究所工作旨趣》，见《傅孟真先生集》，台北，1952，第 4 册，第 169—170 页。

之语言学）引入历史学的研究，用以批判文字史料而已，而是想把历史学整个变成自然科学的同类。他提到"凡能直接研究材料，便进步"。这些材料，不仅包括书面材料，而且更重要的是实物的史料，如金文、甲骨文等。因此他断言："凡一种学问能扩张他研究的材料便进步，不能的便退步。"为了研究新扩张进来的材料，人们必须掌握新的方法。所以，"凡一种学问能扩充他所研究时应用的工具的，则进步，不能的，则退步"。毋庸赘言，这种新的工具，来自自然科学。他由此认为，"现代历史学的研究，已经成了一个各种科学的方法的汇集。地质、地理、考古、生物、气象、天文等学，无一不供给研究历史问题之工具"。他在文末高喊"要把历史学语言学建设得和生物学地质学等同样，乃是我们的同志！"，更明确地表明他的志向是使历史学自然科学化。[1]

傅的实证主义思想，与实证主义哲学家恩斯特·马赫的著作自然有关系，但可能与他在英国受的实验心理学的训练和经验主义哲学的熏陶亦有联系。因此，他的历史思想与兰克的历史主义史学除了在方法上有相似之处外，在思想上的联系较少。傅的藏书中很少有兰克的原著，便是一例。他在德国留学时听课用英文记笔记也表明他的德语不一定非常好。从他对实物史料的重视程度来看，他对文字史料的考证也并不十分有兴趣，尽管他收集和编定了不少明清档案材料。[2] 他建立历史语言研究所，并不以历史学为主、语言学

---

1 傅斯年：《历史语言研究所工作旨趣》，见《傅孟真先生集》，第 4 册，第 172—181 页。
2 有关傅的藏书和他在德国的学习情况，由王汎森和 Axel Schneider 提供，特此致谢。据李济的回忆，有一次他与傅共进午餐谈起他们所对明清史料的收集和整理。傅对这些史料的价值不满意。李认为傅偏好地下实物史料，见《傅孟真先生领导的历史语言研究所》，见《傅所长纪念特刊》，台北："中央研究院"历史语言研究所，1951，第 16 页。

为辅，即视语言学为核实史料的工具，如 19 世纪德国史学家那样；而是将历史学和语言学并列起来，认为它们都是他想建立的"科学的东方学"的基础学科。[1]

事实上，从傅斯年的实证主义史观出发，科学只有一种。他之所以不满人们提倡"国学"，是因为这一提议隐含着中国文化独特于其他文化的观念。而他认为，中国学者研究中国历史和文化，只是为了运用材料上的方便。易言之，如果中国学者能够便利地运用外国材料，他们也能够研究外国历史与文化。"世界中无论哪一种历史学或哪一种语言学，要想做科学的研究，只得用同一的方法，所以这学问断不以国别成逻辑的分别，不过是因地域的方便成分工。"[2] 此即科学只有对象的不同，没有方法的不同。这是典型的实证主义的观念。

正是在这一观念的指导下，傅领导的史语所在 20 世纪 20 年代末和 30 年代初开始了一系列的地下发掘计划。在傅的眼里，这些发掘既能显示科学的历史研究需要自然科学的方法，又可以显出中国学者在占有材料上的优势。他对外国学者大量搜集中国史料，包括实物史料的现象十分忧虑。因此，我们可以这样说，在安阳发掘以前，并没有迹象表明傅推动这些考古发掘计划的目的是重建中国的古代史；他对中国古代的认识当与胡适、顾颉刚等"疑古"派应无大不同。他之所以领导这些考古发掘，是因为他崇信实证主义，想要"上穷碧落下黄泉，动手动脚找东西"，以免被外国学者占了

---

1 傅斯年在中山大学办的是"语言历史研究所"，而在"中研院"则是"历史语言研究所"。王汎森指出这一转变表示傅从一个国学研究者变为一位历史学家，有一定道理见其论文《傅斯年传》（ *Fu Ssu-nien: An Intellectual Biography*, Ph. D. Diss. Princeton University, 1993），第 101 页。但从傅斯年整个思想倾向来看，他的目的是综合各种学问。
2 傅斯年：《历史语言研究所工作旨趣》，前揭书，第 177—178 页。

中国现代历史意识的产生

先。因为科学只有一种，方法只有一个，"史学只是史料学"，因此材料便决定一切。傅的急切心情，与他对史学及科学的实证主义理解有很大关系。[1]

但正因为傅斯年重视材料，特别是实物史料，他所领导的考古发掘，才会对中国的古代史研究产生很大的影响。傅本人对中国古代的观念，也有了根本的转变，即从一位疑古派的拥护者，成为一位力图运用科学方法重写古代史的科学史家。举例来说，当董作宾对安阳遗址内的甲骨藏量表示失望时，傅并没有放弃发掘，而是认为这一计划并不仅是为了收集甲骨，也为了其他实物史料。[2] 后来，正是这些实物史料证明了商朝文化的发达，把中国古代史向前推进了一千年。这些考古发掘的新成果，使得胡适转变了他对中国古代的怀疑态度。[3] 至于考古对傅斯年本人的影响，则更为显著。傅之后的学术研究，始终围绕着如何重新认识中国的古代社会和文化的问题。[4] 如果说"古史辨"的讨论体现了历史怀疑主义，有助于打消人们对过去的崇敬心情，开始认识到用现在的眼光重新认识过去的必要性，那么傅斯年领导的史语所的考古发掘，则实施了重建过去的工作。这一工作并不等同于回归传统，而是在运用科学方法收集和检验史料的基础上，用科学方法重新建立了中国古代的传统。

总之，20 世纪开始，中国历史学经历了一个很大的改变。这一改变体现在历史观念的更新。中国史家不再拘泥于再现过去，认

---

1 傅在收集材料上的紧迫感，洋溢于《历史语言研究所工作旨趣》通篇。
2 见王汎森：《傅斯年传》，第 122—124 页。
3 见刘起釪：《顾颉刚先生学述》，北京：中华书局，1986，第 262 页。
4 傅的《夷夏东西说》《大东小东说》以及未完成的《古代中国与民族》等著作，都是很好的例子。这里不再赘述。

为历史的目的只是为了保存史实，以求指导现实。相反，他们认识到过去与现在的不同，即时代的变迁，因而希求从现在的立场来重新认识过去，改造和革新传统。这一认识，与西方近现代史学的发展，颇为契合。如果说梁启超的《新史学》代表了这一历史意识的开端，那么五四一代学生、学者的史学研究，则是其进一步的实践和发展。由于他们的努力，中国近代史学渐成气候。傅斯年1927年创建史语所，罗家伦提倡近代史学，以及以后姚从吾在北大开设的"历史方法论"课程和陈寅恪在清华教授的西方汉学研究成就，都为实践这一史学观念作出了显著贡献。他们均受到传统文化的熏陶，在西方又接受了不同程度的学术训练。他们的"新史学"的实践既包括检验和批判传统史学传统、引进和介绍西方史学，又包括运用科学方法重新研究和写作中国历史。傅斯年所领导的史语所在这方面成就突出，标志着中国新史学的成长。与传统史家不同，他们并不为传统所束缚，将历史研究局限在理解和注释古代史籍，而是通过研究史籍，发掘地下实物，力求再现古代历史的真相，重写历史。他们的史学研究，不仅代表了中国近代史学的成就，更重要的是，由于他们用新的方法和理论重新检视过去，他们的史学帮助了中国人重新认识自身的传统。

（原载《新史学》1998年第1期）

06 论 20 世纪中国史学的方向性转折

中国 20 世纪的史学，如同 20 世纪的历史，跌宕起伏，气象万千，是漫长的中国史学发展史中内容格外丰富的一段，因此在其演变过程中，不断有人对之做一些阶段性的总结。比如在 20 世纪 40 年代，即世纪之中的时候，顾颉刚、周谷城和周予同等人都发表了论著，以当事人的身份，总结了中国史学自清末以来的变化。自 80 年代以后，以许冠三的《新史学九十年》为始，又出现了一批研究中国近代史学的著作。值此世纪之末，笔者也不揣浅陋，希图从史学观念的变化入手，分析、描述中国 20 世纪上半期史学的几次转折性发展，供内行方家参考、批评。

许冠三在《新史学九十年》的前言中指出：

> 从新会梁氏朦胧的"历史科学"和"科学的历史"观念起，新史学发展的主流始终在"科学化"，历来的巨子，莫不以提高历史学的"科学"质素为职志，尽管"科学化"的内容和准则恒因派别而易，且与时俱变。[1]

---

1 许冠三：《新史学九十年》，香港：香港中文大学出版社，1986，上册，第 vi 页。

许冠三在这里指出了中国史学在 20 世纪的基本走向，同时他也注意到了科学史学本身的发展。但是，这一发展究竟如何，则在书中有点语焉不详。许冠三比较注意的是史家方法之不同所形成的各种流派，但却没有考察这些流派之间的传承关系。事实上，他对一些流派的划分，也显得有点牵强。如"考证学派""方法学派""史料学派"等的区别，就不太明了。依笔者所见，这些学派之间，有一种内在的继承、演化关系。分析其流变比将之孤立处理，对我们掌握中国史学的变迁，更为重要。

一、科学史学的缘起

1902 年，梁启超在日本所办的《新民丛报》上连载的《新史学》各章节，一般被视为中国史学发展的一个新阶段，或者可称之为资产阶级史学在中国的开端。[1] 但是细究起来，梁启超之提出"新史学"，并非他一人所倡，而是反映了当时许多学者，比如与梁启超同时的章太炎、刘师培、邓实、黄节等以后被称为"国粹派"的学者的想法。甚至，"新史学"这一名称，也非梁启超所创，而是当时不少人所同时使用的。从实践方面来看，梁启超的贡献也并不比邓实、黄节等人重要；后者在《国粹学报》上连载的论著，在当时影响甚大。

这一"新史学"的诞生，基于对传统史学的反省和批判。这一工作主要从康有为开始，但康的工作，又与清末以来今文经学的兴

---

1 参见吴泽主编：《中国近代史学史（上卷）》，南京：江苏古籍出版社，1989；蒋俊：《中国史学近代化进程》，济南：齐鲁书社，1995，第一章。

起不无联系。如果这是学术发展的内在原因，或"内在理路"（余英时），那么鸦片战争前后，开明的思想家如林则徐、魏源、梁廷枏和徐继畬等人对外国历史的研究，则体现为史学发展的外部因素。在"新史学"兴起的过程中，内部和外部因素同时起作用，两者交错在一起，有时无法分别。如魏源、王韬等人在尝试当代史，甚至当代西方历史的写作时（如魏的《圣武记》与王的《普法战纪》），也在史学观念的革新上有所突破，其突出的一点是认识到世道之变，反对所谓"天不变，道亦不变"的陈说。他们发展了龚自珍的历史变易论，特别是借用儒学经典诠释中的"三世说"，提出历史的变化和螺旋发展。这对康有为和梁启超之后对中国史学和历史观念的改造，都有不少启发。但是，他们对中国史学之旧传统，并没有多少批判之意，只是想"增其新而不变其旧"。换言之，是信奉以后为张之洞所总结的所谓"中体西用"的理论。[1]

如果说魏源等人的历史著述以及他们的历史变易论，还是一种对中国传统历史观念的修饰补充，那么康有为的公羊三世说历史观，则是一种历史观的革命。自然，康有为的历史观念也披上了传统的外衣（他本人还故意强调这一点），但究其实质，则无非是借传统、古代之"酒"，浇自己心中之"块垒"。康与魏源等人最大的不同是，后者虽然也流露出朦胧的历史进步观念，但只是一种近乎偶然的表述，而康有为的历史哲学，则是在接受西方历史进化论的基础上，对中国思想文化传统的一种反思、改造的结果。[2]

---

1 有关那一时期中国史家对传统与新学的态度所著甚多，但从史学观念上进行研究的可见胡逢祥、张文建所著的《中国近代史学思潮与流派》（上海：华东师范大学出版社，1991），第 91—94 页。
2 有关康有为历史观的来源，已经有了不少论述。康本人和他弟子梁启超都强调其"本土性"，但以后的研究者都注意到康有为思想的西方成分，如萧公权、魏斐德（Frederic Wakeman）、朱维铮、张灏、汪荣祖等。

康有为对中国文化传统的改造，开始于对历史传统的怀疑和批判，而他这样做的目的，正是为了提倡历史的进化观念。康有为的成名作，是他在 1897 年发表的《孔子改制考》一书。这本书的写作，如同马基雅维利的《君主论》，带着一个非常实用的目的，那就是寻找政治上的赏识者。康有为立志改革，认为中国不改革就无法跟上世界发展的历史，就会落后。这显然是历史进化论思想的一种反映。但是，康有为却硬要"托古改制"，将自己比作当代的孔子。而他却是用自己的方式解释孔子，将孔子装扮成中国第一个大改革家。

康有为解释孔子的做法，在当时自然引起了不小的争论，以后也有人对之做了不少讨论，在此不必多谈。但康为了改造孔子而对中国历史所做的解释，则十分重要。康有为指出：

> 中国号称古名国，文明最先矣，然六经以前，无复书记，夏殷无征，周籍已去，共和以前，不可年识，秦汉以后，乃得详记。

这等于是抹杀了当时中国人奉之如神明、贤德无比的"三代"之治，认为是无中生有。而他的根据，则又来自孔子。在康有为的笔下，所谓"三代"的贤明之治，都是孔子的创造。在《孔子改制考》中，他有多处论述。比如他说道：

> 按三代以上，茫昧无稽，列子所谓"若觉若梦，若存若亡"也。虞夏之文，舍六经无从考信。韩非言："尧舜不复生，将谁使定儒墨之诚"，可见六经中先王之行事，皆孔子

托之，以明其改作之义。[1]

康有为的这一论述，实际上是将中国的古代历史拦腰切断，缩短了二千余年。这在当时，自然是惊世骇俗、有点大逆不道的。通过否定孔子以前的历史，他不但重新塑造了孔子，而且还重新解释了中国历史。康有为的大胆，来自一种强烈的历史怀疑主义，而这一怀疑主义，正是科学精神的体现。西方一位科学革命的先哲说过，应当把世上的一切事物，都怀疑一遍。康有为对中国历史的怀疑，是科学史学在20世纪得以发展的一个重要原因和前提。因此康有为的疑古思想，对以后的史学家都有不小的影响。[2] 在20世纪上半叶，如何批判传统史学对中国历史的解释，并且在打破旧的解释的基础上重建新的历史观，是中国历史学家关切的重点。在这一意义上，康有为的疑古和"托古改制"，是中国近代科学史学的一个源头。

所谓科学史学，从以往的经验来看，可以分为两种：一是对史料进行谨慎的批判，力求写出所谓的"信史"，成为"客观的"或"批判的"史学；二是对历史的演变做一解释，寻求一种规律性。康有为的疑古精神，打破了人们对故纸堆的迷信，有助于所谓"批判史学"的建立。这一"批判史学"，在西方以兰克学派为主要代表。而在中国，则以胡适、顾颉刚、傅斯年等人的历史研究为典型。但是，康有为对科学史学还有另一种贡献，那就是他提出和倡

---

1 康有为：《孔子改制考》，见姜义华编校：《康有为全集》，上海：上海古籍出版社，1992，第3卷，第2—3、326页。
2 例如，王汎森、陈志明在讨论顾颉刚所发动的"古史辨"讨论时，都注意到了康有为。见王著《古史辨运动的兴起——一个思想史的分析》（台北：允晨文化，1987）和陈著《顾颉刚的疑古思想》（台北：商鼎出版公司，1993）。

导的进化论历史观。易言之，康有为通过托古和疑古，提出了对中国历史乃至世界历史的一种规律性的解释。

由于康有为执意要将这一历史观视为中国固有的东西，因此他对历史进化论的描述，带有浓烈的冬烘气。譬如，他一定要说孔子的所谓"三世说"，在《春秋》中暧昧不明，在《礼运注》中才做了较详细的说明。因此只有通过对照两书，才会得到真正的理解。而康有为本人，正是如此这般地发现了孔子的微言大义。由此，康有为将公羊三世说与《礼运》之"大同小康之道"加以联系，提出了据乱、升平、太平的历史解说，并以"小康"对"升平"，"大同"对"太平"，把历史看成一个循序渐进的演化过程。他的著名的《大同书》，正是这一进化论历史哲学的必然归宿和理论升华。

因此，康有为对中国的科学史学，有奠基之功。他既表现了强烈的怀疑、批判精神，又提出了系统的历史解释。如果说他的疑古思想，还能在前人的著作中找到一些影子，但他对公羊三世说的改造，并用此来宣扬历史进化论，则是他自己的一大发明。以后中国的科学史学，正是在这两个方面同时开展，在不同的阶段互有消长、互有补充，演化成一种多姿多彩的局面。

康有为的疑古思想使人不再受缚于传统，因而为科学史学进入中国铺平了道路。但在起初，科学史学之主要吸引力，不在其治史的方法，而在其历史的进化论解释。梁启超的《新史学》，便是阐述历史进化观的系统著作。在梁眼里，他的史学之"新"，正是由于他掌握了这种新的历史解释理论。这从他写作《新史学》的顺序可以看出。《新史学》的首篇是梁对旧史的批判。在其中他指出了中国传统史学，主要是作为正史的这一传统的主要缺陷，认为这一史学编撰的传统有"四弊"和"二病"。这"四弊"主要指的是中国

　　　　　　　　中国现代历史意识的产生

史家治史的狭隘，而他在谈论"二病"的时候，则直截了当地指出中国史家缺乏解释历史的意图，所谓"能铺叙而不能别裁""能因袭而不能创作"，都是同样的意思。因此可以这样说，在梁启超眼里，中国史学传统的主要弊病之一就是史观陈陈相因，没有对过去做出不同的、新的解释。[1]

但值得注意的是，与康有为不同，梁启超并不想托古创新，借助古人来伸扬新说。因此他只是在行文中间简略地提到了"三世说"，然后轻描淡写地指出了孟子循环论史观的错误，认为他只是眼光不灵，为历史现象的螺旋发展所迷惑，没能看清历史进化的真相。他写道：

> 孟子曰："天下之生久矣，一治一乱。"此误会历史真相之言也。……孟子此言盖为螺线之状所迷，而误以为圆状，未尝综观自有人类以来万数千年之大势，而察其真方向之所在，徒观一小时代之或进、或退、或涨、或落，遂以为历史之实状如是云尔。[2]

在梁的笔下，孟子这位中国的"亚圣"几乎成了历史的初学者，有待于历史观的新启蒙。梁启超对孟子以及"三世说"的评论，承袭了其老师康有为的学说，但他对前人，则显出更大的不恭。这种不恭，自然是奠基在康有为疑古思想的基础之上的。梁不像康那样，在引进西方历史观念时羞羞答答，还要假托古人来为其开路。他写作《新史学》，模仿和采用了西方的模式。虽然他自己不

---

1 梁启超：《梁启超史学论著三种》，第4—9页。
2 梁启超：《梁启超史学论著三种》，第10—15页，引文见第11页。

通西文，但他在流亡日本期间，阅读了不少日本学者（主要是浮田和民的《史学通论》）的有关著作，并且马上搬来，阐发新的历史观念。[1]

因此，梁启超所描述的科学史学，尽管来自二手的材料，通过了日本人的转译，但与康有为相比，又可以说是一手的，因为梁无意假借古人之著作来阐述新的历史观念，而是采用了一种"拿来主义"，直接从外国将科学史学引进中国。于是，在梁启超那里，传统与现代、中国与西方、过去与现在开始形成了一种对立。这种二元对立，虽然有简单化之流弊，但却使得当时的人较为彻底地摆脱了传统的束缚，认识到过去与现在的不同，因而更为大胆地用现在的眼光看待过去、解释过去，为历史研究在 20 世纪中国的新发展开辟了道路。[2]

二、科学史学与民族主义

梁启超所提倡的科学史学，特别是他所欣赏和极力推崇的历史进化论，是 19 世纪西方哲学思想的产物，有其社会文化渊源。这

---

1 有关梁启超的《新史学》与浮田和民《史学通论》的关系，蒋俊在其《中国史学近代化进程》中做了较详细的讨论，认为梁有时照搬，有时节略，有时补充发挥，才成其著作，参阅该书第 33—34 页。

2 我在《中国 20 世纪史学与西方——论现代历史意识的产生》一文中，比较详细地分析了 20 世纪初叶中国历史学家历史意识的变化，认为将过去与现在区分并以现在的眼光重新审视过去、解释过去，体现了一种现代历史意识。见《新史学》第 9 卷第 1 期（1998 年 3 月），第 55—82 页。在我完成该文之后，又见胡昌智《历史知识与社会变迁》（台北：联经出版公司，1988），其中对中国历史意识在 20 世纪的变迁也有精彩的讨论。黄进兴也有《中国近代史学的双重危机：试论"新史学"的诞生及其所面临的困境》一文，载《中国文化研究所学报》新第六期（1997），第 263—284 页。

一历史观念，可以用"历史主义"（*Historismus*，historicism），或者"大写历史"（History）这些术语来表达。它的主要特征有三：一是把世界上所有地区的历史视为一个统一的过程，共同遵守同一个时间参照系统，于是，各地区的历史演化便显出了时间上、速度上的先后；二是认为历史的演化必然会向前发展，遵循一个进化的过程；三是采取一种目的论（teleology）的观点来看待过去与现在的关系，认为现在是过去各个阶段历史发展的结果和产物，因此过去能够说明现在。历史研究就是为此目的。

这三个特征，相互依存，无法或缺其一。倘若没有同一的时间观念，历史进化的快慢就无法看出，而如果不将过去与现在的关系用一种目的论的方式表达，即不把过去看作是现在的铺垫，那么历史的进化现象也就无法明确表达出来。这一历史观念，体现了西方国家在工业化相继完成之后所表露出的一种自得自满的心理，认为西方不仅领先于全世界，而且其历史演化也是一个意义深远的过程，将成为其他各个地区效仿的榜样。[1]

那么，为什么这一西方的历史观念会对中国史家产生如此大的吸引力呢？其主要原因就在于西方工业化的完成，不仅改造了西方社会，而且也改变了西方的军事装备，使其军队（包括海军）成为当时世界上最强大的军队。中英之间的鸦片战争，就让中国人尝到了西方船坚炮利的厉害。以后中国的多次失利，更让人发觉世界局势之革命性的变化。为了让中国也像日本那样迅速跟上变化了的

---

1 有关"历史主义"的主要著作是 Friedrich Meinecke, *Die Entstehung des Historismus* (München, 1964)。中文方面的著作可参见王晴佳《西方的历史观念》（台北：允晨文化，1998），第七、八章。杜赞奇（Prasenjit Duara）在其著作 *Rescuing History from the Nation* (Chicago: University of Chicago Press, 1995) 的第一、二章中，也对所谓的"大写历史"做了较详细的讨论。

世界，中国的开明思想家提出了变革的计划。对康有为、梁启超来说，西方的进化论思想，不仅说明了西方之所以先进的现象，而且也成为他们用来说服国人、倡导改革之必要的有效武器。毋庸赘言，他们提倡改革的目的，是中国的再度富强。因此，历史进化论对他们来说，既解释了世界局势的变迁和西方的兴起，也是他们宣扬民族主义思想、希望民富国强的理论基础。

从理论上来看，历史进化的观念，对梁启超等人提倡民族主义思想和史学，有不少帮助。正因为有同一的时间观念，各个地区的历史都被排在一条进化发展的线上，中国的落后就凸显出来，成为不容争辩的事实。而目的论的分析方式，则让人看到，中国的落后，正是过去的历史所造成的。因此，中国目前的危机，必须到过去中寻找。正如西方的先进，必须通过其历史才能得到解释。"史学革命"便成为势所必然、呼之即出。

正如上面所言，梁启超之提倡"新史学"，是当时史学界的一种风气。如邓实在 1902 年 8 月的《政艺通报》上发表了《史学通论》一文，指出"中国史界革命之风潮不起，则中国永无史矣，无史则无国矣"。邓像梁启超一样，认为历史著述与民族国家建设（nation-building），也即民族主义，有着紧密的联系。正如马叙伦在当时所说，中国的兴起，必须仰赖于史学观念的更新，已经是那时许多人的共识。[1]

---

1 马叙伦在其文章《史学总论》中提出："中人而有志兴起，诚宜于历史之学，人人辟新而讲求之。"见《新世界学报》1902 年 9 月 20 日第 19 期《史学文编》。前引邓实语见《政艺通报》1902 年 8 月 18 日第 12 期《史学文编》。有关这一时期的史学观念革新，见张岂之主编的《中国近代史学学术史》，北京：中国社会科学出版社，1996，第 76—83 页。俞旦初：《爱国主义与中国近代史学》，北京：中国社会科学出版社，1996。罗志田的著作《民族主义与近代中国思想》（台北：东大图书，1998）对民族主义在中国思想界的各种影响做了不少讨论。

这一史学革新运动，既有来自上层，像梁启超等政治改革家的推动，也反映了社会的需要。随着新式学堂的开办，原来的史书由于卷帙浩繁，不再适用，必须加以整理。因此便有人将其缩编。但更为简易的办法则是编译日本历史学家写作的中国史和外国史的著作，并且在其基础之上写作新式的历史课本。譬如，在梁启超《新史学》连载于《新民丛报》的同一年——1902 年，文明书局出版了丁宝书、陈懋治的《中国历史》和秦瑞玠的《西洋历史》《东洋历史》。稍后，商务印书馆也出版了庄俞、姚祖晋的《历史》和姚祖义的《最新高等小学中国历史教科书》等。这些教科书，从章节编排到题目的设定，都受到了日本学者的影响。其实，诸如"东洋"和"西洋"等名称，也是由日本人所发明使用的。[1]

中国人对日本学者所著史书的重视，自然是与 19 世纪末、20 世纪初中国学生的留日热潮有关的。在 20 世纪以前，一些日本学者的著作已经被翻译成了中文。比如受到梁启超好评的桑原骘藏的《东洋史要》，在很早就被译成了中文，成为以后陈庆年写作《中国历史教科书》（1903 年初版）的主要依据。而柳诒徵写作的《历代史略》（1903 年版），也主要根据另一日本学者那珂通世的《支那通史》写就。[2]

由此看来，曾鲲化、夏曾佑、刘师培等人在 1903 年至 1906 年间相继出版的、以进化观念写成的中国历史著作也是事出有源，并非无本之木。在以往研究他们的论著中，比较强调他们所采用的

---

1 有关这一时期日本史学的变化，可见 Stefan Tanaka, *Japan's Orient*, Berkeley: University of California Press, 1993。

2 有关这一时期历史教科书的编辑出版，可见胡逢祥、张文建：《中国近代史学思潮与流派》，北京：商务印书馆，第 256—271 页。

章节体写作体裁，认为是中国近代史学的一大突破。[1]自然，能够采用新的史学体裁，的确是史学史上一件重要的事。但是，在当时人看来，他们的所谓"突破"，并没有"惊天动地"的效果，因为在翻译过来的日本学者的历史著作中，章节体早已司空见惯。中国现代学者推崇他们，特别是夏曾佑的《最新中学中国历史教科书》（后改名为《中国古代史》），无非是因为作者是中国人而已。这里也有民族主义思想的影响。[2]

其实，使用章节体只是一种形式，更重要的问题是作者的见识。夏曾佑等人之所以为人所赏识，是因为他们对中国历史的看法，采用了进化论的理论。梁启超在《亡友夏穗卿先生》一文中，高度评价了夏曾佑的历史研究。但他的着重点则在其历史解释，所谓"对于中国历史有崭新的见解，尤其是古代史"，而不在其所采用的章节体。[3]易言之，梁启超等人虽然倡导和引入了进化论的历史观，但夏曾佑等人则用进化论观点解释了中国历史。

夏曾佑、曾鲲化和刘师培等人的书几乎同时出版，但比较起来，夏著的进化论观点最为明显。曾著视野辽阔，几乎包罗万象，是民族主义史学的力作，不再局限于宫廷王室的活动。刘著也有相

---

1 对夏曾佑《中国古代史》编撰体例上的推崇，主要见吴泽主编的《中国近代史学史》和《中国近代史学史论集》（上海：华东师范大学出版社，1984）上的有关章节舆论文，以及胡逢祥、张文建的《中国近代史学思潮与流派》，第269—271页。林甘泉在论文《二十世纪的中国历史学》（《历史研究》1996年第2期）中，还强调夏曾佑的书是"第一部用章节体写作的具有近代色彩的中国通史"。

2 周予同在《五十年来中国之新史学》一文中，已经指出夏曾佑之采用章节体，受到日本学者的影响，特别是那珂通世的《支那通史》。周指出，"论分期，以及以下分章分节的编制，大体与《支那通史》一书相近，而内容精审过之"。见夏丽莲编：《钱塘夏曾佑穗卿先生纪念文集》，台北：文景书局，1998，第158—172页。

3 见梁启超：《饮冰室文集》，台北：中华书局，1983，第八册（原第十五册），第18—24页。

似的目的，但更注意社会与经济生活。而夏曾佑的《中国古代史》，则开宗明义，倡导一种新的历史观念，用进化的观点划分中国历史演化进步的阶段。

夏曾佑指出，中国历史可分为三大时期：自传说时代至周初，为上古之世；自秦至唐为中古之世；而自宋至现在，为近古之世。每一世，又可分为两个或三个时期，以此来解释中国历史上的一些"乱世"，如魏晋南北朝和五代十国等分裂时代。但每次衰落期过后，总有一个复盛或更化时期，如唐代和清代。而且，他把清代视为"更化期"，还有这样的意思："此期前半叶，学问政治，集秦以来之大成；后半，世局人心，开秦以来所未有。此盖处秦人成局之既穷，而将转入他局者，故谓之更化期。"于是，夏还将历史进化的眼光放长，认为将来会取得更大的进步。这对他来说，是历史之所以有益的主要原因。易言之，只有懂得历史进化的道理，才会发现历史的功用。他说：

> 及观清代二百余年间，道光以前，政治风格，虽仍宋明之旧，而学问则已离去宋明，而与汉唐相合。道光以后，与天下相见，数十年来，乃骎骎有战国之势。于是识者知其运之将转矣。又未始无无穷之望也。夫读史之人，必悉其史中所陈，引归身受，而后读史乃有益，其大概如此。[1]

夏的历史进化论，在这里几乎成为他的一种信仰。他身处的时

---

[1] 夏曾佑：《中国古代史》，上海：商务印书馆，1935，第一篇第一章第四节"古今世变之大概"和第五节"历史之益"，第5—6页。陈其泰在其所著《中国近代史学的历程》（郑州：河南人民出版社，1994）中，对夏曾佑的历史进化论思想，讨论颇详细，第304—323页。

代，中国面临内外交困的危机。但他却能在其中发现"运之将转"的信息，并且以此来规劝世人，看清历史演变的未来发展将有益于中国，这在当时，实在不易。难怪严复会称赞夏曾佑的著作为"旷世之作"了。[1] 如果没有对历史进化的坚定信仰，不可能得出如此乐观的结论。

的确，夏曾佑之服膺历史进化论，对他的学术生涯，有决定性的意义。他与中国"进化论之父"严复有深厚的交谊。一旦从后者那儿领教到进化论的理论，他发现自己茅塞顿开，发现了一块新天地。在致友人汪康年的信中，夏这样描述他的心情：

> 到津之后，幸遇又陵（严复），衡宇相接，夜辄过谈，谈辄竟夜，微言妙旨，往往而遇。徐（光启）、利（马窦）以来，始通算术，咸、同之际，乃言格致，泊乎近岁，政术始萌。而彼中积学之人，孤识宏怀，而心通来物，盖吾人言西学以来不及此者也。但理赜例繁，旦夕之间，难以笔述，拟尽通其义，然后追想成书，不知生平有此福否？[2]

这种心情，犹如"朝闻道，夕死可也"，不同寻常。而夏曾佑对历史进化论之所以有如此深的感受，显然与他的民族忧患意识有关，因此夏曾佑等人以进化论史观为标志的科学史学，实际上是一种民族主义史学。如上面所说，历史进化论的时间观念，让中国人看到了自己国家的落后，而其目的论的思维方式，则帮助他们解释了民族危机的根源。

---

1 见胡逢祥、张文建：《中国近代史学思潮与流派》，第 267 页。
2 夏曾佑致汪康年信第十三函，《汪康年师友手札》二，见陈其泰：《中国近代史学的历程》，第 307 页。

由此看来，在民族主义与历史进化论两者的关系上，前者是主导、是根本，而后者是前者的表现或者躯壳。一旦情势有所变化，包括民族主义史学本身的深化，那么进化论思想的吸引力就会发生变化。科学史学的面貌也会跟着改变，由此就产生了我们上面提到的有关史料与史观两个方面的消长关系。

我们可以把与梁启超、夏曾佑同时的国粹主义史学作为例子来看一下两者的互动关系，以结束本节的讨论。所谓"国粹主义"，从字源上来说，出自日本。但不同的是，日本学者在 19 世纪末提出保存"国粹"，表示了对明治维新以来全盘西化的不满，也是为了将日本的文化与中国文明区别开来。可中国学者如邓实、章太炎和刘师培等人，在一开始并没有如此强烈的排外意识。[1] 他们仍然对西方的文化与思想采取了吸收的态度。不过，把国粹主义史学视为民族主义史学，甚至科学、进化史学的一个类型，则绝对是正确的。在很大程度上，国粹主义者在那个时代，与梁启超等人并没有太大的区别，即使对待传统，仍然持有一定的批评态度。

其实，从他们使用"国粹"这一名称，就能略微知道他们学说的特色。显然，他们之所以要在那时发扬国粹，就是因为在他们看来，中国的文化传统已经有所变质，必须被重新审视、重新考查，剔除糟粕，保留精华。这就表明，他们已经认识到过去与现在的不同，希望用现在的眼光看待过去，而不是在传统面前唯唯诺诺、百

---

1 有关国粹派学者与日本国粹主义的区别，可参见 Shimada Kenji, *Pioneer of the Chinese Revolution: Zhang Binglin and Confucianism*, trans. Joshua Fogel (Stanford: Stanford University Press, 1990), pp.72–74。汪荣祖（Young-tsu Wong）的章太炎英文传记 *Search for Modern Nationalism: Zhang Binglin and Revolutionary China, 1869–1936* (Hong Kong: Oxford University Press, 1989) 却对章的国粹主义论述，语焉不详。郑师渠对"国粹派"有专门研究，见氏著《晚清国粹派文化思想研究》（北京：北京师范大学出版社，1993)。

依百顺。如邓实在其《史学通论》中也像梁启超一样，重新界定了史学的性质。他说："史者，叙述一群一族进化之现象者也，非为陈人塑偶像也，非为一姓作家谱也。"他也从民族的观念出发，力求写一部全民的通史，以区别于过去的旧史。中国的"旧史"，"统而言之，则一历朝之专制政治史耳，若所谓学术史、种族史、教育史、风俗史、技艺史、财业史、外交史，则遍寻一库数十万卷充栋之著作而无一焉也"。这些话，与梁启超的《新史学》，并无二致。邓实还身体力行，写作了一部《民史总叙》。

在界定历史的性质方面，邓实等人也主张用进化论的观点。邓实说道，史学必须：

> 一面以发明既往社会政治进化之原理，一面以启导未来人类光华美满之文明，使后之人食群之幸福，享群之公利，爱其群，尤爱其群之文明，爱其群之文明，尤思继长增高其文明，孳殖铸酿其文明。[1]

由此可见，国粹论者，像当时许多人一样，同样服膺历史进化论的史学。这就决定了他们的历史研究与写作，都带有当时那个时代科学史学的特点。他们用历史进化的眼光看待中国的过去，以民族的发展演变为线索，写出了不少民族史学的著作。如黄节的《黄史》，就可称之为中国第一部民族史，见于 1905 年的《国粹学报》。黄试图写一部汉民族史，始自黄帝，迄至他所生活的时代，以描述汉民族在中国的政治兴衰。出于汉民族主义的观点，黄节对中国历史上

---

1 浮田和民：《史学通论》，《政艺通报》1902 年第 12、13 号。有关国粹主义的史学，胡逢祥、张文建讨论甚详，见氏著《中国近代史学思潮与流派》，第 272—308 页。另郑师渠：《晚清国粹派文化思想研究》，第 159—232 页。

的少数民族统治者没有好感，对清廷更是仇恨有加。这自然是狭隘的，但其首创之功，却在史学史上占有了一个位置。

从发扬国粹和民族主义的需要来看，国粹派对史学的重视，可以说是十分自然的。章太炎所谓："中国今后应永远保存之国粹，即是史书，以民族主义所托在是。"因为只有通过历史研究，他们才能够发现国粹，"研究一国文化，当以历史学为最重要"。[1] 但国粹并不等于过去的总和，而是过去的一部分。唯有通过历史研究，才能挑选出中国的精粹，在现代加以发扬。而怎样选择出国粹，就有赖于西学，用进化论、民主政体等所谓"新理"来对照过去，发现过去所存在的一些相似于"新理"的东西（如所谓"民德"和"民权"等见诸早期儒家的思想）。这样，国粹主义的史学就带上了杜赞奇（Prasenjit Duara）所谓的"双向性"（bifurcation），一头伸向过去，另一头则联系现在。[2] 胡逢祥、张文建正确地指出，许多国粹派所宣扬的"国学"，是"理想化了的"。他们开始"藉西学以证明中学"，后来则"藉中学以肯定西学"。[3] 国粹派学者通过历史，将过去与现在、中国与西方用新的方式联系了起来，以说明和解释民族—国家的形成，体现了民族主义史学的主要特征。

但是，在国粹派看来，西方与中国之间，中国仍是占主导地位的。因此，国粹主义史学的进一步发展，则走向了排斥新学、一味复古的道路。譬如章太炎对西学态度的转变就十分典型。他可以说是最早怀疑历史进化论的人。他说："世儒或喜言三世，以明进化，察《公羊》所说，则据乱、升平、太平于一代而已矣。"到了1908年，他甚至认为进化论的历史解释纯粹是一种主观想象："所谓进

---

1 胡逢祥、张文建：《中国近代史学思潮与流派》，第 299 页。

2 Prasenjit Duara, *Rescuing History from the Nation*, Introduction.

3 胡逢祥、张文建：《中国近代史学思潮与流派》，第 293—294 页。

化者，本由根识迷妄所成，而非实有此进。"他还从根本上批评进化论史学的思维、研究方式，认为是一种主观的、理论领先于事实的做法，没有可取之处。[1] 于是，章太炎对传统史学的看法也有了不少改变，认为其中可取之处甚多。他也反对新一代的历史学家注重实物史料的做法，认为有点舍本求末。

从章太炎的变化可以看出，随着时代潮流的发展，国粹主义史学显得渐渐落伍了，成了落后守旧的代表，与即将到来的五四新文化运动的潮流格格不入。但是，作为民族主义史学的一个先驱，国粹派的历史研究自有其地位，也对以后的历史研究产生了影响。这在我们下面的讨论中可以看出。甚至，章太炎对历史研究中理论领先方法的批评，也在以后的史学中有所反映。胡适以事实为重的史学方法在 1920 年代的盛行，不就是在某种程度上证明，章太炎的批评，在史学界有所共鸣吗？换言之，五四前后，中国史学的科学化进程将出现一个转折。

三、以方法为重的科学史学

从梁启超的《新史学》到夏曾佑的《中国古代史》，再到辛亥革命前后的国粹主义史学，我们可以看出中国史学的科学化，以引进科学理论，主要是进化论为先导。这一引入，引起了人们历史观和世界观的变化，对中国的过去和中国与世界的关系，都产生了新的认识。到了五四前后，这种注重引进西方历史理论的倾向仍在进一步发展，如李大钊等人在那个时期便开始为马克思主义的历史观所

---

1 见张岂之主编：《中国近代史学学术史》，第 102—103 页。

　　　　　　　　　　　　　中国现代历史意识的产生

吸引，慢慢将其介绍给中国读者。同时，朱谦之、张荫麟、何炳松以及以后的雷海宗、林同济等人，则将西方其他史学理论引进了中国的史学界。应该说，这一引进和吸收西方史学理论以改造中国史学的倾向，虽然有时高涨、有时低落，但在整个 20 世纪不失为中国史学的主潮之一。我们将在下面对之详细论述。

但是，在谈到五四前后，也即 1910 至 1920 年代的中国史学时，我们不能不注意到一个变化，那就是从重视史观到重视史法（历史方法）的转变。章太炎对历史进化论的厌恶，是一个极端的例子。易言之，在这一时期，历史学家逐渐从注意阐发新的历史观念，转移到注重新的历史研究方法的探索。对这一史学倾向的转变，我们可以注意三个人，一是王国维，二是胡适，三是梁启超。在这三个人中，以梁启超的转变为最突出。他敢于以"新我"向"旧我"挑战，在 1920 年代写作名著《中国历史研究法》时，对科学史学的阐述与《新史学》大为不同，使得讨论"史法"的著作在民国时期层出不穷，成为历史学界的"新宠"。[1] 这里的原因，与胡适宣传"实验主义"和"整理国故"大有关系。因此，胡适虽然资历在三人中最浅，但其影响力却最引人瞩目。

顾颉刚在《当代中国史学》中将自 19 世纪中期以来的历史学分为三个阶段，而以甲骨文字、青铜器及其他新的实物史料的发现作为第二阶段。顾颉刚治史并非以实物史料为重点，但他如此重视甲骨文字的发现对中国史学发展的作用，更显示这些新史料的重要性。[2] 而引进新的史料，也就是史学方法的革新。这一新的历史研究方法的开拓，离不开王国维。由于王国维在整理和运用实物史

---

1 在以后印行的"民国丛书"的第一编第 73 卷中，就收了梁启超、何炳松、姚永朴、蔡尚思和吕思勉等人的同名著作。
2 顾颉刚：《当代中国史学》，台北：胜利出版公司，1947，第 44 页以降。

料上的开创之功和巨大贡献，使得他在后人眼里，与梁启超之倡导"新史学"，有同样重要的地位。这样的评论，不但来自顾颉刚、金毓黻，也来自郭沫若，后者甚至封其为"新史学的开山"。[1]

从王国维的学术生涯来看，也有一种从专研理论到研究历史的转变。如所周知，王国维早年留日，学习自然科学，但却潜心于欧洲哲学，特别是叔本华、尼采等人的思想，以此来反观中国的道德伦理，并贯穿佛教的一些概念，探索哲学上的一些本体论问题。但是，到了辛亥革命之后，他则开始将兴趣转向史学。罗振玉说："辛亥之变，君之航海居日本，自是始尽弃前学，专治经史。"[2]而王国维自己则解释了其中的原因：

> 余疲于哲学有日矣，哲学上之说，大都可爱者不可信，而可信者不可爱。余知其理，而余又爱其谬误伟大之形而上学，高严之伦理学，与纯粹之美学，此吾人所酷嗜者也。然求其可信者，则宁在知识上之实证论，伦理上之快乐学，与美学上之经验论。知其可信而不可爱，觉其可爱而不可信，此近二三年中最大之烦闷矣。[3]

于是，王国维逐渐转向历史研究。看来，在那个时代，的确有一种"从玄学到朴学"，在历史研究中从理论到方法的转变。但是，王国维以前对西学的了解和研究，也对他的历史研究，有一定的影响。如果梁启超之提倡"新史学"，是用一种对照西方的方法批判

---

1 这些人的评论，都被许冠三收集在其《新史学九十年》中，上册，第73—75页。
2 王国维：《观堂集林》，罗振玉序，北京：商务印书馆，1940，第1—2页。
3 王国维：《静庵文集续编·自序》，引自佛雏编：《王国维学术文化随笔》，北京：中国青年出版社，1996，第40—41页。

中国史学的传统，而国粹主义史学是用西方的理论考查、解释中国的过去，那么王国维则力图综合中西的学问，取两者之长处来从事研究。他指出，中西的思维方式有所不同，前者重实践而后者重思辨。因此，现代学者必须涉猎两者，才能有所成就。他说道："异日发明光大我国之学术者，必在精通世界学术之人，而不在一孔之陋儒。"[1]为此，他提出所谓的"三无"，即"无新旧""无中西"和"无有用无用"。这些论述，虽然针对学术研究而言，并且对以后的学者如陈寅恪影响很大，但其实也是一种思想观念上的突破。这一突破，就是从梁启超《新史学》中传统与现代、中国与西方的二元对立中解放了出来，为胡适和后期梁启超贯通中西史学方法，奠定了基础。

其实，在一定意义上看，王国维为人所啧啧称赞的所谓"二重证据法"，与他力图沟通中西学问，有很大关系。如果看一下王国维从事历史研究的年代，正是西方汉学家、考古学家（如斯文·赫定、伯希和等人）到中国探掘，并且发现了不少地下史料的年代。而西方汉学家对中国语言文字掌握得相对薄弱，也使人感觉他们所注重的是实物史料。对照之下，中国传统学者，特别是乾嘉以来的考据家，大都是在文字上面做文章。因此，直观来看，王国维主张用地下实物与纸上遗文相对照，不就是在研究方法上汇通中西学问的一个最直接的办法吗？当然，这样说并不是想指出王国维对西学了解不深，而是想说明王有意在历史研究方法上进行新的尝试。正是因为王国维对西学有一定的了解，并且由于一度热衷欧洲哲学，并因此对西方的治学方法和思维方式产生兴趣，才会有心将这些方

---

[1] 王国维：《静安文集·奏定经学科大学文学科大学章程书后》，《静庵文集续编》，前揭书，第26页。

法引进来。[1]

至于王国维用"二重证据法"研究先秦历史所获得的成果，已经有不少人做了总结，此处不必再赘述。我们只要引一下顾颉刚的评语，就能知其大概：

> 甲骨文字的研究，自从王国维先生以后，产生了一个划时代的革变，这个革变便决定了甲骨文字这新史料在史学研究上的地位，使已茫昧的商代历史呈现了新的光明，更使以后研究殷商史的人不得不以甲骨文字为唯一可靠的史料。……王氏研究甲骨文字的贡献，主要的是在证史。[2]

而王国维一生学术的概括，则以陈寅恪所述的三点最为精当：（一）"取地下之实物与纸上之遗文互相释证"；（二）"取异族之故书与吾国之旧籍互相补证"；（三）"取外来之观念与固有之材料互相参证"。毋庸赘言，这三点都是与研究方法有关的。而且，在陈寅恪看来，王国维在历史研究方法方面的探索和革新，"转移一时之风气，而示来者以轨则"，是王对"中国近代学术界最重要"之贡献。[3] 因此，王国维的确是中国史学科学化在那时方向性转变的一个关键人物。

不过，应该指出的是，虽然王国维很早就有意在历史研究中汇通中西，采用新的方法，但他正式提出"二重证据法"，则已在

---

1 陈元晖：《论王国维》（长春：东北师范大学出版社，1989）一书中，对王接受西方实证主义思想有较详细的论述，第134—151页。俞旦初的《中国近代史学界对历史和科学的关系问题的最初提出》一文，也对王国维的作用多加赞美，见氏著《爱国主义与中国近代史学》，第280—301页。
2 顾颉刚：《当代中国史学》，前揭书，第105—106页。
3 陈寅恪：《王静安先生遗书序》，见《陈寅恪史学论文选集》，上海：上海古籍出版社，1992，第501—502页。

1920 年代的中期。王国维的这一"二重证据法",自然毫无疑问是他的首创,并且对后人的研究有一个很大的启发作用,如傅斯年领导的殷墟考古发掘,就是王国维工作的继续。可在改变研究风气方面,胡适的功劳,也不可轻视。[1]

1917 年当胡适从美国回到中国,担任北京大学教授时,虽然只有 26 岁,但却已经声名远扬。他在《新青年》发表的《文学改良刍议》,被陈独秀一番赞扬,引起了许多人的重视,也产生了不小的争议。但不管如何,胡适由于"暴得大名",比他同代的人,都领先了一步。譬如比他年长一岁,也在美国受过教育,并且也在 1917 年到北大任教的何炳松,就只能获聘讲师,二年之后才升为教授。[2]可是,虽然胡适以推广白话文为其学术生涯的开始,其后也写了不少白话诗,但他却主要是一位学者,其治学特点是用历史的方法研究哲学思想以及佛教观念。

胡适与王国维的不同在于,后者虽然倡导并且实践了新颖的研究方法,也在方法论上提出了自己的独特的见解,如"三无"论,但毕竟没有系统的论著。而胡适则相反,他到了北大后不久,就延请他在美国的业师杜威来到中国,为其在各地安排系列讲演。胡适经常亲自担任翻译。同时,他还发表了多篇论述杜威思想的文章,使得杜威的名字在当时的学术界变得几乎家喻户晓。胡适自己根据或者撷取(appropriate)杜威哲学中的有关方面,在方法论上做了系统阐述。

易言之,虽然胡适在中国极力宣扬杜威的学说,但他的介绍并

---

1 王国维的治学方法,对胡适和顾颉刚等人都有影响,几乎有一种承继关系,见陈鸿祥:《王国维与近代东西方学人》,天津:天津古籍出版社,1990,第379—399 页。
2 我曾经作文比较胡适与何炳松两人的学术生涯与机遇,见《胡适与何炳松比较研究》,《史学理论研究》1996 年第 2 期,第63—72 页。

不完全忠实于老师的学说，而是根据当时中国的需要，做了必要的挑选。[1] 在胡适的笔下（见《杜威先生与中国》一文），杜威是当时西方科学主义、科学方法的代言人，其中国之行，"只给了我们一个哲学方法，使我们用这个方法去解决我们自己的特别问题。他的哲学方法，总名叫做'实验主义'"。然后，他又把这一"实验主义"的方法，简化为两步，一是所谓"历史的方法"，二是"实验的方法"。[2] 这两步，后又被胡适进一步简化为两句话："大胆假设，小心求证"，成为其学术研究的标志。

余英时在其《中国近代思想史上的胡适》一文中，已经对胡适的"化约论"（reductionism）倾向作了精辟的论述。这种化约论，使得胡适将"以前学术思想以至整个文化都化约为方法"。余在著作中已经举了不少例子，这里不再重复。[3] 我们所想谈的是胡适如何"化约"进化论，将它变成一种思想方法的过程。首先指出的是，虽然胡适是中国史学界从重视理论（主要是进化论）到重视方法之转变的关键人物，但他本人对历史进化论的思想，一直十分肯定，

---

1 有关胡适对美国实用主义哲学的理解和在中国的介绍，可参见程伟礼：《胡适与杜威哲学的跨文化传播》一文，见耿云志、闻黎明编：《现代学术史上的胡适》，北京：生活·读书·新知三联书店，1993，第185—199页。周策纵透露，胡适自己解释说他之所以将"pragmatism"译为"实验主义"，就是因为"一方面要强调杜威等人特别重视方法论，一方面是他觉得一般中国人太不注意方法和实证。从这件事可看出，无论他介绍西洋文化思想也好，整理批判传统中国文化也好，往往考虑到救时弊的作用"。周策纵的论评，切中肯綮。参氏著《胡适对中国文化的批判与贡献》，见《胡适与近代中国》，台北：时报文化出版公司，1991，第323页。

2 胡适：《杜威先生与中国》，《问题与主义》，见《胡适文存》第一集第二卷，第252—253页。

3 余英时：《中国现代思想史上的胡适》，见《中国思想传统的现代诠释》，台北：联经出版公司，1987，第552—553页。该文也以书的形式由同一家出版公司在前几年印行。有关胡适与民国初年思想界，另见沈松侨：《一代宗师的塑造——胡适与民初的文化、社会》，见《胡适与近代中国》，第131—168页。

视之为现代文化的主要成就。在他早年写作的文章中，有一篇题为《先秦诸子进化论》，就是用进化论的观点解释先秦诸子的尝试。[1] 立题、论证都比较稚嫩。他用进化论的眼光看待并解释中国古代哲学思想的做法，与那时国粹主义学者颇有相似之处。从他以后的著作来看，这种进化论的痕迹，也比比皆是。

但是对胡适来说，进化论的思想，与其说是一种对历史的解释，毋宁说是一种方法。这是他与以前中国所有信奉进化论的人所不同的地方。羡慕胡适"暴得大名"的人，有"世无英雄，遂使竖子成名"之感慨。可是在那时，正如余英时所指出的那样，各路英雄（从严复、康有为到梁启超）都在，而且都处在四十到六十之间，并没有"垂垂老矣"。因此，余英时从那时思想界的情况分析出发，提出这样一个看法：

> 在五四运动的前夕，一般知识分子正在迫切地需要对中西文化问题有进一步的认识；他们渴望能突破"中体西用"的旧格局。然而当时学术界的几位中心人物之中已没有人能发挥指导的作用了。这一大片思想上的空白正等待着继起者来填补，而胡适便恰好在这个"关键性的时刻"出现了。[2]

余英时认为，胡适所起的关键性作用，正是在于他开始将中西之间的差异，"提升到文化的层面"。[3] 我在这里则想进一步提出，

---

1 胡适：《先秦诸子进化论》，姜义华主编：《胡适学术文集（中国哲学史）》，北京：中华书局，1991，上卷，第575—592页。

2 余英时：《中国现代思想史上的胡适》，《中国思想传统的现代诠释》，第525页。

3 同上书，第527页。余英时在文章的后面，也提到胡适之所以影响巨大而深远，就是因为他在"方法论的层次上把杜威的实验主义和中国考证学的传统汇合了起来"，见第555页。另见周质平：《评胡适的提倡科学与整理国故》，见《胡适与近代中国》，第169—196页。

胡适的功绩，是在于把中西之间的差异，在方法论的层面上加以汇通、融和，因为在甲午战争以后，中国人已经开始注意吸收西方文化，不再把西方的长处仅仅局限在船坚炮利这一军事优势了。但是，却没有人想到用一种新的态度和手段来"整理国故"，开始中国的"文艺复兴"。国粹主义的学者，只会在过去的故纸堆里，东翻西找，然后与西方的东西牵强附会地比较，因此说服力不强。

胡适把中国人服膺的历史进化论，变成"历史的方法"。我们可以看一看胡适写的《实验主义》一文。这篇文章是胡适力图简单介绍美国实用主义哲学的长篇论述，其中谈了从皮尔士（Charles Sanders Santiago Peirce）、詹姆士（William James）到杜威的思想演变发展过程，应该说还是客观、公允的。但其中的侧重点，也显而易见，就是把实用主义哲学的核心，看作是一种思考的方法。并且把这一方法的产生，视为进化论思想在哲学上的应用。

于是，一个新的学术研究范式便在中国学术界产生了。胡适的功劳就在于：一旦西方的进化论被改造成一种方法，其西方的色彩就渐渐淡化了，变成一种"放之四海而皆准"的思维手段。胡适的这一信念，在他写作博士论文时（1916 至 1917 年）已经表露了出来。在论文（后以《先秦名学史》为名出版）的一开始，他便这样宣告：

> 哲学是受它的方法制约的，也就是说，哲学的发展是决定于逻辑方法的发展的。这在东方和西方的哲学史中都可以找到大量的例证。

并且他认为，中国学者在当时的任务，就是要从事中西方法论的沟通，"用现代哲学去重新解释中国古代哲学，又用中国固有的哲学去解释现代哲学，这样，也只有这样，才能使中国的哲学家和哲学研究在运用思考与研究的新方法与工具时感到心安理得"。[1]胡适一生的学术取向和价值关怀，都在这几句话中得窥一斑。

因此，胡适一方面介绍、宣传杜威的哲学；另一方面，他又反观中国的传统，写了《清代学者的治学方法》等文章，认为中国古代学者在研究方法上也有精彩的论述和研究，体现了一种"科学精神"。[2]只是由于种种原因，这"科学精神"未能在以后得到充分发扬。于是，"整理国故"就显得十分必要，唯此不能解释那些"种种原因"，然后"再造文明"。他的整理国故，看似旨在对中国文化进行系统的整理，而不是像国粹派的学者那样东挑西拣。[3]但其实，他还是有所选择的。他的选择就是力图做方法论上的比较，有意无意地把清代的考据方法与科学方法等量齐观，因此就沟通了中西学问，在当时和之后都产生了重大和深远的影响。[4]

胡适当时影响之巨，我们可以举梁启超历史观念的变化来做一说明。早年的梁启超提倡用进化的观点解释中国历史，并身体力行，论述中国古代学术的演化，对胡适有很大的启发作用。但是，当1920年代梁启超重回学术界，胡适则开始对梁产生了影响。胡的影响，正是他在方法论上对中西文化的汇通。那时的梁，已经目睹了西方文明在一战以后的萧条景象，不再对之像以前那样热衷

---

1 胡适：《先秦名学史》，见《胡适学术文集（中国哲学史）》，下卷，第770、776页。

2 胡适：《清代学者的治学方法》，《问题与主义》，见《胡适文存》第一集第二卷，第155—185页。

3 欧阳哲生在其《胡适与传统文化》一文中提出了胡适研究国故与国粹派学者的"本质不同"，即研究范围和方法的不同。见氏著《现代学术史上的胡适》，第70—71页。另见该书中耿云志文《胡适整理国故平议》，第110—126页。

4 余英时的《现代中国思想史上的胡适》一文中的"方法论的观点"一节，对此有深入的讨论，在此不赘。前揭书，第552—557页。

了。因此胡适指出中国古代的治学方法中含有科学精神，正中梁的下怀，因为他正好在思索如何让中华文明重整旗鼓，对世界文明作出贡献。[1]

梁启超以他对中国史学传统的渊博知识和他的生花妙笔，写就了名著《中国历史研究法》及其《补编》，在历史研究方面为胡适汇通中西学术，助了一臂之力。与《新史学》相比，梁启超的《中国历史研究法》在态度和观念上都有了一个很大的转变。这里的态度，指的是梁对中西文化的态度，而观念则指的是他对历史的理解。从态度上来看，梁对中国传统史学，已经没有多少批判的意思。比如，他在《新史学》中，曾对中国旧史家专注帝王将相的活动，深恶痛绝。但他在《中国历史研究法》中，则对司马光那本专为帝王作资鉴的《资治通鉴》赞扬有加，认为司马光有鉴于断代史的弊病，"毅然矫之，作《资治通鉴》，以续《左传》。上纪战国，下终五代，千三百六十二年间大事，按年记载，一气衔接。光本邃于掌故，其别裁之力又甚强。其书断有法度。……其所经纬规则，确为中古以降一大创作"。[2] 这些话，哪里还有"新史学"的影子？事实上，他到那时，已经放弃"史学革命"的口号，而代之以"史之改造"。这与胡适的"整理国故"，异曲同工。

梁启超历史观念转变的另一个标志是他对历史定义的更改。在《新史学》中，他对历史下了三个"界说"，每一个都有"进化"两

---

1 有关梁启超思想在这一时期的转变，已有人做了不少论述，如许冠三在《新史学九十年》中指出梁思想的"三变"，前揭书，上册，第11—26页。唐小兵在其著作 *Global Space and the Nationalist Discourse of Modernity: The Historical Thinking of Liang Qichao* (Stanford: Stanford University Press, 1996) 中，据此将梁启超的历史思想分为三个阶段，并从后现代主义的"空间"观念出发，对之作了详细论述。
2 梁启超：《中国历史研究法》，见《梁启超史学论著三种》，第63—64页。

　　　　　　　　　　　中国现代历史意识的产生

字。但是在《中国历史研究法》中，这两字完全不见了。他的界说变成："史者何？记述人类社会赓续活动之体相，校其总成绩，求得其因果关系，以为现代一般人活动之资鉴者也。"这一变化是十分明显的。自然，这所谓的"赓续活动"，仍然有进化论的影响。在梁启超的具体分析中，他指出：

> 社会常为螺旋形的向上发展，隐然若悬一目的以为指归；此目的地辽远骛眆，一时代之人所进行，譬犹涉涂万里者之仅顷一步耳。于是前代之人恒以其未完成之业遗诸后代，后代袭其遗产而继长高焉；如是递遗递袭，积数千年数万年，虽到达尚邈无其期，要之与目的地之距离，必日近一日；含生之所以进化，循斯轨也。史也者，则所以叙累代人相续作业之情状者也。[1]

但是，他把人类历史的演化，看作是一个极其漫长的过程。这就表明，他对进化论解释历史的信心已经不太足了。这种信心的丧失，使得他不再认为历史学家应该以发现历史进化的"公理公例"为目标，而仅仅说明历史事件的"因果关系"就行了。更有意思的是，不到一年，梁启超又做了进一步的修改。他在《研究文化史的几个重要问题》一文中，向《中国历史研究法》的读者道歉，认为他在那时强调研究历史的"因果关系"是一种误导。"历史现象，最多只能说是互缘，不能说是因果。"[2]放弃了因果关系，那历史的沿革进化就没有多少意义了。

---

1 梁启超：《中国历史研究法》，见《梁启超史学论著三种》，第45—46页。
2 见梁启超：《饮冰室文集》，第7册（第40卷），第1—7页。

但是，虽然梁启超对历史进化论逐渐丧失了信心，可他对中国史学传统的科学性，却增强了信心。他在《中国历史研究法》及其《补编》中，每每用中国史学的例子来说明、解释历史研究的方法。而且，他也希望人们重新评价中国传统史学以人为中心的传记体裁。他说道：

> 专以人为主的历史，用最新的史学眼光去观察他，自然缺点甚多，几乎变成专门表彰一个人的工具。许多人以为中国史的最大缺点，就在此处。……但是近人以为人的历史毫无益处，那又未免太过。历史与旁的科学不同，是专门记载人类的活动的。一个人或一群人的伟大活动可以使历史起很大变化。若把几千年来，中外历史上活动力最强的人抽去，历史到底还是这样与否，恐怕生问题了。[1]

其实，说"人的历史毫无益处"的"近人"中，就包括梁启超自己。但今非昔比，梁启超已非旧日之梁启超了。他的科学史学，已从侧重史观的创新，转变为专注史法的更新了。梁的改变，正好从一个侧面反映了当时历史研究趋向的转变。同时也表明，他自己已开始从传统与现代、中国与西方的二元对立的思维方式中解脱了出来。

四、史学专科化、专业化

1920 年代中国史学科学化过程的方法论转向，由胡适开风气，

---

1 梁启超：《中国历史研究法补编》，北京：商务印书馆，1947，第 40 页。

　　　　　　　　中国现代历史意识的产生

成为一时的显学，有不少人为之推波助澜。[1] 比如我们上面提到的何炳松，也有独到的贡献。何炳松在中国史学界的知名度，是因为他在那时翻译的美国"新史学"家鲁滨孙的《新史学》。鲁氏的《新史学》自然不是专讲方法论的著作，可是何炳松之选用《新史学》却是因当时（1920 年）北大史学系主任朱希祖之邀，讲授"历史研究法"的需要。自他采用该书以后，颇得学生的欢迎，因此朱希望他将其全部翻译出来。[2] 由于胡适对该书的翻译曾提出意见，并加以校阅，何于是邀请胡为之写一序言，但胡适不久生病，到了杭州的栖霞山上，最后序言还是没有写成。而该书的正式印行则推迟至1924 年。[3]

朱希祖在为《新史学》所作的序言中说道，他之开始"历史研究法"一课，为的是打通史学与社会科学的关节，吸收后者的研究方法。何炳松在开课时采用鲁滨孙的书，正好贯彻了这一想法。因为鲁氏之提倡"新史学"，恰是为了在美国史学界提倡类似的研究新角度。[4] 所以，虽然鲁氏的《新史学》范围广泛，但它之进入中国，则是为了适应当时学界对方法论的重视。

更重要的是，从何炳松写的"译者导言"中可以看出，胡适之所以对何炳松译书一事如此热心是有原因的。在何炳松对鲁滨孙的解读中看出，《新史学》的翻译，有助于将进化论的历史观念转变

---

1 逯耀东在其著作《胡适与当代史学家》（台北：东大图书，1998）对胡适周围的人士有所研究，有助于我们了解当时的时代风气。

2 见房鑫亮撰写的《何炳松年谱》，载刘寅生、房鑫亮编：《何炳松文集》，北京：商务印书馆，1997，第四卷，第 678 页。

3 何炳松：《新史学》译者再志，见《何炳松文集》，第三卷，第 23 页。

4 朱希祖：《新史学序》，见《何炳松文集》，第三卷，第 3—6 页。有关鲁滨孙《新史学》在美国史学史上的影响，见 John Higham, *History: Professional Scholarship in America* (Baltimore: Johns HopkinsUniversity Press, 1983)，第二章。

为历史的方法，正好与胡适回国以后所作的工作保持一致。[1]何炳松这样写道，对历史材料的批判审定，是历史科学化的第一步。以后就有人尝试在历史中发现规律，如巴克尔、马克思等人。但是，他们的尝试并不成功。易言之，历史进化论作为一种历史观，有其缺陷。

于是，何炳松说道：

> 历史要变为科学的，必先变为历史的才可，——就是说，研究历史不但研究历史的"然"，而且要研究历史的"所以然"。——"历史的继续"是一个科学的真理。研究变化的程序，是一个科学的问题。这就是历史同文学不同的原因，亦就是历史所以升为科学的缘故。[2]

这几句话，十分重要，与胡适对进化论的理解，如出一辙。那就是把进化的理论，从方法论上去理解，并以此来界定历史的科学性质。

像胡适一样，何炳松在翻译、介绍西方史学，主要是美国的"新史学"史家的著作的同时，他也反观中国的传统，力图用新的观念和方法重新审视爬梳、阐发新见。胡适那个时候，"一时高兴"，想用新的考证方法，起而研究章学诚，"给自己一点拿绣花针的训练"，写了一部《章实斋年谱》，的确是十分实证的工作。何

---

1 这种一致，也并不是完全的巧合，因为像胡适一样，鲁滨孙也许也同样受到杜威哲学的影响。当然，这种影响并不表现在对历史科学性的认识，而是对历史学的相对主义认识。见 Peter Novick, *That Noble Dream: The "Objectivity Question" and the Aemrican Historical Profession* (Cambridge: Cambridge University Press, 1988)，第 105 页。
2 何炳松：《新史学》译者导言，见《何炳松文集》，第三卷，第 11 页。

炳松则在那时，发表了两篇研究章学诚的长文，侧重对章的史学观念的讨论。虽然两人工作旨趣有所不同，但能相互切磋、各有收获。胡适特意让何炳松为《章实斋年谱》写序，便是一例。

何炳松之研究章学诚，目的在沟通中西学问。因此他对章学诚的解读，不免受到鲁滨孙观点的影响。譬如，鲁滨孙等"新史学"家强调史学予社会的效用，有当下主义（presentism）的倾向。[1]何炳松在分析章学诚思想的时候，就提出章注重"史之要质有三：义、事、文"。而其中，"史义"最重要，因为"史义"体现了"史之效用"。何说："章氏以为史以经世，故当切人事。""又以为所谓切于人事者，切合当时人事耳。故研究史学，必求当代典章以切于人伦日用，则史之效用方着。"这种"当下主义"的倾向表现在历史写作上，那就是厚今薄古。于是，"章氏又主张史当详近略远"。

然后，他又用现代史学的规范出发，来赞扬章学诚于"史法"与"史文"等方面的看法，如加注解、插图等见识。"章氏以为作史时，应有自注之例。盖援引所及，得以存先世藏书之大概，而免后人附会之陋习也。今日西书多重参考书之注脚，意即在此。"在另一处，何炳松又提到这一罗列参考书的重要："至于作史之根据，端赖成文。引用成文，必标所自。章氏以为除自注以外，并应将根据之书，部次流别，叙列详尽，使人即类求书，因书究学。"因此，在何炳松的解读、改造下，章学诚端然是一位现代史家。他对章学诚史学的研究，较之胡适所作的《章实斋年谱》，更有现实意义。

的确，在何炳松的眼里，章学诚可称得上是他们的"同志"，都有志于中国史学的改造，而且还提供了一种方法。在总结章的史学时，何炳松这样说：

---

1 John Higham, *History: Professional Scholarship in America*, pp.111–112.

至于吾国旧史何如？章氏不但主张应当大加整理，而且已有方法指示吾人。盖章氏学说颇近实验哲学派，决非着一部《通义》同《遗书》即算了事。虽章氏欲修《宋史》而未成，欲编史姓韵篇而未就，所成者方志数部而已。然章氏实已以整理《二十四史》之方法，指示后人。窃以为彼所主张之"别录"，实为吾人整理旧史方法中之最为折衷至当切实可行者。[1]

这一番话，点出了何炳松研究章学诚的目的。他对章学诚史学的解读，为的是发现一种"整理国故"的方法，来指示他的同辈。他与胡适在那个时候，可谓"情投意合"。

对方法论的重视，转化在教学上，也就是要求学生掌握从事历史研究的技术方面的知识。比如，胡适在讲授"中国哲学史"时，便开始倡导学生注意从事历史（哲学史）研究的"根本功夫"。他说研究哲学思想的演进要突出三个方面："一是明变，二是求因，三是评判。"但是，"述学"作为根本功夫必须放在最前面。因此，胡适在他的导论中，大谈研究的方法论，先说"原料"与"副料"的区别，然后再谈"史料的审定"，最后还谈史料的整理与运用。在结束他的导论时，胡适还要再次强调方法的重要，用心实在良苦。他说他"理想中的哲学史"，必须照这些方法写出。

我这部书定有许多未能做到这个目的和未能谨守这些方法之处。所以，我特地把这些做学术史的方法详细写出。一来呢，我希望国中学者用这些方法来评判我的书；二来，我

---

1 何炳松：《章学诚史学管窥》，刘寅生等编校：《何炳松论文集》，北京：商务印书馆，1990，第89—119页。

更希望将来的学者用这些方法来做一部更完备更精确的《中国哲学史》。[1]

　　胡适在最后提出的两个方面看起来非常谦逊，实则非常傲慢。他的"一来"，实际上是在说，如果别人不懂这些方法，就没有资格评判他的著作。而他的"二来"，则向读者指出，他的著作是"开山之作"，甚至在一定程度上，还是无以为继。他对冯友兰《中国哲学史》的轻视，就是因为在他眼里，冯著的方法不太入流。[2]

　　的确，对方法论的重视，是学术沟通的中国先决条件。因此，强调方法的划一，能帮助促进历史研究专科化、专业化。因此，胡适等人促成的中国近代史学的方法论转向，实际上是推动了中国历史研究专业化的形成。在描述美国史学专业化形成的过程时，彼得·诺维克（Peter Novick）提出，学科专业化的标志有如下几种：

　　　　学术机构的出现（如学会、专业刊物），培养专业技能的标准化训练，进行资格考核并发放文凭和合格证书，专业人员地位的提升和专业的自主性。[3]

这前几项的工作，一般由大学来完成。在那个年代，作为中国大学首领的北京大学已经设置了史学门（系）并有学生从中毕业，其他大学也相继设立了史学系。虽然单以历史为主的刊物尚未产生，但

1　胡适：《中国哲学史大纲（上）》，见《胡适学术文集》，上卷，第14—29页。
2　可见胡适评价冯著的一篇文章《评论近人考据〈老子〉年代的方法》，见《胡适学术文集》，下卷，第748—767页。有关冯友兰与胡适的关系，可见周质平：《胡适与冯友兰》，见《胡适丛论》，台北：三民书局，1992，第87—146页。
3　Peter Novick, *That Noble Dream*, pp.47–48.

将历史与地理合起来研究的刊物却有不少，如《史地丛刊》（何炳松曾任该刊首任编辑）和《史地学报》都已经出现。胡适等人主编的《国学季刊》，也以历史研究为主要对象。

而从事历史研究的人员在社会上有相当的地位，甚至取得一定程度的自主性。民国初年的教授，其社会地位之高、薪水之优厚，未能说"空前"，但"绝后"当无问题。而且他们也力求将自己与官场隔离。蔡元培任北大校长期间，就创立"进德会"，胡适、何炳松等人都是会员。而"进德会"的其中一条，就是"不做官"。胡适、何炳松等人（包括其学生顾颉刚、傅斯年等人）的确在很长一段时间内，没有进入官场。这种情形，到了抗战全面爆发以后，才有所改变。

在彼得·诺维克所列的那些标志中，专业训练的标准化可以说是最为关键的。他说："专业训练的整个目的就是为了达到技巧的完备和标准化。"这一训练的重点并不在培养创造性的思维，甚至天才的火花，而是为了设定一种类似技匠的标准，让所有的人都来遵守。[1] 在中国，这一历史研究的标准化训练，就是胡适等人提倡的考据学的功夫。

可是，虽然胡适几乎在一夜之间变腐朽为神奇，将清代的考据学方法变成一种现代科学方法，但其实效，仍有待进一步证明。胡适本人当然在不同的方面做了尝试，但他"暴得大名"以后，下笔十分谨慎，万分爱惜"羽毛"。终其一生，他都没有完成《中国哲学史大纲》的下部；在其他方面，也都似乎有"落伍"的倾向。[2] 幸好，胡适的"谨慎"为他的学生顾颉刚的"大胆"而补充，虽然顾也

---

1 Peter Novick, *That Noble Dream*, pp.47-48.
2 有关胡适在"暴得大名"之后是否"落伍"的问题，罗志田的《再造文明之梦——胡适传》（成都：四川人民出版社，1995）所论颇有新见，第317—320页。

只比他小两岁而已。但顾那时尚未成名，自然有一番胡适所没有、也不再需要的"冲劲"。其实，胡适在未成名以前，也有类似的"冲劲"。他对一代宗师章太炎"诸子出于王官论"的反驳，就是一例。

胡适的启发，加上顾颉刚的"冲劲"，因此就造成了中国近代史学的一次"革命"，那就是众所周知的"古史辨"运动。有关顾颉刚的史学，中外学者已经写就了不少著作，这里无需多谈。[1] 顾颉刚本人在《古史辨自序》那篇长文中，也将自己学术渊源的来龙去脉，交代得十分详细。从他所述和别人的研究中，显然，胡适的方法论熏陶对他启发甚大，而胡适在他毕业以后聘他为研究助理，让他认识姚际恒、崔东壁等前人，更是对顾"疑古"史观的形成有直接的催生作用。虽然顾颉刚可以在其他人（康有为、章太炎、王国维）身上追溯其"疑古"思想的源泉，但胡适的作用则绝对是关键的。这一关键作用，主要体现在顾颉刚对胡适"大胆假设，小心求证"的应用。

在顾颉刚的"疑古"史学中，至少在两个方面是源自于"大胆的假设"的。第一是他效仿胡适讲授中国哲学史从春秋开始的做法，先大胆地把古史缩短了二三千年，然后再提出证据，来证明古史的传说性质。第二个假设是他那著名的"层累地造成的中国古史"的说法。那是用他对中国戏剧，特别是民间戏剧中故事演变、人物塑造的观察后得来的。毋庸赘言，能够提出并运用这两个"假设"，是

---

1 除了上引王汎森、陈志明等人的著作外，尚有刘起釪《顾颉刚先生学述》（北京：中华书局，1986）、彭明辉《疑古思想与现代中国史学的发展》（台北：商务印书馆，1991）、顾潮《顾颉刚年谱》（北京：中国社会科学出版社，1993）。外文的有 Laurence Schneider, *Ku Chieh-kang and China's New History* (Berkely: University of California Press, 1971) 和 Ursula Richter, *Zweifel am Alterturn: Gu Jiegang und die Diskussiori über Chinas Alte Geschichte als Konsequenz der "Neuen Kulturbewegung, ca, 1915–1923"* (Stuttgart: Franz Steiner Verlag, 1992)。

需要一定的胆识的，也需要一点初生牛犊不怕虎的勇气。

在"古史辨"运动的时期，顾颉刚的学术特点，是"假设"多于"求证"，或者"假设"先于"求证"的。举一个人所熟知的例子来说，他根据《说文解字》提出的禹应该是虫的观点，就显得非常草率，几乎没有作什么论证，全是主观的想象：

> 我以为禹或是九鼎上铸的一种动物，当时铸鼎象物，奇怪的形状一定很多，禹是鼎上动物的最有力者，或者有敷土的样子，所以就算他是开天辟地的人。[1]

这里他用了不少含糊的词语，如"以为""一定""或者""就算"等等，可见他还没有作什么真正的研究。在他回答刘掞藜、胡堇人两人的质疑信中，他也承认自己的说法仅是一种"假设"，并表示不"抗辩"。[2] 其实，顾颉刚的整个古史讨论的构想，都是他大胆假设的结果。他在同一答信中这样设定他研究古史、辨别伪书的四项标准：（一）"打破民族出于一元的观念"；（二）"打破地域向来一统的观念"；（三）"打破古史人化的观念"；（四）"打破古代为黄金世界的观念"。要知道，这个时候，古史讨论还刚刚开始。由此可见，顾颉刚之研究古史，目的是改变前人建立起来的历史观念，而辨别伪书则是其手段而已。许多与顾颉刚争辩的人，往往就古书谈古书，不知道顾颉刚兴起此番讨论的真意。

这一目的，与五四时期"打倒孔家店"的思潮，自然是有着联系的。但更重要的是，这一"疑古"运动为胡适提倡的"整理国故，

---

1 顾颉刚：《与钱玄同先生论古史书》，《古史辨》，第一册，第63页。
2 顾颉刚：《答刘胡两先生书》，《古史辨》，第一册，第118—119页。

再造文明"打下了基础，创造了前提。如果古史可信，文明昌盛，何必"整理""再造"？胡适等人要掀起中国的"文艺复兴"运动，就必须论证"复兴"之必要。而顾颉刚的"古史辨"讨论，正好帮助人们认识到这一点。虽然他的讨论是基于一些先验的假设上的，但是随着讨论的深入，也逼迫争辩的双方从事基本的、实证的研究工作，也即从考订古书开始来进行历史的研究。于是，历史研究在方法论上的划一性就达到了。

因此，胡适这样总结讨论的意义：

> 他们的目的地既同，他们的方法也只有一条路：就是寻求证据。只有证据的充分与不充分是他们论战胜败的标准，也是我们信仰与怀疑的标准。[1]

彭明辉在他研究顾颉刚"古史辨"讨论的著作中对此做了进一步的发挥。他指出，从论战双方来看，"说明了古史辨运动正反双方在材料的运用、媒体的选择，乃至于方法论，都遵守了同样的游戏规则（Rules of Game）"。[2]因此，顾颉刚的"古史辨"讨论，对中国史学专科化的形成，在方法论上有很大的推进作用。它使得胡适根据中国传统改造过的历史研究"科学方法"——考证史料——深入人心，成为每一个从事历史研究工作者的必要训练。梁启超《中国历史研究法》之所以在那个年代如此受欢迎，在某种程度上也是因为他以渊博的知识，教导青年学子如何辨别史料、阅读古书。事实上，"考证"一词也是梁启超在书中提出来的，[3]比胡适的"考

---

1 胡适：《古史讨论的读后感》，《古史辨》，第 190 页。
2 彭明辉：《疑古思想与现代中国史学的发展》，第 71 页。
3 梁启超：《历史研究法》，北京：商务印书馆，1947，第 35 页。

订""审定"更加流行。何炳松在 1927 年出版的《历史研究法》的小书，也着重史学家在文字史料方面的训练。这类章节有"博采"、"辨伪"、"知人"（也即了解作者及其写作的时间、地点）、"考证与著述"等，占书的大部分。在书的序言中，何炳松还特意提出了近代以前"表示疑古态度"的历史学家。显然，他的写作与当时的"古史辨"运动有一定联系。[1]

正是在这样的学术氛围中，一些旧学根底深厚、接触西学不多的学者如陈垣、柳诒徵及其弟子缪凤林，都在当时的史学界有着举足轻重的位置，旁人轻易奈何不得，因为一旦在引证史书上犯一点错误，就会遭到嘲笑。自然，陈垣与缪、柳有很大不同，虽然不通西文，但十分注意吸收西方、日本汉学家的成果，以丰富自己的研究，通常也不轻易批评人，很受人尊重。但缪凤林则如同史学界的监督，常常吹毛求疵，指出别人史实的错误。傅斯年以后就吃过他的苦头。[2] 胡适后半生落笔之谨慎，也显然与这一他自己一手促成的学术氛围有关。但在另一方面，陈寅恪在中国学术界的迅速成名（陈 1926 年回国），却得力于这一学术空气。他的真才实学，很快就得到别人的赏识，虽然他那时的作品还很少，而且课堂所讲也没有多少人能真正听懂。[3] 不过，那些学生却趋之若鹜，对陈的学问"虽不能至，心向往之"。一时间，"二陈"（陈垣、陈寅恪）成为

---

1 何炳松：《历史研究法》，见《何炳松文集》，第四卷，第 1—74 页。

2 卢沟桥事变以后，傅斯年激于民族义愤，草成《东北史纲》一书，意图证明东北为中国的一部分，但因仓促成书，里面史料错误不少，缪凤林将之一一列出，披露于世。

3 苏云峰的《从清华学堂到清华大学》（台北："中研院"近代史研究所，1996）一书中，转引了当时陈的学生的描述，说他们感到"程度不够"，第 355—357 页。该书对清华国学研究院的成立及其师资情况、所设课程、学生数目和研究课题，叙述甚详。陈寅恪与清华国学研究院的关系，又可见桑兵：《陈寅恪与清华研究院》，《历史研究》1998 年第 4 期，第 129—143 页。

当时史学界的样板。

其实，虽然人们把"二陈"并提，两人的治史方法也有神似之处，但他们的学术渊源却并不相同。陈垣虽然身为教会大学的校长，年轻时也曾习医，接触过自然科学，但自转而研究历史以来，对输入西学与史观建设了无兴趣，一心以考订史书为治学根本。据蔡尚思回忆，陈垣曾对他说："像胡适的《中国哲学史大纲》之类的所谓名著，很像报章杂志，盛行一时，不会传之永久。"甚至，他对思想史、文化史也缺乏兴趣："思想史、文化史等颇空泛而弘廓，不成一专门学问。"[1]

陈垣治学方法的出发点，就是清代乾嘉的考据学，以钱大昕为模仿、超越的目标。虽然他有点看不起胡适的学问，但他的研究路子，却与胡适所规划的方向十分契合。那就是将考证方法视为历史研究的基础，不像乾嘉学者那样，有点为考证而考证。他在其名著《通鉴胡注表微》的"考证篇"中直截了当地指出："考证为史学之门，不由考证入者，其史学每不可信。彼毕生盘旋其门，以为尽史学之能事者固非，不由其门而入者亦非也。"[2] 这与胡适等人在史学方法方面的论说与实践，方向完全一致。

稍有不同的是，陈垣从民族意识，甚至本土意识出发，想用中国学问来比附胡适所推崇的西方的科学方法。许冠三指出，陈垣"先撰《史讳举例》，比西方的纹章学。又著《元典章校补释例》，匹胡适所迷信的西洋校勘学。最后更创史源学，以当西欧的史料

1 蔡尚思：《陈垣先生的学术贡献》，见《励耘书屋问学记：史学家陈垣的治学》，北京：生活·读书·新知三联书店，1982，第8页。
2 引自李瑚：《中国历史考证学与陈垣先生对它的贡献》，《陈垣教授诞生百一十周年纪念文集》，广州：暨南大学出版社，1994，第28页。该文对陈垣治学与传统考证学的传承关系有较详细的讨论，第19—49页。

鉴定学"。[1] 但是，胡适本人之沟通中西史学方法，目的当亦是同样的。只是胡适毕生认为，中国之近代化，必须面对世界，吸收所有的学问。

与陈垣并称的陈寅恪，近来在学术界受到了很多重视，已有不少论著、传记问世。许多研究者（包括陈的一些学生）提出，陈寅恪在史学上的主要贡献，也在于他对于清代考证学的继承与发扬。[2]这一观察，并没有大错，特别是如果我们联系当时的学术氛围来看的话。上面已经说过，陈寅恪在当时的迅速成名，与那时的人注重史实的考证有很大关系。因此陈寅恪的知名，与胡适不一样，他没有像胡适那样，靠"推销"一种"新式武器"——即科学方法来为自己的学术开路。但是在某种程度上，胡适以前所作的工作却使他受惠。否则，一个像他那样出身世家、眼界很高、学问深奥的学者，不会有如此多的崇拜者和追随者。但陈寅恪是否就是一个考据学大师，我们还需在下面进一步讨论。

五、史学方法研究的深入和跨学科研究

虽然考证古书、鉴别真伪在 1920 年代已经成为历史系学生的基础训练，但对于历史研究方法的探讨，却并没有就此停步。在"古史辨"讨论的初期，一位叫李玄伯的就提出了一个想法。他

---

1 许冠三：《新史学九十年》，上册，第 135 页。
2 参加"纪念陈寅恪教授国际讨论会"的学者中，有不少认为陈的研究方法与乾嘉学者十分类似，见《纪念陈寅恪教授国际学术讨论会文集》，广州：中山大学出版社，1989。罗志田的《"新宋学"与民初考据史学》一文对此有所论述，见《近代史研究》1998 年第 1 期，第 1—36 页。

认为，要想真正解决古史问题，唯一的办法是寻找"第二种材料，'古人直遗的作品'"，也就是从事考古发掘。[1]这说明，在古书考订风行的年代，也有人开始注意历史研究的新方法，也即如何从其他科学中引进新的方法来从事研究。在史学走向专科化的同时，它也开始呈现跨学科的需求。

事实上，对古史辨讨论最有力的两篇批评，就是两位受到现代科学训练的人写的。他们是张荫麟和陆懋德，而他们矛头的焦点，都指向了顾颉刚过分依赖文献材料的方法。张荫麟运用他对现代史学方法的掌握，提出顾颉刚的研究手段，有"默证"之嫌。他指出：

> 凡欲证明某时代无某某历史观念，贵能指出其时代中有与此历史观念相反之证据。若因某书或今存某时代之书无某史事之称述，遂断定某时代无此观念，此种方法谓之"默证"。

他还引经据典，将法国史学家瑟诺博司（Charles Seignbos）对"默证"的分析放在后面，让人看到历史研究中"默证"的危险。[2]换言之，由于历史演变的过程通常很长，许多事件不一定留下证据。后人不能因此而认为这些事件没有发生。然后，张又从逻辑学的角度，认为顾颉刚所做的一些推理，如禹为神非人，因此尧舜等都应是神，都无法服人。张提出顾颉刚"默证"之误，实际上也就是要求人们突破文字材料的局限，从别处找史料根据。

---

[1] 李玄伯：《古史问题的唯一解决方法》，《古史辨》，第一册，第268—269页。
[2] 张荫麟：《评近人对于中国古史之讨论》，《古史辨》，第二册，第271—273页。

陆懋德的评论，也异曲同工，认为顾颉刚的疑古讨论，在方法和前提上都有问题。他顺着李玄伯的建议，提出古史辨的讨论，集中在尧舜禹这三个传说中的人物上面，但据他的看法，这三个人物都是史前的人物，判断他们存在与否，根本就无法用文献史料来解决。陆半带嘲讽地指出，顾颉刚"愿为'科学的史学者'，余惜其书中亦有未能尽合科学之理而易滋青年后学之惑者，故余略为评语数则于后，以比于商榷之义焉"。然后，他将顾颉刚考证古史的方法，与前人（司马迁、崔述）相联系，认为没有本质的不同，这就等于是说，虽然顾颉刚"标榜"自己是"科学史家"，并写了长篇"自序"来说明自己如何掌握这种科学方法，但在陆懋德看来，显然都称不上科学。[1]

也许是有感于胡适、顾颉刚历史研究方法之狭隘，张荫麟、陆懋德以后都出版了这方面的论著，探讨研究史学与其他学科之间的关系，力图突破将历史研究等同于史书考证学的倾向。比如，陆懋德在《史学方法大纲》中，对史学与其他科学（自然科学与社会科学）之间的错综复杂的联系，根据当时西方的著述，做了详细的比较分析。他说：

> 吾人于此先须知科学原有两种，一为自然科学，一为社会科学。论理的方法，在社会科学与自然科学内并无别异，而技术的方法，既同在自然科学之内，亦各有不同。……历史属于社会科学，则其不能应用自然科学之技术的方法，亦无足怪。然则固不能因历史不用观察及试验，而谓之不合科学方法。

---

1 陆懋德：《评顾颉刚"古史辨"》，《古史辨》，第二册，第369—388页。

显然，陆懋德虽然看到自然科学与社会科学的不同，但在方法论上，他又认为两者之间有很大的一致性。在另一处，他援引法国史学家朗格诺瓦（Charles Langlois）的说法，提出历史学科学性的完善，有待于整个社会科学的完善。[1] 由此可见，陆懋德坚信历史学的科学性，而这一科学性的根据正是在于史学与社会科学的结盟。

与陆懋德持相同见解的还有李璜。李璜认为历史学与社会科学呈一种并行发展的关系，两者之间有一种互补的关系。社会科学的影响，使得历史研究产生了社会史、经济史、宗教史等新学科，而历史学对社会科学的影响，则使人不再将经济学或法律学上的原则，视为是"一成不变、万世皆准的"。因此，两者之间的联手发展，是势所必然。[2]

事实上，提倡历史学必须与其他社会科学结合，作跨学科的研究，几乎是与史学专科化的趋向同时出现的。在这方面，何炳松对历史方法论的研究是一个值得注意的例子。在胡适提倡"国学"研究、"再造文明"的时候，何炳松研究了章学诚的史学。但是，何炳松对现代史学方法的理解，比胡适更加深入。他并不完全同意胡适将历史的科学方法与中国清代学者的考据法相等同的做法。甚至，他也没有像胡适那样乐观自信，认为只要用这种考据方法，便能将中国的国故加以更新。因此，他对"国学"的研究，提出质疑，认为这一研究含义不明、界限不清，没有现代科学的分析精神，即违反了学科专业化的倾向。何炳松号召同人专研一门学问成为一位专家，而不要像传统的学者那样，"万物皆备于我"。[3]

---

1 陆懋德：《史学方法大纲》，南京：独立出版社，1945，第13、16页。
2 李璜：《历史学与社会科学的关系》，引自蒋大椿主编：《史学探渊：中国近代史学理论文摘》，吉林：吉林教育出版社，1991，第946—955页。
3 何炳松：《论所谓"国学"》，见《何炳松论文集》，第481—490页。

正是这种专研的精神使得何炳松对史学方法的研究比胡适更为进步，他没有像胡适那样"落伍"。相反，何炳松与陆懋德、李璜一样，提出历史与社会科学结盟，对史学方法作更多的革新。这一关怀，在何炳松以后的著作中，特别是他在 1928 年出版的《通史新义》，有更充分的表现。如果我们将何的《历史研究法》与《通史新义》相比较，这一进步特别明显。他的《历史研究法》，主要谈的是历史学家如何搜集、整理、考证史料，勒成删定，著述成文。到了《通史新义》，则力求探讨史学方法与其他社会科学方法之间的关系，他一方面承认社会科学的巨大影响，另一方面则提出了史学方法的必要，阐明其独特价值。在当时研究史学方法的同类著作中，何炳松的《通史新义》无疑是上乘之作。

在《通史新义》的导言部分，何炳松首先说明了历史学与社会科学之间的互补关系。首先，他指出，"所有社会科学，无论其为人口学、经济学，必须直接观察现象而后方能构成。然实际上现象观察之范围往往极其有限。吾人欲求得广大之知识，非求援于间接的方法不可，即史料是也，而研究史料当然不能不用历史研究法"。其次，社会科学还须依靠历史方法来阐述其研究对象之演化。"所有社会科学所能应用之现象并非永远不变者也，吾人如欲了解其性质，非先明了其演化情形不可。……此为过去社会现象之一种历史的研究，而此种研究唯有用历史研究法方可。"因此，"盖社会科学上之事实几全用历史的进程得来而组成一种有系统之浑仑者也"。[1]在何炳松看来，历史学因其方法的独特功用，成为社会科学之基础，两者之间形成一种不可或缺的关系。

在另一方面，社会科学的发展对历史学的研究也产生了重要

---

1 何炳松：《通史新义》，见《何炳松文集》，第 107—108 页。

的影响，那就是社会史的兴起。何炳松在《通史新义》的第二部分，详细探讨了社会史研究的方法和现状。这种讨论，在当时的史学界，并不多见。何炳松眼里的社会史研究，主要以经济生活、物质生活、人口变迁、社会制度等为对象，与现今的理解大致相同。[1]何炳松以社会史的研究作为历史学与社会科学结合的例子，来阐明两者之间的紧密联系，使得他的《通史新义》不但在探讨方法论上独树一帜，而且也揭示了历史研究的最新趋势。社会史的研究，就是史学走向跨学科的一个例子。

何炳松在《通史新义》的自序中说明，他在书中阐述的原理，主要依据瑟诺博司《应用于社会科学上之历史研究法》（*La Methode Historique Appliquee aux Sciences Sociales*）一书。因此，他在历史研究法方面的认识，与当时的西方史学家没有相差多远。在这意义上，历史的跨学科研究，表现了 20 世纪史学发展的趋向。这一趋向，我们在另一历史学家姚从吾的著述中，也可见到。

姚从吾是顾颉刚、傅斯年在北大时的同学，但对顾、傅等参与的新文化运动，并不热衷。姚在那时，感兴趣的还是如何专研中国的传统学问，因此与陈垣颇有交往。但陈垣却有意让他接触新学问，鼓励他在毕业之后留学德国，希望他能沟通中西史学。[2]姚出国以后还将论文寄回国内交《辅仁学志》发表。姚从吾在德国，与傅斯年、罗家伦等人一起讨论史学，特别是在顾颉刚"古史辨"引起中国史学界一场轩然大波之后。[3]因此，顾颉刚等人在史学方法

1 何炳松：《通史新义》，见《何炳松文集》，第 209—210 页。
2 姚从吾受陈垣鼓励留学德国一事，见牟润孙：《从〈通鉴胡注表微〉论援庵先师的史学》，载《励耘书屋问学记》，第 75—76 页。
3 姚从吾在德国与傅斯年等人的交往，见傅斯年与顾颉刚书，《谈两件〈努力周报〉上的物事》，《古史辨》，第二册下编，第 298 页。

上的成就，想来对姚也有影响。1920 年代中后期，傅斯年、罗家伦、陈寅恪等相继离开德国，或转学其他国家，或回国服务，但姚从吾则仍然留在德国，一直待到 1934 年才动身回北大任教。

姚从吾在德国的研究，主要以中国史和蒙古史为主，师从德国汉学家福兰阁（Otto Franke）和海尼希（Ernst Haenisch）。前者是德国史学家德罗伊生（Johann Droysen）的学生，而德罗伊生则是德国大史学家兰克的晚辈。因此，姚从吾对福兰阁的治学方法十分欣赏。他甚至认为，福兰阁之所以在汉学研究上成就很大，就是由于他深得兰克史学的精华。海尼希则是德国蒙古史研究的权威人物。姚从吾回国以后的学术道路，在他德国留学期间已经确定了方向，以教授史学方法和蒙古史研究为主，以后也没有什么变化。

姚从吾留学德国十余年，却没有获得任何学位，这在当时也属常事。姚的朋友傅斯年、罗家伦、毛子水等人也同样如此。他们回国以后，其留学经历，仍然有助于学问事业的开展。譬如，据陶希圣回忆，有一次胡适担任北大文学院院长，介绍诸教授时，特意提到姚从吾在德国留学多年，引起听众高度重视。陶希圣解释说："民国二十年代，像从吾这样的学历是少之又少的。一则当年中国学生自大学毕业之后，出国留学，大抵一两年便要回国，或教书或从政，很少求学外国至七年之久的事情。"[1] 姚从吾的学历，在那时已经成为他学术地位的资本。

姚从吾在蒙古史以及辽金元史等方面的辛勤著述，使他成为国际知名的学者，其受业弟子如札奇斯钦、肖启庆、陶晋生等也都出类拔萃。同时，姚的"史学方法论"课，也使许多毕业于北大、西

---

1 陶希圣：《姚从吾先生诔》，《姚从吾先生哀思录》（台北，1971），第 98 页。在陶的文章中提到胡适说姚从吾在德国一共留学七年，但实际上姚在德国待了十一年。

南联大和台湾大学的历史系学生，记忆犹新，特别是他的两句比喻，"骑马要骑在马背上"和"游泳要跳到河里去"，几乎每个人都耳熟能详。这两句话，集中体现了姚从吾史学方法论的特色，那就是实证主义和经验主义。这与胡适等人所提倡的科学方法，不谋而合。因此，虽然姚从吾在北大求学期间，没有参与新文化运动，但他回国以后，则与胡适及其弟子的思想行为，颇为合拍。

据姚从吾的学生、台湾史学界研究史学史和史学方法的权威人士杜维运的回忆，姚自回国以后，几乎每年都开设"史学方法论"的课，长达三十年之久。姚之研究史学方法，主要以兰克学派的形成与发展为线索，在课堂上，他经常用超过一半的时间，介绍兰克史学的发展和成果。每每谈到兰克，"他脸上突现光彩，声音也越发洪亮了"。因此，虽然姚从吾在史学方法论的著述方面，仅剩一本薄薄的讲义稿，但他的确是将德国近代史学引入中国史学界的主要人物。他所采用的课堂讲义，也以德国史学家伯伦汉（Ernst Bernheim）的《史学导论》（*Einleitung in die Geschichtswissenschaft*）和《史学方法论》（*Lehrbuch der historischen Methode*）为主要依据。[1]

如所周知，兰克学派的史学方法注重历史的文字学基础，希图通过文字学的考证，确定史料的真伪，建立切实可靠的史学。这一史学方法，需要大量的实践，即"小心求证"。姚从吾直截了当地指出，"方法，简单说即是有效的经验"。因为只有通过工作，才能理解体会如何掌握方法。姚从吾对历史学的定义，也采取了这种实证主义的方法。他认为历史与文学和哲学都不同，既不虚构，也不空论，而是为了真实地揭露、展现过去。这些论述，与兰克本人

---

1 杜维运：《姚从吾师与历史方法论》，《姚从吾先生哀思录》，第 81—85 页。

对历史的理解，十分符合。[1]

　　像何炳松一样，姚从吾认为历史研究与社会科学之间有紧密的联系。他说道："历史学是一种综合的社会科学，研究的对象是'人的已往的活动'（即人类已往的活动与影响）；因此，凡是以研究'人事'为主体的社会科学，都不免与历史学有或多或少的关系。"因此，姚从吾对史学方法的研究，就不像胡适那样，仅仅局限于文字史料的考订。他在"历史方法论"的讲义中，罗列了九项与历史学有联系的社会科学，其中自然有文字学、语源学、文献学等为人熟知的学科，也有印章学、钱币学和徽章学、地理学等研究实物史料的学科。[2] 由此看来，姚从吾的历史方法，已经在胡适改造清代乾嘉考证学派的基础上，更进了一步。

　　从何炳松、姚从吾等人的研究中可以看出，历史研究方法到了 1920 和 1930 年代，已经在认识上有了不少突破。他们都希图在综合社会科学各门学问的基础上，丰富和深化历史研究，特别是扩大史料的范围。但是，在那个时代，真正将这些理论的探索付诸实践并且取得卓越成就的，则是姚从吾的老同学傅斯年。傅斯年在北大读书期间，就是一个叱咤风云的人物，不但在五四运动时冲锋在前，而且还主编《新潮》杂志，提倡西学的输入和对中国传统文化的革新。傅在毕业以后，去欧洲"游学"了七年，先后在英国的伦敦大学与德国的柏林大学修习了一些课程，并在伦敦大学获得了心理学的学士学位。

　　但是，傅斯年以后的历史研究方面的成就，至少在知识方面，

---

1 姚从吾：《历史方法论》，《姚从吾先生全集》，台北：正中书局，1971，第一卷，第 1—4 页。有关兰克对史学的理解，可见 Leopold von Ranke, *The Theory and Practice of History*, eds. by Georg Iggers & Konrad Moltke (New York: Irvington Publishers, 1973)。
2 姚从吾：《历史方法论》，《姚从吾先生全集》，第一卷，第 57—76 页。

与他的国外留学似乎没有直接关系。甚至，他一开始并不想从事人文学科方面的研究，而是想探求西方学术的"奥秘"，即科学方法的奥妙。因此，他选择了心理学。但又不以此为满足，而是心多旁骛，涉猎了各种学问。他没有获得高级学位，也就在意料之中了。因此，说他在海外"游学"，实在非常恰当。

其实，傅斯年这种一心想寻求科学方法奥秘的做法，体现的是五四以来不少人的共识。对傅斯年这位历史学家为何没有在海外研习历史，傅的好友罗家伦有一段非常好的解释：

> 要明白他这个举动，就得要明白当时新文化运动时代那般人的学术的心理背景。那时候大家对自然科学，非常倾倒；除了想从自然科学里面得到所谓可靠的知识而外，而且想从那里面得到科学方法的训练。认为这种训练在某种学科以内固然可以应用，就是换了方向而已，治另外一套学问，也还可以应用。这是孟真要治心理学的原因。[1]

傅斯年对科学方法论的兴趣，自然与胡适的影响有关。他在大学期间发表的一些论文，就表现了对西方科学的实践主义和经验主义的理解。他写道：

> 我以为实际主义（即实证主义——引者注）是现在思想界中最精的产物，应当导引到中国，更可用他的力量，纠正中国一切不着边涯浑沌浮乱的思想。但是这事业不是可以仓猝而就，必须先明白了他的方法论；因为方法论主宰哲学，

---

1 引自傅乐成：《傅孟真先生年谱》，台北：文星书店，1964，第20页。

殊样的哲学都由殊样的方法论。方法论也不是可以仓猝明白，必须先明白他对于他种方法论的不同，才可以明白他自己的方法论。每个哲学家都有特殊的逻辑，就是他的特殊的方法论。[1]

这种实证主义的态度，在傅斯年的史学思想中，一直占据着主导的地位，即使留学多年，也没有多少改变。但是，我们并不可以说，傅斯年的留学生活，对他的学术成长没有影响。应该说，这一影响是潜移默化的，在很长的一段时间内没有充分表现出来，甚至傅斯年本人也显得有点无所适从，不无困惑。1926年胡适有机会到欧洲，傅斯年特意从柏林赶到巴黎与阔别七年的老师相会，与胡适交谈了许久，但留给胡适的印象却是"孟真颇颇放，远不如颉刚之勤"。[2]

那个时候的傅斯年，已经从伦敦转学到柏林大学学习了三年，接触了德国文字学与历史学的成果，也知悉了他的老同学顾颉刚在国内开展的"古史辨"讨论。他一方面称赞顾颉刚的成就，认为顾的"层累地造成的中国古史"已经使他在"史学上称王"，但另一方面，他又有点不甘心沿着顾颉刚的路子研究古代历史，因为他毕竟在海外待了不少年，应该表现出一些新的见识。[3]他与胡适交谈时显出的"颓放"，一半是由于顾颉刚的成功，对比之下，不免有

1 傅斯年：《失勒博士的形式逻辑》,《傅孟真先生集》,台北：台湾大学出版社，1952，第1册，第38—39页，原载《新潮》1919年第一卷第三号。
2 胡适：《手稿本胡适的日记》,台北：远流出版社，1989—1990，第五册，1926年9月5日。
3 见傅斯年给顾颉刚的信，《古史辨》,第二册下编，第298页。在信中，他称自己"不弄史学"，见到顾颉刚的成就，有一种"光武故人"的感叹。这说明，傅已经有另辟新路的打算。

点惭愧。另外一半，据我看来，则是因为他在学业上还处在摸索阶段，尚未找到展现自己抱负的所在。他如此热心地从柏林到巴黎与胡适相会，可能也是为了深入了解胡、顾的"古史辨"讨论，以便自己在回国以后"定位"，用新颖的研究角度和手段超过顾颉刚的工作。

果然，在巴黎与胡适分别以后，傅斯年便南下到马赛上船回国，于1926年十月底到达香港，12月受聘为广州中山大学文学和史学教授兼系主任，马上实施他的理想，那就是成立"语言历史研究所"，聘请顾颉刚、董作宾、罗常培等人来广州，充实实力，一时搞得轰轰烈烈。不久，蔡元培等人商议成立中央研究院，傅斯年凭着与蔡的师生关系，说服蔡将"语言历史研究所"列为其中一个所，改名为"历史语言研究所"（简称"史语所"），一直延续至今。后来，中山大学由于人事纠纷（其中包括傅斯年与顾颉刚的争吵与分手），不少教授都纷纷脱离，但历史语言研究所则由于与中央研究院的关系，逐渐发展、完善，成为当时的一个学术中心。[1]

傅斯年的学术定位，还是保持着那种实证主义的态度，鄙视空谈理论。从这种实证主义的观念出发，他认为所有的学科，都可以采用一种方法，那就是对材料的收集与整理。在这点上，他与胡适没有根本差别。但是，傅斯年对材料的认识，则超过了胡适，认为不能局限在考订文字材料，而必须扩充材料的范围。由此，历

---

1 有关历史语言研究所的创立，台湾"中央研究院"历史语言研究所杜正胜有长文《无中生有的志业——傅斯年与史语所的创立》，所述甚详，见《新学术之路："中央研究院"历史语言研究所七十周年纪念文集》，台北："中央研究院"历史语言研究所，1998，第1—42页。该所研究员王汎森的博士论文 "Fu Ssu-Nien: An Intellectual Biography" (Ph.D Dissertation, Princeton University, 1993)，对傅斯年之创立史语所，也有详尽的论述。

史学在他眼里，便成了"古代科学"（*Altertumswissenschaft*），其研究的对象与其说是古书、古文、古字，毋宁说是古代文物。因此，虽然他所创立的是"历史语言研究所"，提倡用语言学，即文字学（*philologie*，philology）的方法来考证史料，但傅的兴趣，则希望通过对实物史料的观察，将历史研究提高到与自然科学并列的位置。他在所内除了设历史组、语言组以外，又设考古组，就表达了这一意愿。从姚从吾对德国史学的介绍来看，傅斯年之成立历史语言研究所，自然是由于德国学术的影响，但他力图把历史学上升到自然科学即"古代科学"的企图，则又说明他的历史观念，又不是完全德国的。[1]

我们可以通过两件材料来看傅斯年如何界定历史研究的性质。第一是他写给蔡元培的信，解释为什么历史语言研究所应该设在中央研究院：

> 中央研究院设置之意义本为发达近代科学，非为提倡所谓固有学术，故如以历史语言之学承固有之遗训，不欲新其工具，益其观念，以成与各自然科学同列之事业，即不应于中央研究院设置历史语言研究所，使之与天文、地质、物理、化学同伦。今先生在院中设置此所，正是以自然科学看到历史语言之学，此虽旧域，其命维新。[2]

由此可见，傅斯年与胡适等人的历史观念之不同。像何炳松一样，

---

1 虽然傅斯年推崇兰克，但据王汎森的调查，在傅的藏书中，一直到1941年才第一次购买了兰克的著作。另据 Axel Schneider 的调查，傅在柏林大学的学习成绩并不理想，其德文程度也不太好。因此德国史学对傅斯年的影响，没有旁人想象得那么深。
2 "中央研究院"历史语言研究所档案，元字198号之1。

傅斯年认为所谓"整理国故"，发展"国学"，并不是发展现代学术应该走的道路。这在我们的第二件材料，即傅斯年写的《历史语言研究所工作旨趣》中有更明确的表达：

> 我们反对"国故"一个观念。如果我们所去研究的材料多半是在中国的，这并不是由于我们专要研究"国"的东西，乃是因为在中国的材料到我们手中方便些，……世界中无论哪一种历史学或哪一种语言学，要想做科学的研究，只得用同一的方法，所以这学问断不以国别成逻辑的分别，不过是因地域的方便成分工。[1]

傅斯年对科学的实证主义理解，在此表现得非常明显。为了证明历史语言研究所设在中央研究院的必要，也为了表现他所提倡的学问与胡适、顾颉刚的不同，傅斯年努力将历史学与自然科学相等同，因此他对扩充史料的范围，特别下功夫。

在《历史语言研究所工作旨趣》的一开始，他提出："近代的历史学只是史料学，利用自然科学供给我们的一切工具，整理一切可逢着的史料，所以近代史学所达到的范域，自地质学以至目下新闻纸，而史学外的达尔文论，正是历史方法之大成。"这些话，应该说与胡适对科学的理解没有根本的不同，而把达尔文进化论视为一种史学方法，更是胡适对杜威哲学的解释。但是，将史学等同于史料学这一极端夸张的说法，则只有傅斯年这样情绪激昂的人才能发明，尽管胡适一生的治学实际上是这么在做。

有了这个"史学等于史料学"的发明，傅斯年便在下面做了

---

1 傅斯年：《历史语言研究所工作旨趣》，《傅孟真先生集》，第 4 册，第 177—178 页。

很大的发挥。他提出了三条：（一）凡能直接研究材料，便进步。
（二）凡一种学问能扩张他研究的材料便进步，不能的便退步。
（三）凡一种学问能扩充他做研究时应用的工具的，则进步，不能
的，则退步。这三条，其实是循序渐进的，表现出傅斯年开始逐渐
走出胡适的影响，力求体现出自己的不同来。这一不同，就是要把
历史学研究的范围扩大，综合社会、自然科学的各种研究方法。因
此，当傅斯年写到"又如现代的历史学研究，已经成了一个各种科
学的方法的汇集。地质、地理、考古、生物、气象、天文等学，无
一不供给研究历史问题者之工具"时，他才完全表现出自己的特点
来。为了强化这一不同，他用了像"史学等于史料学"那样夸张的
手法，提出"一分材料出一分货，十分材料出十分货，没有材料便
不出货"和"我们不是读书的人，我们只是上穷碧落下黄泉，动手
动脚找东西"等警语。[1]

　　从这篇《历史语言研究所工作旨趣》中可以看出，傅斯年的历
史观念，是建立在胡适的基础之上，但又加以强化、改造以后的结
果，正所谓"青出于蓝胜于蓝"。这一改造工作，颇费心思，即使
像傅斯年那样的聪明人，也花了不少时日。杜正胜认为，他从马赛
坐船回国，达四十余天，可能都在思考这个问题：

　　　　傅斯年原先既是疑古派，疑古的顾颉刚所建筑的史学王
　　国，对转变中的傅斯年，像一个茧，这也是向来他自己做的
　　茧。但在东航中，傅斯年破茧而出，在悠悠天地间飞翔。大
　　约四十天的航程，蓝天碧海，傅斯年欣赏朝日晚霞和观星望
　　斗时，古史研究的课目和即将展开的史学革命应该是无时不

---

1 傅斯年：《历史语言研究所工作旨趣》，《傅孟真先生集》，第 4 册，第 169—182 页。

在脑海中盘旋的吧！ [1]

这一段想象力丰富的描述，从傅斯年的行程排列来看，当离事实不算太远。对于傅斯年来说，他必须要标新立异，不愿在顾颉刚面前称臣俯首，特别是在已经说明他"不弄史学"以后。另外，傅在海外"游学"七年，总应该对江东父老想些新成绩交代吧。因此，傅斯年对历史的看法，一定经过了一段时间的深思熟虑。

虽然傅斯年在写作《历史语言研究所工作旨趣》时，力求标新立异，但他所设定的研究方向，还是很谨慎的。他所提出的所谓"扩张史料，扩充工具"，表明他的目的是利用已经发现了的史料和已经存在的工具，如金石甲骨，并不真是"无中生有"。[2]这里有民族主义的因素的影响。他生怕这些材料为西方汉学家所用，使得"学问的原料，也被欧洲人搬了去乃至偷了去"。他立志要"科学的东方学之正统在中国"。这一些话，与他前面所谈的学问不以国别为分别，自相矛盾。[3]但对傅斯年来说，实证主义必须服务于民族主义，这又是理所当然的。以后在日本侵占东北时，傅应急写了含有不少史料性错误的《东北史纲》，也表现了他的这种民族主义高于一切的立场。

由于傅斯年对历史学的性质有不同于他人的理解，他对史学方法的论述，也显得不同。对他来说，既然史学等于史料学，那么历史的研究方法也就是史料的研究方法。而整理史料的方法则是：

---

1 杜正胜：《无中生有的志业——傅斯年与史语所的创立》，《古今论衡》1998 年第 1 期，第 10 页。

2 傅斯年在史语所成立之初写给陈寅恪的信中说："此研究所本是无中生有，凡办一事，先骑上虎背，自然成功。"历史语言研究所档案，元字 9 号之 1。

3 傅斯年：《历史语言研究所工作旨趣》，《傅孟真先生集》，第 4 册，第 169—182 页。

"第一是比较不同的史料，第二是比较不同的史料，第三还是比较不同的史料。"因此，比较史料的方法是历史研究的方法。傅斯年现存的"史学方法导论"的讲义中，我们可以清晰地看出这一重点。他在其中分八个方面谈了史料的比较，包括"直接史料对间接史料"、"官家的记载对民间的记载"、"本国的记载对外国的记载"、"近人的记载对远人的记载"、"不经意的记载对经意的记载"、"本事对旁涉"、"直说与隐喻"和"口说的史料对著文的史料"。

在这些史料的比较中，傅斯年兴趣最大，谈得最多的是第一部分，那就是"直接史料对间接史料"。傅斯年用五种直接史料来阐明其优点，第一甲骨、第二碑文、第三金文、第四汉简和第五敦煌经卷。他举了王国维、陈寅恪等人的工作，来说明这些直接史料，能补充和纠正人们常用的史书的错误，使人对历史事实有新的理解。譬如，王国维的《殷卜辞中所见先公先王考》就不但证明了好些古书中提到的古人确有其人，而且还纠正了名作传抄的错误。但是，要想有效地利用这些直接史料，历史学家必须熟悉间接的文字史料。傅斯年说："假如王君不熟习经传，这些材料是不能用的；假如熟习经传不用这些材料，经传中关涉此事一切语句之意义及是非是不能取决的。"[1]

傅斯年对史学方法论的这些论述，也正是他建立史语所的一个重要的目的。在史语所成立的当年——1928年，他就派遣了由董作宾带队的考古小组，前赴河南安阳的殷墟进行发掘。当时的目的是寻找更多的甲骨，也想证明章太炎所说甲骨为农民伪造之谬误。第一次的发掘，在发现甲骨方面成效甚微，使得没有考古学正规训练的傅斯年和董作宾都感到沮丧。幸好那时从美国修得人类学博士

---

1 以上均见傅斯年：《史学方法导论》，《傅孟真先生集》，第 2 册中编丁，第 1—53 页。

的李济受聘史语所，任考古组组长，主持了第二次和以后许多次的发掘，其方向也从寻找甲骨转到研究殷墟本身，因此挖掘的范围也加以扩大，不再以寻找甲骨为主要目的，而是想采掘一切文物。[1]

这一方向性的改变，对中国史学的发展影响很大。如果仅以发现甲骨为目的，那么这些考古工作，至多只能做到像王国维那样，证明古书中一些记载的正确与否。这固然也很重要，但不足以让人了解古代中国的沿革历史。而李济等人通过地层学的分析，弄清了小屯文化、龙山文化和仰韶文化之间的年代区别以及延续关系。甚至，他们还发现了商朝帝王的大墓及王朝遗址，出土了大量青铜器、玉器、陶器、石器和不少甲骨。同时，他们还对殷墟的建筑以及沿革有了更深入的了解。这些成绩，不但奠定了中国近代考古学，而且也以信服的证据向人们展示，古代中国的文明的确源远流长。有了如此充分的科学证据，顾颉刚的疑古论，也就不再那么有说服力了。如果当年傅斯年开创史语所是为了与顾颉刚争胜，那么到了1930年代随着殷墟发掘的成功，他可以说已经占据了优势，后来居上了。

傅斯年的成功，其实也是中国史学的进步。这一进步是与史学科学方法的跨学科发展相并行的。从胡适引进实验主义以来，中国的史学研究便以科学化为发展方向。胡适为了汇通中西，将科学方法等同于清代考据学。顾颉刚以此为出发点，用考证方法辨伪，发动"古史辨"，引起了一场史学革命。但历史学的进一步发展，便要求人们突破文献资料的局限，借用社会科学的方法来推动历史的研究。何炳松、陆懋德等人的议论，就代表了这一倾向。而傅斯年

---

1 有关殷墟的考古发掘，可见中央研究院的《安阳发掘报告》，由蔡元培、傅斯年、李济等人编写。张岂之主编的《中国近代史学学术史》的第四编对之所叙甚详，见第440—525页。

则付诸实践，把考古学、语言学以及其他方法用于历史研究，由此获得了更大的成绩。中国史学的科学化，也从专科化走向了跨学科。

六、科学、民族史学的消长

1930 年代后期，钱穆、张荫麟写作中国通史的时候，正是民族危难、生灵涂炭的全面抗战时期。全民抗战的结果，使得民国史学又产生了一个重要的转折。以胡适、傅斯年为代表，注重史料考证和扩充的学者，渐渐无法继续他们的研究，如那时轰轰烈烈的殷墟考古发掘，到了 1937 年卢沟桥事变时，也只得停止。胡适、傅斯年他们从学术的象牙塔里走了出来，编辑《独立评论》，为抗战出谋献策。要想继续学术研究，已经没有以前的环境和心境了。张荫麟对那时的情景有一段很好的描述：

> 文献的沦陷，发掘地址的沦陷，重建的研究设备的简陋，和生活的动荡，使得新的史学研究工作在战时不得不暂告停滞，如其不致停顿。"风雨如晦，鸡鸣不已"的英贤，固尚有之；然而他们生产的效率和发表的机会不得不大受限制了。[1]

事实上，能够继续从事学术研究的人，其治学方法也不得不有所改

---

[1] 张荫麟：《中国史纲上册自序》，《张荫麟文集》，台北：中华丛书委员会，1956，第445 页。

变。如擅长以多种语文证史的陈寅恪，在从北京撤退到昆明的西南联大后，显然也由于资料的限制，开始写作通史性的《隋唐制度渊源略论稿》，其所用材料，大多取自常见的正史。因此，像张荫麟那样从考证转到通史的写作，应该说也反映了当时的一个趋向。

从另一个角度来看，专注史料的历史研究方法，与当时民族危机的局势，似乎也相隔太远。当时人所迫切需要的，是如何从历史中寻求中华民族生存的力量与精神，而不是斤斤计较于中国历史的长短，或某些史书的真伪。于是，自"古史辨"以来所掀起的历史研究法的热潮，逐渐冷了下来。原来站在胡适、顾颉刚等"疑古派"对立面的钱穆、柳诒徵等人，以其对中国文化传统的坚定信仰，而开始有了壮大的声势。他们一个写了轰动一时的《国史大纲》，另一个出版了《国史要义》。他们在"国将不国"的年代使用"国史"一词，充分表现了他们力图重振民族国家史学的用心。

1943 年，钱穆借悼念张荫麟之际，写了《中国今日所需要之新史学与新史学家》一文，间接质疑胡适等人的"新史学"，而提出自己的"新史学"。在钱穆眼里，所谓"新史学"，无非是司马迁的"通天人之故，明古今之变，此即融贯空间诸相，通透时间诸相而综合一视之，故曰，述往事，思来者。惟昔人虽有此意，而未尝以今世语道达之，今则姑以名号相假借，曰此新史学也"。[1] 钱穆对胡适、傅斯年等人的批评，显得比较委婉。他不以对方为攻击对象，而是以陈述的形式，表达自己心目中的"新史学"，但他的批评之意，明眼人可以一目了然。

钱穆很早便对胡适、傅斯年等人专注史实考证、发掘有所不

---

1 钱穆：《中国今日所需要之新史学与新史学家》，见蒋大椿主编：《史学探渊》，第 1053 页。

满，尽管他早年也是一位考证史家。他的《先秦诸子系年》便"填补了顾颉刚1926年开始研究的新历史中的空白"，因此得到顾的赞赏，受邀到北大讲课。但是，钱穆对顾的"疑古"思想却不愿"同流合污"，而是借开设"近三百年学术史"的机会，批评康有为的今文经学和疑古思想。但不久傅斯年的史语所殷墟发掘成功，使得当时的人对史料的考证与扩充产生了更大的兴趣。钱穆有感于这种状况，在北大开设"中国通史"课程，谈论中国历史的"独特的规律和模式"，力图纠正当时人的历史观念。[1]

1930年代，对胡适、傅斯年等人的史学实践不满的还不只是钱穆、柳诒徵等思想传统的人物，还有信仰马克思主义的史学家。当时掀起的中国社会史论战就是一个著名的例子。[2]因此，可以说胡、傅是受到了两面夹攻，无法再占据主导的地位。民国的史学界，因而形成三足鼎立的状况。如果用不精确的政治术语来表达的话，胡适、傅斯年代表的是自由主义的史学流派；钱穆、柳诒徵代表的是传统主义的流派；而郭沫若等社会史论战的参加者代表的是激进的马克思主义流派。[3]后两派的历史观念自然十分不同，"但对历史学家来说，无论他们的观点如何，首要的任务就是对中国历史

---

1 邓尔麟（Jerry Dennerdine）：《钱穆与七房桥世界》（*Qian Mu and the World of Seven Mansions*），蓝桦译，北京：社会科学文献出版社，1998，第46页。
2 有关这场论战的中文著作很多，不再列举。西文著作主要是前引 Arif Dirlik, *Revolution and History* 和 Mechthild Leutner, *Geschichtsschreibung zwischen Politik und Wissenschaft: zur Herausbildung der chinesischen marxistischen Geschichtswissenschaft in den 30er und 40er Jahren* (Wiesaden: O. Harrassowitz, 1982)。
3 这一划分十分粗略。比如吴宓、梅光迪为首的"学衡派"学者，就没有办法归类。他们虽然在史学上也有论述，但毕竟不算是史学家，只有陈寅恪是例外。但陈寅恪与"学衡派"，似亦保持一种若即若离的姿态，而与傅斯年一度十分接近。有关"学衡派"的历史著述，见张文建：《学衡派的史学研究》，《史学史研究》1994年第2期。

的规律作出一个新的叙述"。[1]

抗战爆发在民族危难之际，如何从历史的眼光来看待中国暂时的失利，从而相信中华民族不朽的生命力，变得更加必要。中国通史的写作，因此成为一时之需。钱穆对如何展示历史的连续性，用历史来激励民众，十分清楚。他说：

> 当知甲午一役，中国虽败，日本虽胜，然不得谓其事已属过去。甲午一役之胜败，仅为中日两邦开始斗争之第一幕，其事必有持续，而于持续中又必有变动，故绝不当竟目日本为胜者，中国为败者。……故凡一历史事件，莫不有其相当之持续性，而其间复有积极消极之分。积极者，乃此历史大流之主潮。消极者，乃此历史大流之漩洑，更有泡沫浪花，虽本历史大流之一相，而实无当于大体。[2]

显然，他希望读者能把中国抗战初期的失利，视为"消极的"历史事件，不会对中国历史的"大流"产生根本的影响。从这里，我们可以清楚地看出他写作《国史大纲》的用心了。

钱穆的《国史大纲》，前面有一篇长序，其中既有他对中国史学在近代变化的追述，又有他对历史的功用的解释。他将中国近代的史学，分为三派，"传统"、"革新"和"科学"，对这三派都做了批评。但从其行文来看，他对"科学派"（胡适）的批评，远甚于对"传统派"。譬如，他说"传统"与"科学"两派，"同偏于历史材料方面，路径较近；博洽有所不逮，而精密时或过之"。它们的毛

---

1 邓尔麟：《钱穆与七房桥世界》，第 45—46 页。
2 钱穆：《中国今日所需要之新史学与新史学家》，见蒋大椿主编：《史学探渊》，第 1048—1049 页。

病是"缺乏系统，无意义，乃纯为一种书本文字之学，与当身现实无预"。但是，"传统派"仍有其好处："熟谙典章制度，多识前言往行，博洽史实，稍近人事；纵若无补于世，亦将有益于己。"而"科学派"则罪过很大：

> 往往割裂史实，为局部窄狭之追究。以活的人事，换为死的材料。治史譬如治岩矿，治电力，既无以见前人整段之活动，亦无先民文化精神，漠然无所用其情。彼惟尚实证，夸创获，号客观，既无意于成体之全史，亦不论自己民族国家之文化成绩也。[1]

钱对胡适、傅斯年等人的史学，批评得简直一无是处。而他本人，似乎有志于改良章太炎的"革新派"史学，重振国史。他认为，"革新派"的史学，其主要缺点是"急于求智识，而怠于问材料"，但在使史学与现实相结合，掌握历史的连续性，对民族文化的评价等方面，则有其功绩。因此，新的国史应该扬其长，避其短，所谓"当于客观中求实证，通览全史而觅取其动态"。具体说来，新的国史必须具备两个条件：

> 一者必能将我国家民族已往文化演进之真相，明白示人，为一般有志认识中国已往政治、社会、文化、思想种种演变者所必要之智识；二者应能于旧史统贯中映照出现中国种种复杂难解之问题，为一般有志革新现实者所必备之参考。……此种新通史，其最主要之任务，尤在将国史真态，

---

1 钱穆：《国史大纲》，北京：商务印书馆，1948，引论，第3页。

传播于国人之前，使晓然了解于我先民对于国家民族所已尽之责任，而油然兴其慨想，奋发爱惜保护之挚意也。[1]

由此可见，钱穆之写作《国史大纲》，力求以一种新态度出发，站在一个新的高度通览中国的"全史"，即所谓"以记诵、考订派之工夫，而达宣传革新派之目的"。[2] 但是，要做如此的综合，并不容易。张荫麟没能做到，钱穆就能做到？

事实上，钱穆之写作，既带有抗战时期的民族义愤，又掺杂他对胡适等人"科学史学"的不满，根本无法做到"客观求证"，展示"国史真态"。他对中国历史自始至终有一种主观的理解，而且这种理解在他一生中，都没有丝毫改变。

在他眼里，所谓的"国史真态"或"动态"，就是中华民族绵延不绝的生命力和活力。而展现这种活力，正是他写作《国史大纲》的动机。他写道：

> 凡最近数十年来有志革新之士，莫不讴歌欧、美，力求步趋，其心神之所向往在是，其耳目之所闻睹在是。迷于彼而忘其我，拘于貌而忽其情。反观祖国，凡彼之所盛自张扬而夸道者，我乃一无有。于是中国自秦以来二千年，乃若一冬蛰之虫，生气未绝，活动全失。彼方目眩神炫于网球场中四围之采声，乃不知别有一管弦竞奏、歌声洋溢之境也则宜。故曰：治国史之第一任务，在能于国家民族之内部自身，求得其独特精神之所在。[3]

---

1 邓尔麟：《钱穆与七房桥世界》，第 10、7 页。
2 邓尔麟：《钱穆与七房桥世界》，第 7 页。
3 邓尔麟：《钱穆与七房桥世界》，第 9 页。

可见，钱穆已经对国史有一主观的认识，即"管弦竞奏，歌声洋溢"的别有洞天，而且具有独特的精神。这一所谓"独特的精神"，就是与西方相比而成立的。钱穆认为，西方历史看起来活力四射、跌宕起伏，而中国历史看起来一潭死水，都是由于其不同的内部精神所决定的。

> 然中国史非无进展，中国史之进展，乃常在和平形态下，以舒齐步骤得之。若空洞设譬，中国史如一首诗，西洋史如一本剧。一本剧之各幕，均有其截然不同之变换。诗则只在和谐节奏中转移到新阶段，令人不可划分。……再以前举音乐家与网球家之例喻之，西洋史正如几幕精采的硬地网球赛，中国史则直是一片琴韵悠扬也。[1]

这些话，与其说是分析、解释，毋宁说是描述、想象。钱穆的《国史大纲》的主观色彩，比张荫麟的《中国史纲》，还要浓厚。但是，在当时《国史大纲》的成功，恰恰靠的是钱穆对中国文化历史的坚强信念。虽然钱穆个子瘦小、操一口吴侬软语，但在民族危难的关头，却能沉潜于历史，从中发掘出当时的人急需的精神食粮和文化信念，殊为不易。钱穆的《国史大纲》，只有从民族史学的角度来评估，才显其价值。余英时在一篇纪念钱穆的文章中，用"一生为故国招魂"为题，实在非常恰当。余英时在文章中，提到这种为民族搜索灵魂（钱穆改用"中国历史精神"）的做法，在近代德国史学中也有前例。[2]

---

1 邓尔麟：《钱穆与七房桥世界》，第 11 页。
2 余文见其著作《钱穆与中国文化》，第 19—29 页。

留学德国、对德意志历史主义有研究的台湾学者胡昌智在其《历史知识与社会变迁》一书中，也以《国史大纲》为例，来分析钱穆历史观念与德国近代史学的暗合之处。这一暗合，主要表现在钱穆对中国历史精神的强调。在《国史大纲》中，钱穆花了不少篇幅，讨论学术思想的变迁与社会演变的关系。虽然他没有界定"精神"这一概念，但像黑格尔一样，钱穆使用"精神"一词，是建立在一种先验的基础上的。饶有趣味的是，钱穆的"精神"，正是建立在区别于西方的基础上的。易言之，他之所以强调中国历史的精神，恰恰是为了突出中国历史的独特性。

　　在钱穆眼里，学术思想是中国历史演变的主要原因，而其演变的方向，是走向一个"合理的政府"。具体说来，就是中国的统一和建立一个有权力和效率的中央政府。但从钱穆的儒家思想出发，这一政府要真正做到合理，又必须让平民充分参政，使政府与民众紧密结合，以民为主。因此，钱穆的历史观念，既有政治的一面，又有道德的一面。[1]

　　在《国史大纲》中，钱穆对王朝的统一，一般都持肯定的态度，特别是所谓"平民的统一政府"。如对秦汉的统一，他这样评价：

　　　　经过战国二百四五十年的斗争，到秦始皇二十六年灭六国，而中国史遂开始有大规模的统一政府出现。汉高称帝，开始有一个代表平民的统一政府。武帝以后，开始有一个代表平民社会文治思想的统一政府。中国民族的历史，正在不

1　此处讨论可参见胡昌智：《历史知识与社会变迁》，第133—144、234—247页。郭齐勇、汪学群的《钱穆评传》（南昌：百花洲文艺出版社，1995）对钱穆的历史观念也有讨论，第61—69页。

断进步的路程上。[1]

这里有一些问题，汉朝是否就代表平民，尚难确定，而将汉武帝视为代表"平民社会文治思想"，只能说明钱穆想对那位"独尊儒术"的皇帝，多加几句赞语而已。

汉朝的衰亡，自然使钱穆十分伤感，特别是因为汉朝灭亡以后，儒家学说也随之衰落，要过好几百年以后才会重新兴起。他的分析是：

> 一个政权的生命，必需依赖于某一种理论之支撑。此种理论，同时即应是正义。正义授予政权以光明，而后此政权可以绵延不倒。否则政权将为一种黑暗的势力，黑暗根本无存在，必趋消失。[2]

钱穆用学术思想、道德理念来解释历史变化，这里表现得十分明白。

无独有偶，钱穆那种以儒家学说解释历史的做法，在柳诒徵的《国史要义》中，也有详尽的论述。与钱穆《国史大纲》不同的是，柳诒徵的《国史要义》，主要是一部中国史学史的著作，不是中国通史，但其指导思想和历史观念，则大同小异。柳著虽然迟至1948年才出版，但作为一部讲稿，柳在1942年在为中央大学的学生讲授"中国史学原理"时已经写就。[3]因此，柳著与钱著可说是同一时代的作品。

---

1 钱穆：《国史大纲》，第77页。
2 钱穆：《国史大纲》，第154页。
3 孙永如：《柳诒徵评传》，南昌：百花洲文艺出版社，1993，第160页。

比钱穆年长十五岁的柳诒徵，早年曾有机会赴日本考察，得以见到那珂通世的《支那通史》，为其体裁所吸引，改编而作《历代史略》，很早便尝试用章节体写作中国通史。因此，在采用新的体裁写作中国通史方面，柳诒徵是一位先驱。以后他又作《中国文化史》（1925 年），一方面用进化论的观念贯通中国历史的发展，另一方面又力图展示中国历史有异于西方的地方，注重"民族全体之精神"。因此，钱穆《国史大纲》中的观点，如历史的整体性、中国历史的独特性等，在柳诒徵的《中国文化史》中，已呈端倪。

　　在对待胡适等人的"疑古"史学，柳诒徵的态度，也自然与钱穆十分相似。在东南大学任教时，他在吴宓主编的《学衡》杂志上，发表了不少文章，批评"新文化运动"。在顾颉刚的"古史辨"讨论中，他也参与其内，与顾争辩。他指出，科学史学家用西方的方法治中国史，固然有成绩，"但是有一种毛病，以为中国古代的许多书，多半是伪造的，甚至相传有名的人物，可以说没有这个人，都是后来的人附会造作的。此种风气一开，就相率以疑古辨伪，算是讲史学的唯一法门，美其名曰求真"。[1] 他对"疑古"史学的批评，并不是因为他有更可靠的证据，可以证明古书的真实，而是从他对中国传统文化的信仰出发，认为古人、古事不容怀疑。

　　这种对中国文化的坚强信念，在《国史要义》中，多有表现。比如他所谓"由天下之观念，而有天下非一人之天下也、天下之天下也之观念。又有天下非一家之有也，有道者之有也之观念"。[2] 既强调了天下之一统，又强调这一统一的道德性，与钱穆的理想，如出一辙。对于史学的功用，柳诒徵的态度是，历史必须促进道德，

---

[1] 柳诒徵：《讲国学宜先讲史学》，《柳诒征史学论文集》，上海：上海古籍出版社，1991，第 501 页。

[2] 柳诒徵：《国史要义》，北京：中华书局，1948，第 53 页。

仅仅能"疏通知远、属词比事"还远远不够，还要比较"流失"，得其长而祛其失，则治史而能明德。"故古人之治史，非以为著作也，以益其身之德也。"[1]而将这一道德放大，那就是正义，由此，柳诒徵重提中国传统史学的"正统论"，认为其基础在于正义。所谓正义，指的是：

> 疆域之正，民族之正，道义之正。……疆域不正则耻，民族不正则耻。惟此二耻之所由来，则自柄政者以至中流士夫、全体民众，无不与有责焉。吾史之不甘为偏隅，不甘为奴虏，不甘为附庸，非追往也，以诏后也。[2]

在民族危难之时，以历史为救国之法，柳诒徵的用心，可谓良苦。

在战争的年代，如何以历史的眼光看待现实的危机，也有不同的路径。钱穆、柳诒徵等信仰中国文化的学者走的是回归传统的路子，而受到西方学术训练的雷海宗、林同济等人则从西方的哲学思想中寻找激励人心的力量，用以解释中国与世界历史，帮助人们面对严酷的现实。他们用的是斯宾格勒（Oswald Spengler）和汤因比（Arnold Toynbee）的文化形态学说，把人类文明的发展演化比拟为生物的生长繁殖和衰老。因此，他们的史学，也是用科学方法探讨史学的一种。

有所不同的是，雷海宗、林同济根据时代的需要，对文化形态学说在性质上做了某些改造。文化形态学说的首倡者斯宾格勒在1918年发表《西方的没落》时，正值第一次世界大战，西方文明正

---

1 柳诒徵：《国史要义》，第 87 页。
2 同上书，第 65 页。

中国现代历史意识的产生

面临深刻危机。他将历史的演变比喻为生物的生长，表达了一种悲观主义的论调，认为所有的文明，不管在某一时代如何凯歌高奏，到最后都难逃衰亡的命运。汤因比的《历史研究》，基本上承袭了斯宾格勒的理论，但对西方基督教文明的命运，寄予了一些希望。[1]但是，雷海宗、林同济在引入文化形态学说时，又夹杂了尼采的学说，推崇权力意志、赞美武力，力图在当时抗战的严峻时刻，给国人一点精神的力量。

因此，林同济、雷海宗对中国传统文化的态度，持的是一种批评的态度，虽然他们的目的与钱穆等人一样，是为了激励民众起来奋发抗战。请看林同济的《力》一文：

> 我们这个古老民族已是人类历史上对"力"的一个字，最缺乏理解，也最不愿理解的民族了。这朵充满了希腊之火之花，在我们一般人的心目中，竟已成为一个残暴贪婪的总称。"力"字与"暴"字，无端地打成一片。于是有力必暴，凡暴皆力。……
>
> 力者非他，乃一切生命的表征，一切生物的本体。力即是生，生即是力。天地间没有"无力"之生；无力便是死。[2]

因此，他们谈论"意志"、人的本能（用弗洛伊德的理论讨论现代社会对人性的压抑），强调"英雄崇拜"的必要。[3]目的都是为了激励人心，应对艰苦的抗战。

1　有关文化形态学说在西方的兴起，可参见王晴佳：《西方的历史观念：从古希腊到现代》，台北：允晨文化，第九章。
2　林同济：《力》，载《时代之波》，重庆：在创出版社，1944，第50—51页。
3　参见林同济、陈铨等人在《时代之波》里的文章。

而他们最有效的武器，莫过于提出一种新的历史解说，来帮助人们认清中国面临的局势。这一历史解说，就是所谓的"形态史观"或"历史形态学"（Horphology of History）。对于这一史观的阐述，林同济说："雷先生较偏于'例证'的发凡，我较偏于'统相'的摄绎。"[1] 雷海宗、林同济从文化形态史观出发，分析解释文明发展的各个时期，然后将当时的中国与世界都定位在"战国时代"，认为是文明发展和能否再生的一个关键阶段。由此他们的理论在中国史学界，又被称之为"战国策派"。

他们提出这一理论，有一个方法论的目的，意图超越胡适的考证派史学与当时已经形成气候的马克思主义史学。林同济写道：

> 关于方法论——一个根本又根本的问题——我以为中国学术界到了今天应当设法在五四以来二十年间所承自欧西的"经验事实"与"辩证革命"的两派圈套外，另谋开辟一条新途径。[2]

从理论上来看，他们的"形态史观"有两个特点。第一是历史发展的宿命论，用一种既定的模式，来概括历史演变的路程。比如林同济就写道："在过去历史上，凡是自成体系的文化，只须有机会充分发展而不受外力中途摧残的，都经过了三个大阶段：（一）封建阶段，（二）列国阶段，（三）大一统帝国阶段。"[3] 而雷海宗则谈得更为具体："在一个文化的发展上，第一个阶段就是封建时代，前后约六百年。""历史的第二个阶段。可称为贵族国家时代，前

---

1 林同济、雷海宗：《文化形态史观》，上海：大东书局，1946，第1页。
2 林同济：《形态历史观》，载《文化形态史观》，第6页。
3 同上书，第8页。

后约三百年，是一个以贵族为中心的列国并立时代。""文化的第三个阶段，是帝国主义时代，前后约二百五十年。""文化的第四个阶段是大一统时代，前后约三百年。""第五个文化阶段，最后的时代，是政治破裂与文化灭亡的末世。时间不定，可长可短。这是三百年大一统时代后无从幸免的一个结局。"[1]雷海宗不仅将这些阶段的更替，视为必然，所谓"无从幸免"，还规定了各个阶段所须经历的时间。林同济所谓雷海宗注重"例证的发凡"，想来就是这个意思。

他们学说的第二个特点是，提出历史循环演化的可能性。这是他们对斯宾格勒和汤因比文化形态史观的改造。这一改造，显然是与当时中国的情势有关的，也是许多借鉴西方历史理论的学者在解释中国历史所必须处理的问题。因为那些根据西方历史得出的理论，往往不能充分解释中国历史。于是做一点削足适履的工作，就成为必须。但是，一旦认为历史的演化有可能循环，便与他们上面所强调的文明发展的阶段论、"宿命论"有所矛盾。因此他们在论述时，显得有点小心翼翼，没有像赞颂"力"和"权力意志"那样意气轩昂。

雷海宗写道："中国文化的第二周在人类史上的确是一个特殊的例外。没有其他的文化，我们能确切地说它曾有过第二周返老还童的生命。"在他对中国历史的第二周，也即从魏晋南北朝至中华民国的时期做评估时，也没有像分析第一周历史（殷商到东汉）时那样充满信心。比如他谈到盛唐时代时说，那个"伟大时代前后不到二百年，安史之乱以后不只政治的强盛时期已成过去，连文化方面的发展也渐微弱"。接下来的宋朝，只是"一个整理清算的

---

1 雷海宗：《历史的形态与例证》，载《文化形态史观》，第20—27页。

时代"，而宋代理学的兴起，在他眼里，只是"一种调换招牌的运动"，"其结果的价值难以断定"。明代虽然政治上一度强盛，但很快坠入"一片黑暗，只有一线光明，就是汉族闽粤的向外发展，证明四千年来唯一雄立东亚的民族尚未真正地走到绝境"。而"晚明盛清是政治文化完全凝结的时代"，乾嘉的考证学，不是"一种创造的运动；任何创造似乎已不是此期的人所能办到"。这里的原因是，雷海宗认为这历史的第二周，必然走向衰落。西方强权的冲击，起的是一种近似摧枯拉朽的作用。

既然那中国文明的第二周没有多少创造力，那么在这第二周结束以后，能否有成功的第三周，便是一个不确定的问题。雷海宗在写作时，用的都是疑问句：

> 中国文化的第二周显然已快到了结束的时候。但到底如何结束，结束的方式如何，何时结束，现在还很难说。在较远的将来，我们是否还有一个第三周的希望？谁敢大胆的肯定或否定？

对于中国文明的独特性，即有这种历史重复、循环的现象，雷海宗是既喜还忧。他用了一个比方，那就是"喜的是年迈的双亲仍然健在，惧的是脆弱的椿萱不知何时会忽然折断"。在已经有了第二周之后，能否再创佳绩，把中国文化推向第三周，是雷海宗对当时国人的期望。[1]

为什么说是期望，是因为在雷海宗和林同济的眼里，中国文化

---

1 雷海宗：《中国文化的两周》，载《中国文化与中国的兵》，北京：商务印书馆，1940，第160—202页。

的"士大夫"气非常之重。林同济歌颂"力"，雷海宗的书以《中国文化与中国的兵》为题（其实里面的内容并不完全切题），他们又把那时的年代视为"战国时代"，都是为了发掘中国文化中的阳刚、尚武的因素，在那个战争年代加以发扬光大，抵抗日本的侵略。

正如上面所说，虽然林同济、雷海宗与钱穆、柳诒徵一样，想用历史来激励民众抗日，但他们对中国传统文化的态度，是截然不同的。钱穆等人所推崇的中国文化的人文精神，是论证中国文化不会绝灭的根据。而对林同济、雷海宗来说，战争的取胜靠的恰恰不是这种人文精神，而是与之相反的、准备置之死地而后生的精神。可惜在他们眼里，中国文化缺乏这种精神，雷海宗论"无兵的文化"，林同济论"士大夫"和"大夫士"的区别，都是为了这个目的。[1] 而他们对"力"的歌颂，对战争残酷性的强调和对"战国时代"性质的分析，也是为了激励民众，指出除了"战"以外，没有第二条路可走。"日本这次来侵，不但被侵略的国家（中国）生死在此一举，既是侵略者（日本）的命运也孤注在这一掷中！此所以日本对我们更非全部歼灭不可，而我们的对策，舍'抗战到底'再没有第二途。"[2] 用"战国策派"来为他们的理论命名，实在非常恰当。

傅斯年在抗战开始时曾激动地问道："书生何以报国？"上面我们所谈的这两派，就是书生报国的例子。他们的学说对实际的抗战到底有多少贡献，无法评估，但书生意气，溢于言表。中国近代史学的发展，经历了一个在民族主义的激励下，不断科学化的过程。抗战的爆发与深入，使得两者之间产生激烈的互动，甚至对抗。上

---

1 雷海宗：《无兵的文化》，载《中国文化与中国的兵》，第 125—159 页；林同济：《大夫士与士大夫：国史上的两种人格型》，载《文化形态史观》，第 115—126 页。
2 林同济：《战国时代的重演》，载《文化形态史观》，第 92 页。

面的两个例子，正好是这一复杂关系之极端表现。我们便以此来结束我们对民国时代史学的讨论。在这以后，中国史学的科学化，将是另外一番面貌。

（原载《中华文史论丛》2000年总62辑、2001年总65辑）

07　后殖民主义与中国历史学

　　像其他带有"后"的主义那样，后殖民主义对中国读者来说已经不是一个陌生的名词。但是，有关它的来龙去脉以及与中国历史和历史研究的关系，研究尚不太多，甚至有不同程度的误解。本文写作的主要目的是提出一些想法，从历史学的角度，就后殖民主义这一新兴的思潮与中国学术的关系做些讨论，供有兴趣的读者参考。首先应该说明的是，虽然后殖民主义在现代西方学术界引起重视，但其内容性质，则并不完全隶属于西方的思想文化传统。相反，后殖民主义，顾名思义，其主要内容是对西方殖民主义的反省与抨击，但同时也包括对非西方文化在近代发展的反思和批评。因此就其思想渊源来看，它是一个"混杂"（hybrid）的产物。这一"混杂性"（hybridity），正是后殖民主义的一个思维特点。其次，正因为有其"混杂性"，因此后殖民主义的内涵就变得十分丰富，其内容不但与那些直接受到西方殖民主义侵略的国家有关，也可以运用到当代国际文化关系的分析上。我们不能简单地将之视为一种反西方的理论表述。如此看来，后殖民主义与中国历史的关系，并不完全是因为近代中国有过一段"半殖民"的历史，而是由于它所涉及的内容，与中国目前的文化建设，有不少联系。后殖民主义的这一历史性与现实性的交融、"混杂",是本文考虑的重点。

一、后殖民主义的缘起及其影响

由于本文的目的是讨论后殖民主义与历史学的关系,因此首先用历史的方法叙述一下后殖民主义的兴起,似乎理所当然。其实,这样的做法包含某种危险,因为后殖民主义理论目前的发展趋势,就是要摆脱西方近代传统的历史叙述体裁,通过解构,将其影响慢慢消除。对此我们将在下面的讨论中再做详细论述。对一般读者来说,历史叙述仍然是一种简便易懂的方法,因此我们不妨一仍其旧,从后殖民主义的历史背景开始讲起。

后殖民主义的兴起,应该是在第二次世界大战以后,西方殖民主义逐渐解体之后才慢慢出现并兴起的。但是在这以前,已经出现了一些后来被认为是后殖民主义思潮先驱的著作。其中最著名的是非洲作家弗朗茨·法农(Frantz Fanon)和钦努阿·阿契贝(Chinua Achebe)。在他们写作的一些小说中,已经表现了后殖民主义思想的萌芽,主要体现在他们对殖民主义者的批评和对殖民主义心态的反省。这些人的作品,在当时属于"殖民地文学"这一大类,而殖民地文学则不仅包括被殖民者的作品,同时也包括宗主国作家的作品,如英国较有名的作家简·奥斯汀(Jane Austen)等人的一些小说。殖民地文学大致上都企图表现殖民地人民的生活,既有殖民者,又有被殖民者,以及他们之间的关系。宗主国作家常常美化殖民主义,将其描绘为对被殖民人民的一种"恩赐"、一种"文明的输出"。但非宗主国作家的作品,也并不都以批判殖民主义为主要内容。有不少非英语国家出身的作家，如约瑟夫·康拉德（Joseph Conrad），也常常在作品中情不自禁地流露出一种对殖民主义的赞美。但同时，他们的出身又使得他们的态度显得有些暧昧（ambiguous），甚至处于一种分裂（ambivalent）的状态，即一方面怀恋自己的文化，一方面崇拜西方的文明。这一暧昧、分裂的态度，在后殖民主义理论家看来，正好体现了殖民地与宗主国之间的复杂关系。反过来看，那些殖民地作家写的批判殖民主义的作品，用的也是宗主国的语言，如英语或法语，因此在形式上甚至思想上也无法完全摆脱殖民主义的痕迹。在很多时候，那些殖民地作家的作品之所以会出版甚至受到好评，正是因为他们对英语或法语的掌握，比土生土长的英国人或法国人还要好。如一些印度作家，就常常写得"比英国人的英语还要好"（more English than the English）。这一情况在后殖民的时代，在那些著名的后殖民主义理论家之中仍是如此。由此看来，后殖民主义与殖民主义之间有千丝万缕、剪不断理还乱的关系，并不是"反西方"这样的术语能简单概括的。[1]这种现象的集中表现，就是语言与空间之间的隔绝关系，即用非本地的（西方的）语言表述本地的文化，由此产生的一种"疏离"（displacement）。这一空间与语言的疏离关系及其后果是后殖民主义最为关心的问题。[2]

如果上面所谈的是后殖民主义的文学渊源，那么 1978 年爱德华·萨义德（Edward W. Said）的《东方主义》（*Orientalism*）一书的

---

1 此段论述参见《回述帝国：后殖民文学的理论与实践》（Bill Achcroft, Careth Criffiths, Helen Tiffin, *The Empire Writes Back: Theory and Practice in Post-colonial Literatures*, London: Routledge, 1989）。
2 同上书，第 9—10 页。

出版，则是后殖民主义的一个理论开端。[1]萨义德是巴勒斯坦人，他虽然在殖民地出生，但其教育背景几乎完全是西方式的。萨义德最喜欢的作家就是康拉德，而康拉德则一直被认为是非英国人中英语写得最漂亮的作家之一。康拉德是萨义德的榜样，又是他博士论文研究的对象。与生活在 20 世纪初的康拉德不同的是，萨义德以更具批判性的眼光来看待殖民主义的西方文化的影响。他的《东方主义》提出了一个尖锐的课题，那就是如何在思想文化上重新审查近代西方崛起以后对整个世界的影响。这一重新审查包含两个方面，第一是如何批判地看待西方人对所谓"东方"的描述。在萨义德看来，这个"东方"既是一个地理概念，更是一个文化概念，作为西方的对立面，即异己的"他者"而存在。第二是如何分析东方主义在其生成、发展过程中与西方强权控制世界之间的联系，即研究知识与权势之间的关系。

萨义德笔下，所谓"东方主义"实际上包括的是西方对所有非西方地区研究、描绘的一门学问，即"东方学"。他承认在从事研究的东方学者中，有不少是诚心诚意地想探讨非西方地区的文明，但就其总体来说，东方学的研究宗旨是为了凸显西方文明的优越。因此，西方对东方的描绘就不可能完全是为了学术的目的，也不可能完全反映"真实的"东方。东、西方之间的差异是一种人为的结果；强调这一差异对西方人更有利。但是，如果将这些问题仅仅归结为一种认识上的误差，在萨义德看来，不免有点"不诚实"（disingenuous）。因为每一种学问，都与权势相连。西方学者对东方的偏见，实际上是东西方之间权势不平等的一种自然反映。我这

---

1 我同意张隆溪、董乐山的看法，他的名字更宜译为赛义德，以反映他的阿拉伯背景。张和董的观点见《读书》，1994 年第 5 期和 1997 年第 7 期。为方便读者，文中仍按通义，作"萨义德"。

里用"自然反映"是因为萨义德并不想强调西方学者的研究都是赤裸裸地为了某种直接的政治权益。在他看来,知识与权势之间的关系常常是隐晦不明的,但又永远无法摆脱。[1]

萨义德《东方主义》一书所强调的知识与权势之间的联系,显然是受到了法国思想家福柯(Michel Foucault)的影响。法国 1960 年代以后的一些重要思想家,对后殖民主义理论家都有不少影响。如出身印度的查特吉(Partha Chatterjee)就与萨义德一样喜欢福柯,而另外两名印度学者斯皮瓦克(Gayatri Chakravorty Spivak)和霍米·巴巴(Homi K. Bhabha)则推崇德里达(Jacques Derrida)和拉康(Jacques Lacan)。因此刘禾总结道:"如果用一句话来概括后殖民主义理论,不妨说它是后结构主义介入文化批评之后产生的一个最重要的学术动向。"[2] 由此可见,后殖民主义与西方现代文化之间有深刻联系。但同时,我们也应该看到,后殖民主义理论之采用后结构主义,并不完全是一种"拿来主义",因为在"拿来"的过程中,自然会产生一种"协商"(negotiation),即两种或多种文化之间的妥协、沟通。这一认识,是后殖民主义理论家如斯皮瓦克和霍米·巴巴,乃至萨义德本人目前所强调的。[3]

萨义德在写作《东方主义》一书的时候,还带有一种实证主义的企图,即他虽然推崇福柯对西方近代文化的批评,同时又不能完全摆脱"前福柯"时代法国思想的影响。他指责西方学者无法真正认识东方,就是基于这样的认识:学问的目的是为了能够真实地

---

1 Edward W. Said, *Orientalism,* New York: Vintage Books, 1979, "Introduction".

2 刘禾:《黑色的雅典》,《读书》1992 年 10 期,第 7 页。

3 斯皮瓦克对这一"协商"的概念阐述最详,见她的《后殖民批评:访谈、策略与对话》(*The Post-colonial Critic: Interviews, Strategies, Dialogues,* ed. by Sarah Harasym, London: Routledge, 1990)。

反映其研究的对象。这样一来，萨义德的思维逻辑就产生了某种矛盾。他一方面暗示有一种"真实的"东方存在，而另一方面则说知识必然会与权势产生联系。如果所有的知识都反映了一种权力关系，那么又有何必要和可能追求一门"客观真实"的学问呢？更明显的是，在《东方主义》一书中，萨义德将东方与西方作为世界潮流的两极的做法，也很清楚地反映了西方近代文化和哲学中的"二元论"倾向。而这一倾向，正是福柯等后现代主义者所批判的对象。

在萨义德以后的著作中，他逐渐克服了这一矛盾，不再暗示"真实学问"的可能与必要，也不再将东、西方作二元化的区别处理了。比如，他的《文化与帝国主义》(*Culture and Imperialism*)一书，就以探究东、西方之间的沟通和依赖为主要内容。在这本他认为是《东方主义》之续本的书中，他不再认为西方是主动、强势的一方，而东方则是被动、弱势的一方。相反，他指出，东、西方之间的相互依赖(interdependence)是近代历史的主流。这一概念在他的《东方主义》中已经涉及，但在《文化与帝国主义》中作了具体阐述。萨义德指出："西方帝国主义与东方民族主义之间血肉联系。即使是在关系最坏的时候，它们也不是单一和绝对的。而且，文化不可能是单一的；不会要么属于西方、要么属于东方，也不会只属于男人或者女人。"在此基础上，他反对强调"认同"这样的概念，因为"认同"就包含一种排斥，而世界历史证明，包容和交流才是正途。[1]

萨义德的这一变化，与他《东方主义》出版后西方学术界的发展有密切联系。《东方主义》的一个影响在于，萨义德对"东方学"

---

1 Edward W. Said, *Culture and Imperialism*, New York: Vintage Books, 1994, pp.xxiv–xxv.

的研究，使人看到学科、学术与政治权力之间的内在联系；学术研究逐渐失去了那种原来的"客观""神圣"，表露出丑陋、偏狭、功用的一面。人们开始认识到语言和话语（或论述，discourse）并不透明，而总是与其所处时代的政治风云、经济盛衰有关。于是，有关学术史的研究开始兴盛。实际上，若依照传统的概念，萨义德的《东方主义》和《文化与帝国主义》，都可被视为文学史的研究。由此，我们可以看到后殖民主义与历史学之间的关系。受到萨义德的影响，斯皮瓦克、霍米·巴巴、罗伯特·杨（Robert Young）等学者都开始将一些被人视为理所当然的概念、术语，置于历史与现实的交接、变化中加以考察，批判性地发展了萨义德的理论。而他们的贡献，也使得萨义德本人受益，修正了他原先的一些观点。

比如霍米·巴巴的后殖民主义论述，就十分重视殖民者与被殖民者之间错综复杂的联系。他指出，西方对东方的认识，也不是永远处于主动、进攻、输出的状态，而是存在不少内部变化的，这些变化往往是与殖民地文化交流、冲撞的结果。巴巴的这一说法，显然影响了萨义德，反映在《文化与帝国主义》写作中。像萨义德一样，巴巴也是一个西方文化的"边缘人"，虽然他受过优良的英语教育，又在英美的高校任教，但作为印度人，他与英国这一宗主国之间的关系，则未免若即若离。

像萨义德一样，巴巴受到了法国现代文化的影响。他对殖民主义这一现象的分析，借助了拉康的精神分析理论，他认为像人的心理活动一样，殖民主义的话语，或东方学本身也处于一种分裂的状态。这一分裂的状态不仅表现在殖民地国家的作品中，也表现在宗主国地区的作品里。具体说来，这一分裂体现为东方学既是一种学问、一种对新事物的发现和研究，同时又表现了研究者（殖民者）的梦想、臆念、迷思和占有欲。换言之，在西方对东方的认识与塑造中充满了矛盾。西方人对殖民地自然持有一种高人一等的姿态，认为应该将其文化做根本改造。但同时，他们又生怕一旦殖民地也像宗主国一样强大且民主化以后，会对西方本身产生威胁。因此，他们一方面鼓吹自由、民主是放之四海而皆准的真理，另一方面却对殖民地实行武力控制和管束。在霍米·巴巴看来，这一"分裂"心理具体表现在西方人对待殖民地官员的态度上。为了统治的需要，他们要培训、教育那些本地人士，其教育内容自然无非是西方文化语言、民主政治等一套，但他们同时又对这些受西方教育的人存有疑心，觉得他们的举止行为虽然已经西方化，但终究不是西方人。这里，巴巴用了精神分析中的"仿真"（mimicry）概念进行分析。他认为西方人对殖民地人士的态度，就像看待"仿真人"一样，粗看很像同类，但细看却又不是，因此产生出一种不安、紧张的心理。殖民者对殖民地人民的态度存有内在的矛盾，既要将其同化，但又要加以区分，以显示自身文化的优越。由此，巴巴提出了我们在本文一开始提到的"混杂性"这一概念。在他看来，这一"混杂性"不仅表现在殖民地文化中，而且表现在整个西方近代文化中，因为西方文化正是在与所谓的"他者"，即东方文化的冲撞、交流之中，才促成了它所呈现出来的面貌。[1]

由此看来，萨义德与霍米·巴巴都提倡文化的"混杂性"，即东西方文化的相互融合、交杂。但前者抱有一种综合的目的，希望

---

[1] 巴巴举了一个例子，约翰·穆勒著名的《论自由》一文，就是为有关英国在印度的教育问题而写的，以后则成为论述英国自由主义的经典。见霍米·巴巴（Homi K. Bhabha），《文化的定位》（ *The Location of Culture*, London: Routledge, 1994），第96—97页。在《文化与帝国主义》一书中，萨义德提到他的一位学生发现所谓"英国文学研究"实际上是先在印度的学校中讲授，然后再慢慢为英国本土的学校所采用的，见该书第42页。

世界各地的人士能认识到文化之间的相互砥砺、接触，而不是相互排斥、贬低，将有助于世界和平发展，而后者则更具批判性，强调这一"混杂性"能进一步捣毁西方文化对世界的统治，因此并没有希望走向综合的意向。巴巴的这一批判态度使得他对美国流行的"多元文化主义"都存有疑心，认为将各种文化等量相待实际上是淡化文化背后的权力不平等关系，等于承认西方文化的强势，让它自然而然地同化其他文化。[1]

如果说霍米·巴巴的文字厚重的话，斯皮瓦克的文字则十分艰涩，但他们的批判性都很强，代表了后殖民主义的新趋势。他们已经不满足于萨义德对殖民主义的揭露，而是想就殖民主义在当前世界的影响做检讨。巴巴对"多元文化主义"的反思，就是一例。斯皮瓦克对后殖民时代文化现象的批评，有过之无不及。与她的同行一样，斯皮瓦克在印度完成部分高等教育，以后又到美国完成终极学位并在哥伦比亚大学任教。她也受到了法国后结构主义的影响；她早期翻译过德里达的著作，是美国学界的德里达专家之一。但是，就她之后的兴趣来看，斯皮瓦克已经无意成为一名专家，而是更像一名人文主义者。她的著作《后殖民理性批判》（*A Critique of Postcolonial Reason*），就包含了文学、历史、哲学、文化四个部分，显示了她在上述领域的知识以及她"跨学科"的兴趣。[2]

由于斯皮瓦克兴趣的多样性，我们很难概括她治学的特点。但反过来看，这一多样性，正是她的最大特点。从思想渊源来看，她受到了西方马克思主义、后结构主义和女性主义的影响，因此有人

---

1 Homi K. Bhabha, *The Location of Culture*, "Conclusion".
2 该书的英文书名是 *A Critique of Postcolonial Reason: Toward a History of the Vanishing Present*, Cambridge, MA.: Harvard University Press, 1999。

称她为"女性主义、马克思主义的后结构主义者"[1]。她治学兴趣的广泛性，正好体现了当前"文化研究"的特点，即在"跨学科"的基础上，打破原来的学科设置。这一打破，也就是要从学科史、学术史入手，解构西方近代文化所建立起来的话语。作为一个德里达专家，斯皮瓦克对文化解构可谓十分拿手。她一再告诫读者和同行，不要以为对西方文化、殖民主义持一种批判态度，就算大功告成。在她看来，任何人都无法真正摆脱这一文化的影响，因此要想解构西方文化，就必须认清自己的位置，知道自己的局限，否则可能反而为其张目、扩大影响。斯皮瓦克自己也承认，她由于长期在美国——西方学习、工作，也受到了"污染"，自己的所作所为也许简直是在扮演一个"帮凶"的角色。在后殖民的时代，最要提防的是"新殖民主义"（neo-colonialism）的传布。

既然在当前的世界文化中，几乎处处有殖民主义的陷阱，那么我们有什么办法呢？斯皮瓦克有两个建议。一是在认清自己思想观念的局限以后，想办法与西方文化的影响进行不断的"协商"，即既要运用它的一些既成的概念，同时又要注意不要为它所俘虏、所利用。作为一位女性主义者，斯皮瓦克有相当程度的敏感性。有些后现代主义者可以对西方文化颇多批评，但对其中女性地位的低落则无动于衷。同样，有些后殖民主义者可以批评西方殖民文化，但对本民族妇女争取地位的要求，则撇之一旁。这些都是不能认清自己思想局限的反映。

斯皮瓦克的第二个建议是，对西方文化及其话语进行不断的批评。她认为，所谓"后殖民的反话语"（postcolonial counter-discourse），即反对殖民主义的话语，应该是"对你所不能不要的

---

1 Bart Moore-Gilbert, *Postcolonial Theory: Contexts, Practices, Politics*, London: Verso, 1997, p. 78.

东西的持久的批评"（a persistent critique of what you cannot not want）。[1]换言之，由于西方文化对世界各地的广泛影响，你自然而然地受其影响，即所谓"不能不要"。但为了摆脱其影响，你只有对之"持久的批评"。由此可见，斯皮瓦克在后殖民主义的理论家中，其批判性可以说最为彻底。在许多方面，她的论述让我们想起毛泽东的一些话语，如"批评与自我批评"。同样是马克思主义者，这样的类似并非偶然。[2]

上述讨论显示，后殖民主义理论的发展，已经从学科史的检讨出发，逐渐演化为一种对西方文化影响的批判性反思，而其结果是突破学科的限制，走向文化研究，更为彻底地解构西方文化的知识结构。这些新的发展趋向，对历史研究产生了深刻的影响，造成了不小的震荡。

二、后殖民主义与历史学

像后结构主义一样，后殖民主义对当代历史研究的冲击很大。如果说后结构主义对历史学的影响主要表现在历史认识论方面，那么后殖民主义的影响则更为广泛，不仅对历史学家认识历史的过程发出疑问，还直接质疑近代以来史家、哲学家对历史演进过程的解释。为了清楚地认识后结构主义和后殖民主义与历史学之间的关

---

1 斯皮瓦克：《新殖民主义与知识的隐秘主体》（"Neocolonialism and the Secret Agent of Knowledge"），载《换句话说：文化政治学论集》（*In Other Words: Essays in Cultural Politics*, New York: Methuen, 1987），第 234 页。

2 陈小眉在她的《西方主义：毛之后中国的反话语理论》（*Occidentalism: A Theory of Counter-Discourse in Post-Mao China*, New York: Oxford University Press, 1995）中，也提到斯皮瓦克的一些提法与毛泽东相似，第 23 页。

系，我们必须对近代历史学（modern historiography）在西方的演化做一简单回顾。

西方的历史著述有一悠久的传统，可以追溯到古代希腊。希腊史家开创了"叙述体"（narrative），以讲故事的形式描述过去。用"叙述体"写作历史，要求史家不但要考虑历史事件之间在时间上的联系，更要注意它们之间内在的传承或者因果关系，以显示故事的完整性。于是，史家虽然在叙述历史，但他们的叙述，本身就包含了一种解释。这与中国古代史家用编年体写作历史有明显的不同；在编年体的历史中，事件之间的因果关系没有时间的顺序那样重要。到了中世纪时期，西方史家也多采用编年体，认为历史的演化背后有上帝之手操纵，史家毋须再将历史事件重新安排。因此，虽然中世纪史家没有采用叙述体，但他们还是将历史写作视为一种对上帝意志的解释。到了近代，特别是在 18 世纪的启蒙运动中，史家和哲学家重新开始尝试从人世的角度解释历史，不但叙述体重新成为历史著述的主要体裁，历史哲学作为一门新的学问也开始出现。在近代众多的历史解释中，德国哲学家黑格尔的观点比较引人注目，影响也十分深远。[1]

黑格尔的历史哲学，又被称为"历史主义"（Historicism，Historism），或者更简单一点："大写的历史"（History）。其主要特征是将历史的演进视为一个连续向上的过程，前一个时代是后一个时代的铺垫和准备。这一历史进程，不仅是时间上的延续，也表现为空间上从东方到西方的移动。黑格尔之所以能如此自信地宏观概括人类历史的变化，主要是因为启蒙运动时期对理性的推崇。黑格尔

---

1 有关西方历史观念的历史演变，可见王晴佳：《西方的历史观念：从古希腊到现代》，台北：允晨文化，1998。

中国现代历史意识的产生

认为历史如此发展，是因为理性的缘故；历史的演变表现为理性的逐渐呈现与升华。在理论上，这一理性带有普遍性，应该为全人类所享有。但在具体的历史过程中，这一理性又表现为西方文化的产品，其他文化只能通过西方文化才能真正认识理性。于是，理性成为衡量文化先进与落后之间的标志，而它之所以能成为标志，首先是因为它是普遍的、放之四海而皆准的。

在以黑格尔为代表的近代历史哲学中，理性因此具有双重的功能。一方面，理性的存在使得人们能够认识历史。另一方面，理性又帮助勾画了历史的各个阶段。更具体一点说，理性在历史认识论上的功用是将认识活动中的主观、客观相沟通，即历史是一个客观的存在，人们必须通过理性（运用科学方法）来加以认识。黑格尔等人强调这一认识活动的普遍性，也即理性的普遍性。但同时，黑格尔又认为在许多非西方的地区（如古代中国），人们不懂或者不能运用理性。于是，理性又成为区分"此"（self）与"彼"（other）、西方与东方的工具。在这一意义上，理性又不再是普遍的了。当然，通过黑格尔的辩证法，理性的这一内在矛盾，并不难解决。理性的发展也须经过一定的阶段：非西方人无法运用理性，正好表现了理性运用的必要性，也即西方文化走向和控制全球的必要。众所周知，最早对黑格尔哲学提出质疑的是马克思主义。马克思的历史唯物主义，将理性与历史的位置颠倒了过来，认为人们的认识最终受到历史条件的限制。因此，马克思将理性做了"历史化"的处理，实际上也就在一定程度上质疑了理性的普遍性。可是马克思对人类历史演进的阶段性划分，仍然继承了黑格尔的思维方式。换言之，虽然马克思对理性的普遍性稍有不满。但他却深信历史的普遍性，也即"大写的历史"（History）。实际上，对所谓"亚细亚生产方式"的描述以及历史发展的阶段论，证明马克思的历史观中，也有明显的"此"与"彼"、西方与非西方的区分。也许正是因为如此，所以马克思对英国在印度的殖民地统治，虽有批评，却仍然视为一种历史的必然。这一倾向，与其说是出于一种文化的偏见，不如说是由于马克思对理性的推崇所致。

事实上，在马克思以后，西方马克思主义者如萨特（Jean-Paul Sartre）、卢卡奇（Georg Lukács）等人，也还是相信大写历史的普遍性或者全体性（totalization）。如萨特虽然强调马克思主义的人道主义的一面，提出在历史的进程中，人既是历史的产物，受到历史的制约，但又是历史的主人，可他仍然相信人类历史的总体走向是一致的、有规律性阶段的。不过，萨特对人在历史中的地位和作用的强调，还是为后人对历史的普遍性的怀疑提供了一些帮助。比如，结构主义者列维－斯特劳斯（Claude Lévi-Strauss）便是在对萨特历史观的批评中，提出了对人类历史普遍性的强烈怀疑。列维－斯特劳斯认为近代历史哲学家的所谓"人类历史"，其实就是一种西方历史的反映。所谓历史的"普遍性"是在排斥了非西方历史之后才建立起来的。[1]

之后，阿尔都塞（Louis Althusser）提出，如果我们将历史的发展看作一种有规律的、一致的过程，那就等于抹杀活生生的历史，把历史视为一种抽象的、超验的经验，因为活的历史过程中充满了断裂、突变，无法用理性的方式加以总结。在批判以黑格尔为代表的近代历史哲学时，阿尔都塞最不满的是两点：一是所谓历史的持续和阶段性的发展；二是历史之间的所谓有机联系，因为

---

[1] 有关马克思主义历史观的论述，可参见罗伯特·杨（Robert Young）：《白人的神话学：历史写作与西方》（ *White Mythologies: Writing History and the West*, London: Routledge, 1990 ），第2—4章。马克思的所谓"亚细亚生产方式"，其实就等于是将非西方的历史归入了另类，不再为他所描述的历史进步规律（原始、奴隶、封建、资本主义和社会主义）所概括。

这一有机联系是为了体现历史的总体性。在黑格尔看来，历史不但通过各个不同的阶段逐渐走向进步，这些不同阶段之间也存在有机的联系，都是为了实现历史的进步，并表现这一进步是人类历史的总体倾向。在阿尔都塞看来，这种历史观实际上是"非历史的"（ahistorical），因为历史都是具体的，根本无法有一种凌驾于各地区和文化之上的总体历史。他希望人们重视历史的"现世性"（temporality），即历史所反映的即时即地的文化，而不是抽象的概括。易言之，历史不是总体的，也没有所谓中心。[1]

如果说对历史的考察是西方马克思主义者和结构主义者所关心的中心问题之一，那么后结构主义对历史就更为重视了。[2]让我们首先看一下福柯的历史观。虽然在严格的意义上，福柯不能算是一位后结构主义者，但他对历史的看法，却与后者有相似的作用，都对后殖民主义的理论家产生了很大影响。福柯对近代历史学的批评，主要体现在两个方面。一是他对理性的批判性反省，二是他对知识与权力之间关系的认识。这两个方面，都成为后殖民主义主要的理论前提。

与生长在北非的后结构主义大师德里达不同，福柯在法国土生土长，他对西方殖民主义没有太多感性的认识。但是，福柯与阿尔都塞一样，对理性的普遍性充满怀疑。他的主要功绩在于运用他对西方历史的知识，将理性"历史化"，并揭露其负面的作用。福柯清楚地认识到，虽然理性的普遍性在近代西方被视为颠扑不破的真理，但这一"普遍性"其实是通过压制所谓非理性而获得的。换言

---

1 Robert Young, *White Mythologies: Writing History and the West*, pp. 53–68.

2 有关历史在后结构主义理论中的重要性，可见《后结构主义与历史问题》（Derek Attridge, Geoff Bennington, Robert Young, eds., *Post-Structuralism and the Question of History*, Cambridge: Cambridge University Press, 1987）。

之，西方人为了突出理性的普遍性，就将人性和人类社会中非理性的部分排除在外，让其成为"他者"（other）。因此，福柯认为，所谓普遍理性，其实是一个历史的结果，而他的目的，就是想将其历史地还原，重演理性在社会上确立地位的过程。他的《疯癫与文明》就是为此目的而写的。在该书中，福柯指出，理性的建立与普及，其实是一个痛苦的过程。在近代以前，精神不太正常的人仍然能享受天伦之乐，而一旦人们接受理性与非理性的划分以后，那些有精神病的人便只能被置于隔离的状态了。福柯的另一本书《临床医学的诞生》则表明，人们对待其他疾病，也采取了同样的态度。

福柯将理性"历史化"，不仅是为了表现普遍理性的内在矛盾，更是为了揭露：理性、科学等这些学术性的概念，其实都与权力、压迫有关。西方人强调理性的普遍性，正是为了将其文化推广到其他地区，让其他文化接受。而西方人能这样做，正是因为他们代表了世界的强权。于是，福柯将培根的口号"知识就是力量"做了现代的阐释。通过这一阐释，人们开始认识到，知识并不是中性的，而是有政治、军事和经济权势作为后盾的。福柯的这一理论，对后殖民主义者有启发性的影响。

福柯理论的更重要的一个方面是，他对历史研究作为一门学问本身提出了疑问。与阿尔都塞一样，福柯认为历史是"无中心的"（discursive），根本无法用一种理念加以概括，更无法讨论其规律。这里的原因是，历史的一致性、统一性是历史主义的基础，而这一基础的前提是把人视为万物的中心。而把人视为世界万物的中心，也就是要将其他事物，甚至女人和儿童非中心化，使他们（它们）成为"他者"，以达到世界历史的统一性。但如此一来，也就暴露了所谓人类历史的统一性，并不以普遍性为基础，而是在排斥了"他者"以后才得以建立的。为了突出历史的"无中心"，福柯避免使用"历史"一词，特别是"大写的历史"，因为这些术语在西方文化中自然代表了一种将过去视为一个具有有机联系并持续发展的过程的态度，而这种态度，正是福柯所反对的。福柯把历史研究看作为一种"考古"（archaeology），一种"系谱学"（genealogy），因为在考古发掘中，其各种发现之间往往不存在什么内在联系，无法用叙述的体裁轻易地加以表现。而衍生的过程虽然有时间先后上的联系，但并无明显的进步、落后可分。这些新术语的使用，代表了福柯想彻底改造西方学术的意图。这一意图，为后殖民主义者所继承。[1]

虽然福柯对西方历史学和历史方法做了深刻的反省，但在德里达看来，他还是做得不够彻底。在福柯发表了成名作《疯癫与文明》以后，德里达写了一篇评论，将福柯的努力讥讽了一番。德里达指出，福柯虽然想表现理性的"他者"——疯狂，但他所采用的历史叙述方法，仍然是理性的方法。再者，读者读了福柯有关疯狂的历史以后，是否能相信福柯的叙述就没有排斥"他者"呢？德里达隐含的意思是，虽然福柯想通过研究疯狂的历史来批判理性，但他的方法，仍然受到理性思维的限制。在德里达看来，任何文字的作品都是一种"文本"（text），代表了一种在某一特定时间的文化。[2] 因此，根本没有超验的、普遍的理性。由此，德里达等后结构主义者将西方的整个知识系统，都做了"解构"，而其"解构"的中心，则是语言本身。在德里达看来，语言并不能成为传达理性的

---

1 这些观点，可见福柯的《知识考古学》和《词与物》（该书出版时福柯拟名为"事物的秩序"，后改为"词与物"，英文版标题取"The Order of Things"）等著作。

2 参见安·华兹华斯（Ann Wordsworth）：《德里达与福柯：历史性之历史写作》（"Derrida and Foucault: Writing the History of Historicity"），载《后结构主义与历史问题》，第116—125页。

工具，因为语言本身并不透明，还受到文化的限制。因此要想通过语言来将理性推广到各个文化中去，无疑是痴人说梦。

福柯与德里达的工作使得近代历史学的根基开始动摇。这一动摇表现为两个方面，既然不存在普遍的理性，那么历史的规律也就无从寻找。同样，既然语言无法沟通理性，那么知识的传播也就变成了一种对文本的解读。一句话，没有了理性，近代西方哲学思想的主、客观的二元论就无法建立，所谓客观的真实也就无从谈起。历史写作的目的便变得十分渺茫，既不是为了反映真实的过去（因为根本就没有什么真实可言），也不是为了发现历史演化的规律（因为根本就没有普遍的历史规律）。历史研究的唯一目的是对某一段历史时期的历史事件的变化提供一种暂时的解释，仅此而已。

从学术渊源上来看，后殖民主义首先出现在文学界。19世纪以来，西方殖民主义侵占了世界不少地区。殖民者用文字的形式记述他们的经历和经验，是所谓殖民地文学的开始。以后，殖民地文学也包括了殖民地地区当地人用西方语言写作的作品。总之，这些作品都旨在描述殖民地的生活。虽然文学为主要的形式，但也有一些较有名的历史著作，如英国的经济史家詹姆士·密尔（James Mill）就写过《英属印度史》（*The History of British India*）。美国的史家威廉·普列斯科特（William H. Prescott）的《墨西哥征服史》（*History of the Conquest of Mexico*），记载了西班牙人侵占墨西哥的经过。但相较文学作品来说，史家的著作从影响和数量来讲，都显得逊色。不过，既然殖民地文学的宗旨是描绘殖民地的生活和经历，是一种经由文字的"再现"（representation），那么其中所反映的问题，在历史作品中也同样存在，值得历史学家借鉴。

后殖民主义理论家对殖民地文学的反省，涉及不少方面和层次，因为篇幅所限，我想首先就其与历史学有关的两个方面，做一分析。第一个方面涉及历史的真实性。第二个方面有关历史的普遍性，即有关所谓历史中的"宏大叙事"（grand-narrative）。历史的真实性是史家普遍关心的问题，也是区别历史与文学的重要标志。但是从西方史学的演变来看，其中的情形比较复杂。上面已经提到，西方史学最常用的写作方式是叙述体，而叙述体常常要求史家编排史实，以求历史叙述的生动、完整。换言之，在西方的历史写作中，史家须得知道自己作品的阅读对象。如果历史写作尚且如此，那么文学作品中阅读对象的重要性就更为明显了。这一问题，很清楚地反映在殖民地文学中：既然殖民地文学的作家（至少在早期）都是西方人士，不管是殖民者本人或者其家属，他们作品的阅读对象必然主要是宗主国的读者，而不是殖民地的土著。因此，在萨义德看来，从这些作品中反映的所谓"东方"，只是一个为了西方而存在的"东方"。这是萨义德《东方主义》一书的主要观点之一。于是，在萨义德看来，这些作品里面就没有多少真实性可谈。西方人对东方所产生的认识上的误差，并不是轻易能克服的，也非纯粹与学问有关。

萨义德认为，西方人之所以写了大量有关他们殖民经验的作品，除了满足宗主国读者对海外殖民的好奇心之外，更重要的原因是因为他们认为那些殖民地的原住民无法代表自己，而必须由掌握了理性知识的西方人来代表。换言之，西方人写作有关殖民地的作品，不仅反映了一种文化上的优越感，而且也表现了一种历史意识。这一历史意识，就是以历史主义为特征，以人类历史的普遍性或一致性为基础的。用萨义德的话来说："东方在形象、理念、个性和经验上都相反于西方。这一相反的形象帮助塑造了欧洲和西方的形象。但所有这些不同都不单单是想象出来的。东方（实际上）

是欧洲物质文明和文化的一个有机的组成部分。"[1]

为什么东方是西方文明的组成部分？就是因为在近代西方的历史观念中，人类历史表现出一种内在的一致性（coherence），即所谓存在一种历史的"宏大叙事"。按照这种"宏大叙事"，各地区的历史都将百川入海，归入同一个方向。在这一历史普遍走向的前提之下，西方人又指出各地区的文明存在明显的差异，于是先进的西方就应该领导落后的"东方"，甚至代表"东方"，以帮助引导它走向它应该进入的普遍的历史发展正途。这一由西方来"再现"东方的过程，显然是以西方的经济、军事强势为后盾的。萨义德指出，"西方风格的东方学是为了让西方来统治、重塑和领导东方"。因此，"东方学与其说是有关东方的真实的学问，毋宁说是一种帮助欧洲、大西洋地区的强权控制东方的标志"。[2] 于是，貌似公平、中立的学问，其实成了西方殖民主义的帮凶。因为知识与权力有着密不可分的联系。

虽然萨义德在《东方主义》中指出了西方人对东方的研究，反映了一种控制东方的强权，在认识上有一种很大的偏见与误差，但他这一质疑的前提，仍然不免带有西方近代学术传统的痕迹：学问的目的是寻求真实；这一真实不但存在，而且有可能为人所认识。这就像福柯那样，一方面想突出人类社会中非理性的一面，同时却又想用理性的方法将之再现出来。其实，萨义德本人也知道，在殖民地文学中，即使是非西方人士的作品，如康拉德，也不可避免地带有西方人的种族偏见。在萨义德以后的作品以及霍米·巴巴和斯皮瓦克等人的论著中，都对西方学术文化的根深蒂固的影响有了一

---

1 Edward Said, *Orientalism*, pp.1-2.
2 *Ibid.*, pp. 3, 6.

种新的认识。这里的问题是，一旦非西方人士用西方的学术术语和西方的语言写作，那么他们就无可避免地会受到西方文化潜移默化的影响，因为照后结构主义的看法，语言本身就是一种文化密码。一个人用了哪种语言，就会自然而然地接受该语言的文化密码，也即思维方式和生活态度等的总和。他们的作品就会与他们描述的对象之间产生疏离（displacement）。

由此可见，后殖民主义者根本就不相信会有所谓真实的历史存在。或者更准确一点说，即使有真实的历史，那也与人毫无关系，因为一旦有人想用叙述的方式将这一真实的过去再现出来，那么这一真实性便马上消失了。历史的真实，于是就是一种子虚乌有。可是指出这一点，对后殖民主义者来说，还过于抽象，因为有不少实际的例子存在。霍米·巴巴和查特吉等人指出，不仅西方人士在语言文字的著述中，无法摆脱文化思想的偏见，而且非西方人士也同样不能"免疫"。他们从印度的近代历史文化入手，指出在殖民地的人民反对殖民主义的斗争中，他们所采用的手段还是西方的那一套，即民族主义。而民族主义从理论到实践，都浸染在西方近代的历史中；西方人士已经就民族主义做了不少理论叙述。一旦非西方人士采用了这些民族主义的论述，就无可避免地走上西方的老路。我们在现代世界历史上常见到的情形就是，虽然殖民地的人民运用民族主义成功地推翻了殖民统治，但他们的新政权往往在压制人民、限制自由等方面与西方的殖民统治并无二致。这种情况说明，殖民主义或西方文化的影响，比人们通常所想象的要深入得多。[1]

---

1 参见查特吉（Partha Chatterjee），《民族主义思想与殖民世界：一种派生话语》（*Nationalist Thought and the Colonial World: A Derivative Discourse*, Minneapolis: University of Minnesota Press, 1993）和《民族及其碎片：殖民史与后殖民史》（*The Nation and Its Fragments: Colonial and Postcolonial Histories*, Princeton: Princeton university Press, 1993）。

有关民族主义的起源和影响的问题，是西方学术界十分关心的问题，也是后殖民主义理论的焦点之一。在探讨民族的起源的问题上，西方马克思主义者霍布斯鲍姆（Eric Hobsbawm）和安德森（Benedict Anderson）都有精彩的论述。作为历史学家的霍布斯鲍姆从他对欧洲史的考察中总结道，民族史的研究，常常依赖于对传统的发明（the invention of tradition），也即通过有选择地研究、分析过去，以寻根的方式，将民族的形成推向过去，以求证明一个民族历史的源远流长。而安德森有关民族的观点则清晰地见于他的经典著作的标题《想象的共同体》。在安德森的分析中，民族的形成虽然为政治意识所推动，但却是通过语言文化的改造才得以真正实现的。[1]霍布斯鲍姆和安德森有关民族主义的论述，为本来就受到后结构主义影响而重视语言的后殖民主义理论家所重视。霍米·巴巴就民族与文字表述的关系，主编了《民族与叙述》一书。他在书中指出，民族的形成过程及其特征，都受到民族主义论述的深刻影响。因此叙述形式，也即语言文字作为一种手段，对民族的构造比其他因素更为潜在、深入。通过对民族主义论述的研究，巴巴希望读者更清楚地看到民族这个概念的历史性和暂时性，从而打消它所具有的神秘、神圣的色彩。[2]这一企图，正是为了纠正以往民族史研究的偏差。历史学家通过对民族历史的铺陈，常常让读者获得

1　参见《想象的共同体：论民族主义的起源与传布》（Benedict Anderson, *Imagined Communities: Reflections on the Origins and Spread of Nationalism*, London: Verso, 1991）和《传统的发明》（Eric Hobsbawm & Terence Ranger, eds. *The Invention of Tradition*, Cambridge: Cambridge University Press, 1983）。

2　霍米·巴巴的观点见他的导言和文章《传播：近代民族的时间、叙述与边缘》（"Dissemination: Time, Narrative, and the Margins of the Modern Nation"），载《民族与叙述》（*Nation and Narration*, Homi K. Bhabha ed., London: Routledge, 1990），第1—7、291—322页。

　　　　　　　　　　　　　　　　　中国现代历史意识的产生

这样一个印象，似乎民族的形成是顺理成章的、不可避免的。霍米·巴巴等后殖民主义者解构民族和民族主义这些概念，则让人们看到，民族的形成实际上是一种人为的结果，其中还经过了一个错综复杂的、各种势力协商妥协的过程。

可是，仅仅指出这一点，对后殖民主义者来说，还远远不够。后殖民主义者不但希望人们能认清西方文化和思维方式的无所不在，同时又要想方设法避免落入其窠臼。斯皮瓦克对此贡献最大，但也使得她的文风十分奇特、诘聱难懂。她这样做的原因，并不是她的英语不够好，而是她有意尝试突破原有的、让人已经普遍接受的叙述方式。有关历史研究，斯皮瓦克有一篇著名的文章，叫作《下层能说话吗？》（"Can the Subaltern Speak?"）。这是一篇评论印度历史学界的所谓"下层学派"（Subaltern School）的文章。[1] 这一学派由受过相当（西方）教育的历史学家组成，他们的研究兴趣是英国殖民统治底下的一般印度民众。他们的研究与中国五六十年代农民战争史的研究有相似的目的，也碰到相似的问题。其中最主要的一个困难是史料的缺乏。众所周知，在英国的殖民统治下，底层民众能够留下记录，往往是由于他们起义、造反，触犯了"法律"所致。因此，在已有的史料记载中，对他们的描绘往往是作为反面对象的。"下层学派"的史家希望在阅读那些"反面"的史料时，发现印度劳苦大众的阶级意识，展现印度近代历史的另一面，从而纠正以往的历史意识。

在评论"下层学派"的文章中，斯皮瓦克一方面指出这一学派的贡献，另一方面也提出其中存在的问题。在斯皮瓦克眼里，"下层学派"的研究路向中存在的最大问题是，虽然这些受过西方教育的

---

1 "Subaltern"一词原意是指"下属""下层"，国内学界也有人将之译作"庶民"。

历史学家企图为普通民众说话，但他们的表述方式，仍然是原来的一套，也即采用了原来西方殖民者写作历史的方式。当然，这一认识方式的延续是无意识的。但其后果则使得他们所写的"下层"的历史，还是一种"实质化"（essentialized）或"同质化"（homogenized）的历史，即根据西方认识论模式塑造过的历史。因此"下层学派"的历史学，还是西方近代历史学的延伸，只是内容不同而已。

所谓"实质化"的历史，也即历史主义的一种主要表现，其特点是将历史演变简单化、实质化，选择几个特征来划分历史时期和刻画某一历史时期的特色，以求抽绎出一种普遍的历史规律。这一做法的后果是，原来活生生的、复杂多变、曲折繁复的历史被简单化了，成了证明历史规律的注解。因为自近代以来，有关历史规律的概括都是西方人所为，因此这一"实质化"的历史，也变成了证明西方文明优越性、超前性的说明。

在斯皮瓦克看来，"下层学派"的历史之所以是"实质化"的历史，就是因为这些历史学家没能说明：虽然印度劳苦民众是西方殖民者的对立面，但其本身并不是固定不变的、容易辨识的综合团体。相反，印度下层阶级包括多种社会集团，其各自生存的环境和地区又使得他们在经济、社会、宗教等方面表现各不相同，根本无法用一种声音说话，或者形成一种阶级意识。作为女性主义者，斯皮瓦克指出，"下层学派"对印度贫穷妇女的声音就没有注意，更没有指出，同属贫穷的阶级，妇女与男人的境遇与感受存在很大的不同。总而言之，印度民众有不同的声音，不能轻易地简单概括。[1]斯皮瓦克的评论，反映了她像霍米·巴巴等人一样，特别注

---

1 有关斯皮瓦克评论"下层学派"的文章见《下层研究：解构历史学》（"Subaltern Studies: Deconstructing Historiography"），载《斯皮瓦克读本》（ *The Spivak Reader*, Donna Landry & Gerald MacLean, eds., London: Routledge, 1996），第203—236页。

意事物的"混杂性"，不愿沿用西方思想中"二元论"的思考方式。

后殖民主义对"混杂性"的重视，表现在许多方面。后殖民主义者强调学科之间的沟通、注意西方与非西方地区的交流、说明"此"与"彼"之间的内在联系，都是为了突出事物的"混杂性"。在后殖民主义者眼里，任何事物的形成都是一种协商的结果，而在协商的过程中，有关各方都不能完全保持原来的位置。斯皮瓦克就此也对后殖民主义者本身提出自我批评。她认为虽然这些出身"东方"并在西方受教育的学者对西方文化提出批评，但这些批评本身也自然会由于他们所处的地位而受到影响，他们对西方文化的批评也是一种协商的结果。[1]

三、后殖民主义与中国历史

有关后殖民主义（或东方主义）和后现代主义等现代西方思想新潮在中国的适用性问题，在中国学者中有过一些讨论。就我看来，每一种思潮都有其产生的氛围，因此从理论上谈，每种学问都有其限定的适用范围。但我们通常所见到的情形是，一旦一种思潮开始为部分人所欢迎，它就往往会突破其原有的范围而开始广泛流行。在其流行的过程中，这一思潮本身的内容也会由于环境的变化而变化，渐渐失去原来的面目而变得丰富起来。当然，这种丰富常常是以扭曲为代价的。于是，思潮流行的过程本身变成了一段历史，虽然总有人企图恢复其本来面目，但无论如何，我们只能面对

---

1 Gayatri C. Spivak, *The Post-Colonial Critic: Interviews, Strategies, Dialogues*, Sarah Harasym, ed., London: Routledge, 1990.

历史。

换言之，我们对待后殖民主义，除了了解它与西方文化的紧密联系以外，更应注意其在流行过程中所涉及的内容与问题。如果仅仅因为它是西方文化的一种而加以排斥或者接受，都不可取。问题的关键是考察它与中国历史和文化之间可能产生的关系。倘若从这一角度出发，至少在历史观念、历史研究的领域，我们可以发现不少相关之处。

首先，在历史观的领域，中国现代史学史的发展过程，固然有其独特的地方，其表现为与古代史学传统之间的复杂关系，但就总体倾向而言，还是表现为一种民族史学的兴起，以启蒙、救亡为其双重任务。李泽厚等人认为，这一双重性有一种对立的倾向，强调一方常常导致忽视另一方（救亡压倒启蒙）等。[1] 这一说法有其历史的一面：在抗日战争时期，史家的确以救亡图存为己任而更改了文化改造的方向。但我们也应该看到，启蒙与救亡都是民族主义史学的任务，两者并无根本的对立。而中国的民族主义史学，自19世纪末、20世纪初以来，从表面上看一直保持着一种强势，并无方向性的改变。

如果我们承认民族主义史学是中国现代史学的总趋势，那么，后殖民主义有关民族主义理论和实践的分析，就有不少可以借鉴的地方。众所周知，19世纪以来，民族主义运动在世界许多地区风起云涌，此起彼伏，影响了世界历史的方向。在中国所处的亚洲，民族主义运动的兴衰勾勒了几乎所有国家的现代历史的主线。印度、越南、朝鲜和印尼等国民族主义运动的成败，应该自然成为

---

1 李泽厚：《中国现代思想史论》，北京：人民出版社，1986。另见顾昕：《中国启蒙的历史图景》，香港：牛津大学出版社，1992。

中国学者注意的焦点之一。但令人惊讶的是，那些国家的历史，从未成为中国历史学家的研究重点。在 1949 年以前，历史课程的设置和历史研究的重心，除了本国史以外，所谓的外国史，都以西方的历史为中心，很少涉及亚洲其他国家，连日本的历史也都不太重视，更不用说非洲、拉丁美洲等地区的历史了。这种情形，不仅在历史学界，而且在整个中国学术界都是如此。譬如外国语言的学习，中国学生也都以西方文字为重点。外国文学作品的翻译，西方国家的作品几乎压倒一切。我们平时作比较研究，甚至在一般言谈中，也常常将"中西"之间的比较视为平常，而忽略与其他文明的比较。

这一"中西对立"的思维，在五四以后可谓深入人心。五四以前，学者的眼光还开阔一些。到了 1930 年代，除了梁漱溟还研究一些印度文化以外，几乎所有有关文化建设的讨论，都以中西之间的比较为主，自由主义或马克思主义的学者都是如此。受过欧美教育的自由主义学者如胡适，自然以西方为参照对象。中国的马克思主义者，在"中国社会史的论战"中，也主要以中西历史的比较为讨论主题。虽然马克思主义传自苏俄（苏联），但中国的学者，也许是受到苏俄（苏联）学者的影响，并不将中国与俄国历史的比较为研究重点。他们的眼光，都锁定在西欧的历史，根据马克思的分析，将之视为历史发展的"正途"。

1949 年以后，虽然历史课程的内容有所扩大，在中国史以外，有了世界史，其中包括了亚、非、拉等地的历史，但其覆盖面，仍远远无法与西方的历史相比。而在外国语言与文学的教育中，除了少数一些学校有"东语系"以外，大部分学校的外语系，其实都以西方文字的教学与研究为主。这种"中西对立"的思想方式，在中国的文化界，可谓源远流长，即是正统意识形态的基础，也是民间知识分子论著的重心。在正统的历史教育中，所谓"落后就要挨打"，一直是激励中国年轻学子发奋努力的口头禅。而所谓"落后"，正是落后于西方；所谓"挨打"，正是为西方强国所打。同样，在知识分子争取思想解放的运动中，如1980年代的"文化热"，也以中西的对比为论争的主要基调。总而言之，西方要么是中国人学习、效仿的目标，要么是中国人仇视、憎恨的对象。虽然态度不同，但眼界却一样，都没有能超越出中西的对立、对比。如果萨义德说西方人长期以来持有一种"东方主义"的态度，那么中国人则一直有一种"西方主义"的思想。[1]

无论是西方人的"东方主义"抑或是东方人（中国人）的"西方主义"，其思维特征都有类似的地方。西方人将东方视为自身的对照，以此来衬托西方文化的优越、超前，中国人也以西方文化为对照，反衬自己文化的落后、落伍。陈小眉因此说中国人有一种"自找的东方主义"（self-imposed Orientalism），其言不差。[2] 在这两种"主义"中，由于"东方"与"西方"都作为对方的参照物而存在，因此都是囫囵的、含混的整体，其中并无细致可分，因此也就是非历史的。众所周知，仅在中国文化的演变发展中，地区之间的差别就十分明显，何况中国以外的"东方文化"呢？同理，我们也不应随意按照我们的需要，将西欧各国以及美国的文化囫囵吞枣，简单以"西方文化"这一术语来归纳。后殖民主义理论对文化"混杂性"的重视，因此有助于我们扩大视野，认识世界文化的多样性。

认识世界文化的多样性，其目的是为了突破西方历史哲学对世

---

1 在前引陈小眉的著作中，她对中国学者的这一"西方主义"的思维模式，做了详细的分析。

2 Xiaomei Chen, *Occidentalism*, p. 4.

界历史方向的勾画，也即突破历史主义的思维模式，重新建立一种新的历史观。在上一节的讨论中，我们已经借助后殖民主义理论，看清近代西方历史学的基础：无非是为了证明西方文明的优越。历史主义对历史进程的描述，是为了将这一优越性，变化为一种普遍的历史意识，让非西方地区的人接受。

之所以称之为一种普遍的历史意识，就是说不管你是否愿意承认西方文明的优越，只要你同意历史主义对世界历史的勾画，那么你就自然而然地会将西方文明视为其他文明的楷模或者标准。在非西方地区民族主义的史学中，有不少论述是直接以挑战西方文明的优越为目的的。但由于历史主义的影响，其结果往往是适得其反。以中国史学为例，西方历史主义的思维主要表现是进化论，而进化论的思想自20世纪初期以来，自从中国知识分子放弃了张之洞的"中体西用"一说以后，在思想界就一直占据着统治地位。进化论的历史哲学，基于一个统一的时间观念，即认为世界上的所有文明，都遵循一个时间的坐标，朝着一个方向发展。一旦接受进化论，如严复、梁启超等人，不管如何向往中国文明的"再生"或"复兴"，他们还是会承认自近代以来西方文明占据的超前的位置。有趣的是，在严、梁等人接受和推广进化论的时候，历史主义在西方已经产生危机，有人开始摆脱那种一统的时间观念，提出文明发展的多元性和独立性，如德国的斯宾格勒和英国的汤因比的"文化形态史观"。[1] 20世纪30、40年代，也有一些留德和留英的中国人对斯宾格勒和汤因比的理论做过一些介绍，但由于进化论思想的影响，他们的介绍并没有导致中国思想界改变对进化论思想的推崇。相反，不少人认为历史主义的危机是文明发达以后的西方才有的事

---

1 参见王晴佳：《西方的历史观念》，第八章，第229—276页。

情，而中国文明在近代的"再生"还刚刚开始，这些理论因此只有开阔眼界的作用。于是，那些本来可以让中国人突破历史主义的局限的学说，反而加强了历史主义在中国的影响。唯一有所例外的是梁启超。虽然梁的《新史学》是中国进化论史学的先声，但梁在第一次世界大战以后，有机会访问欧洲，目睹战争的破坏，感受到西方文明的危机，由此对中国文明的价值有了一个新的认识，不再抱完全否定的态度。[1]

但梁启超的变化，并没有能改变中国史学在 1920 年代以后的发展方向。本来应该对西方文明的虚伪有所觉悟的五四运动，其结果是导致中国人对西方文明更大程度的崇敬。有趣的是，虽然中国学生对西方强权在凡尔赛会议上与日本的勾结表示不满，但他们仇恨的对象还是日本，而不是西方。而现在看来，日本在当时的所作所为，其实只是对西方帝国主义的一种模仿而已。细究起来，当时的学生崇拜西方文明，还是受到了进化论的影响；而他们仇视日本，则表现了那种将西方与东方对立起来的思维逻辑。总之，中国当时的思想界还是受控于历史主义（进化论）的影响之下。

五四运动时期学生的精神世界，与他们的老师辈的教育颇有关系。五四的老师，特别是那些对学生有影响的老师，大都出过国，受过所谓"新式"教育。他们或者推广西方科学，如陈独秀、胡适，或者批判东方文明的落后，如吴虞、鲁迅。虽然他们作品的侧重点十分不同，但如果我们称他们为民族主义者，大致不错。他们的民族主义思维，与进化论的思想有密切联系。无论是吴虞、鲁迅对中国传统的批评，还是陈独秀、胡适对西方科学的憧憬，

---

1 对梁启超的变化，唐小兵的英文著作有所阐述，见《全球空间与现代性的民族主义话语：梁启超的历史思想》(Global Space and the Nationalist Discourse on Modernity: The Historical Thinking of Liang Qichao, Stanford: Stanford University Press, 1996)。

　　　　　　　　　　　　中国现代历史意识的产生

都显然隐含着一种将中国与西方对立、对比的心态，有意无意地视西方为中国效仿的目标。胡适在五四后期所领导的"整理国故、再造文明"运动，更有意思。胡适、顾颉刚等人批判古史的目的，是想从中国文化传统中发现科学的精神，并以此来振兴中国现代文化。他们企图从理学和朴学的格致、考证的方法中，发现科学的精神，与西方科学方法相比仿，因此隐含着一种将中国与西方平等看待的态度。但是就总体而言，他们研究"国学"的前提，仍然以西方为标准，视西方科学为"正宗"。[1] 这种态度，也反映在西方学者的著作中，如李约瑟的巨著《中国的科学与文明》。虽然李约瑟称赞中国文明在科学技术方面的成就，但这种以科学发达为衡量标准的做法，仍然是西方近代历史哲学的一种表现。

由上可见，民族主义史学在很大程度上承袭了西方历史主义或"大写的历史"对世界历史的总体解释，尽管民族主义运动的目的，往往是为了挑战西方。这里包含的悖论，正是后殖民主义力求阐明的。查特吉等人的著作，在分析民族主义运动内含的问题方面，有不少灼见。重要的是，后殖民主义不仅分析和批判民族主义运动所存在的问题，同时也希图找出摆脱民族主义思维方式的方法。这样的发展，其实是很自然的。既然后殖民主义研究的目的是尝试突破西方文化的模式，那么作为西方历史产物的民族主义，也就应该成为人们反省的对象。事实上，用民族主义来概括非西方地区对西方强权入侵以后的抵抗运动，不免有笼统、片面的一面。这里的原因是，不少非西方地区民族主义运动的领导人，都受过西方的教育，如中国的孙中山，他们的方法自然都不

---

1 参见王晴佳：《以史寻国：五四的历史学取经》(*Inventing China through History: The May Fourth Approach to Historiography*, Albany NY: State University of New York Press, 2000)。

免受到西方历史、文化的影响。而对这些抵抗运动的研究，往往也由西方学者首先开始。西方学者参照西方近代民族国家的兴起来比较、概括非西方地区的运动，也似乎顺理成章。但这里的问题是，如果我们一味强调民族主义，就会忽略在这些反西方的抵抗运动中的其他现象。其实，各个地区抵抗殖民侵略、自立自强的道路，至少在其初期，常常呈现出不同的面貌，并不是民族主义能轻易概括的。

出生于印度的杜赞奇，在 1995 年出版了《从民族国家拯救历史》。在他的著作中，杜赞奇运用了同样出生于印度的后殖民主义学者霍米·巴巴和斯皮瓦克等的论述，从历史的角度，检讨了中国近代的民族主义运动。长期以来，中外学者对这一运动，都持有大致相同的看法，认为民族主义是中国自鸦片战争以来的主要思潮，勾勒了中国现代历史的发展。杜赞奇并不认为这一认识有根本性的错误。但在同时，他提醒人们注意历史学的"双向性"（bifurcation），即在承认一种历史现象的同时，不要让其掩盖其他曾经产生过的现象。换言之，历史学家不要以偏概全，认为除了民族主义以外，就没有其他现象存在。由此，杜赞奇指出了历史主义的局限，即把历史视为一个单线发展的有机过程，所有的现象都是为了走向一个更先进的未来这一目的而存在。在他看来，这种历史哲学，其实抹杀了历史的"历史性"（historicity），即历史本身丰富的内容。[1]

杜赞奇指出，在 19 世纪末、20 世纪初中国知识分子开始寻求"富强"的道路时，曾经尝试过不少路径。如康有为虽然用了公羊三

---

1 该书的英文标题是 *Rescuing History from the Nation: Questioning Narratives of Modern China* (Chicago: University of Chicago Press, 1995)。有关历史"双向性"的论述，见该书第一部分。

世说来附会进化论，倡导进化论的史观，但康的历史哲学的目标，则并不局限于中华民族的富强。相反，康有为的进化论，归宿于世界大同。因此，虽然康有为、梁启超以中国的富强为目标提倡政治改革，但他们的民族主义又包含了某种"世界主义"，或以杜赞奇在书中的话来说，"跨民族主义"（transnationalism）。同样，孙中山的辛亥革命，也并不以民族主义为唯一的理论宗旨。至少在革命实践中，孙中山的同盟会吸收和结合了兄弟会等秘密会社的传统。众所周知，这些秘密会社，往往以地方或某种宗教信仰为结社的基础，他们的成员没有太强的民族意识。同盟会成员的民族意识和种族意识（"反满"的情绪），都是通过逐步的宣传，如邹容、陈天华等人激烈的著作和行为，才慢慢为人所接受，成为革命的指导思想。

杜赞奇指出，即使在辛亥革命前后，民族主义也没有完全成为统辖全国的思想。在推翻清王朝的革命中，东南地区地方政府的易帜，扮演了重要的角色。而这些政府官员之所以易帜，主要是为了保持地方的实力。这种地方主义，在辛亥革命之后非但没有减弱，而且得到强化，最终造成军阀割据的局面。军阀企图保存自己的实力，自然是本性所然，但杜赞奇的研究揭示，一些当时的知识分子如章士钊、陈独秀等人，也曾积极提倡所谓"联邦主义"（federalism），以此方式来建设共和国。他甚至指出，广东军阀陈炯明反对国民党北伐，背叛孙中山，主要是他所信奉的地方主义所致。由此可见，地方主义或联邦主义，在20世纪的中国有很大的势力，往往与民族主义思潮并存。如果我们注意历史的"双向性"，就能发现中国历史的发展，远不是民族主义能一笔概括的。既然地方主义是一个历史的现象，我们在研究历史时，就不能因为中国最后以民族主义建国，而鄙视、否定地方主义。因此，对陈炯明的

"背叛"，也许当有新的认识。[1]

像杜赞奇这样的著作，有助于我们从新的角度看待已成的历史轨迹，不再轻易以过来人的观点，从现在的需要出发，随便褒贬古人。这种做法，其实也就是向历史主义的"目的论"（teleology），提出了质疑。由于历史主义观念的影响，我们常常习惯以现在来衡量过去，力求描述从过去的某一点到现在的单线延续、发展的轨迹。这样的历史研究，其实就是一种"目的论"，其后果是忽视历史本身的曲折与复杂。我们原来以为这是一种对历史的理性的解释，其实，就像福柯等人所揭示的那样，建立理性的历史常常经过了不少斗争，是一种权力打倒另一种权力的过程。知识本身能够而且常常成为政治权力的延伸。

后殖民主义对民族主义史学和思潮的批评分析不仅能让我们对世界历史的过程有一个新的认识，而且也促使我们对历史研究的方法进行反省。应该看到，史学方法与史观之间有一种密切的联系。就拿历史主义来说，它的形成既包括了以黑格尔为代表的历史哲学，也包括德国史家兰克所建立的一套历史研究方法。自19世纪以降，兰克学派被奉为西方科学史学的代表，对现代历史学的演变发展有重要的影响。虽然自20世纪初年以来，不断有人对兰克学派提出批评，但它的地位直到二次大战以后才产生根本的动摇。作为一名历史学家，兰克对黑格尔那种处理历史的方法并不赞同，认为黑格尔只是挑选了一些有用的史料来证明他对世界历史的勾画而已。但兰克也与黑格尔一样，认为历史的发展是一个有机的、单线的过程。每一个历史事件都有意义。他与黑格尔不同的地方只是，他并不认为一个或几个哲学家能轻易地指出人类历史的走向、发现历史的规律。相反，兰克认为上

---

1 以上论点见杜赞奇著作的第二部分。

帝才是历史的真正主宰，上帝意志才是历史前进的动因，历史学家的任务只能局限在描述事实，表现历史中的上帝意志。于是，兰克提出历史学家只要能"如实直书"便完成任务了。在兰克眼里，只有如实地描述历史，才能保证准确无误地再现上帝勾画历史的伟大。[1]

兰克的这种历史哲学，转化到历史研究中，就使得他特别强调原始材料和档案的运用。他认为从这些原始的材料中，历史学家才能不带偏见地写作历史。兰克的理由也许是，那些档案文件的制造，只是就事论事，而不是为了留下历史记录，因此偏见较少。但其实，很多人已经指出，不管是为了留下历史记录还是一般记录，任何史料都带有偏见。兰克认为历史学家有可能重新客观地描述历史的想法，为人所哂笑，被认为只是一个"高尚的梦想"。[2] 在现代的历史学界，已经很少有人仍然认为历史学能够保持客观性了。但是，尽管史学家对史料的真实性保持有一定的警惕，历史研究的基础还在于史料的开发与运用。因此，史学家对后结构主义、后现代主义彻底放弃原始与二手材料的分别的做法，还是表示不以为然。[3]

---

1 有关兰克史学的论著很多，无法一一列举，读者可参考王晴佳：《简论兰克（朗克）与兰克学派》，《历史研究》1986 年第 6 期。另见王晴佳：《西方的历史观念》，第七章。最重要的英文论著有伊格尔斯（Georg G. Iggers）：《美国与德国历史思想中兰克的形象》（"The Image of Ranke in American and German Historical Thought"），《历史与理论》（ History and Theory ）2（1962），第 17—40 页。

2 "高尚的梦想"这一术语，来自 20 世纪 30 年代美国史家比尔德（Charles A. Beard）的文章，"That Noble Dream," American Historical Review, 1935, 41(1)，第 82—84 页。另一位美国史家以此为标题，见洛威克（Peter Novick）：《高尚的梦想："客观性"问题与美国历史行业》（ That Noble Dream: The "Objectivity Question" and the American Historical Profession, Cambridge: Cambridge University Press, 1988 ）。

3 这种态度见美国史学界曾流行一时的著作《历史的真相》（Joyce Applyby, Lynn Hunt, Margaret Jacob, Telling the Truth about History, New York: W. W. Norton, 1994 ）。笔者曾撰文《如何看待后现代主义对史学的挑战？》，对此有所阐述，见台湾《新史学》第 10 卷第 2 期（1999 年 6 月），第 129—130 页。

但是后殖民主义对现代史学的挑战，就不仅是史料是否客观的问题，而是怎样在承认史料不客观的前提下从事历史研究、史学批评的问题。在前引斯皮瓦克对"下层学派"的评论文章中，她用自己研究印度妇女时查找档案的例子说明，历史学家与档案的关系，往往比一般人想象的要复杂得多。档案自然包含某种偏见，但斯皮瓦克指出，如果你找不到档案材料，也能证明偏见的存在。如印度社会底层的民众，有关他们的记录，往往是断断续续的。这一现象本身就能说明那些档案记录者的偏见。因此她的文章的题目原本是"下层能说话吗？"，这里所隐含的批评就是，虽然"下层学派"的历史学家竭尽全力想重现下层民众的声音，但他们的企图本身就是含有偏见的。在斯皮瓦克看来，下层民众的声音，非但不是被压制的、无法在一般史料中听到的，而且还是多种多样的。如果历史学家想强求一律，重现下层阶级的所谓"声音"，那么他们的做法本身，就已经表现了西方现代史学的影响。[1] 这样做的结果是将下层社会的历史"同质化"了。

这些后殖民主义的批评，对中国史学界所感兴趣的农民战争的研究和新近的社会史的研究，都有启发、告诫的作用。在 20 世纪五六十年代盛行的农民战争史的研究中，历史学家遵守马克思阶级斗争的理论，将中国封建社会的问题，视为地主和农民两个阶级之间的斗争。他们对农民所做的研究，有点类似印度的"下层学派"史家，也想从统治阶级零星的记录中，找出一种农民阶级的意识。由于史料的零散，这一工作没有获得多少成效。不少史家对农民是怎样一个阶级、有什么样的阶级意识和对革命抱何种态度，进行了激烈的争辩，但无法获得统一的结论。在现在看来，问题的关键就

---

1 参见 Cayatri C. Spivak, *A Critique of Postcolonial Reason*，第三章。

中国现代历史意识的产生

像斯皮瓦克所分析的那样，我们不应将历史作概念化的处理，而应该注意历史的"历史性"和"现世性"。也许我们应该考虑到，农民阶级这一概念本身，也值得加以反省、剖析，因为各时各地的农民不应该是千篇一律的。但在当时的农民战争的研究中，生活在秦朝末年的陈胜、吴广与将近一千年后的黄巢以及之后的李自成，都被合在一起笼统的对待。这样的做法，显然有必要重新考虑。同样，在目前史学界流行的社会史的研究中，我们也应该注意比如宋代商业发达与明代商业发达的历史的区别，甚至，我们在运用"商业"这一术语的时候，也应注意其历史性，也即要注意这些词汇在各个时代的不同含义。

总之，后殖民主义对历史性、混杂性的重视，有助于历史学家从新的角度看待问题，不再随意将历史现象加以"同质化""本质化"的处理。从这一点来看，虽然主要的后殖民主义理论家都来自文学界，但他们对历史（即小写的、复数的历史）的重视，不亚于历史学家。他们对历史学的影响值得重视。

四、后殖民主义批评

行文至此，我想有必要做一批评性的总结。像任何理论一样，后殖民主义也自然有其局限。从上面的讨论可以看出，后殖民主义本质上是对西方现代文化的一种批评。我们讨论后殖民主义，似乎也应该具有这样的批评精神，因为只有通过批评才能更清楚地认识一种理论的价值。

就学术讨论的角度来看，后殖民主义的理论有其重要的或许是致命的弱点，那就是它一方面批判西方现代文化，但在另一方面却借助了西方现代文化的某些理论和思想。我们在上面已经提到，后殖民主义与后结构主义的关系十分紧密。萨义德、巴巴和斯皮瓦克对西方启蒙运动以来理性主义、历史主义的批评，承袭了福柯、德里达等人的哲学思想。因此有批评者指出，这些出身第三世界的学者运用这些西方理论来研究他们比较熟悉的非西方文化，其目的无非是在西方学术界生存并获得成功。他们的作品之所以会有人注意，正是在于他们对西方学术文化传统的了解，再加上他们对非西方地区文化自然的兴趣，前者让他们能找到听众，而后者则让听众感到他们学说的与众不同。总之，这些人的理论，都以西方读者为对象，属于西方精英文化的一部分。如果我们看一下这些学者的学术生涯，也的确如此。他们都受过西方高等教育，然后由于他们的研究的出色，都到了西方（美国）一流大学任教授，完全成为西方学术界的精英。他们虽然讨论西方与非西方地区的关系，但其理论的受众仍然是以西方人为主。[1]

再从理论的内容来看，虽然他们指出了西方人对东方的误识，强调东方这个概念本身的多样化和"混杂性"，反对将东方作"本质化"的处理，但同时，他们又无意中将西方"本质化"了。或者更准确地说，他们对殖民文学的重视，其实是在无形中强调了西方殖民主义在世界历史中的影响，使得读者认为似乎在现代世界，殖民者与被殖民者的关系是全球政治的主要问题。后殖民主义希望模糊东西方的界限，希求东西方的合作与沟通，如萨义德的《文化与帝国主义》中所阐述的那样。而在他们的批评者看来，这无非是为

---

1 对后殖民主义的主要批评者其实也是一些与萨义德、斯皮瓦克等人有类似经历的学者，如下面两本书的作者：Arif Dirlik, *The Postcolonial Aura: Third World Criticism in the Age of Global Capitalism*, Boulder CO.: Westview Press，1997 和 Bart Moorre-Gilbert, *Postcolonial Theory: Contexts, Practices, Politics*, London: Verso, 1997。我们的讨论参照了他们的批评。

资本主义走向全球鸣锣开道。在这些马克思主义的学者眼里，全球经济的发展是一种新的殖民主义，因为在所谓南北合作、东西沟通的幌子下，西方资本主义经济得益最大，如美国经济的持续发展；而非西方地区则受到了剥削。更主要的是，后殖民主义在模糊东西方界限的同时，他们也就在实际上模糊了各个地区存在的阶级矛盾，把阶级矛盾简化为殖民者与被殖民者的关系。而事实上，在被殖民者中，也有明显的贫富差别。[1]

对后殖民主义的批评中，也有出身中国的学者的声音，如前面提到的陈小眉。陈的《西方主义》一书，提出了一个很尖锐的问题，那就是如何具体分析非西方地区的人对西方文化的重视。在后殖民主义看来，非西方地区对西方文化的崇拜，主要源自西方文化的影响和西方强权的扩张。后殖民主义理论在批评西方人误解、曲解东方的同时，也希望非西方地区的人能从对西方文化的崇拜心理中解脱出来。这本身是一件非常有意义的事情。但陈小眉指出，非西方人对西方文化的模仿，固然有其片面的一面，必须加以反思，可我们也应该注意到，这些希求普及西方文化的做法，也有其有益的一面。换言之，"西方主义"可以成为非西方人（中国人）争取思想解放、革新传统的武器。这是 20 世纪中国历史所提醒人们的一个事实。如果我们一味遵照后殖民主义的观点，将所有"亲"西方的做法都一概排斥，这本身也是一种"本质化"的作法，违反了后殖民主义所强调的"历史性"。陈小眉的观点，得到德里克（Arif Dirlik）的赞同。在他最近的论著中，德里克特别呼吁学者不要一味模仿后殖民主义的那种属于理论层面的批评，而要注意历史本身

---

1 参见前引 Arif Dirlik, *The Postcolonial Aura* 和 Aijaz Ahmad, *In Theory: Classes, Nations, Literatures*, London: Verso, 1992。

的具体内容，注意各个地区的具体的社会、阶级问题。[1]

陈小眉的著作，以及张隆溪的一些论著，都反映了出身中国的学者的观点，为当今讨论后殖民主义提供了一个重要的视角。[2] 他们一方面注意到了后殖民主义的一些观点，但在另一方面，他们又结合了中国历史的实际情况，对后殖民主义进行批评的反思。他们的做法，与萨义德、巴巴和斯皮瓦克都有异曲同工之处，即如何借用西方理论，更好地分析中国与西方的关系和中国本身的历史与现状。事实上，从中国现代的历史来看，我们已经无法将中国与西方以及外国的关系和中国本身相隔离了。因此，我们不必因为一些理论、一些术语是来自西方或国外而加以排斥。正像后殖民主义所指出的那样，这种极端民族主义的态度，其实也与西方的历史有关。问题的关键是，我们将如何在承认中外文化沟通、相互影响这一历史事实的前提下，仍然保持一种清醒的头脑，持有一种批判的态度，用斯皮瓦克的话来说，即要"对我们不能不要的东西提出持久的批评"。笔者以为，这是后殖民主义对我们提出的挑战，也是它作为一种理论的价值所在。

（原载《中国学术》第 3 辑，2000 年秋）

---

1 陈小眉的观点见其英文著作 *Occidentalism*。德里克的著作除了上面所引的以外，还可见他的一篇文章：Arif Dirlik，"Bringing History Back in: of Diasporas, Hybridities, Places, and Histories"，*The Review of Education, Pedagogy, Cultural Studies* 21:2(1999), pp.9-131。

2 张隆溪的论著主要见于他的英文著作：《强大的对立：中国比较研究中的从二分法到差异性》（*Mighty Opposites: From Dichotomies to Differences in the Comparative Study of China*, Stanford: Stanford University Press, 1998）。其他中国学者还有刘禾、汪晖、张宽等人，他们都曾在《读书》上刊载有关后殖民主义的文章。

08　后现代主义与中国史学的前景

　　世纪之交的这几年中，历史工作者对中国史学究竟应该往何处发展的讨论，又变得热闹起来。20 世纪结束以前，《历史研究》杂志曾邀请史学界的前辈学者，对中国史学的演变和前景，做了不少回顾和展望。[1] 2002 年，中国人民大学清史研究所和香港中文大学，又分别召开了两次有关的会议，探讨这一问题。[2] 2002 年正是梁启超发表《新史学》的一百周年，而《新史学》又是中国近现代史学诞生和演化的重要标志，所以我们在目前这个时候讨论中国史学的发展前景，似乎的确有所必要。

　　已经发表的论著大都具有高屋建瓴的气度，但又似乎对中国史学的理论建设缺少足够和深入的讨论。依笔者管见，中国史学在近现代的演化，以观念的改变为先导，以理论的探讨为主要，然后带

---

1 譬如林甘泉发表了《二十世纪的中国历史学》和《新的起点：世纪之交的中国历史学》，分别载于《历史研究》1996 年第 2 期和 1997 年第 4 期。山东人民出版社在 2001 年出版"20 世纪的中国：学术与社会"丛书，其史学卷由罗志田主编，分上下两卷出版。类似的论著还有不少，此处不再罗列。
2 中国人民大学清史研究所的会议由杨念群发起组织，于 2002 年 8 月在北京召开。香港中文大学的会议由《历史研究》编辑部、中山大学和香港中文大学合办，2002 年 11 月召开。

动了史学方法的更新、研究对象的扩大，以致引起历史研究整体面貌的根本变革。因此，展望中国史学的前景，理论的探索也十分必要。从世界史学的发展潮流来看，后现代主义以及与之有关的一系列文化现象的出现，对历史研究的发展，已经产生了根本的影响，无法忽视或者漠视。[1] 但是，同时我们也应看到，在欧美史学界，对于后现代主义对史学的冲击真正加以全面讨论的学者，也并不太多。而自称为后现代主义的历史学家，更不多见。因此我们也不必说后现代主义史学在西方已经蔚为风潮，更不必认为因为西方已经刮起了这一思潮，所以我们就必须效仿，生怕落后。后一种态度，从本质上与后现代主义的主旨对立，因此并无助于研究后现代主义本身及其对历史研究的影响。

读者也许会问，既然后现代主义已经对历史研究产生了根本的影响，为什么自称为后现代主义的历史学家不多呢？这里的原因，与后现代主义本身的思想与实践有关。我们应该注意的是，后现代主义虽然定义复杂，但总体而言是对现代主义的一种反省，但又不是一种简单的更替，而是希求突破现代主义的历史阶段发展理论，用新的思维角度来看待、总结当今的世界历史。既然后现代主义是对现代主义的一种反省甚至批判，那么我们就必须首先考虑两个方面的问题：第一是现代主义的缘起、定义和现状；第二是产生反省现代主义的社会条件，亦即对我们目前所处的时代，有一个理解。然后我们才能对后现代主义及其对现代史学的影响以及中国史学的未来发展，有所认识和阐述。当然，要想对这些问题有深入的讨论，并不是这篇文章能够做到的。因此，这里只能就其主要方面，

---

1 参见王晴佳：《如何看待后现代主义对史学的挑战？》，台湾《新史学》第 10 卷第 2 期，第 107—144 页。另见王晴佳、古伟瀛：《后现代与历史学：中西比较》，台北：巨流出版社，2000。

中国现代历史意识的产生

略加叙述，希望能抛砖引玉，获得读者方家的指点。

一、现代与后现代：现代主义与后现代主义

　　所谓现代主义，自然与现代社会的产生有关。但现代社会究竟产生于何时，史学界尚未有明确的结论。但就大体而言，文艺复兴以后，西欧社会产生了很大的变化，不但资本主义开始从意大利北部逐步扩展，延伸到整个西欧，而且在思想意识、社会观念上，也产生了明显的不同。天主教的宗教裁判所那时运作特别积极，既表明教会力图维持在思想界的一统天下，又显示那时思想的一统已经岌岌可危。17世纪科学革命的成功，使得人们对于世界的认识与以往有了显著的不同，更加强了自文艺复兴以来的世俗主义思潮。但在另一方面，科学革命的成功，科学技术的发达，也使得人们开始反思文艺复兴时期的古典文化崇拜，于是英法两国就出现了所谓"古今之争"（*querelle des anciens et des modernes*），其焦点是如何评价古典文化及其与现代的关系，究竟是古典文化先进，还是现代文化发达？[1] 这一争论在17世纪没有结果，但到了18世纪，特别是启蒙运动以后，主张现代文化先进的一方，明显占了优势，因为在那个时代，历史进步的观念已经为不少人所赞同。启蒙思想家伏尔泰就强烈主张历史学家应该首先研究近现代的历史，不希望史学家沉迷于故纸堆中。他还认为历史研究应该有一种哲学的眼光，而不应该

---

[1] Joseph M. Levine, *The Battle of the Books: History and Literature in the Augustan Age*, Ithaca: Cornell University Press, 1991.

仅仅以重建过去为满足。[1] 这些观念，都鲜明地表明到了 18 世纪后期，就现代与古代的关系而言，现代已经明显地占了上风。现代本身不但已经获得研究的价值，而且现代人还可以用现代的眼光来研究过去，不一定要依照先贤的教诲行事。这些都是现代主义的主要特征。

但是，虽然启蒙运动代表了西方近代文化的一个突破，可像其他所有的文化现象一样，这一突变之中也自然包含某种继承的成分。伏尔泰等人希望能用哲学的眼光看待、研究过去，但这一哲学的眼光，也并非无中生有，而是继承了以往文化的某种传统。譬如启蒙思想家所主张的历史进步观念，就与基督教的"天国"观念有思想上的渊源；而他们对历史进步的过程的描绘，也像基督教思想家一样，视其为一个一线发展的统一过程，亦即认为所有的人类历史，都会百川归海，走到一起来。[2] 值得注意的是，这一历史观念，与 18 和 19 世纪历史的发展，也有很大的契合之处。随着资本主义的长足发展，西方的政治与文化形式，也走向全世界，古老的美洲文明和东亚的日本与中国文明，都相继在与西方现代文明的较量中受挫，而同样古老且又四分五裂的非洲，更是无法阻止西方的入侵。于是到了 19 世纪下半叶，西方史家开始认为现代的西方不仅胜于古代的西方，而且还远胜于世界上的其他文明，因此，现代化也就自然成了世界历史演进的大趋势。现代主义思维，于是也就高歌猛进，一路凯旋。

---

1 Fritz Stern, *The Varieties of History: From Voltaire to the Present*, New York, 1973, pp. 30–45；王晴佳：《西方的历史观念：从古希腊到现代》，上海：华东师范大学出版社，2002，第 89—97 页。

2 Carl Becker, *The Heavenly City of the* 18th *Century Philosophers*, New Haven: Yale University Press, 1932.

现代主义是一个内容复杂的文化现象，在社会文化的各个方面，从艺术、建筑到文学、思想和衣着，都有表现。就它的形成来看，主要指的是一种标新立异的、希求突破传统束缚的企图。中文里面曾将英文的"现代"（modern）音译成"摩登"，而在现代中文里，"摩登"便有标新立异的意思。就现代主义的历史思维而言，我们或许可以举两个例子。第一是黑格尔的《历史哲学》。众所周知，黑格尔不但将世界历史视为一个一线发展、演化的过程，而且还指出了演化的动因及其最后由西方统帅全球的趋势。第二是黑格尔的德国同胞兰克。兰克不满黑格尔对世界历史的抽象概括，他认为史家的任务，应该是将这一世界历史的趋势加以仔细描绘。但是，像黑格尔一样，兰克并不怀疑这一世界历史的趋势，他甚至可能认为这是不言而喻的。因此黑格尔为此大费笔墨，似乎没有什么必要。而兰克自己想做的仅是"如实直书"（*wie es eigentlich gewesen*）而已。

其实，在这一著名的声明的背后，隐藏了兰克的现代主义政治理念。这一理念表现在三个方面：历史研究的目的、对象和方法。兰克强调"如实直书"，其实是为了将古代与近代的史学，划出一条明显的界限。他说近代的史家，应以"如实直书"为目的，就是批判以往的道德史学，而给予近代史学一个新的出发点。在历史研究的对象方面，虽然兰克不像启蒙思想家那样，将古代视为一钱不值，但他还是认为，现代胜于古代。而这一优胜的原因，在他看来，就是民族国家的兴起。于是他的著作，大都以此为题，研究和叙述了意大利、法国和英国等国家的民族兴旺史。在史学方法上，兰克强调原始档案史料的运用以及对史料的审查和批判，以此来达到忠实地再现过去的目的。为此，他在柏林大学开办"研讨班"（Seminar），与学生们一起，就史料的真伪、价值和意义加以讨论。

这一做法，与科学家在实验室里与助手们一道做科学实验有相似之处。于是，兰克史学便成为"科学史学""客观史学"的象征。而其结果是，兰克的宗教信仰、政治理念及其对他史学观念和实践的影响，则为他的追随者所忽视了[1]。

二战以前，曾有人对兰克史学的"科学性"加以质疑。如20世纪30年代美国史家比尔德和贝克尔，就指出兰克并无法保证其史学的"客观性"；比尔德甚至嘲笑兰克的"如实直书"，只是"那个高尚的梦想"而已[2]。但是，他们并不怀疑兰克史学对世界历史趋向的勾画。换言之，他们也像19世纪的兰克一样，认为现代西方的发展，代表了世界历史演化的总体趋势。当然，对于这一世界历史的趋势，尼采等人已经在19世纪末表示过怀疑，并对西方人的盲目自信提出了警告。但这些怀疑和警告真正得到认真的对待，则要到二战以后。

二战以后出现了两大阵营：社会主义和资本主义。这便明确表明，西方并无法"一统天下"；西方历史的方向，并不一定是世界历史的方向。于是，一些现实感强的西方史家，如英国的巴勒克劳夫（Geoffrey Barraclough），就写作了《变动世界中的历史学》（*History in a Changing World*），指出兰克史学的历史观念，已经有点落伍和过时了[3]。后来巴勒克劳夫在主编《历史学的主要趋势》（*Main Trends in History*）（1979）时，继续试图突破"西方中心论"的

---

1 Georg Iggers, "The Image of Ranke in American and German Historical Thought", *History and Theroy*, 2 (1962): 17–40.

2 王晴佳：《西方的历史观念》，第201—208页；Peter Novick, *That Noble Dream: The "Objectivity Question" and the American Historical Profession*, Cambridge: Cambridge University Press, 1998, pp.252–278 .

3 吴于廑先生曾对巴勒克劳夫的这一著作做过批评，吴于廑：《巴拉克劳的史学观念与欧洲历史的末世感》，《武汉大学人文科学学报》1950年第8期。

历史观。在《历史学的主要趋势》中，我们可以看到西方之外，特别是俄国和苏联的史学成就。该书也涉及了亚洲、非洲和拉美等地史学的发展（该书由杨豫译成中文，上海译文出版社1987年出版）。客观地讲，战后的世界局势，看起来是两个超级大国争霸，似乎平分秋色，但如果从其变化来看，则并非完全如此。战后西方殖民主义逐渐垮台，拉美、非洲、亚洲和太平洋地区的一些国家纷纷独立，他们所建立的国家，虽然并不完全照搬西方民主国家的模式，但还是大同小异。而真正遵循苏联模式，建立社会主义国家的，并不太多。于是，西方资本主义的国家模式，还是有逐渐扩大的趋势，因此英国史家和思想家汤因比，就用了"后现代"的这一术语，来描述这一现象。他认为，一旦现代西方人将自己的政治体制、文化形态、思维方式和生活习惯输出到非西方地区，并为当地人所接受，这一"现代性"，就不再那么单一，而是在与其他文化的较量、交流中，起了变化，形成了一种"后现代"的现象[1]。的确，虽然20世纪的历史，仍然以西方为中心和主导，特别是到了世纪之末，由于苏联的崩溃，更加深了这一印象。但其实，即使是以西方为中心，仍然有非西方地区为其边缘；中心与边缘的互动，既改变了非西方人，也改变了西方人。举例来说，美国在二战以后成为世界大国，到处显示其军事实力，但也并非无往不胜。美国在越南战争中所遭到的挫折，就是一例。美国人一方面厌战，另一方面也确实有人对美国的霸权行径产生了不满，并对越南人和越南文化产生了同情和兴趣。同样，法国在战后丧失了不少殖民地，特别是北非的阿尔及利亚。但在阿尔及利亚独立的前后，也有不少法国人认为法国在那里的统治，对双方都无益处。更有人还同情对方，对殖

---

1 Robert Young, *White Mythologies: Writing History and the West*, London: Routledge, 1990, p. 19.

民主主义的危害，加以深刻的反省。以后成为法国后现代主义思想家的德里达，就有在阿尔及利亚生活的经验。当今法国著名的社会学家布尔迪厄也有相似的经历。

的确，战后的历史演变为后现代主义的兴起创造了条件。这些条件包括了社会经济和思想文化两个方面。先就思想文化而言，西方资本主义在 20 世纪的发展，使得世界变小，各地区之间的接触十分频繁。这些接触和交流使人看到，虽然西方的政治模式、生活方式有其吸引力，但非西方地区在吸收引进的同时，也有加以改造，而不是照单全收。而许多殖民地在战后独立建国，更为这一文化的交流提供了各种例证。于是，对现代主义历史观念的疑问和批判，也就应运而生。这些疑问和批判的主要对象是西方中心论和历史一线进步的观念。与后现代主义几乎同时出现的后殖民主义理论，就特别注重对这些曾经主导了西方历史思想的观念进行深入的批判。后殖民主义理论指出，即使在西方统治的殖民地中，如印度，西方文化也没有完全主导。甚至，为了统治殖民地的需要，西方的学术与思想都有所调整。换言之，西方现代学术与思想的发展，也由于殖民主义和帝国主义而产生了明显的变化。再具体点说，受到西方殖民教育的非西方人士，有不少人往往比西方人更了解西方，但他们同时又保留了自身的文化传统与信仰，因此也就能获得一种学术、文化上的优势。反过来，西方人如果能接触和了解非西方的文化，也就会比一般的西方人更有知识，因此也能新见倍出。上面提到的德里达和布尔迪厄，就是显例。[1]

---

1 有关后殖民主义、后现代主义的关系及它们对现代历史学的影响，可参见 Robert Young, *White Mythologies* 和 Shelley Walia, *Edward Said and the Writing of History* (Cambridge: Icon, 2001)。中文可参见王晴佳：《后殖民主义与中国历史学》，载《中国学术》，第三辑，北京：商务印书馆，2000，第 255—288 页。

西方与非西方地区的接触，不但造成上述思想文化的变化，而且还促成西方社会经济的变迁，为后现代主义观念的兴起提供了物质的基础。资本主义的发达，除了资本以外，还需要劳工、原料及销售市场。到了二战以后，西方资本主义已经十分发达，不但能从世界各地获得原料，而且还依赖非西方地区的廉价劳工进行产品的加工。但就销售的市场而言，还是主要以西方社会为主，因为非西方地区的人士，还常常缺乏足够的购买能力。这一情况，造成西方社会文化的重大变迁，亦即从原来的工业制造社会，成为商品消费的社会。如果用美国社会学家贝尔（Daniel Bell）的说法，那就是进入了"后工业社会"。因为西方工业依赖非西方地区的廉价劳工，因此在西方社会内部，产业工人日渐减少。而因为西方仍然是产品的主要销售市场，因此服务性的行业以及与之相关的广告、媒体、信息和娱乐行业日益发达。这一"后工业社会"或"信息社会"、"后现代社会"的到来，对人们的思维方式和生活习惯都产生了巨大的影响。首先，由于生产制造已经远离了一般人的生活，人们对生产制造的过程也逐渐陌生。生产制造，一般有一个按部就班、循序渐进的过程，表现出我们所熟悉的一种历史的思维：由低到高、由简单到复杂、由原因到结果。但产品销售的行业，则完全是另外一种思维，因为其目的只是为了在很短的时间内，让可能的消费者对某种产品产生一种印象、形成一种记忆，以便在将来购物的时候，会自然而然地选择这一产品。因此，广告商通常不会用历史说理的方式来阐明这一产品的优点，因为这样既费时又无效。相反，商品的广告常常为了追求瞬间的效果，采用鲜艳的色彩、奇特的音乐、怪异的组合甚至荒唐的概念，以求一种深刻的印象，达到推销产品的目的。用法国思想家布希亚（Jean Baudrillard）的术语来分析，那就是"真实"，亦即产品的制造和产品本身，被隐藏在这些精心制作的"印象"甚至"假象"的后面，反而显得无关紧要。[1]事实上，由于产品制造大都在非西方地区，因此，对西方人来说，产品的"真实"也确实离他们的生活日渐遥远。

如果"真实"不再重要，为"印象"、"形象"等各种人为的东西所取代，那么对真实的追求以及为这一追求而发展出来的一系列科学方法、理性思维，也就慢慢变得无关紧要。于是，西方自文艺复兴、科学革命和启蒙运动以来所获得的一切成就，从经济结构到文化思想，都必须经过新的考量，不再被视为理所当然的了。换言之，现代主义的思维方式、观念模式，受到了史无前例的挑战。后现代主义也就像幽灵那样，逐渐在西方社会辗转徘徊了。

二、后现代主义对现代史学的冲击

虽然后现代主义的流行，必须依赖一定的社会条件，但作为一种哲学思想，其形成则往往先于时代，发生于这些条件形成以前。如果把后现代主义定义为对现代社会的一种批判和反省，那么这种批判、反省远在 20 世纪到来以前就已经出现。马克思主义便是一个重要的例子，因为马克思对资本主义一直持有一种批判的态度，并且预测了资本主义发展中将会产生的困境及其衰亡。虽然这一预测得到了不少人的修正，而且就整个思维方式来看，马克思主义仍然是现代主义的，因为马克思的历史观，不但强调历史的一线发展，而且也认为西方是现代历史的主导力量。但可贵的是，马克思同时又指出，西方的这一历史的领导作用，有其时间的限制，将

---

1 参见王晴佳、古伟瀛:《后现代与历史学：中西比较》，第 56—58、178—186 页。

会在以后为另一种力量所取代。这一看法，对以后的后现代主义理论家有很多启发。实际上，不少后现代主义理论家都是马克思主义者。如美国的詹明信（Frederic Jameson）和哈维（David Harvey），前者著有《后现代主义：后资本主义的文化逻辑》（*Postmodernism: or the Cultural Logic of Later Capitalism*），后者写有《后现代性的条件：文化变迁根源的一种探究》（*The Condition of Post Modernity: An Enquiry into the Origin of Cultural Change*）。他们都从社会经济发展、思想文化的变化，来探讨西方资本主义的前景和出路。

用法国思想家利奥塔（Jean-Francois Lyotard）的话来说，詹明信、哈维以及布希亚等人指出的是西方资本主义社会的"后现代情境"。由于这一情境的形成，现代主义的思维模式便显得落伍了。从历史学的角度来看，现代主义与后现代主义的主要区别在于两个方面：第一是历史研究兴趣的转移；第二是历史认识论的变化。就第一个方面来说，现代主义的历史研究，以揭示历史演变的大趋势为目的，因此便以中心、精英为主要对象。这一取向表现在各个方面，譬如，以世界历史的演化而言，现代史家就常常以西方社会为中心，因为自 16 世纪以来，西方的确在世界历史的舞台上，扮演了主要的角色。而为了探讨西方崛起的原因，史家还必须追溯到过去，因此在研究现代以前的历史时，也无法不把西方看作中心。西方在现代历史中的主导作用，主要表现为其民族国家的形成领先于其他地区，这也是兰克史学的一个结论，因此历史研究便以民族史为主。而就民族国家的历史研究而言，又以认定一个中心为主。于是该民族中的多数族裔的演变便成为史家写作民族史的主要脉络，而该民族的少数族裔的历史与文化则常常被忽略不计，甚至被视为对立的"他者"来对待。同样，因为在人类社会形成的大部分时间里，男性常常扮演了主导的角色，因此历史研究便自然以男性为主，而将女性视为陪衬点缀或者无关紧要的"他者"。而就男性活动来说，又主要以一些精英人士为重要，因此几乎所有的历史研究，无论是政治史、外交史还是思想史，都以精英人士的活动为对象，而视一般的民众为简单的听众或者盲目的跟从者，因而忽略、漠视后者的历史作用。

后现代主义的历史研究，则与上述的作法正好相反。我们可以举几个例子来说明。比如法国著名的历史思想家福柯（Michel Foucault），其研究就以打破历史一线进化、注重非中心、非精英和非理性的活动为主要特点。对福柯来说，由于现代史学的定式化，"历史"特别是"大写的历史"（History），已经自然包含了一线进化、因果相连的意思，但真正的历史活动并非如此，因此必须避免使用。他建议用"考古学"（Archaeology）和"系谱学"（Genealogy）来代替，因为前者能显示出历史研究的偶然性。在考古发掘中，什么时间、什么地点发现什么东西，并无法掌握，所以史家根本就不必将本来偶然的东西硬串起来，还做牵强附会的解释和叙述。而"系谱学"的用处在于，它与历史学从过去到现在的研究脉络相反，是从现在回溯到过去，为的是寻找祖宗的发源。而且，系谱的形成，与"大写的历史"不同，不能"中心化"和"精英化"，因为你有什么祖宗完全不由你掌握。再就福柯研究的兴趣而言，他所注意的课题都是一般专业史家所忽略的。譬如他的《疯癫与文明》（*Folie et Déraison*）一书，不但以疯狂为研究对象，而且还指出犯精神病的人，并不比其他人更少理性。事实上，福柯认为，那些自认为清醒的人，将精神病人关入医院、隔离人世，本身就不是一种理性、人道的行为。这里，福柯非但以作为"他者"的精神病人为研究的对象，而且还挑战了"他者"和自身、边缘与中心的界限。在福柯看来，这一界限本来就是人为的。更重要的是，划出这条界限，并不代表社会的进步、医学的发达和理性的普及，相反从人道主义的角度来看，则表现为一种退步甚至野蛮的行为。为了证明这一退步，亦即知识的进展并没有促进人类活动的进步这一现象，福柯又出版了《性史》（ *Histoire de la Sexualité* ），指出对性这一人类基本活动所开展的学术研究，其结果只是将一种所谓理性的、现代的性生活方式，强加于人，因此反而妨碍了人类活动的自由。总之，在福柯看来，现代社会所信奉的"知识就是力量"这句话，应该译成"知识就是权力"（事实上在英文中，"力量"和"权力"用的是同一个词"power"）。换言之，知识是一个优势团体压制其他弱势团体的一种方式。如果从现代历史的发展而言，现代西方所形成的话语系统，也成了西方在思想界、文化界主导、影响，甚至统治非西方地区的手段。

虽然福柯常常不被认为是专业的史家，但福柯的历史研究，在历史学界有广泛和深远的影响。从当代著名史家的一些作品来看，福柯所提倡的对"他者"和弱势团体的研究，已经得到普遍的重视。事实上，在福柯发表他的作品的 20 世纪 60 年代，西方史学界已经有了明显的变化，其标志为社会史的兴起，而社会史的研究对象已经不再是社会的精英，而是一般的民众。即使是研究个人，也不再是著名的个人，而常常是一些"小人物"的生活。如美国的达恩顿（ Robert Darnton ），以写作《屠猫记》（ *The Great Cat Massacre* ）出名，其主题是有关一批学徒将他们主人家养的猫杀死的事件。另一位北美的史家戴维斯（ Natalie Davis ）则写了《马丁·盖尔归来》（ *The Return of Martin Guerre* ），讲述的是一位退伍的兵士，假冒身份，到一村庄行骗的故事。他们用这些可以说是名不见经传的事件，来探讨历史上的阶级关系、两性关系以及个人和社会的心理活动，而意大利的史家金茨堡（ Carlo Ginzburg ），在《奶酪与蛆虫》（ *The Cheese and the Worms*）一书中，则细致地重构了一个磨坊主的文化生活，一方面展现当时宗教裁判所的活动，另一方面披露现代科学知识在下层社会的普及过程。

如果下层的小人物代表了一个弱势团体，那么妇女则更是历史研究中长期被忽略的一个弱势团体，虽然妇女其实占了整个人口的一半。二战之后开始的妇女史研究，既与历史研究者队伍中女性人数的增加有关，更与西方历史学的发展潮流相连。在妇女史研究的初期，研究者主要还是采用"精英式"的研究态度，以发掘、研究妇女中的精英人物为目的，力图显示妇女并不弱于男子。但很快妇女史的研究便开始发展出特殊的研究角度，并由此而挑战以前视为理所当然的历史观念。譬如美国的凯莉（Joan Kelly），就从妇女地位的角度，质疑文艺复兴在西方历史上的重要地位。她指出就妇女地位来看，文艺复兴时期反而比中世纪晚期退步，因为在中世纪晚期，妇女还有一定的经济权，但到了文艺复兴时期，这一权益则渐渐被男子所侵袭了。她的结论很显然，从男性历史的角度来看，文艺复兴也许是划时代的，但从妇女史的角度来看，文艺复兴并没有什么划时代意义可言。[1]

以上的讨论，主要牵涉历史研究的对象，亦即后现代主义思潮对"大写的历史"的冲击。如果单就这一方面来看，后现代主义的历史研究在西方可以说是蔚为风潮，只要稍微看一下西方国家历史研究的杂志所发表论文的题目，就能看出这一演变趋势。19世纪史家所关心的课题，大都是各种精英人物，特别是各个民族国家的开国元勋、扭转危局的军事家和折冲樽俎的外交家。但在二战

---

1 Joan Kelly, "Did Women Have a Renaissance?", in *Women, History and Theory: The Essays of Joan Kelly*, Chicago: University of Chicago Press, 1984, pp. 19–50.

　　　　　　　　　　　　　　中国现代历史意识的产生

以后，这些人物已经渐渐不为专业史家所重视。即使是研究外交史，也十分注重文化传统对各国外交政策的影响，而不是专重个别杰出的外交家。日裔美国著名外交史家入江沼，就以提倡用文化史的取径研究外交史而闻名。美国著名学者，也是美国政府的重要智囊人物亨廷顿（Samuel Huntington），也主张重视文明、文化传统对现今和未来世界局势的影响，因而提出了"文明的冲突"的重要理论。

后现代主义对现代史学冲击的第二个方面，表现在对现代主义历史认识论的根本颠覆。由于这一冲击重新界定了历史研究的性质和意义，重新区分了历史学与其他学科的关系，因此影响十分重大，争议也十分激烈。上面提到的几位历史学家（福柯除外），虽然其研究反映了后现代主义的影响，但就他们个人而言，都没有也不愿接受后现代主义的历史认识论。金茨堡甚至还激烈地批判了后现代主义的理论，对后现代主义否定历史真实的态度，进行了猛烈的抨击。[1] 他还在史学界展开的有关希特勒"屠杀犹太人"（简称"屠犹"）的争论中，批判了怀特（Hayden White）的观点。其实怀特虽然被视为美国史学界提倡后现代主义认识论的先驱，但他在私下，也对"后现代主义者"这一称谓有所警惕，而愿意称自己是"最后一位现代主义者"。[2]

那么，后现代主义的历史认识论有哪些主要特征呢？我们还必须从其与现代主义认识论之间的关系谈起。事实上，怀特对"后现

---

1 Carlo Ginzburg, "Checking the Evidence: The Judge and the Historian", *Critical Inquiry*, 1991(18). 79–98.

2 参见 *History and Theory: Contemporary Readings,* eds. by Brian Fay, Philip Pomper and Richard T. Vann, Malden, MA: Blackwell publishers, 1998, pp.237–239。怀特称自己是"最后一位现代主义者"，则由 Georg Iggers 所告知，特此致谢。

代主义"这一称谓的警惕，也不无原因，因为现在我们称之为"后现代主义"的观念，其渊源出自对现代主义认识论的修正。现代主义的认识理论，以实证主义的观念为基础，其前提是主、客观之间的区分，前者是对后者的认识或者反映。如果没有这一严格的区分，则认识这一过程无法开展。但在战后，特别是在 1963 年美国科学史家库恩（Thomas Kuhn）《科学革命的结构》（*The Structure of Scientific Revolutions*）出版以来，就开始了一个所谓"话语的转折"（discursive turn）。这一转折的结果，是将以前事实与理论、分析与综合、描述与解释、事实与价值、科学与形而上学之间的界限，做了根本的模糊处理，不再将这一界限视为天经地义的了。[1] 譬如库恩对科学革命发生的描述，视为从一个"话语"到另一个"话语"的转折，即从牛顿到爱因斯坦的转折。换言之，根据库恩的观点，科学家进行科学研究，并不完全从事实或材料出发，然后归纳、总结出某种结论。相反，他们的科学研究，其实是针对一个已经形成的先行观念，亦即库恩所谓的"范式"（或者是牛顿的、或者是爱因斯坦的），加以修正、补充或者推翻（如果可能）。

库恩的理论，对历史学界影响殊大，其中的主要原因是库恩所处理的课题，是现代科学的演变发展，而现代科学对于现代史学，几乎有一种高不可攀的榜样作用。如果科学研究尚有某种"先验"的前提，那么历史研究则更无法摆脱理论和观念的束缚了。其次，由于对"话语"的重视，使得历史学家和历史理论家对历史认识论产生了浓厚的兴趣。与科学史的研究相比，一般历史研究中所包含的历史认识论问题，似乎更为复杂。在科学研究中，即使按照库

---

1 *History and Theory: Contemporary Readings*, eds. by Brian Fay, Philip Pomper and Richard T. Vann, p. 2.

恩的说法，也只有两个"范式"，但若要寻找历史研究中的"范式"，则可以说是层出不穷、丰富多样。换句话说，如果承认历史研究中存在一种"范式"，那等于是打开了"潘多拉的盒子"（Pandora's box），历史学家可以从宗教信仰、政治理念、写作风格和语言结构等多种方面来探讨历史研究中的主观因素。事实上，历史学家对于科学史学、客观史学，本来就不具很大的信心。他们无法无视历史研究中历史学家的宗教信仰和政治理念对其论著所产生的影响。但后现代主义的历史认识论似乎更加彻底，因为后现代主义者所关注的，不是宗教和政治等显而易见的因素，而是语言的运用和语言的结构等并不明显的问题。通过后现代主义的研究，这些问题对历史研究的负面影响便彰显出来了，以致使得不少历史学家无法完全接受这一新的历史认识论。

易言之，自20世纪60年代以来，西方学术界不但有"话语的转折"，还有一个"语言学的转折"（linguistic turn）。这一语言学的转折，主要是指语言在人们认识过程中的限制和作用。在现代主义的认识论看来，客观事实通过感官的观察，进入人们的头脑，经过思维，人们又通过语言加以表述。在这一过程中，头脑的思维是一种加工的过程；一旦思维形成，则可以通过语言直接无误地表述出来。但经过语言学的转折，人们开始看到语言本身并不透明，而是有其自身的结构，因此在运用语言表述的时候，思维的成果不但会有表述上的限制，而且还会反过来影响思维的过程。于是，德里达就指出，现代文化的理性主义，其前提是一种普遍主义，亦即承认理性的普遍性。而这一理性的普遍性，必须通过语言的转达才能实现。一旦语言无法转达无误，那么这一理性主义的普遍性，也就十分让人怀疑了。这也即是说，如果现代西方的"理性"这一概念，无法通过语言的表述和转译让其他地区的人们理解并对此有同样的认识，那么这一"理性"，也就不存在什么普遍性了。德里达指出，即使通过口头表述，都无法达到完全的沟通，更何况诉诸文字了。他也因此而对现代主义的认识论，做了彻底的解构，认为主观与客观、作者与读者之间，并没有严格的界限，因为思维一旦转手于语言，便变得模糊不清了。

与德里达相比，怀特所注意的是历史写作中语言运用的问题，因此更注重文字风格、修辞形式对历史研究的影响。在怀特于1973 年出版的名著《元史学》（*Metahistory*）中，他选择了马克思、黑格尔等四位历史思想家和兰克、布克哈特等四位历史学家，分别把他们的著作从文字风格角度，做了细致的分析。怀特所关心的，并不是这些人的主观意图及其对历史思想、历史写作的影响，而是他们在运用语言写作时，如何受到修辞风格的限制而凸显出其著作的特殊风格。换言之，怀特所注意的是比一般人更为深一层的东西，不仅是政治、宗教等因素对历史研究的影响。怀特认为，即使历史学家能摆脱这些常见的主观因素的干扰，他们还是会受到另一种主观的甚至先验的因素的干扰，那就是语言风格和修辞形式。因为历史写作必须诉诸语言来写作，并采取叙述的形式，而所谓叙述，就是讲故事。而故事就有情节，于是历史学家在写作历史的时候，就自然而然地会设置、安排情节（emplotment）。至于设置什么样的情节（什么时候开始、什么时候结尾、牵涉多少人物），讲什么样的故事（喜剧的、悲剧的、讽刺剧的等），则与历史学家的爱好、性情、人格等因素有关。如怀特认为，布克哈特讲的是悲剧性的故事，而兰克则讲的是提喻式的故事。如此，怀特便指出历史学家的工作，与文学家的创作，没有根本的差别，因为两者都必须设置情节。而一旦将史学与文学等量齐观，那么历史的真实性，便所存无几了。当然，怀特还是认为，历史事实仍然存在，只不过没有实际的意义，因为一旦历史学家将历史事实编织到历史叙述中去，该事实的客观性就丧失殆尽了[1]。

另一位后现代主义理论家柯尔纳（Hans Kellner）则从因果关系的角度，来批判现代史学的客观性。他像怀特一样，也认为历史写作离不开叙述，而一旦采用叙述的形式，便无法做到客观，因为叙述体自然有起始、转承与结束，这些方面，都由历史学家决定。而历史本身，要比历史著作所能包括的长得多。另外，为了叙述得有道理，历史学家通常会使用"由于"、"因此"和"所以"等表达因果关系的用语。因此，也许他在主观上并不想表现自己的看法，仅仅是想"如实直书"，但实际上，一旦用了这些转折词语，历史学家其实就已经将自己的看法，融会到他的历史著作中了。因此所谓历史学的客观性，在柯尔纳看来，无异于一种神话。[2]

以上的简单讨论，只是就"话语的转折"和"语言学的转折"这两者对现代史学的冲击，举几个例子来加以说明。就历史研究的实际情形来看，一般的史学家对于这些讨论，虽然大致有所了解，但又并不热心参与，因此似乎后现代主义的观念，与实际的历史研究，其直接关系并不明显。但如果细心观察的话，目前的历史研究，已经与兰克那个年代差别非常明显。兰克强调历史研究从原始材料出发，因此在研讨班上，与学生、助手们一起围着一堆史料加以探究、考订。而目前的状况则常常是，原始材料已经被前辈耙梳、整理和

---

1 Hayden White, *Metahistory: The Historical Imagination in Nineteenth-century Europe*, Baltimor: The Johns Hopkins University Press, 1973. 关于他的"情节设置"分析，可见 Hayden White, *Tropics of Discourse: Essays in Cultural Criticism*, Baltimore: The Johns Hopkins University Press, 1978, pp. 66–67。

2 *The Postmodern History Reader*, ed. by Kerth Jenkins. London: Routledge, 1977, pp. 127–138, 277–297.

使用过了，新的史家为了突出新意，必须对前辈的著作先有所了解，然后才能在自己的研究中，通过补充史料来修正原来的解释或者提出自己的看法。由此看来，历史研究已经不是从原始史料出发，而是从大量阅读现成的著作来熟悉课题，发现一些可能的问题以后，才开始对原始的史料进行再发掘、再发现的工作。后现代主义理论家安科史密特（Frank Ankersmit）由此认为，后现代主义的理论之所以有用，是因为历史研究已经造成一种"生产过剩"的现象，因此了解现成的话语并进行话语之间的交流、转换，已经取代了现代史学强调史料优先的习惯做法了。由此，历史研究也就在实质上成为文本与文本之间的互动，而不是历史学家对过去的重建了。

三、后现代主义与现代中国史学

后现代主义的讨论对于中国当代的历史研究，有无任何关联或者益处，这是本文希望提出的问题。下面只就其荦荦大者，略加论述，目的是激发读者的兴趣，以便共同来参与讨论。首先应该看到的是，现代主义的史学，在中国虽然起步较日本等国要慢，但一旦开始，则几乎有一种不可阻挡之势，自20世纪初年起，迅猛地开展起来了。如果说在甲午战争之前，康有为宣传历史进化论，还必须通过对儒家学说的改造，改造传统的"三世说"来为之接轨，那么到了甲午战争以后，梁启超提倡"新史学"，则直截了当地强调"史界革命"不起，那么中国就没有希望。于是，西方的"大写的历史"，便成为中国史学发展的楷模；历史研究的目的不再是道德训诲，而是为了阐明民族的进化、民智的开发和国家的进步。在五四的时期，由于胡适等人的倡导，现代史学的认识论，也与中国传统的考据学接上了轨，于是考订史实的真伪、鉴定史料的价值，便也成为历史研究的宗旨。虽然胡适、梁启超和之后提倡"史学即是史料学"的傅斯年都是民族主义者，但他们都认为如果能摒弃道德史观，历史研究就能获得一种科学性，而科学的建设，则正是中国的现代化所必需的。30年代以后马克思主义史学在中国的开展，也大致朝着同一个大方向发展，尽管其手段和兴趣都有不同。换言之，虽然中国是一个非西方的国家，但中国现代史学的发展，则几乎完全跟随现代西方史学的观念与实践。因而对于西方史学中的弊病，如西方中心论，缺乏深入的批判。对自西方引进的民族主义史学，从梁启超时候开始，便一直保持相当高的热情，视为现代史学的圭臬。因此对于历史进化的理论，也几乎照单全收、遵照不误。21世纪之初，学界又曾对西方六七十年代所开展的"现代化"理论，表现出特别的兴趣。其实，这一"现代化"理论，带有强烈的西方中心论的色彩，是世界历史以西方为先导而进化发展的理念的延伸而已。

在历史认识论的方面，由于现代西方史学的影响，中国现代史家将考据学的传统视为史学的正宗，认为这一传统与西方的科学史学方法有异曲同工之处。但实际上，无论是中国的考据学家，还是兰克学派的传人，都从来没有将历史研究简单视为纯粹的、无功利的科学探究。清代的考据学研究，本来就是从明末清初顾炎武等思想家强调经世的传统中演化出来的。因此考据家对经典的精心考证，并不都是为考证而考证的。那时著名的考据大师戴震，就撰写了讨论儒家义理的著作。[1] 同样，兰克本人及其弟子，也都没有真正实践"为史学而史学"的宗旨。兰克的弟子们形成的"普鲁士学

---

1 有关清代学术中考据与义理的复杂关系，可见余英时之《论戴震与章学诚》（香港：龙门书店，1976）和赵园之《明清之际士大夫研究》（北京：北京大学出版社，1999）。

派"，带有强烈的民族主义色彩，为普鲁士的独立建国，摇旗呐喊，不遗余力。

更为重要的是，如果我们过分推崇科学史学，贬低传统的道德史学，就容易忽视考据学之外的传统史学的理论与实践，因而也就无法全面总结中国传统史学的丰富遗产。譬如中国的儒家史学，向来主张"直书"，反对"曲笔"。但另一方面，儒家史学又强调历史写作，必须经世，并鉴往知来。因此这里就有一个历史认识论上的辩证统一的问题，其包含的内容，或许比将主观与客观严格区分的现代主义，亦即实证主义的认识论，更有探讨的价值[1]。通过讨论后现代主义，我们也许能对中国的文化传统，有一种不同的认识。甚至，后现代主义将历史研究，视为文本与文本之间的互动，这一观念的实践也能在清代史家赵翼的《廿二史札记》中，找到一些相似的地方。赵翼的著作，既是对前人史学著作的一种考证，更是他借题发挥、展开史学评论的场所。在这些评论中，赵翼以前人的文本为基础，但又不拘束于其内，而是能自由出入其中，以构成自己的文本，提出自己对历史与史学的看法。[2] 自然，赵翼的做法，也并非史无前例，而且也不是后继无人。在中国传统的经学史研究中，就已经可以找到不少先例。而当代学问大师钱锺书的《管锥编》等著作，也显然继承了这一传统，并作了提炼和升华。

不过，应该指出的是，虽然后现代主义对于我们总结传统的遗产、开发传统的资源，有一定的启发作用，但我们同时应该看到，

---

1 Q. Edward Wang, *"Objectivity, Truth, and Hermeneutics: Re-reading the Chunqiu"*, *Classics and Interpretations: The Hermeneutic Traditions in Chinese Culture*, ed. by Ching-I, Tu, New Brunswick: Transaction Publishers, 2000, pp. 155–172.

2 参见王晴佳：《后现代主义与经典诠释》，《中央大学人文学报》第 20 卷第 20、21 期合刊（2000），第 315—340 页。

后现代主义是现代西方文化的产物，其产生与特征都有特殊的场景与条件。我们不必认为如果中国的现代化往前走得更远一点，这些场景和条件就也会在中国出现。这不是完全符合实际的想法。因为即使在现代西方，现代化的道路和特征也多种多样，并非划一不变，而是有一种"多元现代性"（multiple-modernity）的现象。中国经过现代化的努力，也可跻身世界先进国家的行列，但不会重复现代西方所走过的道路。那种认为后现代主义源自现代西方，因此我们必须加以重视和模仿，以求赶上先进的西方文化的想法，显然仍然无法摆脱现代主义的思想束缚。同样，认为后现代主义是西方现代化成功以后的产物，而中国尚未完全实现现代化，因此不必研究和讨论后现代主义，其实也陷入了同样的观念藩篱。如果我们能真正从这些观念的藩篱中解放出来，也许就能对中国现代史学的演变轨迹、观念模式及其发展前景，有一种深入的体认与合理的预测。同时，我们也会对后现代主义的实质及其对现代史学的冲击，有一种更为真切的了解。这是本文的目的，也是笔者的期望。

（原载《东岳论丛》2004 年第 1 期）

第二部分　人物与思想

09　美德、角色、风气：清末到五四学术思想变迁的一个新视角

余英时先生在《中国近代思想史上的胡适》一书中，提出了一个引人注意的观察。他说在胡适 1917 年回国，由于提倡白话文、推动文学革命而暴得大名的时候，严复、梁启超等都还正当年，但与胡适相比，他们似乎已经显得"落伍"了。余先生这样写道：

> 1917 年的中国学术思想界当然不能说是"时无英雄"。事实上，中国近代思想史上影响最大的几位人物如严复、康有为、章炳麟、梁启超等那时都还健在。其中年龄最高的严复是六十五岁（依照中国算法），年龄最小的梁启超只有四十五岁。但以思想影响而言，他们显然都已进入"功成身退"的阶段，不再活跃在第一线了。[1]

这里牵涉的是一个民国学术界风气迅速转变的问题。罗志田在《权势转移：近代中国的思想、社会与学术》一书中，通过多种事

---

1 余英时：《中国近代思想史上的胡适》，收入氏著《中国思想传统的现代诠释》，台北：联经出版公司，1995，第 520—521、572 页。

例加以说明，可以参考。[1] 而如果细究一下，这里的学术风气的形成、流行和转变，其实又反映了学术界在某一时期对某种"学术美德"（academic virtue）的认可和提倡，而这种"学术美德"，常常为一两位学者及其学问所代表，由他们来承担提倡、推广的任务。因此，"学术美德"和学术风气之间，形成了一种有机的联系。换言之，一种学术成为流行一时的风气，正因为其主张、提倡的"学术美德"得到了学界中多数人的认可。举例而言，在清末的中国，严复、康有为曾名噪一时、引领风骚，扮演了当时学界的领导角色，其主要原因是他们在甲午战争之后提倡进化论，指出清朝政府必须改革，否则中国便会出现民族存亡的危机。严复通过翻译赫胥黎（Aldous Leonard Huxley）的《天演论》暴得大名，康有为则通过解析孔子的"三世说"演绎进化论，成为当时儒学革新的代言人，其万木草堂为梁启超、陈千秋等一代学子所追捧。易言之，在清末中国，信奉和提倡进化论成为当时的一种"学术美德"，使得学界中的不少人士，特别是青年学生趋之若鹜，由此演化为一种学术风气。

什么是"美德"（virtue）？一般的解释就是一个人的"优秀品质"和"良好习惯"。而"学术美德"，顾名思义，则指一位学者所具备的理想的素质，有助其研究和治学的成功，从而为同仁、同行所尊奉。这一"学术美德"并非一成不变，而是随着时代的变化而变化，由此有助学术风气的更替和革新。学术风气的变更、变革，又常常集中于学者角色的转换。前述余英时先生指出胡适在 1917 年之后成为一时之选，取代了当时尚未老衰的严复、梁启超，便是

---

1 罗志田：《权势转移：近代中国的思想、社会与学术》，武汉：湖北人民出版社，1999。特别是该书收入的最后两篇论文，第 302—375 页。

学者角色更换的显例。以中国悠久的史学传统而言，唐代的刘知几曾指出，一位"良史"应该"才、学、识"具备，而清代的章学诚则指出良史还需具有"史德"。这些都是为人所熟知的例子。当然章学诚的"史德"，并未完全替代刘知几的"史才、史识、史学"，所以新旧学术美德之间，并非决然对立，也可能形成某种继承的关系。

另外，在研究学术美德的形成、考察学术风气的转变的同时，还须注意学者的"角色"（persona），也即学者治学，有着"内"与"外"的辩证、复杂的关系。学术美德和学术风气属于外在的一面，对学者从学和从事研究，有着一种规范、制约的作用，如同演员上台表演，需要展现他（她）所扮演的既定角色。以学术研究而言，学者的治学和出版在很大程度上需要与当时流行的学术风气接轨，才能进入学界，获得同行的认可。而与此同时，我们还需看到，学者的性格偏向和治学兴趣各个不同，也即学者还有其内在的一面。易言之，即使每个学者都希望在治学中展现出当时的学术风气和美德，但毋庸讳言，他们的治学路径仍然不会完全相同（如同多个演员扮演同一个角色，但演出效果仍然不同）。所以，学术研究的"内"与"外"之间，可以形成契合无间的关系，但也有可能会出现龃龉、矛盾和抵触，展现出学者治学的复杂和多变。[1] 五四前后学术思潮的急剧变化，正可以提供我们考察、分析上述这些方面的视角。同时，从学术美德、学者角色的角度来考察五四学人的治

---

1 此处有关学者"角色"的讨论，参见 Lorraine Daston & H. Otto Sibum, "Introduction: Scientific Personae and Their Histories," *Science in Context*, 16:1–2 (2003), pp.1–8。该文主要以科学史为对象，侧重科学家学术角色的形成和演变。另 Irmline Veit-Brause, "The Making of Modern Scientific Personae: the Scientist as a Moral Person? Emil Du Bois-Reymond and His Friends," *History of the Human Sciences*, 15:4 (2002), pp.19–49。

学态度、风格和成就，亦可有助展现当时的学术风气骤变及其后续影响。

需要一提的是，在近代西方学术思潮的影响下，中国的历史研究逐渐推崇客观实证的风气，"美德"之类被视为道德的范畴，不免敬而远之。殊不知，"美德"的原义便是要求史家不偏不倚、客观治史，也同样是在提倡一种"学术美德"。所以近代学术与道德实践之间，并不存在截然对立的关系。近年来，科学界已经对科学家的"美德"，抑或"科学美德"，做了不少分析和讨论。这些讨论指出，一个科学家需要具有一些相应的素质，比如虚心向学、充满好奇、冷静客观、勇于探索、坚持不懈、利他主义（相信自己所做的研究对社会和人类有用）等等。[1]

在史学理论界，荷兰莱顿大学（Leiden University）的赫尔曼·保罗（Herman Paul）对于史学家的"学术美德"和"学者角色"（scholarly persona），做了不少研究，并由此视角探讨西方近代学术的渊源和转型，其成果引人注目。保罗所说的"美德"，与刘知几、章学诚的理论，颇有可比之处，也的确有人从这一视角做了比较的研究。[2] 但保罗的理论也有西方学术的渊源。他所说的"学术美德"，主要指的是"学术/认知的美德"。这里的"认知"（epistemic）一词，来源于米歇尔·福柯。保罗使用这个词语来形容"美德"，沿用了福柯的说法，也即认为在一个时代有一个约定俗成的"认识型"或"知识型"（épistémè），在很大程度上影响了一个学者、史家的学术生涯。于是，"学者角色"的内与外的双重含

---

1 Lorraine Daston & H. Otto Sibum，前揭文，并见 Steven Shapin, *The Scientific Life: A Moral History of a Late Modern Vocation*, Chicago: University of Chicago Press, 2008.

2 Dawid Rogacz, "The Virtue of a Historian: A Dialogue between Herman Paul and Chinese Theorists of History," *History and Theory*, 58:2 (June 2019), pp.252–267.

义便有所体现。具体而言，保罗注重从三个方面展开他的论述：学者的希求（desires）、技艺（skills）和美德。[1] 这三个方面其实构成了一位学者的基本要素：一个学者首先需要有从事学术研究的愿望和热诚，然后通过努力开掘自身的兴趣，掌握学术研究所必需的技艺，在其治学中展现"学术美德"。

在古今中外的史学传统中，所谓"良史"往往指的是如何在道德训诲、文笔精美和忠于史实方面达到一种平衡。具体而言，史家书写历史，一般都以求真为目的，同时需要呈现文字表达的能力。司马迁的《史记》被誉为"史家之绝唱，无韵之离骚"，便是因为内中的不少篇章，其文字表述可歌可颂，脍炙人口。同时，传统史学的书写，又往往带有明确的目的。古罗马的西塞罗认定"历史为人生之师"（*magistra vitae*），影响久远。近代早期的弗朗西斯·培根，仍然指出"历史使人明智"。中国古人亦强调"鉴往知来""温故知新"，同样希望历史的书写能呈现经世的功能。孔子开创所谓"春秋笔法"，便是一个著例，被后人视作楷模。孔子的做法是，通过改订《春秋》的字句，在大致不歪曲历史事实的基础上，让史学具有和担当了道德训诲的功能，从而达到树立道德和表述史实之间的一种妥协。

---

1 Herman Paul, "What is a Scholarly Persona? Ten Theses on Virtues, Skills, and Desire," *History and Theory*, 53 (Oct. 2014), pp.348–371; Herman Paul, "Sources of the Self: Scholarly Personae as Repertoires of Scholarly Selfhood," *Low Countries Historical Review*, 131:4 (2016), pp.135–154. 另见 Herman Paul, ed., *How to Be A Historian: Scholarly Personae in Historical Studies, 1800–2000*, Manchester: University of Manchester Press, 2019。

一、"如实直书"——近代史家的"学术美德"?

"如实直书"这一中外相近的史学书写传统，在19世纪出现了一个明显的，甚至可以说是"革命性的"转折。14世纪的欧洲出现了一次大规模的文艺复兴。出于对古典文化的向往，意大利人文主义者搜集、恢复古籍，鉴定其真伪，希图重现其本来面目。而印刷术在那时开始普及，也让人重视对文献版本的考订，以求"精确的学问"（exact scholarship），印出经过考订、版本确实可靠的书籍。与人文主义者差不多同时出现的博古学家，则不但搜集文献，而且注意搜集古物、古董。出于对古典文化的热诚，也为了防范赝品，博古学家逐渐提炼出考订古董真伪的方法，由此改造了以往的史学，帮助其从修辞学附庸的地位解放出来，逐渐演变成一门独立的学问。[1] 到了19世纪，人文主义和博古主义走向合流，其标志是文字学（philology，亦译语文学或文献学）成为历史研究的主要方法，辅之以古文字学、古文书学、印鉴学和铸币学等——后者主要为了考订实物史料的真伪。易言之，历史研究逐渐有了一整套系统的方法，让史家和学者树立了确定古籍真伪、古董真假的高度信心。[2]

于是在19世纪，欧洲史家开始采用这些新的方法，将历史书写基于科学研究上，不再以古人为尊，而是认为自己掌握的史料，已经超过了古代作者，由此有意重写以往的历史。比如巴托尔德·尼布尔（Barthold Niebuhr）正是在搜寻、运用和考证新史料的基础上，写作了两卷本的《罗马史》，重构了罗马共和国的历史，

---

1 王晴佳：《西方史学如何完成其近代转型？——四个方面的考察》，载《北京大学学报》2016年第4期。

2 参见恩斯特·伯伦汉：《史学方法论》，陈韬译，上海：上海古籍出版社，2018，第16—54页。

希图超越古代罗马史家李维残缺不全的《自建城以来》。20世纪初年英国史家乔治·皮博迪·古奇（George Peabody Gooch）在回顾、总结19世纪欧洲史学发展成就，写作《十九世纪历史学与历史学家》的时候，引述尼布尔给友人的话说："古代历史学家的发现不会告诉世人比我的著作更多的东西。"古奇不但认可尼布尔对自己的这一论断，而且高度评价了尼布尔的成就，视其为当之无愧的近代史家先驱。受到尼布尔研究的启发和激励，19世纪的英国史家相继研究、重写希腊史，其中以乔治·格罗特（George Grote）的专著最受称赞。而格罗特对尼布尔十分敬仰，自承"每次提到他（尼布尔）的名字就油然兴起景仰与感激之情"。[1]

19世纪的史家中，崇拜尼布尔的远不止格罗特一人。后来被尊为"近代科学史学之父"的德国史家利奥波德·冯·兰克（Leopold von Ranke）亦是其中一位。兰克在大学时代主修文字学，毕业之后在一所文科高级中学（Gymnasium）教书，熟悉古典文献和历史。由此缘故，他接触了尼布尔的罗马史研究，同时他发现，文艺复兴的史学大家如马基雅维利和圭恰迪尼，在史料运用上欠缺详实的功夫和训练，往往人云亦云，古今不分，与尼布尔的严谨形成了鲜明的对照。兰克希图超越文艺复兴时代的成就，指出马基雅维利、圭恰迪尼等人的著作，为了道德训诲、政治说教而歪曲了史实，而他同时代的历史小说家沃尔特·司各特（Walter Scott），为了叙述故事的生动，同样不顾史实的真伪。兰克在其处女作《拉丁与日耳曼诸民族史》一书的序言中，强调其做法与前人的传统想法相反，不是为了以古鉴今，而是认为考订史实、"如实直书"已经

---

1 古奇：《十九世纪的历史学和历史学家》，耿淡如译，北京：商务印书馆，1998，上册，第104—106、214—215页。

是历史书写的最高目的。[1] 这一革命性的主张，树立了近代史学的模式。

兰克本人不但著述宏富，而且身体力行，努力实践其"如实直书"的治史原则。细究一下，他所谓的"如实直书"，就是披露同时代的、经过考核的一手史料。举例而言，兰克在 1836 年写作了《教皇史》。在序言中兰克说到，他的著作集中描述了近代早期教皇竭力摆脱日益衰微的处境，力求重振其权威。但他写作此书还有一个原因，那就是他发现了前人没有用过的史料。他告诉读者说，他著述此书的"首要责任就是大致呈现这些史料并指明它们的来源"。在兰克看来，已经出版的有关教皇的论著并无多少价值，而他在维也纳的帝国档案馆中所发现的史料，虽然不一定面面俱到，却是"最真实和最有价值的记录"。[2] 如此看来，兰克虽然没有写作古代史，却继承了尼布尔的衣钵，希图尽量依靠当时的史料建构历史，而不是依赖前人的著作重述历史。

兰克史学的重要性，在很大程度上就是在 19 世纪树立了一种福柯所谓的新的"认识型"，提倡一种作为史家的新的"学术美德"。对于这一"学术美德"特征的概括，我们还可以参考一下古奇的意见。古奇在《十九世纪历史学和历史学家》中将其总结为三点。第一是尽量客观论述，不在叙述中注入自己的感情。（兰克作为路德教徒却选择写作《教皇史》，没有将其说得一无是处，便是一个显例。）第二是"他建立了论述历史事件必须严格依据同时代的资料的原则"。如同上述，兰克强调历史书写必须尽量依据一手

1 兰克：《近代史家批判》，孙立新译，北京：北京大学出版社，2016。有关兰克的"如实直书"，见 Leopold von Ranke, *The Theory and Practice of History*, ed. by Georg Iggers, London: Routledge, 2011, p.86。

2 Ranke, *The Theory and Practice of History*, pp.88-89.

史料，而不是综合、重述二手著作的内容。第三是他不仅强调运用一手、档案史料，还主张通过各种手段，考证、核实史料的真伪和价值。[1] 一言以蔽之，兰克所建立的"学术美德"，就是史家需要将其历史书写，建立在一手、原始史料的基础之上，并以冷静、平实的笔调和客观公正的立场写作。

在 19 世纪的德意志地区，像兰克一样重视史料搜集和考订的同道还有不少。比如 1819 年《德意志史料集成》（*Monumenta Germaniea Historica*）的编纂，由普鲁士政治改革家海因里希·施泰因男爵（Heinrich Stein）倡导，第一任主编为与兰克同年的史家格奥尔格·佩尔茨（Georg Pertz），第二任主编则是兰克的大弟子格奥尔格·魏茨（Georg Waitz）。《德意志史料集成》的编纂成为一个样板，法国由佛朗索瓦·基佐（François Guizot）主持编辑了《法国史料集成》（*Collection de documents inédits sur l'histoire de France*）。英国政府支持了《大不列颠和爱尔兰中世纪编年史和文献》（*The Chronicles and Memorials of Great Britain and Ireland during the Middle Ages*）（简称《卷档系列》[*Rolls Series*]）的编纂，于 1860 年代开始出版。那以后出现的史学著作，不但数量众多，而且几乎每部都洋洋大观，因为史家能利用的史料非常丰富。当时的人称 19 世纪的欧洲是"历史学的世纪"，与那时史家所表现出的高度生产力有关。而那时的史学产量高，又是近代史学模式确立的结果，其特征表现为欧洲史家整理、考订史料的热诚和愿望。[2] 需要指出的是，以上对近代史家"学术美德"的概括，基本从方法论的层面考察兰克史学的影响，而兰克本人对政府档案如此热衷，其实体现了他的一种历史哲学，

---

1 古奇：《十九世纪的历史学和历史学家》，上册，第 104—106、214—215 页。

2 参见王晴佳、李隆国：《外国史学史》，北京：北京大学出版社，2017，第 236—245 页。

即将近代民族国家的兴起视作勾勒近代世界历史的主线。所以兰克本人并非纯粹的史料考证派，他的影响也不限于此，不过此处限于篇幅，无法赘述。[1]

简言之，兰克史学的影响，主要见于两个方面，一是以民族国家为单位考察（世界）历史的演变，二是在历史书写的时候，注重一手文献史料的搜集、考证，然后在叙述史实的时候，尽量采取不偏不倚、冷静客观的态度。这里仅以日本史学的近代化为例，简略描述一下这一近代史家"学术美德"如何走向全球。一般人以为，日本的近代化始自明治维新。明治政府在 1868 年成立之后，翌年便由天皇出面下令编纂史书，目的是"速正君臣名分之谊，明华夷内外之辨，以树立天下之纲常"。[2] 显然，这一目的接续了唐代以来"正史"编纂的传统。明治政府也为此建立了修史馆这一官方机构，所配备的人员大都是汉学之士。但这一编史工作，并没有顺利进行。由于"欧风美雨"的影响，日本学界的开明人士正寻求、提倡新的治史模式。福泽谕吉撰写《文明论之概略》，提倡"文明史"的写作，便是一例。修史馆的成员如重野安绎，也为这一风气所感染，对欧美近代史学产生了兴趣。修史馆委托匈牙利史家乔治·策而菲（George Zerffi）撰书介绍西方的科学史学，东京大学在建立初期邀请兰克学派的后人路德维希·里斯（Ludwig Riess）为史学教授，均为日本史学近代化、职业化过程中的主要事件。里斯在东京大学的授课，以"史学方法论"为主要内容，强调文献史料的考订和客观处理史料为史家的根本，推广了依托于兰克史学的

---

1 参见 Georg Iggers, "The Image of Ranke in American and German Historical Thought," *History and Theory*, 2:1 (1962), pp.17–40。

2 引自坂本太郎：《日本的修史与史学》，沈仁安、林铁森译，北京：北京大学出版社，1991，第 166 页。

"学术美德"。1889 年日本历史学会成立，出版了《史学杂志》（初名《史学会杂志》），与德国的史学专业刊物同名（即"Historische Zeitschrift"）。而重野安绎在出任第一任日本历史学会会长时，发表了与兰克口吻相似的演说："古来虽有将历史与教化合为一体者，但历史研究应摒弃教化，若使之与历史合并，则大失历史之本意。"他的演说题为"治史者，其心须至公至平"，也即需要剔除个人好恶，突显史家考核、运用史料时客观冷静的"学术美德"。[1]

二、从通论到考证——中国近代"学术美德"的转变

上面以日本近代史学为例，指明近代欧洲的"学术美德"如何传至东亚文化圈、史学界，其中有两个原因，均与中国自晚清到五四的学术转型有关。其一是中国史学、学术近代化的过程中，不但与西方文化的影响有关，也与日本学术形成了不小的联系。譬如现代汉语中便有大量日制汉词，乃至"历史"一词也为日人所用来对接"History"。其二是中日两国在 19 世纪，虽然都受到西方强权的冲击和文化的侵蚀，但中国幅员辽阔、地位显赫，未免首当其冲，受创更加深重。如此种种都在中日学术近代化的过程中，有着比较明显的反映，显现出两国的不同。

中国一直处于东亚大陆的中央，为中华文化圈的中心。其泱泱大国的传统孕育了自我中心的意识，儒家文化的传统强调"华夷之

---

1 永原庆二：《20 世纪日本历史学》，王新生等译，北京：北京大学出版社，2003，第 27—30 页。有关日本史学近代化的简约分析，见格奥尔格·伊格尔斯、王晴佳、苏普里娅·穆赫吉：《全球史学史》，杨豫、王晴佳译，北京：北京大学出版社，2019，第 197—210 页。

辨",便是表现之一。自19世纪初年以来,中国士人开始注意到西方列强的崛起对华南沿海地区和东北、西北边疆的威胁,便开始了边疆史地研究。在两次鸦片战争中,清王朝一败再败,让一些士人注意到了解、研究西方文化之必要。林则徐、魏源、徐继畬、王韬等人都相继编著了一批以西方为主、其他地区为辅的世界史著作。但囿于"华夷之辨"的传统,并未将中国置于其中一同考察。换言之,这些著作虽然有助国人"开眼看世界",但仍然视外国为外夷,与"中国"(中央之国)不处于同等的位置。不过这一情形在甲午清朝败于日本之后,有了明显的改变。康有为、严复、梁启超等人提倡变法的必要性,并将中国与强盛的西方和羸弱的奥斯曼、波兰等国相比较,由此来诠释、宣传进化论的思想。作为"中央之国"的中国于是被渐渐视作世界上诸多民族国家中的一员,而且危在旦夕,亟待改革,以求救亡。

如果说19世纪中叶的中国与日本都受到了西方强权的冲击,被迫结束闭关自守的局面,那么到了该世纪的下半叶,两国在政治、军事和学术等方面,均已出现了明显的不同。日本在甲午战争中一跃而起,击败了清朝,当然是一个众人所知的事例。而日本学术、史学近代化的不同特点,也值得重视。比如考据学曾是清朝学术的主流,在整个18世纪引领风骚,但到了19世纪上半叶,它已经走向衰微,为今文经学所取代。而由于学术文化流传、传播的"时间差",考据学传入日本大致从18、19世纪之交开始,因此日本史家(比如上面提到的重野安绎)在接受、回应西方文化挑战的时候,更注重从考据学的传统出发来对应、衔接兰克史学对史料搜集和批判的模式。[1]明治政府建立修史馆之后,几经曲折,也没有

---

1 王晴佳:《考据学的兴衰与中日史学近代化的异同》,《史学理论研究》2006年第1期。

编纂出一部日本通史，最后将其解散，并入东京大学，成立史料编纂所，至今犹存。[1] 这一史料编纂所的工作搜集、整理和考订史料为主。日本史家也将此工作与《德意志史料集成》的成就相比仿。[2] 因此，在某种程度上，日本近现代史家将兰克史学所提倡的"学术美德"推向了一个极端，径直以史料的考证为历史研究的主要工作了。

而在同期的清末中国，学术界的风气以进化论的学理为主导，力求撰写纵论古今的通史、通论，并不孜孜以求史料的搜集和考证。梁启超在19、20世纪之交，写作了不少纵论中国历史、文化、宗教、思想等演变、演化的论著，引领一时之风骚。比如他1902年连载于《新史学》的篇章，其中就有《中国史叙论》一篇，通盘讨论中国历史的特征。而在写作《新史学》的同时，梁启超也连续写作《论中国学术思想变迁之大势》，让包括胡适在内的青年学子引颈而望。夸张一点说，那时梁的作品甫一付印、笔墨未干，读者们便希望能一睹为快。[3] 梁启超还用同样的取径，写作了不少其他论著，比如《中国专制政治史论》《生计学沿革小史》《论中国国民之品格》等。[4]

梁启超的通论式作品代表了一种"学术美德"，汪洋恣肆、通论古今为特点，在当时的中国学界形成了一种强盛的风气。而在清末中国刚刚萌芽的近代学术界，像梁启超那样希图对中国学术做通

1 Margaret Mehl, *History and the State in Nineteenth-Century Japan*, New York: St. Martins, 1998, pp.35—86；永原庆二：《20世纪日本历史学》，第27—35页。

2 见日本史学会编：《本邦史学史论丛》，东京：富山房，1939，上卷，序第2页。

3 胡适：《四十自述》，收入欧阳哲生编：《胡适文集》，北京：北京大学出版社，1998，第1卷，第71—74页。

4 梁启超的上述论著收入《梁启超全集》第2、3卷中，北京：北京出版社，1999。

盘解读、描述和分析的人士，不在少数。譬如 1905 年创办的《国粹学报》，便刊载了多篇与梁启超取径相似的论文。原籍广东、出生于上海、后留学日本的邓实，为《国粹学报》的中坚。他在该杂志的第一期便著有《国学原论》一文，指出中国文化像其他地区一样，经历了一个从起源到初步进化的过程。邓实写道，春秋之前，远古的中国出现了"鬼神学派"，类似宗教信仰，然后"术数学者，起于鬼神之后，既有鬼神矣，则欲以推测鬼神之情状而知其吉凶祸福，于是而有术数。术数者，初民社会思想之渐进者也"。之后，邓实在《国粹学报》上继续阐发类似"通论"，像梁启超一样，宏观地勾勒中国古代学术变迁之趋势。在第二、三期的《国粹学报》上，邓实发表了《国学微论》和《国学通论》，前者指出在"术数学派""鬼神学派"之后，中国古代学术出现了"老、孔、墨三家，皆起于春秋之季，而同导源于周之史官，巍然为神州学术三大宗主"。后者则从春秋时代一直讲到明末，然后概括道：神州之学术，"大抵以儒家为质干，以六经为范围。舍儒以外，无所谓学问，舍六经以外，无所谓诗书"。当然，邓实并不认为古代中国以儒家学术为本，便会长治久安。他相反指出，"一治不复乱、一盛不复衰者，盖末繇梦见也"，所以主张变革、进化。[1]

在《国粹学报》的作者群中，用进化的思想宏观阐述中国学术、史学的演变者，远非邓实一人。譬如黄节著有《黄史》，接受了中国人作为黄种人的视角，并以此来描述中国历史的演化。刘师培（笔名刘光汉）则连载、写作了《古学起源论》《古学出于史官论》和《孔学真论》，陆绍明发表了《论史学之变迁》《史注之学不

---

[1]《国粹学报》，台北：文海出版社重印，1976，第 1 期（1905），第 25—26 页；第 2 期（1905），第 139 页；第 3 期（1905），第 276 页。

同论》《史家宗旨不同论》等"宏论"。当然，相对专门的论述也有所见，但毫无疑问，博大、宏观的"通论"是《国粹学报》那时所刊论文的主体风格。[1]

对于《国粹学报》的同仁而言，采取这种治学手段，为的是从进化、发展的角度来发现中国的国粹，以求重振国威、复兴国学。以黄节为例，他写作《黄史》，便是因为他像梁启超一样，注意到西方近代史学以民族为单位，注重考察一个民族的进化。他特别提到欧洲史家于1900年在柏林召开了历史科学大会，其宣言指出"提倡民族帝国主义，造新国民为历史家第一要义"。相比之下，黄指出中国四千年的旧史，只有宋代的郑樵著有《氏族略》和罗泌写有《国名纪》，提到黄帝为国人之先祖。他于是痛陈："吾读旧史四千年来，其心于种族之变迁与其盛衰大概者，惟二子之书而已，悲夫！"他的结论是，"吾四千年史氏有一人之传记，而无社会之历史。虽使种界常清，而群治不进"。这里黄节对儒家的"华夷之辨"也提出了质疑，认为这一思想无助民族之进化。总之，他之写作《黄史》，目的是为中华民族提供一部通史。[2]

以上的例子可以证明，20世纪初年的中国学术界，倡导的是用进化论的思想，勾勒、回顾和总结中国学术发展之大势。这一学术风气十分强劲，让几乎所有人都为之震撼、吸引，甚至趋之若鹜、竞相模仿。比如那时的胡适、毛泽东，也是梁启超论著的忠实读者。胡适还将自己的名字改为"适"，强调"适者生存"，足见进

---

1 比如陆绍明写过《史记通议》，但如其题名，其取径也以"通"为主，内容颇为博大。以上所提论文，见《国粹学报》，第1期（1905），第41—60页；第8期（1905），第897—905页；第10期（1905），第1181—1189页；第11期，第1277—1281页；第17期（1906），第2059—2068页。

2 黄节：《黄史》，见《国粹学报》，第1期（1905），第43页。

化论思想之深入人心。而梁启超的同辈、《国粹学报》的同仁章太炎，也在那时同样表示了写作通史的兴趣。章在读了梁启超的《新史学》之后，给梁写信，对梁启超的立场深表赞同，并有相似之意图：

> 平日有修《中国通志》之志，至此新旧材料，融合无间，兴会所发。……窃以为今日作史，若专为一代，非独难发新理，而事实亦无由详细调查。惟通史上下千古，不必以褒贬人物、胪叙事状为贵，所重专在典志，则心理、社会、宗教诸学，一切可以熔铸入之。……然所贵乎通史者，固有二方面：一方以发明社会政治进化衰微之原理为主，则于典志见之；一方以鼓舞民气、启导方来为主，则亦必于纪传见之。[1]

但有趣的是，梁启超、邓实、黄节等人所开创的学术风气，虽然在晚清中国叱咤风云、盛行一时，但差不多十年之后，也即自胡适回国之后的五四时期，学术风气开始出现了明显的改变。胡适指出，进化论之前被视为一种理论，但其实也是一种方法，也即所谓"祖孙的方法"。

> 这种进化的观念，自从达尔文以来，各种学问都受了他的影响。但是哲学是最守旧的东西，这六十年来，哲学家所用的"进化"观念仍旧是海智尔（即黑格尔）的进化观念，不是达尔文的《物种由来》的进化观念。到了实验主义

---

1 章太炎：《章太炎生平与学术自述》，南京：江苏人民出版社，1999，第47—48页。

　　　　　　　　　　　中国现代历史意识的产生

一派的哲学家，方才把达尔文一派的进化观念拿到哲学上来应用；拿来批评哲学上的问题，拿来讨论真理，拿来研究道德。进化观念在哲学上应用的结果，便发生了一种"历史的态度"（The genetic method）。怎么叫做"历史的态度"呢？这就是要研究事物如何发生；怎样来的，怎样变到现在的样子：这就是"历史的态度"。[1]

从表面上看，胡适仍然在阐述进化论的原理，认其为治学的一条路径。但他所谓"历史的态度"，则重在方法论的层面，也即对事物的渊源从史料的角度加以追溯和考证，而不是为了发表宏观的通论。胡适回国之后，首先出版了《中国哲学史大纲》上卷，以他在哥伦比亚大学完成的博士论文改编而成。从书名上看，他的做法似乎是对中国古代哲学的概览，似乎延续了晚清学术的遗风。但如果细究其内容，便能发现明显的不同。首先，胡适《中国哲学史大纲》概括的时代只是春秋到战国，从老子到韩非，因此属于专著的性质，而不是像上述晚清学人的著作那样，一篇文章常常不到十页，但会讨论中国学术在数个世纪中的演化。其次是胡适的取径，突显了其方法论层面的与众不同。胡适在书的导言中指出，哲学研究的对象大致有六个方面：宇宙论、知识论、伦理学、教育学、政治学和宗教学，可谓包罗万象。而他这本书属于哲学史，而哲学史的写法又分为"通史"和"专史"两种。胡适虽然没有明说，但根据他的区分方法，他的《中国哲学史大纲》应该属于"专史"而不是"通史"。（胡适此处没有明确点明自己的著作是一部"专史"，笔者认为有助认识他"学者角色"的内、外两个方面，将在下一节

---

1 胡适：《实验主义》《问题与主义》，见《胡适文集》，第 2 卷，第 208—279 页。

再论。）胡适再进一步阐明哲学史研究实有三个目的："明变""求因""评判"，并大致讨论了中国哲学思想的几大发展阶段，将之分为"古代""中世"和"近世"。[1]

读者读到此处，一定会觉得胡适此书将会以这方面的内容为主。若果真如此的话，那么胡适这部《中国哲学史大纲》便会与梁启超等人已有的著作类似，不会体现其独特之处和开山之功。但胡适在交代了有关哲学的性质和哲学史研究的目的之后，笔锋骤然一转，开始讲"哲学史的史料"：

> 上文说哲学史有三个目的：一是明变，二是求因，三是评判。但是哲学史先须做了一番根本功夫，方才可望达到这三个目的。这个根本功夫，叫作述学。述学是用正确的手段，科学的方法，精密的心思，从所有的史料里面，求出各位哲学家的一生行事、思想渊源沿革和学说的真面目。[2]

胡适然后举出许多例子，证明在中国写作哲学史，首先需要有"述学"的功夫，因为"古人读书编书最不细心"，由此造成"述学"之难。这一难处在于现存的史料不可靠，因为古人不知道史料其实分为"原料"和"副料"。胡适的"原料"和"副料"之分，类似兰克史学强调的一手和二手史料之别，前者出自作者本人，后者则是旁人、后人的转引、转述或评论。区分了史料的种类及其用途之后，胡适强调了"述学"之难，因为"中国人作史，最不讲究史料。神

1　胡适：《中国哲学史大纲》，上海：上海古籍出版社，1997，第1—6、7、8—14、22—23、18、22页。
2　胡适：《中国哲学史大纲》，第1—6、7、8—14、22—23、18、22页。

　　　　　　　　　　　　　　中国现代历史意识的产生

话官书，都可作史料，全不问这些材料是否可靠。却不知道史料若不可靠，所作的历史便无信史的价值"。为了证明这一结论，他举例指出前人作史在运用史料上的粗疏和谬误。[1]

胡适的上述论述，为的是引出导言中的关键之处，那就是他介绍给读者的"审定史料之法"和"整理史料之法"。前者包括了五种方法，后者则由"校勘""训诂""贯通"组成，限于篇幅，笔者此处不再详述。不过胡适在其导言的最后，对如何"述学"做了一下总结，值得征引在此：

> 我的理想中，以为要做一部可靠的中国哲学史，必须要用这几条方法。第一步须搜集史料。第二步须审定史料的真假。第三步须把一切不可信的史料全行除去不用。第四步须把可靠的史料重新整理一番：先把本子校勘完好，次把字句解释明白，最后又把各家的书贯穿领会，使一家一家的学说，都成有条理有统系的哲学。做到这个地位，方才做到"述学"两个字。

胡适强调，只有做了上述的功夫，然后才能"明变""求因"和"评判"，也即完成哲学史的研究目的。他在最后说："所以我特地把这些做哲学史的方法详细写出。一来呢，我希望国中学者用这些方法来评判我的书；二来呢，我更希望将来的学者用这些方法来做一部更完备更精确的《中国哲学史》。"[2]

胡适《中国哲学史大纲》导言以此结尾，明显表示他有意提倡

---

1 胡适：《中国哲学史大纲》，第1—6、7、8—14、22—23、18、22页。
2 胡适：《中国哲学史大纲》，第1—6、7、8—14、22—23、18、22页。

一种新的"学术美德"，也即将搜集、考订和谨慎地整理及使用史料，作为治学的基础，抑或他所言的"根本功夫"。为此目的，他不但在参考书目中引用了西方学者的相关论述，比如德国哲学家威廉·文德尔班（Wilhelm Windelband）的哲学史著作及当时欧洲史学方法论的流行读物、法国史家查理—维克多·朗格诺瓦、查理·瑟诺博司所著《史学原论》的英译本，而且还在感谢词中提到了清代的考据大家王念孙、王引之、俞樾、孙怡让及俞樾的弟子章太炎。文德尔班在其《古代哲学史》中对哲学史家的任务做了如下界定："第一，哲学几乎就是历史的科学。因此必须仔细检讨传统，利用文字学的准确性构建哲学学说的内容，不偏不倚地进行研究。"[1]这一立场显然与胡适的主张十分近似。同时，胡适在文中几次强调，这种重视史料考证的做法，本来就是清代学术的传统，因此他之提倡"述学"，意图在于沟通中西学术，重申和发扬这一传统。其实他的英文博士论文，后来以《先秦名学史》为名出版，便这样开头："哲学是受其方法制约的，也就是说，哲学的发展依赖于逻辑方法的进步。这一点在东西方的哲学史中都可以找到大量的例证。"[2]胡适在出版了《中国哲学史大纲》之后，意犹未尽，又写了《清代学者的治学方法》等文章，具体阐述史料考证、审定、校勘和整理的方法，并将之归结为"大胆假设，小心求证"。[3]

---

1 Wilhelm Windelband, *History of Ancient Philosophy*, trans. by Herbert E. Cushman, New York: Charles Scribner's Sons, 1898, p.6.

2 Hu Shi (Shih), *The Development of the Logical Method in Ancient China*, New York: Paragon, rep. 1963, introduction, p.1.

3 胡适：《清代学者的治学方法》，见《胡适文集》，第 2 卷，第 282—304 页。

三、"学者角色"的双重性与晚清、五四学术的内与外

那么，胡适希望"国中学者"采用"述学"的方式评判他的著作，并希望他们也采用同样的方法治学，是否获得预想的成功呢？从当时及之后的中国学术发展来看，胡适所提倡的"学术美德"，的确获得了五四学人的认可，从而形成了一种新的学术风气，逐渐取代了晚清学人偏好的通论、通史。首先，胡适《中国哲学史大纲》的出版，得到了北大校长、晚清进士蔡元培的赞扬。蔡为该书所做的序言几乎完全赞同了胡适的立场，指出中国学术的难处有二，一是史料不可靠，二是没有系统的记载。他也十分内行地指出，胡适这本著作有四大特色："证明的方法""扼要的手段""平等的眼光"和"系统的研究"，可谓十分到位。而蔡元培的厉害之处，更在于他将"证明的方法"，也即胡适考证史料的"述学"，视为第一个特点，并指出《中国哲学史大纲》有三分之一的篇幅，都在讨论这一方面，"不但可以表示个人的苦心，并且为后来的学者开无数法门"。换言之，蔡元培不但理解胡适写作此书的用意，而且积极认同这一"学术美德"，认为胡适有首创之功。[1]

而看出胡适用意的，当时还不止蔡元培一人。晚清学界的领袖梁启超对胡适的《中国哲学史大纲》也做了到位的评论，指出胡适"全从知识论方面下手，观察得异常精密，我对于本书这方面，认为是空前创作"。这里的"知识论"，其实就是认识论，也即治学的方法论。因此梁启超也同意蔡元培的定位，认为胡适之于学术有开创之功。梁启超虽然清楚胡适将"述学"作为学术"根本功夫"的用意，但他本人表示如果以此为"唯一的观察点"，而不重视古代

---

1 蔡元培：《序》，载胡适《中国哲学史大纲》，第1—3页。

哲学家的思想，那就会有所偏宕和狭窄。[1] 显然，胡适的《中国哲学史大纲》在史料考证方面用力至深，指出了中国学术发展的一个新方向，已经为蔡元培、梁启超等高人明眼指出了。与蔡元培的高度赞扬相比，梁启超对《中国哲学史大纲》的评价似乎有些微保留。不过他其实深受感染，并自 1922 年开始写作《中国历史研究法》。从书名来看，其书很像一项专题研究，与梁之前写作的路径不同。更有意思的是，梁启超在《中国历史研究法》中不但有"史料的搜集与鉴别"一章，而且引用了胡适《中国哲学史大纲》的研究。[2]

胡适的《中国哲学史大纲》，的确是一部成功之作，因为它有助将所谓的"述学"（史料之溯源、考订）树立为一种新的"学术美德"，而且推广成当时的一种学术风气。《中国哲学史大纲》出版之后，一时洛阳纸贵，很快再版，让胡适感叹道："一部哲学的书，在这个时代，居然能于两个月之内再版，这是我自己不曾梦想到的事。这种出乎意外的欢迎，使我心里欢喜感谢，自不消说得。"[3]

如果说胡适在 1919 年为该书的大卖还有点喜出望外，那么到了 1927 年，他则大言不惭，径直写道：

> 中国治哲学史，我是开山的人，这一件事（指《中国哲学史大纲》的出版）要算中国一件大幸事。这一部书的功用能使中国哲学史变色。以后国内国外研究这一门学问的人都躲不了这一部书的影响。凡不能用这种方法和态度的，我可以断言，休想站得住。[4]

---

1 参阅耿云志的导读，见胡适《中国哲学史大纲》，第 12、16 页。
2 梁启超：《梁启超史学论著三种》，香港：香港三联书店，1980，第 83—148 页。
3 胡适：《中国哲学史大纲》，第 1—6、7、8—14、22—23、18、22 页。
4 胡适：《整理国故与"打鬼"》，收入《胡适文集》，第 4 卷，第 117—118 页。

这是何等的豪气！

但胡适说的是实话，因为该书出版之后不久，胡适任教的北大就成立了国学门。1923 年《国学季刊》出版，时任编辑部主任的胡适发表了《国学季刊发表宣言》，将"整理国故"列为首要任务。他在其中指出，学问的进步主要体现在两个方面："一是材料的积聚与剖解，一是材料的组织与贯通。"[1] 毋庸赘言，他已经将写作《中国哲学史大纲》时提倡的研究方法，延伸和扩大用于研究整个中国学术传统，而他自己也自然而然地成为这场"整理国故"运动的领袖了。

胡适领导的"整理国故"运动，是五四新文化运动的一个热点，不但有蔡元培的肯定，也得到了与他一样留美回国的北大同事何炳松的支持。1928 年何炳松出版了《通史新义》一书。何炳松在书中指出，20 世纪初年以来，中外通史的著作虽有不少，但差强人意的却付诸阙如。然后何炳松指出，其实中国的史学传统中，刘知几、郑樵和章学诚都对通史有不少精湛的论述，值得参考。但饶有趣味的是，他在该书自序的最后却强调指出，"近日吾国学者，一方鉴于吾国史家如章学诚辈对于通史之推崇，一方又鉴于近人介绍西洋史学之名著皆属通史之一类；遂误以为现代理想上之史著当以通史为正宗，其他文献似均可付之一炬"。而何炳松的立场是，史学其实不能"独尊通史"。[2] 何炳松的这一观察，实际上是对晚清学人所倡导的学风表示了一种批评和不满，从而声援了胡适写作专著、重视史料考订的"学术美德"。何炳松写作《通史新义》也主要是讨论历史研究的方法，审定史料、考订史实是其主要内容。

---

1 胡适：《国学季刊发刊宣言》，收入《胡适文集》，第 3 卷，第 5—17 页。
2 何炳松：《通史新义》，上海：上海古籍出版社，2012，第 10 页。

相较而言，胡适所倡"学术美德"的最热情的支持者，应该是他在北大的学生顾颉刚和傅斯年。但最初他们都有些怀疑。例如，顾颉刚回忆道，胡适给他们上课的时候，课上的同学都怀疑："他是一个从美国新回来的留学生，如何能到北京大学里来讲中国的东西？"顾颉刚开始也有同感。更有甚者，胡适开讲之后，只字未提周代以前的事，直接从公元前9世纪开始，这使学生们大感惊异。当然在胡适看来，这个原因很简单：他没有办法证实周朝以前的材料。然而，对他的学生来说，这种"截断众流"的做法使他们十分震惊，因为他们对中国上古时代"三皇五帝"的传说习以为常。然而，胡适后来使学生接受了他的新取向。顾颉刚似乎是胡适争取到的第一人。几节课后，顾颉刚告诉他的同学："他虽没有伯弢先生（指陈汉章）读书多，但在裁断上是足以自立的。"顾颉刚又让同屋的傅斯年去旁听，傅也认同了胡适的学问和教学。[1] 胡适将进化论从理论改造为方法，为顾颉刚、傅斯年等旧学根底深厚的学生所折服，并将之视为科学方法，加以推广。顾颉刚毕业留校之后，与胡适、钱玄同讨论古史，指出古书的真伪问题，掀起了"古史辨"运动，便是为人熟知的例子。因此，胡适能成为中国近代学术的一代开山祖，他的北大同事和学生很有贡献。

综上所述，胡适毫无疑问是五四时期科学治史的"学术美德"的开创者。而他能成功扮演这样一个"学者角色"，主要是因为他强调史料考证之必要，并指出落实这一"美德"需要采用和展现"大胆假设，小心求证"的方法。但值得注意的是，"角色"

---

1 顾颉刚：《古史辨自序》，石家庄：河北教育出版社，2000，第52—53页。胡适的北大和哥伦比亚校友、后来的同事冯友兰也对他在北大的教学及其著作的影响有类似的描述。见《三松堂自序》，载《三松堂全集》，郑州：河南人民出版社，1985，第1卷，第199—213页。

　　　　　　　　　　　　　　　中国现代历史意识的产生

（persona）一词源自希腊文，其原意有"面具"（mask）的意思。换言之，一个人在台上演出扮演一个角色，其特征并不一定与他本人的个性和原意相符。上面已经提到，胡适在学生时代，对梁启超写作《论中国学术思想变迁之大势》之类通论中国学术发展史的论著十分敬佩，每篇必读。他的博士论文的英文题目如果直译，就应该是《中国古代逻辑方法之发展》（"The Development of the Logical Method in Ancient China"），后来译成中文出版的时候是《先秦名学史》，这两个书名都比较切题，显现出他博士论文的性质，那就是一个专论。但胡适在1919年改写其博士论文，将其出版为中文的时候，却题名《中国哲学史大纲》，让人觉得是一本有关中国古代哲学发展的通论抑或通史。而他在书中虽然强调史料考订为"根本的功夫"，但也指出哲学史的写法，就是要"明变""求因"和"评判"。更值得注意的是，他在导言中写道："我做这部哲学史的最大奢望，在于把各家的哲学融会贯通，要使他们各成有头绪条理的学说。"[1] 从现存胡适的资料来看，我们无法找到当年他选择这一书名的考虑。但是以我们对胡适的了解，他应该不会是为了哗众取巧而选用了这样一个通史类的书名（上面已经提到，该书的畅销，出乎他之所料），而且他在该书第一版出版的时候，还加了"上册"两个字，说明他的确有心向读者交代，此书只是处理了古代哲学；他将在今后写作其续作，完成一部《中国哲学史》的通史。

换言之，胡适在五四时期，一定有用科学方法重新写作一部中国哲学通史的意愿。但众所周知，他终其一生也没有完成此一宏愿。如此看来，尽管胡适在当时成功扮演了科学证史这样一个"学者角色"，并将其列为"整理国故"的主要工作，但扮演这一角色

---

1 胡适：《中国哲学史大纲》，第1—6、7、8—14、22—23、18、22页。

或许并不是他的原意——他之所以这么做其实与他个人治学的偏好和路径相关。自那时以来，研究胡适的论著可谓汗牛充栋，其中含有许多真知灼见。许多学者敏锐地指出，胡适虽然经历了哲学的训练，但他其实对文献考据更有兴趣。譬如余英时曾言，"胡适学术的起点和终点都是中国的考据学"，这可以说是不刊之论。[1] 胡适的《中国哲学史大纲》原有将各家学说"融会贯通"的愿望，但后来的确成了一种"奢望"，因为他的"考据癖"所致，使他觉得必须要首先从事史料的考证和鉴别，于是一本可以成为通史的著作，却有三分之一的内容在讨论史料的真伪及"述学"的方法。后来胡适还用同样的手段考订了《红楼梦》《水浒传》等小说，之后自始至终也没有改变自己的"考据癖"。

评价胡适的《中国哲学史大纲》，不免需要将之与冯友兰的同名著作相比较。翟志成就是其中一位，写有专著《冯友兰学思生命前传（1895—1949）》。翟志成同样指出，"胡适虽以《中国哲学史大纲（上册）》而'暴得大名'，但胡适究其实只是一个历史家而不是哲学家。从其极狭隘的泛科学主义信仰出发，胡适对一切形而上学不仅毫无会心，毫无兴趣，而且避之还唯恐不及"。翟志成专心研究冯友兰，对胡适的学术有此评价，或许有些偏向。不过他之所言反映了哲学界的一个共识，民国时期的哲学家金岳霖亦认为"西洋哲学与名学"其实"非胡先生之所长"。[2]

以上讨论的目的，并不是为了对胡适《中国哲学史大纲》一书及胡适的学问做一评价，只是为了说明"学者角色"有其内、外两

---

1 余英时：《中国近代思想史上的胡适》，收入氏著《中国思想传统的现代诠释》，台北：联经出版公司，1995，第520—521、572页。
2 见翟志成：《冯友兰学思生命前传（1895—1949）》，台北："中研院"近史所，2007，第125—126页。

面——学者著述的初衷、路径和成果，往往并不完全一致，而是具有一种双重性。出现这一现象的并非胡适一人。如上所述，在20世纪初年，章太炎曾向梁启超表示，他也有意写作一部中国通史。但与胡适的情形类似，章后来并无这样的著作问世。相反，章太炎的第一本结集，名为《訄书》，与梁启超的《新史学》差不多同时出版，其中收录的是考据型的论文。举例而言，像梁启超一样，章太炎那时也信奉进化论的思想，但他的写法则从概念、字词出发，以"原人""民数"和"原变"为题讨论人类历史的进化、演变过程，其写作路径与乾嘉学者类似。同样，章太炎对儒家学说在当时的影响也抱持一种批评的态度，于是有"尊荀""儒墨""儒法""儒道""儒侠"等篇，不但尊荀抑孟，而且将儒家与其他诸子学说相提并论。在《訄书》的重刻本中，章太炎又增加了"订孔"篇，对儒家学说加以正面批评。[1] 此后章太炎参与了《国粹学报》的编辑，受到邓实等人学风的影响，开始发表一些"通论"，但主要还是以讲演为目的。即便如此，他的主要演讲集《国学概论》的起始，仍强调"治国学的方法"，重视文字学（小学）的考证，为胡适、顾颉刚等人所欣赏而引为同道。[2]

与章太炎的治学风格形成对照的则是梁启超。胡适发表《中国哲学史大纲》，树立史料考证的"学术美德"之后，梁启超不但视其为"空前之作"，而且加以效仿，写作了《中国历史研究法》及其补编。从其书名来看，这是一本专著，与他之前的论著有明显的不

---

1 章太炎：《訄书》初刻本和重刻本，收入《章太炎全集》，第3卷。有关章太炎、胡适"学者角色"的双重性，参见 Q. Edward Wang, "Interpretative and Investigative: the Eme-rgence and Characteristics of Modern Scholarly Personae in China, 1900-30," in *How to Be A Historian: Scholarly Personae in Historical Studies, 1800-2000*, pp.107-129。
2 章太炎：《国学概论》，上海：上海古籍出版社，1997。

同。梁启超在"自序"中交代了他的意愿："孔子曰：'工欲善其事，必先利其器。'吾治史所持之器，大略在是。吾发心殚三四年之力，用此方法以创造一新史。"换言之，梁启超有意探究史学之方法论，其目的与胡适或有可比之处。不过如果细读此书，便会发现梁的"旧习"并未全改——《中国历史研究法》貌似一本专著，其内容则海阔天空、包罗万象，更像一本关于中外史学方法演变及特点的纵论。不过梁启超写作此书，从侧面证明了胡适因出版《中国哲学史大纲》、提倡考证方法，而在当时已经开始执学术界之牛耳，开创了新的学术风气，其"学术美德"表现为对史料的辨伪、考核。梁启超写作《中国历史研究法》，推动了这种主张史料考订的风气，虽然他的治学偏向于宏观论述，与章太炎、胡适有着明显的差异。

作为本文的结论，笔者想强调的是，学术风气一旦形成，就如同安东尼·葛兰西（Antonio Gramsci）所谓的"文化霸权"一样，产生了一种裹挟的作用，让有志学术的人士都努力向其靠拢，希图扮演同样的角色。上面所说胡适写作貌似通史的《中国哲学史大纲》、梁启超在1922年写作《中国历史研究法》，都是有趣的例子。钱穆在早年写作《刘向歆父子年谱》和《先秦诸子系年》，以此而为顾颉刚、傅斯年引为同道，同样是一个很好的例证。从钱穆后来的治学兴趣来看，他显然对通论性的论述更有兴趣。自写作《国史大纲》开始直到晚年，钱穆写作了大量对中国学术、文化诸种方面加以通盘论述的著作，与他早年写的《刘向歆父子年谱》和《先秦诸子系年》在方法上颇为不同，甚至大相径庭。[1] 由此可见，学者之治学生涯，常常受到一时学术风气的影响。他们会努力向这一风气

---

1 参见王晴佳：《钱穆与科学史学之离合关系（1926—1950）》，载《台大历史学报》2000 年第 26 期。

看齐，展现为人所认可、称道的"学术美德"，从而有意无意地扮演合乎期望的"学者角色"。但"学者角色"又有内外两个方面：一个学者之内在性格，与人所期望的角色并不一定符合，学者的学术生涯由此会产生明显的变更。晚清、五四学人处于中国学术的成长期，他们所展现的"学术美德"和扮演的"学者角色"，展现了学者个人性格偏向、情感特征、兴趣爱好与时代风气之间的一种辩证和复杂的内、外互动之关系，值得我们重视并进一步深究。

（原载《社会科学研究》2020 年第 3 期）

10　中国史学的西"体"中用
——新式历史教科书和中国近代历史观之改变

　　中国的历史记载传统，源远流长，举世闻名。汉代史家司马迁的《史记》，为这一传统的诞生和延续起了一个奠基的作用，历代为人所称道。毋庸赘言，司马迁之所以重要，是因为他开创了纪传体的历史记载体裁。纪传体后经班固略加修整，为中国历史著述，特别是以后被称作"正史"的朝代史的写作提供了基本模式。这一纪传体的模式，一直是历朝官方史家修史的主要体裁。或许是这个原因，虽然司马迁的时代距今甚远，但当代的史学史研究者，仍然对司马迁的治史及其《史记》的写作，倍加称颂，鲜有微词。[1] 不过有趣的是，当代中国史家之中几乎没有人继续采用司马迁所创立的纪传体来写作历史。相反，他们采用的体裁是所谓的"章节体"，无一例外，即用叙述的手法，将人和事整合在一起，先按时代顺序

1　仅举一例，杜维运先生治史学史多年，其三卷本《中国史学史》堪称杰作。杜先生对司马迁的评价尤高："史记问世两千余年，到目前为止，没有另外一部书可以代替它在中国上古史上的地位。新史学家利用地下发掘出来的新史料与客观谨严的科学方法，无法写出超越史记的新中国上古史。……史记在中国历史上，如日月丽天，像永不枯萎的青松，历万古而长新。它的问世，创造了中外史学的新世纪。"见氏著《中国史学史》，台北：三民书局，1993，第 1 册，第 158—159 页。

和历史发展的脉络，又按内容需要，分章分节，加以描述和分析。易言之，当代的中国史学，有一种既称赞司马迁又不学司马迁的堪称吊诡的现象。本文的写作，就是想对这一现象的产生及其背景和原因，尝试做一分析和解答，与对此有兴趣的读者和同行交流、切磋。

一

　　司马迁的纪传体，之所以能绵延数千年，其中一个原因是这一体裁适应了当时官方修史的需要。司马迁纪传体的结构，分为"本纪""世家""列传""表"和"书"。这一结构，以前三者为主要，因为司马迁的著述，是以人事活动为中心。因此他将人的活动，按当事人的政治和社会地位，分别列入"本纪""世家"和"列传"。换言之，如果当今史家继续采用纪传体来写作历史，那么他们必须也照此办理，将书中所处理的各种人物按其等级和地位置入不同的范畴。如此做法，与时代发展显然不符。比如民国以后，君主帝王已经不再主宰中国的政坛，因此"本纪"的写作也就失去了内容。由此可见，纪传体被淘汰，或许顺理成章。当然，司马迁的伟大，抑或是他至今为人所称道的一个地方就是，虽然他创造了按等级描述人物活动的体例，但他的具体做法，又常常违背了这一体例。譬如《史记》中有《项羽本纪》和《陈涉世家》，给予了未成帝业的项羽和聚众造反的陈涉特殊的、超常的地位，展现的是司马迁对历史人物的个人好恶和独特看法。不过，这些只是纪传体采用的一些特例。而在司马迁之后，纪传体的运用就变得十分拘谨（严肃？），这种超乎寻常的举动，已经很少出现了。

讨论司马迁纪传体的优劣并非本文的主旨。上述议论，只是想提醒读者注意历史著述与时代变迁，也即历史变动本身的内在联系。考察"章节体"体裁的出现和普及，也必须研究当时的时代背景。如同上述，王朝帝国在中国政坛上消失，使得纪传体的写作失去了一项重要的内容。但饶有趣味的是，在清朝灭亡以后，纪传体的史书还有编撰，比如民国初年所编的《清史稿》；而章节体史书在清末便开始出现了。所以历史变动和史书编撰之间自然存在有机的联系，可同时也要注意到，这种联系并非机械呆板的，而是常常有超前、滞后和并行的情形出现。

　　纪传体虽是中国史学传统的主体，但在这之外，中国史家还尝试和创造了不同的记载历史的方式。比如编年史与纪传体一样古老，又经宋代司马光的皇皇巨著《资治通鉴》而重现其光彩。此外，中国史学还有纪事本末体、杂史和方志等不同记载历史中的人事活动的体裁。因此，纪传体的史书，或许从来就不能代表中国史学的全部。顺便说一句，西方研究中国史学的学者，往往会以偏概全，用纪传体的朝代史，来概括中国传统史学的特征，这显然是不全面和不公正的。[1] 但与传统史学写作体裁的相对多样化相比，当代中国史家的著述，如同上述，则几乎均以章节体为基本样式。[2] 这一现象，史无前例，值得探究，也是笔者撰写此文的基本动机。

---

1 如法国汉学家白乐日便声称中国传统史学的特点是"由官吏为官吏而写"，引自 W. G. Beasley, E. G. Pulleyblank, *Historians of China and Japan*, Oxford: Oxford University Press, 1961, p.5。
2 值得指出的是，近年由中国人民大学清史研究所戴逸先生领衔主持的 92 卷本《清史》的编撰，对使用何种体裁，做出了不少探索，并最后决定采用改良的纪传体体裁，分通纪、典志、传记、史表、图录五部分进行编纂，此举或许是一个例外。

其实，史家选取甚至创造何种体裁记载、写作历史，既有传统的影响，也有现实的需要，更与历史观念相关。中国近现代史家选择章节体写作历史，反映出一种近代史观的显著变化。而孕育这一变化的时代背景和思想契机，在清季便已出现。比如在清朝学问中，边疆史地的研究在 19 世纪初年异军突起，便反映了当时士人对西方列强觊觎中国的警惕。而在鸦片战争前后，开明人士如林则徐编写《四洲志》和魏源写作《海国图志》，都没有采用纪传体或编年体这样的体裁，而是转而用"志""书"的形式，统合描述所获知的信息和知识。其中一个可能的原因就是"志"和"书"这样的著述范畴，与西方学问中的"专题研究"相类，所以近代西方史家翻译司马迁、班固的著作时，也用"monograph"来称呼和对应"志"和"书"。现在西方的大部分论著，均属 monograph，也即专题论述。[1] 由此看来，清季的史家，已经看到在描述世界历史的时候，无法用纪传体这样的方式将各个国家分门别类地处理。[2] 顺便提一下，日本近代史家冈本监辅是帮助日本人开眼看世界的重要人物，其所著《万国史记》（初版于 1878 年）是日本人最早写的世界史之一，之后传入中国也有不小的影响。不过该书虽然冠以"史记"之名，但其结构，却没有"本纪""世家"和"列传"之分，只是各国的纪传（如"英吉利记""法兰西记"等），也即国别史。冈本写这些纪传，将人和

---

1 英文词典大都将"monograph"定义为对一个单独的题目或一个题目的某一方面所写出的论著。
2 陈启泰在《近三百年历史编撰上的一种重要趋势——自马骕至梁启超对新综合体的探索》（《史学史研究》1984 年第 2 期）中指出，清代学者已经开始探讨历史写作的新体裁，并逐步走向章节体（他称之"新综合体"）。

事都综合一起，一并叙述。[1] 这些例子都说明，东方与西方文明在近代开始产生互动以后，东亚史家已经开始觉得无法用已有的"正统"方式理解和解释世界了。这里表现出的，既是世界观也是历史观的重要变化。

1861 年第二次鸦片战争以后，清政府开始寻求变法和中兴，其标志之一就是不再阻挠中西文化和宗教的交流。西方传教士由此而进入中国，其传教活动不但形式多样，而且触及了社会的各个阶层。部分中国士人也慢慢改变了原来保守的态度，转而关注西方文化。官方同文馆的设立、留学生的派遣和传教士之办报和译书，都让中国人开始比较系统地接触西方文化和学术。就历史学而言，西方人所著的历史著作，也渐渐落入中国士人的眼帘。譬如英国史家罗伯特·麦肯齐（Robert Mackenzie）的一部本来平庸的《十九世纪史》（*The Nineteenth Century*），由传教士李提摩太（Timothy Richard）和中国士人蔡尔康协同翻译，以《泰西新史揽要》为名在中国问世，一时洛阳纸贵，颇为畅销。此书从体裁到内容，以西方近代史学着眼，并非所称的"新史"，但就当时中国知识界的情形而言，则有助中国读者接触到西人著史的形式和内容。简言之，传教士所译的西方史书，让中国读者初识章节体的史书体裁。除了《泰西新史揽要》之外，其他西方人的历史著作，在当时也有翻译出版。譬如美国传教士谢卫楼（Develло Z. Sheffield）就有《万国通鉴》一书，由他自己用浅白的中文编写，也在那时出版，其中"东方国度"四章涉及了中国历史。但这些西人编写的章节体史书，虽然让中国人看

1《万国史记》的出版，在当时受到不少重视，日本汉学家中村正直、重野安绎、冈千仞等为之作序，其中重野安绎就指出，冈本的写作体裁，是一种国别史。见冈本监辅：《万国史记》卷一，重野安绎"序"，出版信息不明，1879，日本国会图书馆藏，第5—8页。

到历史著述的另一种方式，但因为处理的主要是西方的历史（谢书还有浓厚的传教意识和宗教内容），因此其冲击力和震撼力相对不是很大——我指的是对史家著史的启发，也即中国史家是否感到有必要模仿和接受这一体裁来写作中国历史。[1]

《泰西新史揽要》在1894年的《万国公报》上连载，翌年又单独出版。而1894年正是甲午年，是中国近代史上十分重要的一年。其重要性就在于，中日关系由于次年战争中清朝的战败产生了巨变。一向被中国人视为蕞尔小国的日本，经过明治维新后几十年的全盘西化，成为亚洲的强国。中国朝野和士人为之震惊，中国知识界受到震撼。而其结果，便是刺激不少中国学人到日本求学，探究日本转型成功的奥秘。由此契机，中国史学和中国文化，产生了更为剧烈的变化。

二

如此，我们在这里有必要简略回顾一下日本近代史学在明治初年的演化历程。有必要一提的是，日本明治维新的前二十年，虽然可用"全盘西化"来形容，但具体而言，是一个渐进复杂的过程。就拿"明治维新"这一称呼来说，革新派人士用"维新"来形容他

---

1 邹振环撰文指出，谢卫楼的《万国通鉴》，书名有不同的译法，也有不同的版本。由此我们或许可以推论，谢书在当时中国流行并不太广。邹也认为，清末中国人接受西方章节体的历史写作形式，与日本的教科书关系更大。见氏著：《晚清史书编纂体例从传统到近代的转变——以汉译西史〈万国通鉴〉和东史〈支那通史〉、〈东洋史要〉为中心》，《河北学刊》2010年第3期。邹的论点延续了周予同先生在其《五十年来中国之新史学》（1941年出版）的看法，见朱维铮编：《周予同经学史论著选集》，上海：上海人民出版社，1983，第584页。

们的事业，或许表明他们的企图，只是革新，而不是革命。"周虽旧邦，其命维新"，他们显然想保留和维护这个"旧邦"。这一点从明治初年政府对待修史的态度就能明显看出。明治维新的第二年，也即 1869 年，新政府就成立了以编纂历史为目的的官方史学机构，其使命是"正君臣名分之谊，明华夷内外之辨，以扶植天下纲常"。这些目的，与中国古代一个新王朝建立以后以官方名义为前代修一部正史，并无二致，甚至遣词用句，都十分类似。的确，当时明治政府给予其官方史家的任务，就是编纂一部《大日本编年史》，以征集、考订史料为目的。这一任务，与中国王朝史家编纂实录（一般采用编年体）相仿，而在帝制时代的中国，编写实录，是为写作纪传体的正史做准备。

但那时的日本，毕竟已经时过境迁，无法与帝制时代的中国同日而语。虽然修史是日本天皇的命令，可是欧风美雨却日益强劲。修史馆的史家如重野安绎，也感受到照旧法修史，已经与时代的变化不符。而他的同事久米邦武，更是岩仓使节团的成员之一，对欧美各国进行过长达两年的访问。他们都对西方人的治史产生了浓厚的兴趣，并出重金请人撰写翻译西方史家的著作。明治政府也改变了主意，聘请了德国年仅 26 岁的学者，曾受著名史家兰克指导并担任其誊写员的路德维希·里斯（Ludwig Riess）于 1887 年到东京大学任教，希图用西方的观念和方法研究历史。[1] 次年，重野安绎、久米邦武和星野恒等修史馆成员将修史馆并入东京大学，他们亦成为文学院的历史教授。最后，修史馆放弃了编纂《大日本编年史》的任务，而是由他们用新式的章节体手法，合力编纂了《稿本国史

---

1 John Brownlee, *Japanese Historians and the National Myths, 1600–1945*, Vancouver: University of British Columbia Press, 1998, pp.73–80.

眼》一书，共七卷，于1890年开始出版。

重野安绎为《稿本国史眼》（以下简作《国史眼》）一书写了简短的序言，解释了写作该书的意图。他用"史眼如炬"开头，说到史家的任务，就是用好的眼光，就"时势变迁、制度沿革、风俗文物等，摘抉其要"，以示后世。易言之，他指出了《国史眼》此书与传统体裁的不同。的确，虽然《国史眼》在起始展示了一个"天皇继统表"，在每一个天皇下面做一简略的介绍。其后的编排则从"卷"到"纪"，"纪"下面则是"章"，虽然名称不同，但却明显看出是章节体的格式。《国史眼》的内容，按时代顺序安排，每一卷和每一纪，都用一标题标示其主要内容，如第六卷写的是德川家康的时代，共分三纪，第19纪"德川氏初世"、第20纪"德川氏中世"和第21纪"德川氏季世"，然后每一纪下面又有几章（无明确标题，直接进入叙述）。这些分期方法，似乎是为了显示作者作为史家"如炬的眼光"。[1] 这种写法与西方史学中常见的叙述体裁有不少相似之处，表明重野安绎等明治时代的"旧学者"已经渐渐地跟上了那时已经西化了的时代。与此相比，清末民初的中国官方史家如赵尔巽、缪荃孙、柯绍忞等人，尚无意革新传统史学的方式，他们主持的《清史稿》的编纂，其体例基本沿用了《明史》。

这里称重野安绎为"旧学者"（其实更精确的叫法是"汉学者"，因为他们均治汉学，即中国传统学问），是因为在他们之外，日本还有更为西化的人物，那就是以福泽谕吉和田口卯吉为代表的"文明史家"。家永三郎等日本史家指出，日本史学的近代化，出现了双管齐下的现象：既有官方史家革新史学的举动，又有新闻界、知

---

[1] 重野安绎、久米邦武、星野恒编著：《稿本国史眼》，卷一序言及卷六，东京：大成馆，1890。

识界人士涉足史学，推动史学改革的成绩。[1] 有关日本近代的"文明史学"，笔者曾撰有论文，其他学者也多有论述，此处不再多说。[2] 福泽谕吉基本上是一位思想家，但他作为日本近代启蒙运动领袖的地位，却又是与他提倡改造传统历史观念的论著分不开的。福泽谕吉的《文明论之概略》，改变了日本人的世界观和历史观，从原来尊奉中华文明到认可西方文明在近代的领先地位，为日本的近代化奠定了思想基础。福泽谕吉的年轻追随者田口卯吉，对近代日本史学有更为直接的影响，因为田口不仅撰有名噪一时的《日本开化小史》，用章节体的形式叙述日本的通史，而且还主编《史海》杂志，推动新式历史撰写的体裁。在《史海》上发表论文的，也有不少学院史家。总结一下近代日本史学的双轨发展，我们能得到的结论就是，在1894年中日开战的时代，日本史家写作历史的形式，已经有了显著的变化。第一是历史写作形式的变化。德川时代的日本史学，以卷帙浩繁的《大日本史》为典型，而《大日本史》的体裁，是司马迁创立的纪传体。但到了19世纪晚期，无论是官方史家（后来是学院史家）的论著，还是学院墙外的"新闻史家"抑或"文明史家"笔下的史学作品，大都转向了叙述史学，用章节体的形式描述历史的演化。第二是历史写作内容的扩大，史家不再以

---

1 家永三郎：『日本近代史学の成立』，见『日本の近代史学』，东京：日本评论新社，1957，第67页以降。

2 参见王晴佳：《中国近代"新史学"的日本背景：清末的"史界革命"和日本的"文明史学"》，《台湾大学历史学报》第32期（2003年12月），第191—236页。此文修改后译成日文发表，题为"明治期日本史学と清朝末期にゎける新スタイルの历史教科书"，收入近藤孝弘编：『东ワゾワの历史政策：日中韩对话と历史认识』，东京：明石书店，2008，第132—155页。李孝迁所著《西方史学在中国的传播》（上海：华东师范大学出版社，2007）一书，对"文明史学"之进入中国，专门辟有一章，见第42—83页。另见张昭军：《文明史学在中日两国的兴起与变异：以梁启超、田口卯吉为重点》，《北京师范大学学报》2012年第3期。

天皇和皇室的活动为中心，也较少强调史学的道德训诲作用，而是希图勾勒日本"社会"和"人心"的演进和变化。为此目的，他们关注经济、文化和宗教活动，并将之与政治制度的变革糅合在一起描述。第三则是通贯的视角。无论篇幅多小，作者都希求对日本的历史，做一从头至尾的叙述，几乎不见中国传统朝代史和日本以前《六国史》的影响。

这第三个特点的形成，也许是因为当时的这些史学著作，包括上面提到的《国史眼》，基本都是为教学所用的。日本近代化的过程与其教育和学制的近代化同步相连。其中的原因，显然与福泽谕吉在《文明论之概略》所阐述的观念有关。他指出，世界上的文明以西方为最先进，东亚文明次之，被他称为"半开化"。而个中原因，就是因为东亚虽然代有贤人，但"民智"开发不够，一般民众的知识水平与精英相比，差之甚远。明治政府建立之后，大力开发民智，对民众进行启蒙，学制改革就势在必行。明治初期的政策，见于一些口号，如"富国强兵"之类，类似的说法在清代中国也能见到。但明治日本还有一个口号是"文明开化"，显现出明治政府已经决意向西方学习，这在强调"中体西用"的清代中国未受特别重视。所谓"文明、开化"，其实就是英语"civilisation"的两种不同译法而已。[1] 而根据牛津英语词典，"civilisation"的第一个意思就是"社会发展和组织的一个发达的阶段"。这一个解释符合了福泽谕吉的理解，那就是文明的发展，仰赖社会整体的进步，而社会的整体进步，必须普及教育。明治政府成立甫初便在全国推行小学义务教育，造成教科书的需求大增。近代日本的许多史家，都曾参与历史教科书的

---

1 小沢栄一：『近代日本史学史の研究——明治編：19 世纪日本启蒙史学の研究』，东京：吉川弘文馆，1968，第 104—122 页。

编纂。由日本文部省认定的最早的一本近代历史教科书《史略》，发行于1872年，共有四卷，其第一卷《皇国》和第二卷《支那》，由当时任职于修史馆的木村正辞撰写。而木村正辞本人，则是一位有名的学者和藏书家，后任东京大学、东京高等师范学校的教授。上面提到的日本汉学家重野安绎，不但参与编写《国史眼》，而且也为当时不少历史教科书作序。

因此，自明治初期以来，日本便有学者、教授编写教科书的传统，可见教育普及在当时所受到的高度重视。这一传统至少带来两个便利，第一是参与编写教科书的学者也会比较有意识地不断探索教科书写作的新途径，第二是教科书写作的内容和体裁能直接反映日本史学界的变化。譬如收入于海後宗臣所编的《日本教科书大系·近代编》的历史教科书，就从一个角度展现了明治以来历史教科书的不断变化。这一变化的主要线索，就是逐渐摆脱纪传体和编年体的编撰传统，而融入叙述体的成分。比如椿时中所编的《小学国史纪事本末》，出版于1882年。从它的名称可以看出，作者试图用袁枢所创的纪事本末体来叙述日本历史的大事。这一尝试，可以说是日本史家正式采用西方叙述体史书写作的前奏，因为中国传统的史学体裁中，纪事本末体融人事为一体，又"文省于纪传，事豁于编年"（章学诚语），被梁启超视为最接近近代叙述体的一种体裁。[1] 另外，有些教科书作者编写了几本不同的教科书，对教科书的体裁逐渐加以改进。譬如上面提到的木村正辞，在1877年编

---

[1] 梁启超亦言："盖纪传体以人为主，编年体以年为主，而纪事本末体以事为主。夫欲求史迹之原因结果以为鉴往知来之用，非以事为主不可。故纪事本末体，与吾侪之理想的新史最为相近，抑亦旧史界进步之极轨也。"见氏著《中国历史研究法》，上海：上海古籍出版社，1998，第二章，第20—21页。椿时中的书收入海後宗臣、仲新编：《日本教科书大系·近代编》，第18卷，东京：讲谈社，1961—1967。

写《国史案》时，就开始对日本史做了比较明确的分期，将之分为"上古之史""中古之史"和"近代之史"，稍微摆脱了以皇位更替为主线的撰写模式。[1]

1880 年代又是见证日本史学建制改革的时期。明治前二十年，日本朝野一味学习西方，鄙视其亚洲的邻居，特别是中国。这从他们对中国的称呼可见一斑。在明治以前，日本人一般称呼中国为"中土"或"汉土"，在清代则称"清国"。但明治以后，便改称中国为"支那"，音译了拉丁语的"Sina"一词。由此可见日本人对中国态度在近代的转变。明治日本既然鄙视中国，对中国历史也缺少重视。有关中国的历史知识，除了上面提到的木村正辞所编的《史略》中有一卷，大都来自元代曾先之编写、明代传入日本的《十八史略》一书。其实《史略》一书的书名，也受到了《十八史略》的启发，而在那个时代，用"史略"来命名的历史书，数量众多，可见《十八史略》在日本影响之大。[2] 不过在 1880 年代的中期，已经有日本汉学家开始沿用他们写作日本历史教科书的新方法，写作有关中国历史的史书。如以《日本开化小史》闻名的田口卯吉，在 1883 年如法炮制，出版了《支那开化小史》。1888 年，汉学家那珂通世开始写作《支那通史》，以后又有市村瓒次郎的《支那史》和桑原骘藏的《中等东洋史》等书籍的出版。换言之，在那个时代，中国历史又重新为日本所重视。日本的大学历史教学，也在那时开始分成三大块：日本史（又称"国史"），东洋史和西洋史。其中东洋史，就是亚洲史，以中国史为主，但也包括中亚甚至西亚的历史。值得注意的是，那时日本人在观念上"回归"亚洲，并不代表他们想恢

---

1 木村正辞：《国史案》，东京：文部省印行，1877。
2 参见乔治忠：《〈十八史略〉及其在日本的影响》，《南开学报》2001 年第 1 期。

复以华夏为中心的亚洲文明。恰恰相反，此时的日本，虎视眈眈，正准备与清朝开战，以图在亚洲建立其霸权地位。

有必要一提的是中国人在甲午战败后的反应。清朝的失败，有点出乎世界的预料，因为中国不但区域辽阔，而且那时的清政府已经开展洋务运动几十年，国力和兵力都有长足的增强。甲午战败之痛，当然是中国人更为深切。而痛定思痛之后的选择，则是朝野一致，向日本学习，探究日本迅速崛起的秘诀，于是中国人掀起了留学日本潮。这一潮流的兴起，与政府的鼓励关系甚大。以慈禧为首的清政府，仇视百日维新，但却保留了其教育改革的部分，比如京师大学堂就得以继续维持。北大的校史也就自 1898 年始。在这同时，清末还推行了一系列教育改革的措施，以"改科举、兴学堂、奖游学"为概括。实行这些措施，与日本的关系至为密切。当时京师大学堂的教员，日人不少，之后又配备了从日本留学回来的中国学生，辅助教学。这些留日学生出身的教员，年纪常常比学员还轻，不合"先生"的原意，因此造成一定的窘状。[1] 不过这一情形的出现，正好反映了清政府那时从事教育改革的急切愿望。

三

这一急切愿望，在清末新政时期教科书的撰写和使用上，表现尤为明显。上面提到的日本汉学家所写的中国历史教科书，因为文字相近，甚至有的干脆就用汉文撰写，因此马上便为那时的新式学

---

1 参见韩策：《师乎？生乎？留学生教习在京师大学堂的境遇》，《清华学报》2013 年第 3 期。

堂所普遍采用，其中那珂通世的《支那通史》，最为畅销。这一情况的出现，并非偶然。用吴研因的话来形容就是：

> 清朝末年学校没有兴办以前，我国的儿童读物，大约分两种：一种是启蒙的，例如《三字经》、《百家姓》、《千字文》、《神童诗》、《千家诗》、《日用杂字诗》、《日记故事》、《幼学》等；一种是预备应科举的考试的，例如《四书》、《五经》、《史鉴》、《古文辞》之类。这些读物，有的没有教育的意义，有的陈义过高，不合儿童生活。而且文字都很艰深，教学时除了死读死背诵之外，也不能让儿童明了到底读的是些什么。[1]

从所列书名可见，《史鉴》是一部历史读物，可惜笔者无从见到，但猜测可能是与《十八史略》相似的作品。除了文字也许比较艰深以外，对于甲午战后的国人来说，这些传统历史读物的最大问题，就是历史观点陈旧，将历史教育与道德教育等同，让前者作为后者的注脚和说明。而那时的人更关心的是在经历了"数千年未有之变局"之后，中国该往何处去。这一关心与传统的治乱兴衰之历史探究，又有很大的区别，因为世界的变局，已经让中国人看到以往的历史思维，不敷需要了。至少，中国人的世界观，已经无法局限在东亚大陆甚至亚洲，而是必须面对世界，特别是面对一个已经由西方人所掌控的世界了。

上面已经提到，1894 年翻译出版的《泰西新史揽要》一书，在

---

[1] 引自王建军：《中国近代教科书发展研究》，广州：广东教育出版社，1996，第7—8页。

西方同类著作中质量不算上乘，甚至被 20 世纪的英国史学家柯林武德称之为"最乏味的残余"，却在甲午战后的中国成了"最风行的读物"之一，其中的道理，就在于作者在书中大力提倡的历史进步观念。饶有趣味的是，这一大力提倡对已经熟知这一历史观念的英国史家显得"乏味"，但对于当时的中国思想界，则有振聋发聩的效果。该书的译者李提摩太，久居中国，选择此书翻译，正是因为预料到会产生如此效果。他在"译本序"中开宗明义："此书为暗室之孤灯，迷津之片筏，详而译之，质而言之，又实救民之良药，保国之坚壁，疗贫之宝玉，而中华新世界之初桃也，非精兵亿万、战舰什佰所可比而拟也。"这固然是溢美之词，不过如果我们考虑到进化论在清末的影响力，亦可见这些并非纯粹是夸张。而进化论的流行，又与李提摩太在后面所提的事情有关："中国不愿与他国交，于上天一视同仁之意未有合也，遂屡有弃好寻仇之祸，他国固不得谓为悉合也。然闭关开衅之端则在中国，故每有边警，偿银割地，天实为之，谓之何哉？重以前患甫息，后变迭乘而又加甚焉，沿至今日，竟不能敌一蕞尔之日本，呜呼！谁之咎欤，谁之咎欤！"[1] 这些说法将中国受列强欺辱归咎于清政府的政策，有待商榷，不过他所描述的情势发展（赔钱割地和败于日本等），则又大致符合事实。清朝的战败，让"优胜劣败、适者生存"的进化论思想在中国大为流行。《泰西新史揽要》出版以后十分畅销，不算翻版和私印的，就销售了三万本，"打破了中国书业史的记录"。作为一本西方历史读物，这一销售记录，并不见弱于同时出版的、严复所译的《天演论》一书。而严复《天演论》的巨大成功，与甲

---

1 麦肯齐：《泰西新史揽要》，李提摩太"译者序"，上海：上海书店出版社，2002，第1页。

午战败之后中国岌岌可危的情势同样切切相关。[1] 两书内容相异，《天演论》阐述进化论的概念与理论，《泰西新史揽要》则"载之行事而深切著明"，它们合力将进化论的观念，深入到中国人的心中。胡适之的名字和陈炯明的字"竞存"，都是当时进化论思想影响国人的例证。

日本人所著中国历史教科书在清末新政期间流行，不但应当时学制改革之急需，也与进化论思想大行其道有关。本文还想进一步提出，这些教科书的流行，不但乘当时历史进化论盛行之风，而且还有助进化论的思想，普及于中国的年轻一代。与《泰西新史揽要》相比，这些教科书用进化的视角划分中国历史的各个时期，更为"深切著明"，因为其描述的对象是中国人熟知的自己的历史。当然，两者的区别也很明显。与麦肯齐大力歌颂西方历史的进化现象相对照，日本人论述中国历史，强调的是其反面，即没有进化的一面。但或许正因为如此，这对中国人的刺激更大，因为"此论"出自敌国之口。我们且看一两个例子。那珂通世的《支那通史》首篇"总论"有三章，是该书提纲挈领之篇，第一章"地理概略"、第二章"人种之别"、第三章"朝家屡易"。其中第三章最值得一提。那珂通世在其中指出：

> 汉人谈治，必称唐虞三代之隆，三代者谓夏商周也。其文化之盛，虽不尽如汉人所称，而当四邻皆夷之时，汉土独为礼仪之邦，政教风俗，已擅美于东洋，足以观古代开化之一例矣。秦汉以下，二千余年。历朝政俗，殆皆一样，文化

1 邹振环：《〈泰西新史揽要〉——最乏味的残余与最风行的读物》，见氏著《影响中国近代社会的一百种译作》，北京：中国对外翻译出版公司，1996，第103页。

凝滞，不复进动，徒反复朝家之废兴而已。……支那建国甚久，成俗极固，其开化之度，亦非四夷之可及，故胡人或能以其武胜汉，而以其文，则必服于汉。虽胡君在上，其国依然汉唐中国也。国民之情态，一定不变，无进无退，恰如在范型之中，此支那开化之所大异于西国也。[1]

这一段总结，有三点值得注意。第一自然是那珂通世的进化观点，认为中国是否"开化"或"文明化"（此为 civilisation 的原意），是考察中国史的要素。第二是按照这样进化的观点来看，中国的历史在早期文明程度很高，在东洋高人一头，但此后便不复进步。第三是对这一停滞进化的解释。那珂通世指出中国因为开化甚早，基础牢固，所以可以同化外族统治者，但这并不全是好事，因为这样的汉化，造成国民的心态守旧，不思进取。这些论点在中国人听来都会感觉很不舒服，但又并非一派胡言。

当然，那珂通世对于中国的看法也非完全负面。用进化论的观点写作历史，必须有一个通盘的视角。《支那通史》一书，从远古开始一直写到五代，没有元代以后的历史，因此是一部未完成之作。[2] 尽管如此，该书概括几千年的中国历史于四卷，是一部"通史"。对于这一段很长的历史历程，那珂通世认为其中有"治朝"、有"乱世"。具体而言，汉、唐、宋、元、明、清为"隆盛之朝"，

---

1 那珂通世：《支那通史》，卷一，东京：中央堂，1888—1989，第三章第二十节。
2 日本学者山田利明解释道，那珂通世的《支那通史》只写到五代，是因为他的写作主要依赖中国的"正史"，而《元史》和《新元史》之间，孰是孰非未定，为了避免争议，那珂通世也就干脆不写了。见氏著：『中国学の步み』，东京：大修馆书店，1999，第 12—13 页。

前三者为"后三代"，后三者为"近世三代"。[1] 现存的《支那通史》只有四卷，没有元明清的历史。但从那珂通世在上述议论中可以看出，他原本准备写到清朝（该书的总目录最后一章为"近世史下，自清世祖始至今"）。这里三个"三代"的划分，印证了他前述中国历史自秦汉以降，"反复朝家之废兴"的说法。中国虽有治世，但总体倾向是循环往复、停滞不前、没有进化。那珂通世将中国史分为三期：上世（唐虞到战国）、中世（秦汉到宋）和近世（元明清）。

那珂通世的历史分期和对中国历史的看法，在其他流行的日本教科书中也有不少类似的体现。譬如桑原骘藏的《初等东洋史》和《中等东洋史》，由那珂通世校阅，大致采取了《支那通史》的分期法，只是略作调整，将"上世""中世""近世"改称为"上古"（先秦到秦）、"中古"（秦汉到唐末）和"近古"（唐末到明末），再加上"近世"（清初到清末）。桑原骘藏指出，上古期的东亚，是"汉人种膨胀时代"，到了中古期，成"汉人种优势时代"。不过这种优势，在近古期为蒙古人种所取代，因此是"蒙古人种最盛时代"。近世期则是"欧人东渐时代"。[2] 这些调整总体看法依旧，也就是古代中国的历史，虽有曲折，但一路向上，一直到唐，此后就渐渐走下坡路了。与那珂通世相比，桑原骘藏对中国历史的看法，更多一层负面，因为他在近古期，以蒙古人为主，不看好宋朝；而在近世期，又不重视清朝，注重的是欧人在亚洲势力的扩张。桑原的治史，以严谨著称，他在书中少有议论。但他的分期，已经让人看出他对中国史的总体看法。

---

1 那珂通世：《支那通史》，卷一，第三章第二十一节。
2 桑原骘藏：《初等东洋史》，东京：大日本图书株式会社，1899。

另一位日本汉学家井上陈政（原名楢原陈政），在1889年出版有《支那历史》一书，其中比较明确地表达了他认为中国历史在近世停滞不前的观点。井上陈政的历史分期，与那珂通世和桑原骘藏的方法类似：上世（唐虞到战国）、中世（秦统一到五代末）、下世（宋到明末）和近世（清到清末）。然后井上陈政又对这几个时期的特征，做了一些描述。他指出，在上世，"君民共治、上下协和、民俗自由、民智开发，学术技艺发达"；到了中世则走向君主专治，民俗和智能开始出现"迟碍"，学术和技艺也显出"滞涩"；下世的特点则是政治上不思改革，重文轻武，民俗走向柔弱，学术崇尚虚理。总之，中国的历史，逐步走向退化。也许是他曾受业于清朝大学者俞樾，所以井上陈政对清朝的评价比较正面，说它"政略上有进取的倾向，国势上也有强固之势"。[1] 他写作的年代正是洋务运动的盛期，于是他对清朝还有所看好。但此后甲午战败，井上陈政的这些称赞也就成了空话。

中国学界对于这些日本教科书所表达的对中国史的看法，心情十分复杂，甚至可以用"既恨又爱"来形容。他们"恨"的是在当时中国危机四伏的情形下，那些日本人对中国史演化的归纳，似乎指出了危机的历史原因，显得颇有道理。而他们"爱"的则是这些日本教科书，用简短的篇幅，就归纳出中国史的大势，而且在内容上还明显超越了"一家一姓"、以朝代为宗的"正史"。这一长处，与日本学者采取的章节体裁显然有关。因为章节体能跳出一人一事的束缚，根据需要，综合多种历史现象而叙述为一体，方便呈现历史的"一线"进步或演化。分析中国历史的大势，似乎特别需要这样的新方式，因为历史的发展，已经不再为一家一姓的王室所左右；中国的救亡，也需要

---

1 井上陈政：《支那历史》，出版信息不明，1889，日本国会图书馆藏，第9—11页。

中国现代历史意识的产生

全民族的参与。因此这些日本人所著的历史教科书，一时在清末流传甚广，也获得王国维、章太炎、梁启超等学者的好评。[1] 留学日本的中国学生，也纷纷将这些日本教科书，译成中文（除了《支那通史》以外，其他所举的教科书，均用日文所写），为学校所用。

不过，清末的中国对采取这些日本教科书，还有"恨"的一面。清朝学部的《奏定高等学堂章程》有关教科书的条例中便规定，可以"暂用日本原书"或"斟酌采用"，但"仍应自行编纂"。[2] 而那些翻译日书的中国留日学生，虽然热情高涨，但同时又有矛盾的心理。比如将久保天随（原名久保得二）《东洋通史》译成中文的蔡汇东，当时在早稻田大学留学。他在"序"中将这些矛盾心情表达得淋漓尽致：

> 吾译《东洋通史》，吾喜喜者，我中国文化之蚤开也。……东洋全面几半为中国之附属物，则中国者，固执东洋文化之牛耳也，天下之喜，孰出于是？吾译《东洋通史》，吾耻耻者，耻我中国无完全之历史也。左迁而外，史书踵出，然大都为一家一人之记簿，或讲干燥无谓之书法，有历史之名，无历史之意义。即尚有可称者，而或则偏于事实，或则偏于制度，总二者而一之，具如炬眼光，察当日情事，以成一完全中国历史者，则吾遍求之而未得也。求完全中国历史未得之中国，而乃得之扶桑三岛。天下之耻，孰大于是？吾译《东洋通史》，吾惧惧者，惧我中国祸患之纷来也。[3]

---

1 参见前引李孝迁：《西方史学在中国的传播》，第71—83页；及胡逢祥、张文建：《中国近代史学思潮与流派》，上海：华东师范大学出版社，1991，第264页。
2 引自王建军：《中国近代教科书发展研究》，第80—81页。
3 久保天随撰、蔡汇东译：《东洋通史》，"序"，上海：文明书局，1904，第1—2页。

蔡汇东后来加入了同盟会，并参加了武昌起义。他在这里所表述的爱恨交加，很能代表当时中国人读到那些日本教科书的复杂心情。而他对中国传统史学的批评，又与梁启超在《新史学》中的看法如出一辙。他们这一代的中国学人，都深切感觉到，传统中国虽然史籍汗牛充栋，但这些史著并不符合近代社会中历史研究的功用。他们所希望的史书，用蔡汇东的话来说，应该能总事实与制度于一体，并具有明确的历史观点，综合考察历史的总体走向。这样的史书，也就是我们现在常见的章节体的叙述史体裁。当时中国人自己尚未编出章节体史书，日本人的作品受到重视也就是自然之事了。

　　不过，这只是暂时现象。章节体史书传入中国，日本只是一个中介。如上所言，清政府与中国学者，都不满在学制改革之后中国学校大量采用日本人编写教材的现象。教科书的发行数量之大，也让一些有经商头脑的人士感到有利可图，于是在那个时候，中国的出版业蓬勃兴起。比如1897年建立的商务印书馆，最初便以发行教科书为主。通过朝野的共同努力，中国人自己编写的教科书，在20世纪初年迅速登台，逐渐取代了日本的教科书。就历史教科书而言，由夏曾佑编写、商务印书馆出版的《最新中学中国历史教科书》，曾鲲化的《中国历史》和刘师培的《中国历史教科书》，影响甚大，但还有如汪荣宝、丁宝书等人编写的教材。而柳诒徵的《历代史略》，改写和扩充了那珂通世的《支那通史》，也颇有销路。夏、曾、刘的教科书，均采用了类似于日本教科书的历史分期（上古、中古、近古等），注重中国历史的整体演变，但都没有从远古一直写到近代，因此它们虽有"通史"的样式，但都是未完成的作品。柳诒徵的《历代史略》在《支那通史》的基础上，补充了明代的历史，因此相对更为完整。当然最值得一提的是，这些作品都采用了章节体的体裁，融制度、经济、文化和教育于一体，力图勾勒中国文明在历代的演化轨迹，并提出一些解释和分析。[1] 于是，中国的历史著述便逐渐走出了司马迁、左丘明和司马光等所建立的记述传统，开始走向了新途。同时，借助这些新式教科书的影响力，历史进化观念也得以普及于清末中国的一代学子，并在当代中国，仍有深刻之留痕。

（原载《北京大学学报（哲学社会科学版）》2014 年 01 期）

---

[1] 由于篇幅所限，本文不对这些教科书的价值详加讨论。读者或可参见前引李孝迁和胡逢祥、张文建书及 Peter Zarrow, "Discipline and Narrative: Chinese History Textbooks in the Early Twentieth Century", in Brian Moloughney, Peter Zarrow, *Transforming History: The Making of A Modern Academic Discipline in Twentieth-century China*, Hong Kong: The Chinese University Press, 2011, pp.169−208; Q. Edward Wang "Narrating the Nation: Meiji Historiography, New History Textbooks, and the Disciplinarization of History in China", in Brian Moloughney, Peter Zarrow, *Transforming History: The Making of A Modern Academic Discipline in Twentieth-century China*, pp.103−134.

11 胡适与何炳松比较研究

　　胡适与何炳松同为 20 世纪中国学兼中西的学者，他们有不少有趣的共同之处，也有一些共同被人误解的地方，其中之一是有关他们的学术背景。胡适尝言："历史是我的训练。"但其实胡适并不是专业历史学家出身，他的本专业是哲学，只是他一直研究哲学史。与胡适相比，何炳松向来被视为专业历史学家，誉为"新史学"的代表人物。实际上何炳松也不是历史学家出身。胡适和何炳松在美国受到的专业训练都不是历史。何学的是政治，他于 1916 年在普林斯顿大学获得政治学硕士学位，比胡适早一年回国。但与胡适同时在 1917 年任教北大。

　　尽管何炳松没有攻取博士学位，与胡适一样，他在美国的学位论文也是有关先秦的。他写的是春秋战国时期的诸侯政治，符合他的专业要求。回国之后，胡适与何炳松都与商务印书馆的编译所有不同程度的关系。胡适在 1921 年虽然没有接受邀请做编译所的所长，但推荐了王云五，并为该所的改革提出了参考意见，而何炳松则在 1924 年到编译所，之后又担任所长、总编辑等职，直到 1935 年出任暨南大学校长时才离开。更有意思的是，何炳松与胡适同样对章学诚有兴趣。胡适的《章实斋年谱》增订版出版时，何炳松为之作序。以后，何也发表了有关章学诚的论著。从他们回国到 30 年代中期，何与胡虽然交往不算多，但可谓气味相投，也曾在北大同事几年。直到 1935 年何炳松参与起草和发表"十教授宣言"，提倡中国文化本位，才与胡适的支持全盘西化的思想对立起来。但两人的关系并未恶化。[1] 抗战全面爆发后，胡在美国任大使，争取美援，而何则率领暨南大学的师生辗转于浙南、闽西等地，颠沛流离。两人没有来往。抗战结束，何已病入膏肓，一年不到就与世长辞了。

何炳松与胡适最大的不同之处在于他们对于中西文化的态度。胡适一直坚持西化的必要性，尽管他一生治学以中学为主。而何虽然早年主持翻译西洋历史，成就卓然，但对如何建设现代中国文化，在中年之后有所改变，认为需以中国文化为本位。他们的不同，反映了中国现代知识分子的心路历程。而何的"变"与胡的"不变"，更揭示了这一代知识分子在文化改造与民族主义情结的处理上不同的价值取向。

一

何炳松（字柏丞）1890 年 10 月 18 日出身于浙江金华的一个知识分子家庭，比胡适长一岁。他们出身背景类似，都属于士绅家庭，从小受到良好的家教。何家祖上颇有不少知名的学者，如何

---

1 有关胡适与商务印书馆的关系，参见《胡适的日记》，香港：中华书局，1985，第141—167 页。胡适也记载了何炳松 1937 年来到北京，他请不少朋友与之相聚，并陪他两天的事，可见他们两人的私交并没有因为两年前有关"中国本位文化"的争论而受到影响（见第 545 页）。

基，为南宋北山学派的创始者。但他的父亲（寿铨）只是一个私塾教师，对科举了无兴趣，因笃守朱学在当地颇有声望。何幼时聪颖伶俐，但起初并不好学。其父母将他送入一教师家就读，但三日后就不得不把他接回，因为何已恹恹成病。之后，何专心学习，在家由父亲亲授，直至14岁。1903年何参加县试，以高第补县学博士弟子员。同年，金华县知府将丽正书院改为金华府中学堂，第一批取生员20名，何为其中之一。同学中有东阳邵飘萍等。何学业优异，未及毕业就被学堂于1906年保送入浙江高等学堂预备科，三年后升入正科。据何的幼时朋友金兆辛回忆，何从府中学堂到高等学堂，"无试不冠军"。1912年何从高等学堂毕业，又被浙江省府以公费资送美国留学。出国前何回到金华，出任金华中学的英语教师，为学生杜佐周等所喜爱。同学邵飘萍在杭州与人合办《汉民日报》，为何出国饯行。何在出国前与曹绿芝成婚。[1]

　　1912年冬，何炳松赴美，翌年一月到达加州，二月入加州伯克利大学，注册修法语、政治学、经济学科目。但没过几天，他就请假离校，是年夏转入威斯康星大学，注册修地质学、德语、政治学等。1913年，何在该校历史系获得一个助教职位，负责搜集有关东亚和中日关系的史料。由此可以看出，何已经对历史研究有了兴趣，并接受了一定的训练。[2]

　　何炳松在美国积极参与中国留美学生的活动，并因此与胡适认识且建立了通讯联系。1915年何出任《留美学生季报》的编辑部干事，还发表了一些文章。现存的一篇名《课余杂录》，写于1915

---

1 参见《何炳松年谱》和他自己写的《随遇而安》一文，载《何炳松论文集》，刘寅生、谢巍、房鑫亮编校，北京：商务印书馆，1990，第533—535，507—508页。
2 加州伯克利大学没有何炳松的入学注册单，何在威斯康星大学的注册单记录了他以优良成绩毕业。

年，其中多有提醒国人对于日本侵华的警惕的语句："日本胜俄后，对我方针一大变，时露瓜分吾国之志。英日同盟，实束缚之。当知他日黄皙两种，定难免有争雄之日。"不但对日本，何对西方各国侵占中国的行为，也表示了他的义愤："租借地一日不归还，吾国国耻，终一日不能洗尽。"而中国要富强，并不仅在于购置枪炮而已，"欲求自强之道。总以修政事求贤才为急务，以学做炸炮、学造轮舟等具为下手工夫。但使彼之所长，我皆有之"。[1] 这些字句，显示何的民族情绪和爱国之心，也反映了他对中国文化的态度。

1915 年夏，何炳松从威斯康星大学政治学系毕业，并获得荣誉奖。暑假期间，他去东部，在康州中城的维思大学（Wesleyan Univeristy）参加"东美留学生第一次大会"，在会上与胡适第一次见面。秋天，何进入新泽西的普林斯顿大学政治系攻读硕士学位，与当时转学哥伦比亚大学的胡适交往颇多，经常在一起切磋学问。[2] 很显然，何也因此对哥伦比亚大学的"新史学"流派有了接触和了解，这为他回国之后翻译和介绍"新史学"，打下了基础。因此从某种意义上来说，胡与何的交谊也成为影响何之后学术研究方向的一个因素。

在胡适和何炳松的学术生涯中，1915 年看来是一个十分重要的年份。他们的转学奠定了今后的学术方向，而这种学术方向都受到 20 世纪初年美国"进步时代"学术氛围的影响。胡从康奈尔到哥大，成为杜威的弟子，并成为杜威实用主义在中国的推广者，而何入学普林斯顿，对"进步时代"思潮在史学界的主要产物"新史学"产生了兴趣，从而成为这一史学流派在中国的代言人。

---

1 何炳松：《课余杂录》，载《何炳松论文集》，第 451—452 页。
2 见《何炳松年谱》，载《何炳松论文集》，第 535 页。亦见何炳松：《增补章实斋年谱序》，同前揭书，第 134 页。

从 20 世纪初至第一次世界大战的美国历史，人称"进步时代"，以政治和社会改良的运动而著名。不少激进的改革家认为美国的社会发展背离了美国的立国精神，政府腐败、贫富分化、经济垄断，一般人民享受不到平等的社会待遇，他们发起了对现实政治的批判，揭露罪恶，以求改革。这种号召人民关心社会、参与政治的"进步主义"思潮，在美国学术界也有反映，如杜威的实用主义哲学和鲁滨孙的"新史学"。这段历史时期正是胡适和何炳松留学美国的时期，他们都受到很大影响。这在胡适的日记中有不少反映。至于何炳松，因为材料所限，我们没有直接的证据。但从何炳松在当时和后来对现实的关心程度来看，他也深受其影响。

何在普林斯顿大学所修的课程不外乎是美国人文教育的一般科目，并不能显示他如何研究"新史学"。他的硕士论文的内容，也与"新史学"无关。[1] 但是，尽管我们不能获得何论文的全部，但从何在美留学期间发表的英文文章《中国政党小史》中，可略见其思想及研究方法之端倪。何的这篇文章，追述了 1898 年戊戌变法以来中国政党的形成和发展，特别是从同盟会到国民党的历史，以及袁世凯剪除国民党的经过，一直到袁下台，国民党重新进入国会，与进步党形成对峙局面为止。但是，何对政党定义的解释和理解，则完全依照西方的概念。何写道："中国有政党，自前清戊戌政变始。戊戌以前，因地势自封，政体专制；故历史上仅有学派而无政党。东汉之陈窦，唐之牛李，宋之新旧，及明之东林，虽略具政党形式，然绝无政党实力。所争者，非门户，即意气，政治上关涉甚微。"[2] 这种用所学的西方政治学概念阐释中国政治的方法，与他的

---

1 见何炳松普林斯顿大学注册单。何的硕士论文在该校并无存底，其内容大概据其堂弟何炳棣回忆。
2 何炳松：《中国政党小史》，载《何炳松论文集》，第 1 页。

硕士论文相一贯，也与"进步主义"主张学术与现实政治结合的理论相契合。何的硕士论文写的是春秋战国时代列国之间的外交上的纵横捭阖，以西方近代国际法的原理加以解释，阐明其相似和不同之处。何在 1920 年于《法政学报》上发表题为《中国古代国际法》的文章，想来取材于他的硕士论文。

取得硕士学位之后，何炳松因家里年迈双亲的反对，没有继续攻读博士学位。1916 年夏，何回国途径杭州，被留用为省长公署助理秘书；1917 年改任浙江省教育厅视学一职，赴各地视察中学教育的情形。何之后翻译了一些美国中小学课程设置和教学的介绍文章，想来与他的这一段经历有关。

二

1917 年初秋，何炳松得北大校长蔡元培的聘书，成为文科预科讲师，讲授"西洋文明史"，与胡适差不多同时到校。当时胡适所得的是哲学教授的职位，而何则在两年后才被聘为北大史学系的教授。何抵京后，又收到北京高等师范学校校长陈宝泉的聘书，兼任该校史地部的教员，同样教授西洋历史。

何炳松在北大一共任教五年。在这期间，他与胡适相处不错，也曾外出同游。何也参加了蔡元培的"进德会"。何所用的课本，多为哥伦比亚大学"新史学"派教授的著作，如查尔斯·比尔德（Charles A. Beard）的《欧洲史纲》（*An Outline of Europen History*）和《现代欧洲史》（*History of Europe, Our Own Time*），以及詹姆斯·鲁滨孙（James H. Robinson）的《西欧史导论》（*An Introduction to the History of Western Europe*）。尽管何在这段时间将主要兴趣放在译介西方历史方面，但他与专心改造中国古史的胡适，却有不少共同语言。这种共同语言建立在他们对浙东学派的史学大师章学诚的兴趣上。但有趣的是，他们两人在当时研究章学诚都显得有些心不在焉。对胡适来说，他的志向是"但开风气不为师"，用他当时在日记里的话来说，就是"我现在只希望开山劈地，大刀阔斧的砍去，让后来的能者来做细致的工夫"。因此，他之研究章学诚，只是牛刀小试，"一时高兴之作"，给自己"一点拿绣花针的训练"。胡的《章实斋年谱》是一部未定稿，在正式由商务印书馆出版之时，胡适希望有能者能做一次增订的工作。这位"能者"就是姚名达，而姚在做增订工作时，则经常与何炳松商量，"每星期都到我的家里来交换一次我们对于史学的意见"。最后增订版的年谱出版时，胡请何炳松写序，也就理所当然了。[1]

何在序言中不但追述了他与胡适在美国和在北大的交往和"特殊的交情"，也交代了他自己为何没有全力以赴研究章学诚的原因。这一段引文较长，却很能反映当时何炳松对中西文化的态度：

> 我以为章实斋的学说固然值得我们的研究，但是我觉得现在这样程度已经足够了。我们似乎不应该过分的热心。我以为过分了就有"腐化"的危险。现在我们中国人有下面这种风气：就是凡是我国原有的东西不管好坏总要加上一个很时髦的"国"字来做保镖的武器。你看中医一到现在叫做"国医"了；技术一门现在叫做"国术"了；甚而至于中国的饭铺亦叫做"国菜馆"了，这都是"国学"两个字引出来的流

---

1 姚名达曾经写信给何表示他不同意胡适对章学诚史学的中心看法，何炳松则复信认为胡适的解释基本正确。见《何炳松年谱》，同前引，第543—544页。

弊。我们倘使把章实斋的史学鼓吹得过分了，那不但要使章氏和我们自己流入腐化的一条路上去，而且容易使得读者看不起西洋史家近来对于史学上的许多重要的贡献。所以我们此后还是多做一点介绍西洋史学的工作吧！¹

显然，何炳松此时的"心不在焉"并不与胡适一样。他认为当时（1928 年）重要的不是振兴国学，而是如何深入理解西洋文化。这与胡适倡导的用科学方法整理国故有异曲同工之处，目的都是为了引进西学，改造传统文化。所不同的只是胡适的方法较为直接，而何炳松则显得更为彻底。这与何在七年后提倡建设中国本位文化，恰成对照。

何炳松在序言中也对胡适的年谱做了几处批评，但都无关紧要。他也介绍了他本人研究章学诚的心得。与胡适的考据派做法不同，何炳松力图抓住章学诚史学的精华之处，与西方史学进行比较分析。何炳松认为，章学诚对中国史学有三大贡献。一是将著作与材料相分离，即指出史学与史料的不同之处；二是强调通史的写作；三是章学诚对历史研究中主观与客观关系的阐述。何炳松对章学诚史学的总结，显然都与他西方史学的知识积累有关。换句话说，何炳松所发现的章学诚史学的卓越之处，并不见于一般人，而是他自己在深入比较章学诚史学和西方史学的相同点后所阐发的议论。

因此何炳松的议论，只不过是借章学诚的口来表述他自己对绵延几千年中国传统史学的批评。何炳松认为，章学诚之所以将史学（撰述）与史料（记注）分开看待，说明章并不认为纪传和编年

---

1 何炳松：《增补章实斋年谱序》，同前引，第 146 页。

两种体裁代表了真正的史学，何炳松尖锐指出，中国传统的纪传体通史，"不伦不类"，"当做通史看，嫌他们太繁杂了，当做史料看，又嫌太简单了"。而几千年来唯有章学诚能够认识这一点。于是，何炳松将章学诚对通史的推崇提了出来，认为这才是真正的史学，可惜这种通史著作，如郑樵的《通志》和袁枢的《通鉴纪事本末》，在中国并不受重视，寥寥无几。然后，何炳松又企图将西方的"客观史学"借章学诚之口介绍进来。他指出，章学诚对"天人之际"的阐述，与西汉阴阳五行派的不同，实际上讲的是历史学研究中主客观的关系。而章的观点，还胜于西方同期的历史哲学家。[1]

由此可见，何炳松研究章学诚与他当时专心研究和翻译西方史学密切相关。可以这样说，他是用西方史学的成就来反观章学诚的史学，为他介绍西洋史学的工作开辟道路。这种研究方法贯彻在何炳松的其他几篇研究章学诚的论著中。[2]

其实，胡适推广西方的科学方法时，也企图在中国传统文化中寻找"科学"的精神，由此来说明：科学对于中国人来说，并不陌生。胡适博士论文一开始便指出，在中西哲学史上，有不少例子可以说明哲学的发展仰赖于逻辑方法的发展。他不厌其烦地举出从朱熹、王阳明到清朝"朴学"的发展，来证明中国古代不但有科学方法，而且与西方的大致相同。这种将中国文化与西方文化相对照的做法，与何炳松对章学诚的研究非常相似。他们都是为了表明中国

---

1 何炳松：《增补章实斋年谱序》，同前引，第136—144页。
2 何炳松还写过《读章学诚〈文史通义〉札记》和《章学诚史学管窥》，亦见《何炳松论文集》，第27—50、89—119页。有关何炳松的史学成就，《何炳松纪念文集》中有不少专文论述，房鑫亮又在《暨南学报》撰文讨论何炳松对史学史的研究，即《浅议何炳松对史学史的贡献》（1991年第2期，第54—59页）。

　　　　　　　　　　　　　　中国现代历史意识的产生

不但需要而且能够接受西方文化。[1]

因此，尽管何与胡在研究章学诚史学上有许多不同的地方，他们两人当时对中西文化的关系的态度并无不同，两人之间的关系也很不错。何炳松自己也承认，他翻译西洋史学，特别是鲁滨孙的《新史学》一书，是受到胡适的"怂恿"。1920年夏，何炳松应北大史学系主任朱希祖的要求，新开设"历史研究法"一课，他用鲁滨孙的《新史学》为教材，受到学生的欢迎。他还用该书作为"西洋史学原理"一课的教材。[2]

何正式开始翻译《新史学》是在1921年2月，其工作得到北高师学生江兴若的帮助。之后，江有事中断了工作，何又得到朋友傅东华的帮助。同年8月，译稿完成，经朱希祖审定、胡适校阅后，成为北大的讲义，[3]后来由胡适推荐提交北大出版委员会，作为"北大丛书"中的一种出版。胡适允诺写一篇序言，介绍鲁滨孙的史学思想，但未能按时交稿。1923年胡适去杭州烟霞洞养病期间，曾与改任浙江省立第一师范学校校长的何炳松多次晤谈，再度想写一篇序言，但因译稿在北大而未成。因此最后该书由商务印书馆于1924年正式出版。《新史学》一书在当时的学术界造成很大的影响，何炳松因此也就成为闻名遐迩的名学者。据谭其骧回忆，该书"在二三十年代曾风行一时，深受史学界欢迎"。他在1927年进入暨南

---

1 参见胡适：《中国古代逻辑方法发展导论》(*Introduction to Development of Logical Method in Ancient China*)，纽约，1963，第1—9页。
2 何炳松：《新史学导言》、《何炳松年谱》，见《何炳松论文集》，第63—64、539页。
3 据《胡适的日记》所记，1922年2月25日何炳松曾请胡适吃饭，估计与何翻译《新史学》一书有关，或是一起商谈研究章学诚，因为翌日胡适的《章实斋年谱》就出版了。见第272—273页。

大学读书时，就曾读过该书，对"作者和译者都弥感景仰"。[1]

《新史学》一书是哥伦比亚大学"新史学"流派的代表作，1912年在美国出版，是美国史学史上一本影响深远的著作。19世纪的美国史学，深受德国兰克史学流派的影响，推崇所谓的科学史学，强调运用档案材料和史学家的不偏不倚的客观态度。这种历史研究的倾向，成为近代美国史学的正统，一直到20世纪初年"新史学"流派的兴起才逐渐式微。[2]"新史学"对兰克学派的挑战，主要基于下列理由：一是科学的历史学使历史变得枯燥无味，无法吸引读者，丧失了原有的文学价值；二是科学史学使历史研究成为一门孤立于社会的专门学问，只有少数历史学家才愿意去研究和阅读，失去了原有的社会地位和影响。实际上，这种挑战来自新旧两个方面。对于19世纪的自由主义历史学家来说，历史和文学都以娱悦读者为目的，英国历史大家吉本就力求将历史写得既能为历史学家所称赞，也能为一般家庭妇女所喜爱。科学的历史主张考证史料，自然就无法保持历史的可读性。而对于社会科学家来说，所谓的科学史学并不科学，因为其方法仍以叙述为主，历史事件无法重复实验，没有规律性。历史学因此不同于其他社会科学，无法与现实社会加强联系，帮助人们了解社会的发展。后一种批判与"进步时代"学者对社会的关心有着紧密的联系。[3]

鲁滨孙所主张的"新史学"具有如下的特点。第一是历史的实用性：他要求历史学家注意那些与现实有关的史实，厚今薄古，反

---

1 谭其骧：《本世纪初的一部著名史学译著——〈新史学〉》，见《何炳松纪念文集》，刘寅生、谢巍、何淑馨编，上海：华东师范大学出版社，1990，第74—75页。

2 参见王晴佳：《兰克与兰克史学》，《历史研究》1986年第3期，第118—128页。

3 见约翰·海厄姆（John Higham）：《美国历史学的专业化》（*History: Professional scholarship in America*），巴尔的摩：约翰·霍普金斯大学出版社，1983，第104—110页。

映了"进步时代"的实用主义倾向。第二是扩大历史学研究的范围，注意历史上社会力量的发展，不能只研究一些伟大人物。第三是加强与其他社会科学的联系，运用社会科学的方法来研究和预测历史的发展。第四是重申历史学研究的客观性，尽管"新史学"派的历史学家不认为历史是一门不折不扣的科学。[1]

何炳松在其译者导言中总结了《新史学》的大致要点，然后他说，这本书里面的最重要主张，统括起来，就是下面几句话："研究历史的人，应该知道人类是很古的，人类是进步的。历史的目的在明白现在的状况，改良现在的社会。当以将来为球门，不当以过去为标准。'古今一辙'的观念、'盲从古人'的习惯统统应该打破的；因为古今的状况，断不是相同的。"何生怕别人不能理解译文，他又举了英国哲学家罗素在中国的讲演来做注脚，补充说明他所引证的鲁滨孙话的意思：即中国传统文化已经不能指导现实的中国社会了。这与他在为胡适《章实斋年谱》作序时认为应该加强引进西学的意见一致。[2] 同时也说明何回国后长期致力于引进西方文化以改造中国的文化传统。

三

在北大的五年，何炳松的学术成就不小，与胡适、傅东华、邵飘萍等交往也使他心悦神怡。但在1922年，浙江省第一师范学校校长马叙伦离职，教育厅长夏敬观聘请何炳松继任校长，由蒋梦

---

1 见约翰·海厄姆：《美国历史学的专业化》，第111—116页；亦见鲁滨孙：《新史学》（*The New History*），纽约：麦克米兰公司，1912。
2 何炳松：《新史学导言》，见《何炳松论文集》，第62—63页。

麟等出面游说，何推辞不成，遂于9月南下就任。浙一师是一所名校，李叔同、鲁迅、叶圣陶、俞平伯等都曾在该校任过教。但何到校任职不久，便发生师生中毒事件，共死亡24人，在国内影响甚大。何也受到牵连，刺激很深。他自言："物质精神，两受痛苦，事后回想，恍若经过一场恶梦。"[1] 他终于在1924年离开那里，到商务印书馆编译所任职。

何在浙一师期间，饱受痛苦，胡适同期也在杭州养病，却享受了一番人间情爱。[2] 对于一师的惨案，胡适倒也有番评论，表示出他对朋友的关心。胡适在《一师毒案感言》一文中写道，一师有"东南新思潮的一个中心"的盛誉，如今却经受了一番严峻的考验，但一师的师生经受住了考验。胡适赞美说："一师居然能在短时期中恢复上课，居然能不为种种谣言所扰乱，居然能不参加种种迷信的举动，居然能至今还保存一种冷静的态度，静候法庭侦查审判的结果：这一次奇惨奇严的试验，一师至少可以说是及格的了！"同时，胡适也对朋友寄予希望，他希望一师能继续谋求学校的改革和进步，特别是在学校的膳食问题上有一个根本的改革，以求不幸中之大幸。[3]

尽管何炳松有懊悔之意和难言苦衷，但接任一事本身却显示出他的本性。据他本人说，他是一个"随遇而安"的人，个性不强。这种个性的懦弱容易使他容易受到外界的影响，因此也就造成他后

---

1 何炳松：《一师毒案之回顾》，见《何炳松纪念文集》，第33—35页。
2 胡适在杭州烟霞洞养病期间，与曹诚英相恋，心情非常愉快。据徐志摩日记所记："适之是转老回童了，可喜！"胡适自己的诗也能证实他那时的愉悦的情感："翠微山上的一阵松涛，惊破了空山的寂静。山风吹乱了窗纸上的松痕，吹不上我心头的人影。"见白吉庵：《胡适传》，北京：人民出版社，1993，第198—206页。
3 引自胡颂平编著：《胡适之先生年谱长编初稿》，台北：联经出版公司，1984，第2册，第535—538页。

来生活的波折。1922 年以前，胡适与何炳松的个人经历尽管有不少差异，但大致相似。他们同为北大教授，有同样的留洋背景，又同对章学诚和中国历史有兴趣。但在 1922 年以后，他们的个人生活和学术生涯开始变得不同。胡适保持了他的研究兴趣，还开拓了一些新的领域，如佛教史的研究等。何炳松在商务印书馆主持编译了不少西洋史学和教育学的著作，以及百科词典等；在 30 年代，他个人也发表了研究程朱理学和浙东学派及其渊源的论著，但其学术影响力，终无法与胡适相提并论。胡适是一个非常有责任感的学者，尽管他号称"但开风气不为师"，实际上他"好为人师"，乐意成为"开山祖"。但何炳松则自称甘当伙计，随遇而安。[1] 当然，他们两人最大的不同，是在于何炳松后来改变了他对中西文化的态度，而这一变化与他的个性、经历和外界事物的变化有关。

何炳松在商务印书馆的编辑生涯，丰富却不无波折。1932 年，日军进攻上海，引起"一·二八淞沪抗战"，商务印书馆首当其冲，被日军炸毁。四天之后，商务印书馆的东方图书馆和何炳松任职的编译所又遭焚毁的厄运，损失惨重。这对何炳松打击很大。他于 1932 年 10 月 16 日发表的《商务印书馆被毁纪略》一文，详细记载了经过，惨痛的心情溢于字里行间。[2] 这一经历，必然对他的学术态度有很大影响。值得注意的是，何炳松在同一时期还发表了《人类史上的残杀案》一文，追述了西方历史上各种野蛮的行为，来证明英国人在当时残杀中国人犹有渊源。在文末，他写道："近年来又很有提倡'大阿利安'主义的人，在英美各国，尤为哄动一时。他们的意思想联合所有世界上的白种人来同黄种人相抗。……我们

---

1 何炳松：《随遇而安》，见《何炳松论文集》，第 507—508 页。
2 何炳松：《何炳松纪念文集》，第 19—29 页。

黄种人要想永久在太阳下占一个生存的位置，非我们自己同种人释嫌携手，努力自强不可。"[1] 这些言论，与他后来参与起草建设本位中国文化的行为，很有关系。抗日战争的爆发使何炳松改变了急于引进西方文化的态度，而倾向于加强中国文化的建设。这一学术态度的转变，也使得何炳松在政治上逐渐与国民党政府靠拢，与胡适在那时主持编辑《独立评论》的政治态度产生了分歧。

何炳松在上海期间，还积极参与了中华学艺社的活动，后来还担任了几届的社长。这些活动使他有机会与各界人士接触，包括国民党和政府的官员如陈立夫等。何炳松的行政领导才能也为他们所赏识，为他后来受到政府任命为暨南大学校长埋下了伏笔。由于编译所被毁和他本人态度的转变，何炳松放弃了编辑一套西洋历史丛书的计划，取而代之的是一套"民族复兴丛书"，由中华学艺社出面编辑。这些活动进一步反映何炳松在大敌当前的情况下，力求保护中国文化的民族主义感情。这种民族主义情绪趋使他起草和签署了《中国本位的文化建设宣言》（下文简称《宣言》）。[2]

何炳松等十教授签署的《宣言》于 1935 年 1 月 10 日发表于《文化建设》月刊第 1 卷第 4 期。《宣言》一开始便说，"在文化的领域中，我们看不见现在的中国了"，所有的只是古人骸骼或者洋人的天堂，两者都不能拯救中国。因此他们提出，"要使中国能在文化的领域中抬头，要使中国的政治、社会和思想都具有中国的特

---

1 何炳松：《何炳松纪念文集》，第 13—18 页。
2 据刘百闵回忆，何炳松参与起草了《宣言》，但领头署名者王新命却认为何炳松并不在起草者之列，而是孙寒冰拉来署名的。以后，何炳松也并不积极参与他们的活动。何本人也承认他只不过签了一个名而已。刘文见《何炳松纪念文集》，第 240—242 页；王新命：《新闻圈里四十年》，台北：龙文出版社，1993，第 2 卷，第 454—455 页；何的回忆见他的《建设中国本位文化问题并答胡适之先生》，《大夏周报》第 11 卷第 34 期。

征，必须从事于中国本位的文化建设"。这种建设，需要用科学的方法，批评和检讨过去，把握现在，创造将来。简单一点来说，就是要批评传统文化，但同时又不盲从洋人，对西方文化，必须以中国的需要来决定取舍。[1]

这一《宣言》在当时引起很大反响，不少学术界的名人都参与了讨论。蔡元培也复信何炳松，表示了他的看法。蔡提出如何保持中国本位是一个具体的问题，非理论问题。从政治上看，这一讨论配合了国民党政府所领导的"新生活"运动。但其讨论的内容，则是所有的中国知识分子都关心的。讨论之所以会有如此大的影响，国民党的支持只是一个方面的因素。[2]

何炳松在《宣言》发表之后做了一系列讲演，还主持了座谈会，一时名声大噪。这一名声，加上当时国民党内陈立夫等人强调开放政策，吸收党外知识分子参加工作，何炳松因此在同年 7 月获得暨南大学校长的任命。[3]

但是对胡适来说，何炳松之参与签署《宣言》，只不过是重弹保守主义的老调，改变了何一向坚持的引进西学的态度，而与洋务派的观点一脉相承。胡适认为，文化本身就是保守的，中国文化更是保守，因此绝对不用为丢失中国本位文化而担心。如果中国文化的一些成分失去了，只表明它们本来就不适应时代的需要，因而被自然淘汰。胡适希望"我们肯往前看的人们，应该虚心接受这个科

---

1 何炳松：《何炳松论文集》，第 270—273 页。
2 何炳松在该时期与国民党比较接近，但没有材料证明他加入了国民党。从王新命的回忆来看，何在当时并不是国民党党员。见氏著《新闻圈里四十年》，第 2 卷，第 449—450 页。
3 参见王新命：《新闻圈里四十年》，第 2 卷，第 449 页；亦见许杰：《坎坷道路上的足迹》，引自《何炳松纪念文集》，第 358—359 页。

学工艺的世界文化和它背后的精神文明，让那个世界文化充分和我们的老文化自由接触，自由切磋琢磨，借它的朝气来打掉一点我们的老文化的惰性和暮气。将来文化大变动的结晶品，当然是一个中国本位的文化，那是毫无可疑的"。¹胡适的话，与他一向主张的全盘西化或充分世界化的观点并无二致。他指出这一《宣言》与洋务派的联系也可谓一针见血。

何炳松答复了胡适的批评，力求区分他们所说的"本位文化"和"中国传统文化"的区别。他强调，提倡中国文化本位，并不等于要恢复传统文化，相反，他们的目的是用科学方法改造传统文化。如何改造？何炳松认为是要根据"此时此地的需要"来淘汰旧文化或吸收西方文化。自然，何的辩解有其合理的一面，他指出了文化发展需要培植的道理。但是，他们所提倡的"本位文化"的实质却与胡适所批评的并没有什么出入。他们的目的就是要抵制全盘西化，而胡适就是想通过全盘西化来改造中国文化。何炳松没有回答的问题在于，他没有具体说明如何改造文化来符合现实的需要。²

之后，何炳松等十人又发表的《我们的总答复》一文，力图陈清他们所说的"此时此地的需要"的具体定义，他们认为那就是要"充实人民的生活，发展国民的生计，争取民族的生存"。前面两条仍然十分含糊，不能表明为什么在那时是一种特别的需要，但第三条却点出了他们起草《宣言》的背景。³正如上面分析的那样，何炳松之所以参与签署《宣言》，与抗日战争很有关系。战争激发了

---

1 胡适：《试评所谓"中国本位的文化建设"》，原载《胡适论学近著》，引自蔡尚思主编：《中国现代思想史资料简编》，杭州：浙江人民出版社，1983，第 3 卷，第 193—197 页。
2 何炳松：《论中国本位文化建设答胡适先生》，《何炳松论文集》，第 274—281 页。
3 何炳松：《论中国本位文化建设答胡适先生》，《何炳松论文集》，第 282—285 页。

何炳松的民族主义情绪，使他改变了一向从事的介绍西方文化的初衷。民族的存亡使他认识到坚持中国文化本位的必要。[1]

事实上，这种态度的转变，在当时的知识分子中相当普遍。傅斯年就曾慷慨激昂地提出"书生如何报国"的口号。在政治上，他们开始向政府靠拢。即使在胡适主编的《独立评论》上也有民主与独裁的讨论，包括傅斯年在内的不少人提出，现在大敌当前，必须提倡一个强大的中央政府，尽管傅斯年不同意国民党领导的"新生活"运动。[2] 这说明五四时期知识分子挑战权威、改造文化的热情在 30 年代已经为民族主义的情绪所取代。何炳松的改变，只是其中的一个比较显著的例子而已。

胡适本人没有改变他对中西文化的基本态度，但当国民党政府派傅斯年等人劝说他出任驻美大使时，他还是答应了。在赴美前夕，胡适在记者招待会上说："吾从未担任官职，吾珍视吾之独立思想，因吾为人过去素知公开批评政府。但时代已改变，已无反对政府之余地，一切中国人应联合起来。"[3] 显然，胡适也认为当时已经到了一介书生必须报效祖国的时候了。

何炳松的报效祖国，体现在他苦心经营暨南大学的工作上。他出任校长仅两年，战争就蔓延到大学的所在地上海。何炳松先将学校搬至租界，1941 年日本军队进入上海租界以后，他又将学校迁至福建建阳，惨淡经营，可谓鞠躬尽瘁。他的民主治校的作风，亦

---

1 刘百闵回忆了何炳松当时热血沸腾的情景，见《何炳松纪念文集》，第 240—242 页。另一署名者陶希圣也说他在日本武力压迫中国时，"从来在心的民族思想，一朝炙盛"。他之签署"中国本位文化"的宣言，与之有关。见《胡适之先生年谱长编初稿》，第 4 册，第 1381 页。

2 见舒衡哲（Vera Schwarcz）：《中国的启蒙运动》（*Chinese Enlightenment*），伯克利：加州大学出版社，1986，第 217、232—233 页。

3 香港《大公报》1938 年 9 月 28 日。

为师生们所赞扬。在抗战后期，何炳松还受教育部委派担任东南联大的筹委会工作，以求将上海各地的大学聚合于后方。1945年抗战胜利，何炳松组织暨南大学回迁，但不久就被政府调至新成立的英士大学担任校长，他此时已心力交瘁，百般推辞不能，只能勉强就任，但尚未赴任就在1946年7月25日病逝于上海中华学艺社的宿舍内。他的朋友们对他的早逝，颇感悲伤。他们甚至认为何炳松不应出任校长，否则他的学术成就会大得多。[1]

胡适在当月从美国回到上海，随后去了几天南京。何炳松逝世时，胡适在上海，直到当月29日才乘机去北京。但笔者尚未找到胡适参加上海悼念何炳松的活动的记录。个中原因，颇费猜测。也许是因为胡适刚刚回国，又被任命为北大校长，事务繁杂。但从胡适一向的为人来看，似乎不至于没有一点表示。这是有关两人关系的一个疑点。

（原载《史学理论研究》1996年第2期）

---

1 暨南大学的师生对何炳松校长的十年治校有不少赞美之词，何炳松的同事兼朋友周予同、阮毅成等人，则高度评价了何炳松在历史学研究上的成就，并可惜他未能集中精力，专研学问，而被召去担任了十年校长。均见《何炳松纪念文集》。

12 顾颉刚与《当代中国史学》

在中国现代史学家中，能像顾颉刚（1893—1980）那样中外闻名的，没有几人。而像顾那样，以名人专家的身份，高屋建瓴，对其领域的成就得失，加以评论的，似乎更为少见。由此看来，《当代中国史学》这本书实在是弥足珍贵了。俗话说："文品如人品。"那么，就让我们首先从作者的"人品"谈起吧。

民国时期的学界，流传有这样一句话——"我的朋友胡适之"，用来戏谐那些以认识胡适为荣并常将他挂在嘴边炫耀的学人。这句话一方面显示胡适名望之大，另一方面也表明了胡适的为人。的确，胡适之交游，上至达官贵人，下至车夫马弁，在同类学者中，并无几人可及。但其实真正能成为胡适朋友的人，也实在没有想象的那么多。而在他们当中，顾颉刚绝对是很重要的一位。1917 年，胡适自美归国，任教北京大学。虽然在回国以前，他已经在《新青年》上发表《文学改良刍议》一文，博得一些名声，但要想在北大立足并采用新的研究手段与角度，将中国传统的经学史研究扩大和转变为类似西方的哲学史研究，则仍然让他感到是一种冒险，因此心存不安。胡适的这种不安也十分自然，因为他所面对的是一批比他小不了几岁，自幼便受到传统学问熏陶的学生。在他们当中，顾颉刚是突出的一位。出身苏州世代书香，其家族曾被康熙誉为"江南第一读书人家"的顾颉刚，在去北京念书以前，不但已经熟读了那些所谓的"经书"，而且还旁涉各类书籍，并培养了对历史研究的兴趣。可幸的是，胡适的新方法、新态度不久即为顾颉刚所认可，顾还为他在同学中说项："他虽没有伯弢先生读书多，但在裁断上是足以自立的。"更重要的是，顾还拉了另一位旧学底子厚又能"放言高论"的同学傅斯年去听胡适的课。得益于傅和顾的认可和支持，年轻的教授胡适才在北大站稳了脚跟。

与他的老师胡适相比，顾颉刚虽然没有"暴得大名"，但成名也不可谓不早。他于 1920 年北大毕业，由胡适介绍入图书馆工作，并协助胡适编书。在工作中，他很快就发现了古史传说之可疑，因此追根寻底、顺藤摸瓜，发现了一连串的问题，由此而发起了"古史辨"的争论。此时的顾颉刚才三十岁左右，但已经全国闻名了。与他相比，早年北大的学生领袖傅斯年、罗家伦等人，尚在海外辗转留学。他们虽然比顾年轻几岁，但耳闻顾颉刚的成就，傅斯年也由衷地赞叹道："颉刚是在史学上称王了！"傅斯年 1926 年底回国以后，创办历史语言研究所，在古史研究上急起直追，也有一番辉煌的作为。而当年向胡适郑重推荐顾颉刚的罗家伦，在回国之际则写信给顾颉刚，希求后者的帮助，谋求教职。[1] 可见在短短的几年时间，顾颉刚的地位有了迅速的转变，从一位年轻的学生，成了国际知名的学者。他的那些在海外游学的同学，未免感叹："士

---

1 傅斯年评语见《傅斯年全集》(台北：联经出版公司，1980)，第 1499—1542 页。罗家伦推荐顾颉刚事见顾潮著《历劫终教志不灰：我的父亲顾颉刚》(上海：华东师范大学出版社，1997)，第 60 页。罗在回国以前作信顾颉刚，则见于《中山大学周刊》1928 年 1 月，第 2—14、399—401 页。

别三日，则当刮目相看。"用傅斯年的话来说："几年不见颉刚，不料成就到这么大！"[1] 的确，在 20 世纪 20 年代末 30 年代初，顾颉刚名声非但蜚声国内，而且已经远播海外。美国汉学家恒慕义（Arthur W. Hummel）在《美国历史评论》（American History Review）上撰文，介绍顾颉刚、胡适关于古史的讨论，并把顾颉刚的《古史辨》第一册自序，译成了英文出版，题为《一个中国历史学家的自传》（The Autobiography of a Chinese Historian），俨然把顾颉刚视为当时中国史学界的代表。[2] 恒慕义的做法，也为后来的学者所认可。1971 年，美国史学家施耐德（Laurence A. Schneider）出版了中外学术界第一本有关顾颉刚学术生涯的专著，题为《顾颉刚与中国的新史学》（Ku Chieh-Kang and China's New History），把顾颉刚视为中国现代史学的代表人物。[3] 施耐德愿意为一位当时还在世的中国学者立传，这在美国的学术界，也属少见，由此可见顾颉刚的名声与威望。而在国内，虽然顾颉刚的名字称得上是家喻户晓，但真正对他的学术加以研究的，则要在他过世多年以后。这里的原因，与顾颉刚本人晚年的遭遇有关，这在顾颉刚女儿顾潮写的《历劫终教志不灰：我的父亲顾颉刚》的后半部分，有比较清楚的描述，此不赘言。中文学术界对顾颉刚以及"古史辨"的专题研究，始在 1980 年代末，如刘起釪的《顾颉刚学述》、王汎森的《古史辨运动的兴起》等好几种。德国汉学家吴素乐（Ursula Richter）亦于 1992 年

---

1 见前引《傅斯年全集》，第 1499—1542 页。

2 恒慕义的文章为 "What Chinese Historians Are Doing in Their Own History?" *American Historical Review*, 34:4 (1929), pp. 715—724。他之翻译顾颉刚之自序，见 *The Autobiography of a Chinese Historian* (Leyden: J. B. Brill, 1931)。

3 施耐德的书见 *Ku Chieh-Kang and China's New History: Nationalism and the Quest for Alternative Traditions* (Berkeley: University of California Press, 1971)。

出版了《疑古：作为新文化运动结果的古史辨与顾颉刚》(*Zweifelam Altertum*)，再度证明顾颉刚之国际名望。[1]

一、坦诚相见、文如其人

　　也许是早年成名的关系，顾颉刚与胡适一样，在生前有意无意地为后人留下了不少材料。如前述有关顾颉刚与胡适之间最初的接触，就是由顾颉刚自己在《古史辨》第一册自序中提供的。因此，他们不但能因其成就而为学界所注意，也由于材料丰富的关系，使后人能不断为之"树碑立传"。但是，他们两人之间还是有所不同。胡适成名之后，一举一动都在众目睽睽之下，而他又有史学的训练，深知史料的重要，因此他所遗留下来的文件，包括日记和手稿，非但字迹工整，而且思想清晰，没有暧昧之处。即使有暧昧之事，胡适也注意不留下痕迹。如他与美国女友韦莲司（E. C. Williams）的友情／恋情，则主要通过对方所保留的书信而为今人所知。顾颉刚则稍有不同，堪称"性情中人"，乐意披露自己的感情。这里的感情，并不专指男女之事，而是指他对学问、人生、友情的看法。顾颉刚的《古史辨自序》，就是最好的例子。他一旦有了机会，往往下笔千言而不能止，不吐而不快。几乎每次"古史辨"讨论结集，只要是他负责，他就会写一篇长序，直抒胸臆，将前因后果娓娓道来，其中的甘辛苦涩，一并呈现，让读者知晓。因此读他的序言，宛如读郁达夫的小说，有一种淋漓尽致的感受。他

---

1 刘起釪的书为北京中华书局 1986 年出版。王汎森的书由台北允晨文化 1987 年出版。吴素乐的著作则见 *Zweifelam Altertum: Gu Jiegang und die Discussion über Chinas alte Geschichte als Konsequenz der "Neuen Kulturbewegung" ca, 1915–1923* (Stuttgart: Franz Steiner Verlag, 1992)。

们都是五四时期的人物，都受到那时提倡的个人主义和浪漫主义的种种影响，虽然治学兴趣不同，但个性风格有相似之处。顾颉刚的这种文风和性格，对后世历史学家来说则是莫大的喜事，因为他自愿地提供了许多不可多得的材料，为史家和读者了解他的为人治学提供了极大的助益。略微可惜的是，《当代中国史学》篇幅不大，又以评论旁人的作品为主，因此并不能让顾颉刚尽兴发挥。但是，他的文风性格还是有所体现。他所用的评语非常直接、干脆，没有保留。他有时甚至将几个人的同类作品加以比较排名，分出名次，充分表现了他直率、真诚的个性。

当然，顾颉刚能这样做，不仅与他的性格有关，更因其史学名家的地位。由此，顾颉刚这种名家评名作的做法，构成了此书难以复制的一大特色。《当代中国史学》写于抗战胜利之后的 1945 年，此时的顾颉刚虽然刚过五十，但就其威望成就而言已经是史学界的耆宿。由他出面评述当代中国史学（顾有合作者童书业和方诗铭两人），自然有点"青梅煮酒论英雄"的味道，读来十分过瘾、亲切。但是，顾颉刚并不自大高傲，而是力求公正。这一点又与他的性格人品有关。

顾颉刚虽然出身书香门第，但他的成长经历却并不像人们想象的那样，坐拥书城，整日"之乎者也"，只啃那几部经书。相反，他由于年幼体弱，一直为其祖母所呵护，他从祖母那里听来不少民间故事，由此而培养了他对民俗文化的兴趣。后来到北京求学时，他又迷上了京戏。因此他对中国的精英和通俗文化，都有兴趣。这或许也影响了他的人品性格。顾颉刚虽然出身世家，自己又很早成名，但他的待人接物，则较少"名士气"，而是显得真诚、宽容，愿意以各种方式奖掖、提拔后进。他的治学，也往往高低兼涉，不但研究深奥的经学与史学，也对通俗的戏曲和民俗文化充满了兴趣。甚至他在古史研究上的一些想法，如所谓"层累地造成的古史传说"的说法，正是他从对戏曲剧情的演变的探究中，启发而来。这一"层累地造成的古史传说"，是顾颉刚疑古的一个重要理论依据。他从戏曲的演变中看出，一部剧作的剧情，往往始简而繁，经过几代人的加工，而变得愈益生动逼真、跌宕起伏。他由此提出，人们对古代文明的认识也经历了同样的演化路线，愈到后代似乎愈益清晰，因此其描述变得愈益复杂生动。其中的原因，显然是因为后人掺假虚构所致。他在那时所举的一个著名的例子就是，传说中的圣贤禹，或许只是古人的一种图腾崇拜，并不是一个真人。只是到了后来，人们才把古史传说"拟人化"，将尧、舜、禹等奉为远古的"三代圣主"。这一说法激怒了当时不少守旧的学者，顾颉刚被认为大逆不道。但顾颉刚对古史传说的解释，从人们的常识出发，显得简明易懂，也得到了不少人的支持。同时，他不仅仅做基于常识的猜想，而且用考证史料的手段，提供了古人作伪的许多证据，因此使得"古史辨"的运动在1920年代为国人所广泛注意。它也揭示了传统文化的弊病，为五四新文化运动对传统文化的批判和改造提供了有力的学术论证。

但是，深知治学艰辛的顾颉刚并没有因此而停滞不前，而是希求通过进一步的探求，特别是对新史料的发掘和利用，对古史做更深入的研究，以求在科学而不是在传说的基础上，重新认识并恢复古代文明的面貌。可惜的是，许多对顾颉刚没有研究的人，往往不了解他的这一想法，而是将他简单看作是一位"疑古"的、"破坏型"的学者。其实，顾颉刚是想先破而立，甚至破中求立的。因此，他还是一位"建设性"的学者。他在《当代中国史学》上编第五章评论今文学派时，已经提到"破坏与建设本是一事的两面"。

《当代中国史学》的写作结构，比较明确地表现了顾颉刚的这一重要的、常为人忽视的另一面。此书有三编，代表了三个部分，主要描述民国史学由旧转新的过程。在顾颉刚看来，传统史学中有不少有益的成分，为新史学的成就起了一种铺垫的作用。而更重要的是，他把新史学的成功，主要归之于新史料的开发，这自然包括那时对文献史料的考订与批判，而"古史辨"之功劳独大。但他的重点，则是要强调实物史料的发现与运用，如"安阳甲骨文的出土""西北文物的发现""敦煌石室的发现"和"铜器的新发现"。他将这些实物史料列于文献史料之前，同时还把传统史学中运用实物史料的成就，特别加以列出，以显示新旧史学之间的联系。于是，细心的读者就能感觉到，虽然顾颉刚把"古史辨"的运动列于书末（第五章），但他并不认为"古史辨"集合了新史学的大成，或代表了新史学的最高成就。相反，顾颉刚眼中的新史学，以对实物史料的发现和运用为主要核心和标志。而对实物史料的发掘与运用，显然并不是顾颉刚所长，也不是他成名的主因。这是他昔日的好友、后已有龃龉的傅斯年的一贯主张。傅斯年所领导的历史语言研究所，以"史学只是史料学"为信仰，以"我们不是读书人。我们只是上穷碧落下黄泉，动手动脚找东西"为口号，以"凡能直接研究材料，便进步"，"凡一种学问能扩张他研究的材料便进步"和"凡一种学问能扩充他研究时应用的工具的，则进步"为目标，对中国文明的遗址，进行了一系列的科学发掘，由此而对中国的古史，获得了新的认识。[1] 这一新的认识，重建了古史的某些真实性，与"古史辨"所得的结论相反。虽然顾颉刚没有完全改变他怀疑古史的立场，从他在此书中将安阳殷墟发掘的日期弄错这一点来看，他也没有过于注意他昔日同窗的工作，但是他毕竟是一个诚实的学者，有一种科学的宽容与大度，因此他能

---

1 见傅斯年：《历史语言研究所工作旨趣》，见《傅斯年全集》，第 1301—1312 页。

承认实物史料的发现与运用，代表了新史学的主要成就和发展方向。

二、宽容大度、中肯客观

　　顾颉刚不仅对新派学者如傅斯年持一种宽容、支持的态度，他对其他类型的学者也一视同仁，能帮忙处便帮忙、能推荐处则推荐，因此他之提携后进，在当时的学术界十分出名。全面抗战以前，初出茅庐的学者，常常追随三大"老板"，分别是"胡老板（胡适）"，"傅老板（傅斯年）"和"顾老板（顾颉刚）"。但胡与傅都有机构的支持，财力雄厚，傅斯年创办了中央研究院最早的历史语言研究所，与中央研究院的关系非同一般。胡适则是北大文学院院长，又掌控中华教育文化基金会，势力更是庞大。而顾颉刚仅仅是燕京大学的教授、北平研究院历史组的主任，财力不能与前两人相比。他之所以能成为青年人追随的对象，主要是他的学问和他的爱才。[1] 顾颉刚对钱穆的提携，就是一段佳话。钱穆在 1929 年以前，由于家贫而没有受大学教育，辗转于无锡、苏州等地的中小学教书，利用业余时间治学。一个偶然的机会，使他遇见苏州养病的顾颉刚。顾颉刚慧眼识才，在读了钱穆的《刘向歆父子年谱》手稿之后，推荐钱入京教书，先到燕京大学，后又推荐他到北京大学教授中国上古史，使得钱穆能进入当时学术界的主流。虽然在 1931 年以前，钱穆还没有公开批评胡适、傅斯年等人的治学方法和对中国传统的态度；他甚至还在早先出版的《国学概论》中对胡适所开辟

1　参见顾潮：《历劫终教志不灰》，第 179 页。

的新途径表示出一种欣赏的态度。[1]但是，就钱穆的教育背景来看，要他像那些接受过科学训练的新学者那样注重研究实物史料来扩张史学研究的范围，则显然可能性不大。对此顾颉刚自然不会不知道。但他照样竭力推荐钱穆，表明了顾颉刚之爱才与宽容的品格。

顾颉刚这种宽容大度，在探究学问方面不抱成见的态度，使得《当代中国史学》的内容增色不少。上面已经提到，此书写于1945年，在艰苦的抗战之后，学术界百废待兴、急待重整。但如何重整、重振，则是对当时人的一个严峻的挑战，因为抗战的爆发，已经分化了中国的学术界。在中华民族面临严重危机的时代，学者们做出了不同的选择，不少改变了原来的治学路线，因此而形成了与战前不同的派别。本书既然是以《当代中国史学》为题，自然必须有一种包容一切、兼顾大家的态度，将这些不同的派别一一作评。顾颉刚之宽容大度、不含偏见的品格，在其中得到了充分的表现。上面已经提到，他虽然自己并不参与考古发掘，却坚持认为新史学的特长在于开发新史料，特别是对实物史料的重视与运用。同时，他还力图突破政治的偏见，不以政治见解来决定学术著作的取舍。如他在此书下编第一章第二节"通史的撰述"中提到的数位史家，从政治态度和教育背景衡量，都不能算是新式的学者，如吕思勉、缪凤林和钱穆，但顾颉刚对他们一视同仁，纯以学术质量为标准加以评论。他对钱穆的《国史大纲》有这样的评语："钱先生的书最后出而创见最多。"尽管他对钱穆那样以一人之力写作中国

---

1 有关钱穆与胡适等科学史家的关系，参见余英时：《犹记风吹水上鳞》，见氏著《钱穆与中国文化》，上海：远东出版社，1994，第7—18页；傅杰：《钱穆与甲骨文及考古学》，《中华文史论丛》第64辑，上海：上海古籍出版社，2000，第248—307页；以及王晴佳：《钱穆与科学史学之离合关系，1926—1950》，《台大历史学报》第26期2000年12月，第121—149页。

通史的作法，并不特别赞成。顾颉刚在书中的议论可以为证，他写道："通史的写作，非一个人的精力所能胜任，而中国历史上需待考证的问题又太多，因此最好的办法，是分工合作，先作断代的研究，使其精力集中于某一个时代，作专门而精湛的考证论文，如是方可以产生一部完美的断代史，也更可以产生一部完美的通史。"

由此可见，顾颉刚本人的治学路径，与胡适、傅斯年的比较一致。胡适写了《中国哲学史大纲》前半部之后，为了佛教的问题，做了不少专题的考证，以致至死都未能完成下半部。有人因此将胡适讥为"半部书作者"，但其实胡适的这种做法，尽管让人有些失望，却也表明了他治学严谨和实事求是的科学态度。而傅斯年更为极端，他干脆认为通史的写作不是现代史学研究的目的。在《历史语言研究所工作旨趣》中，傅斯年写道："历史学不是著史：著史每多多少少带点古世中世的意味，且每取伦理家的手段，作文章家的本事。近代的历史学只是史料学……"[1] 当然，在"九一八"事变之后，傅斯年的态度也有所改变，认识到通史的教育对振兴民族自信的重要，因此提议在北大开设"中国通史"课，并鼓励张荫麟、吴晗写作通史。对此顾颉刚在本书中有较高的评价，特别提到该书"集合数人的力量，写一通俗的通史"。但他并不因此而贬低钱穆的《国史大纲》。如果我们再考虑到钱穆在《国史大纲》的"引论"中，曾对所谓"科学派"的治史有严厉的批评，那么我们就更能体会顾颉刚之宽容与大量了。

顾颉刚不但对当时人看来"守旧"的学者有一种包容的态度，他对马克思主义史家如郭沫若等，也充分评价他们著作的学术价值，认为他们是"研究社会经济史最早的大师"。其实，顾颉刚自

---

1 见《傅斯年全集》，第 1301—1312 页。

　　　　　　　　　　　中国现代历史意识的产生

己虽然不信奉马克思主义，但对马克思主义史学的长处，则一目了然。他在本书的"引论"中已经提到：自唯物主义史观输入中国以后，"更使过去政治中心的历史变成经济社会中心的历史，虽然这方面的成绩还少，然也不能不说是一种进步"。这在当时是一个十分中肯的评论，体现了顾颉刚作为一个杰出史家的眼光与睿智。

三、名家名作、风格鲜明

走笔至此，我们已经将顾颉刚的为人与治学，做了一个大致上的论述。《孟子》有言："颂其诗，读其书，不知其人可乎？是以论其世。"为了更清楚地了解顾颉刚《当代中国史学》的优点和贡献，我们还必须简单讨论一下该书的地位和背景，以及我们现在阅读此书的意义。首先谈一下此书在中国史学研究上的地位。中国的史学传统，以其历史悠久著名，两千年来没有间断，可谓源远流长。既然是历史研究，就必以追求真实为其目标。中国的古代史家很早就认识到"直笔"的重要。但是，中国史家也有借用史实来阐发政治理想、道德理念的传统。孔子的"春秋笔法"自然是一远例，更亲近的例子是司马迁的"太史公曰"，为以后不少"正史家"所延承。换言之，史评这一传统，在中国文化中，也有长久的历史。但是，要说史学史的研究，即对史学写作这一文化事业从观念到方法等各个方面加以系统研究的工作，则要等到与西方文化有所接触以后才正式成为一门学问。有人或许会说，中国古代也有刘知几的《史通》、王夫之的《读通鉴论》和章学诚的《文史通义》等评论史学的名作，由此可以证明史学史的研究在中国早已存在，但在笔者看来，这些著作的出现，从中国史学传统的大背景看，只是一些偶然的事件，并不能证明传统学者已经有意识地认识到史学史研究之独立性。

我们说史学史的研究是在中西文化交流、冲突的背景下才出现，并不是指史学史的研究是从西方移植到近代中国的（当然中国学者也确实参考了近代西方研究史学的方法、观念和理论），而是说在两种文化交流的背景之下，才使得（迫使？）中国学者反思、反省自身的史学传统，因而刺激、促成了史学史研究在中国的诞生。身处 20 世纪初年的梁启超和章太炎，面临西方从军事到文化的强大挑战，提倡对文化传统进行革新。在做这些文化革新的尝试时，他们自然将两种文化加以对照，结果发现它们之间虽然有许多不同，但就史学研究而言，却也有不少相通的地方。于是梁启超写道："于今日泰西通行诸学科中，为中国所固有者，惟史学。"但是，梁也注意到中西史学的不同："史学者，学问之最博大而最切要者也。国民之明镜也、爱国心之源泉也。"[1]但中国传统的史学，在推广民族主义这一方面则欠缺一筹，因此他提倡"新史学"。与他同样对传统学问有深厚素养的章太炎，在观察了中西史学的异同之后，也提出史学革新的要点，是要提倡"通史"的写作，即突破朝代史的传统。不管他们两人的观察准确与否（就中西史学的表面上的异同来看，他们俩讲的都十分准确），他们就中西史学传统所做的比较，开启了现代中国史学史研究的先河。换言之，西方文化之输入中国，使得中国人发现了一个文化传统上的"他者"。在这一"他者"的反衬对照之下，中国人开始注意研究自身的文化传统，而史学则成为这一新文化运动的一个先锋。难怪中国现代的著名学

---

1 梁启超：《新史学》，见《梁启超史学论著三种》，香港：香港三联书店，1980，第 3 页。

者，大都以史学为业，与顾颉刚同时的人中间，以史学闻名的，俯拾即是。即使是其他学科的学者，其成就也往往在史学的研究，如哲学家冯友兰以哲学史著名，佛学专家汤用彤以佛教史成家，小说家鲁迅之文学史研究有口皆碑，而诗人郭沫若则在中年即慢慢转行到史学界了。相似的例子还有陈梦家、闻一多等人。就当时的情形看，似乎史学研究与学术研究可以画上一个等号。甚至，这一风气在现代中国，仍然有典型的表现。文化名人一旦对学术研究有兴趣，往往从史学方面入手进行研究。小说家沈从文晚年的服饰史研究，就是证明。而武侠小说家金庸，在成为浙江大学文学院院长之后，便选择以中国古代史为方向招收博士生了。

既然史学成为中西文化交流的一个桥梁，因此中西史学史的研究，在 20 世纪以来，就慢慢为史学家所重视，逐渐演变成为独立的研究主题。1920 年代在北大任史学系主任的朱希祖，就开始为学生讲授中国史学的传统，以后成《中国史学通论》一书。他还延请留学美国的何炳松，为学生开设"史学方法论"，由此而引起何炳松翻译鲁滨孙《新史学》一事，而《新史学》则成为"本世纪初的一部著名史学译著"（谭其骧语）。[1] 在与中西史学传统的对照中，中国学者也发现了一些原来不为人注意的史学史人物，如章学诚及其《文史通义》，就在现代中国学界受到广泛注意，与章在清朝的地位有天壤之别。胡适出版了《章实斋年谱》一书。而何炳松不仅注意到章学诚，还注意到了刘知几。与何有同样兴趣的还有"学衡派"的人物张其昀。显然，由于学者们（特别是那些受到西学影响或训练的学者，其中包括那些所谓"守旧"的"学衡派"人物）开

---

1 见谭其骧：《本世纪初的一部著名史学译著——〈新史学〉》，见《何炳松纪念文集》，第 74—75 页。

始从史学史的角度反观过去，因此而发现了中国史学的一个不同的传统。事实上，由于西学的影响，这种研究史学史的兴趣，在中国的东邻日本也早已形成。由于中日文化在历史上的亲近关系，日本学者研究史学史就必然会涉及中国的史学传统。因此，日本史家也对中国史学史进行了研究。汉学家内藤湖南就是一位研究中国史学史的先驱。他不但有身后出版的《支那史学史》一书，而且还像胡适、何炳松一样，对章学诚的史学颇有研究，成为现代"发现"章学诚的学者之一。现代中日学者对中国乃至东方史学传统的重视和研究，都与他们与西方史学和文化传统的接触有关，也是他们反省和革新自身的史学传统的一个重要表现。

到了顾颉刚写作本书的年代，研究中国史学史的论著已有不少。除了朱希祖的《中国史学通论》和金毓黻的《中国史学史》等专著以外，有关刘知几、王夫之和章学诚的论文已有不少。对明朝以来的史学发展，齐思和等人也开始着手研究。至于清末民初以来史学研究的变迁，钱穆在其《国史大纲》引论（此引论曾首先发表）中，也做了派别的区分，提出了说明意见。而周予同的长篇论文《五十年来中国之新史学》[1]论述更为详细。有关史学方法的论著，更是不胜枚举。而才华横溢但英年早逝的张荫麟，则对历史哲学，表示了不少兴趣。这些都说明，在《当代中国史学》出版的年代，史学史的研究已经自成风气，获得了中国史学界的注意。但是，像本书那样，以史学名家出面，评论史学界成就与不足的著作，还是不多的。即使是在此之后，也没有太多同样的例子。顾颉刚之前的助手白寿彝是一个杰出的例外。而当今更多的史学史

---

1 原载《学林》第 4 期（1942 年），收入朱维铮编：《周予同经学史论著选集》，上海：上海人民出版社，1983，第 513—573 页。

专家，似乎已经为自己的兴趣所限，而没有就历史专题做多少研究。如果我们再考虑到个人特色，即此书所体现的顾颉刚本人的人品与性格，就更能感觉到其独特价值了。就拿白寿彝来说，他虽然在过去的几十年来，一直为推进中国史学史的研究做出了很重要的贡献，但他扮演的主要角色，以学术领头人为主。因此在他署名出版的著作中，并没有多少能真正和全面地反映他个人的学术观点和看法。此处所发的议论，主要是想凸显《当代中国史学》的特色，并无臧否他人的意思。事实上，顾颉刚本人也常扮演学术领导人（"顾老板"）的角色。

四、亦书亦史、价值独特

在结束本文之前，我还想就《当代中国史学》的内容再发一些议论。《当代中国史学》是名家名作，在出版几十多年后的今天也成为史学史与学术史研究的重要史料，因此下面的讨论，主要以其反映的史学观念为主。至于具体的内容，则留待读者自己去发现与评论。依笔者管见，该书在观念上有两大特点，其一反映了现代中国学者对传统文化与中外文化交流的态度，其二则涉及他们对历史学性质与方法的认识。这两个方面，都能为我们了解中国文化在现代的变迁和改造提供重要的线索和证据，由此亦可证明《当代中国史学》作为现代中国文化经典作品的价值。

作为一位五四学者，顾颉刚在这本书中所持的文化观，具有五四新文化运动的复杂特点，即一方面信奉历史进化论，认为中国文化在现代世界处于一种落后的状态，有待改造和改进；另一方面则又带有强烈的民族主义情绪，相信中国文化顽强的再生能力和内在的价值。这两者之间又存在紧密的联系：民族主义的情感既能使人对自己民族的未来充满信心，又可以为其现状的落后而忧心忡忡，而这一复杂心理，则又与历史进化论的理念有关。正是由于信奉历史进化论，史家才会将各种文明既做纵向的前瞻，又做横向的比较，由此而发现自己文明的位置，为其超前而窃喜，为其落后而焦虑。殊不知，由此角度来比较文明的价值，几乎永远无法让人满意，因为比较文明进步的标准自有多种，比较的方法可以各个不同，如果纯做外向的比较，则无法获得对自身文明内在价值的全面认识。

在"引论"中，顾颉刚指出了在抗战胜利之际出版此书的意义，认为"中国的历史，从此又将走入一个新的历史阶段"。而这一新的历史阶段，在顾颉刚看来，是相对19世纪中叶中国为列强所败而开始的那一个历史时期而言的。他说，缔结了《南京条约》之后的中国，"便开始遭受着狂风暴雨的袭击，我们的国家，就在这狂风暴雨之中，作猛烈的挣扎；到今年，终于获得了最后的胜利"。换言之，当时的顾颉刚认为，中国能够打败日本，取得抗战的胜利，不仅有局部的历史意义，而且能为中国的历史开辟一个新的纪元。不管顾颉刚的预测是否正确，他的观点本身已经显示了他的历史进化论意识。

不仅如此，顾颉刚在表达了对中华民族的生命力及其光辉前途的信心之外，又对他所处的时代以及已有的学术成果不甚满意："一百年前，我们对于西洋的文化，望尘莫及；一百年后，我们的文化，仍是迂缓地随在人家的后面，与别人家比较起来，依旧相去很远，我们真觉得对不起我们的祖宗。"但是，在表达了这种不满之后，他又连忙指出："这一百年之中，我们各部门的文化，也有比较进步迅速的，史学便是其中的一门，而且是其中最有成绩的一门。"顾颉刚民族主义文化观之复杂、矛盾，显露无遗。

这种文化观主导了顾颉刚对历史学性质与方法的认识。在他看来，历史学像历史本身一样，会经历一个进化的过程，而这一进化，主要表现在两个方面：一是方法的完善，具体表现为运用科学的手段发现和考证史料，从而扩充人们对历史的认识；二是视野的开阔，由原来的帝王将相扩大到社会的各个层面。本书的结构，充分体现了这种史学观。顾颉刚不但要展现这一百年来中国史学从旧到新的转化／进化，而且还想揭示和解释这一转化的原因。因此，《当代中国史学》分有三编，上编描述"近百年中国史学的前期"，中编是"新史料的发现和研究"，而下编则是"近百年中国史学的后期"，这里的从"前"到"后"，也即从旧到新，一目了然，不用多说。而中编则至为关键，表现了顾颉刚对这一转化原因的解释。很显然，在他看来，史料的发现与研究，是促成中国史学进化的主因。他在"引论"中写道，五四运动以后，"西洋的科学的治史方法才真正输入，于是中国才有科学的史学可言。在这方面，表现得最明显的，是考古学上的贡献"。而考古学的贡献，正如他在后面写道，是在于发现新史料。新史料的发现，"一方面可以补充过去史籍的不备，一方面却又决定了后期史学的途径"。由此，我们可以清楚地看出，在顾颉刚眼里，后期史学的进步主要表现为科学方法的运用，而科学方法运用之成效，在于发现和扩充了史料。值得注意的是，顾颉刚虽然将中国史学的科学化主要归功于西洋的科学治史方法的输入，但他同时也注意到中国传统中的金石学和碑志学的研究。在他看来，西洋史学的影响，主要表现为帮助中国学者完善其治史的方法，而没有完全取代以往的成就。因此他的史学观也表现了五四民族主义文化观的复杂特征。

在顾颉刚眼里，现代史学不仅应当是科学的，而且应该是大众的。作为一名史家，他的这种视野是难能可贵的。在末编第四章里，顾颉刚专门讨论了"俗文学史与美术史的研究"，而且认为这些研究都会有助于史家了解历史的多种方面。他在讨论了胡适、鲁迅和郑振铎等人的小说史研究之后写道："旧小说不但是文学史的材料，而且往往保存着最可靠的社会史料，利用小说来考证中国社会史，不久的将来，必有人从事于此。"他不仅认为小说能成为可靠的史料，而且预测社会史的研究，会在将来受人重视。如果说本书在反映了五四时期的文化观念之外，还有什么超前于那个时代的认识，那么这一段话，就是一个很好的例子。最近十多年来中国史学的发展，不仅在史料的开发上，有了更明显的进步，而且史家的视野，也愈益扩大。社会史的研究因此而成为主流，并且还有日益深化之趋势。顾颉刚的《当代中国史学》，虽然写于几十余年以前，但其视野和见识，则仍让我们在掩卷之余，含英咀华，回味隽永。也许，这就是名作之价值吧。

（原载顾颉刚著《当代中国史学》，上海：上海古籍出版社，2002 年）

13 科学史学乎？"科学古学"乎？

——傅斯年"史学便是史料学"之思想渊源新探

    自 1902 年梁启超登高一呼，提倡"新史学"开始，以科学方法研究历史、以科学理论解释历史，便高悬为治史之鹄的，为许多史家所信奉。但如何拓展科学史学，将历史研究科学化，却有不同的看法乃至信仰，由此而形成不同的流派。大致而言，这些流派可以分为两种，一是注重历史的规律的探寻，二是强调科学方法治史。借用余英时先生的话来说，前者可称为"史观学派"，而后者属于"史料学派"。[1] 这一区分，与科学史学在西方的兴起及其分化的脉络颇有契合之处。海厄姆（John Higham），克里格（Leonard Krieger）和吉尔伯特（Felix Gilbert）这三位美国思想史的学者，曾在 1965 年出版《历史学》（*History*）一书，为当时美国许多大学历史系的师生采用为历史学入门的教科书。克里格尔在总结科学史学（scientific history）的发展时写道，科学史学有两种形式，或者模式。一是由德国兰克学派所代表的、注重史料审查和运用的批判方法，而另一种则指的是运用从自然科学那里借鉴而来的理论假

---

1 余英时：《史学与传统》，台北：时报文化出版公司，1982，第 2 页。

设，对历史的演化做出的解释。[1] 易言之，科学史学可以是对历史演变的理论概括，也可以是对史料进行批判运用的方法。前者希求概括历史进化的通则或规律，而后者着重掌握原始史料，对个别历史现象做出细致的专题研究（monographic study）。在 19 世纪后期的欧洲，这两类科学史学的发展曾出现并驾齐驱的状况，前者由兰克学派为领帅，而后者则以孔德（Auguste Comte）的实证主义而闻名。两者之间甚至还有相互补充的关系，以致在中文学界，实证主义常常还有方法论的含义。同时，另一个探求历史规律的科学史学——马克思主义发展起来了，并对其他地区和国家的史学科学化产生了深远的影响。

科学史学在近代中国的传播，在对"史观"与"史料"的重视上，也出现了并驾齐驱的现象。以梁启超对历史进化理论的心仪，他在 1902 年所提倡的"新史学"（亦即科学史学的别称），显然以寻求历史规律为宗旨。为此目的，他与同时代的章太炎等人，特别主张写作"通史"，其目的是揭橥进化为历史演化的通则。尽管梁氏和章氏最终都未能写成其中国通史（前者只有一篇"叙论"，而后者仅存一大纲），但就日本汉学家如那珂通世《支那通史》等著作在当时中国的流行来看，显然人们那时对科学史学的兴趣集中在如何理解和解释历史演化的规律。夏曾佑、刘师培的新式中国历史教科书，也都是以"通史"的形式出现，虽然两者都没能贯通整个中国历史。

可是到了胡适 1917 年回国前后，学术风气有了明显的改变。这一改变可以从"史观学派"到"史料学派"转化为标志。在胡适

---

1 Leonard Krieger, "European History in America," in John Higham, with Leonard Krieger and Felix Gilbert, *History,* Englewood Cliffs, NJ, Prentice-Hall, 1965, p.255.

眼里，进化论不仅是一种理论，更是一种方法，用来探究事情的来龙去脉，亦即他所谓"祖祖孙孙的方法"。由此他把中国哲学史研究变为对哲学家的文本来源及可靠与否的鉴定。他对《水浒传》《红楼梦》的研究也注重对作者生平的探讨，而并不着重分析其作品的内容。无独有偶，当时像胡适那样从哲学而历史、从理论而方法的，还有王国维。王氏从对哲学和美学的兴趣，转向中国古史研究，并以甲骨文字参照古典文献，创立"二重证据法"，被誉为"新史学的开山"。即使是梁启超，也受到当时风气的感染，写作了《中国历史研究法》以及《清代学术概论》等类似专题研究的论著。[1]

　　一般公认，史料学派在中国史学界曾盛行一时，虽然与胡适开展的"整理国故"运动切切相关，但也与他的弟子傅斯年对科学史学的理解和贯彻密不可分。傅氏以"史学便是史料学"为口号，号召治史者"上穷碧落下黄泉，动手动脚找东西"，并在游欧七年之后回国，于1928年成立历史语言研究所，主持殷墟的考古发掘，从事科学的古史研究。一般人将傅氏回国以后所开展的一系列工作及其背后的理念，归结于德国兰克史学的影响。此种看法并无大错，但也存有疑点。傅氏在德国留学时期，其实对历史研究并无太大的兴趣。他当时致信他的北大同窗顾颉刚，祝贺对方疑古的成就，称顾氏在史学界可以"称王"了。傅氏随即指出，他自己已经不再研究文史，所以不会受顾氏的统辖。[2]的确，傅氏在英国和德国的时候，一心想成为科学家，其实并没有和兰克史学本身有太多

1 详见王晴佳：《中国史学的科学化——专科化与跨学科》，收入罗志田主编：《20世纪的中国学术与社会：史学卷》，济南：山东人民出版社，2000，下册，第602—615页。
2 参见 Fan-sen Wang, *Fu Ssu-nien, A Life in Chinese History and Politics*, Cambridge: Cambridge University Press, 2000, pp.114-115，注75。

的接触。他以后留下的个人藏书中也几乎没有兰克的著作。这些都为王汎森的研究所指出。[1]那么，傅氏在回国以后，由于种种原因重新回到历史研究的领域，他的思想资源到底来源何处呢？易言之，他对扩充史料、科学治史情有独钟，到底受到什么人的启发呢？其实，傅氏成立历史语言研究所，固然有德国史学的影响，还有传统的因素在内，也即乾嘉学问对"小学"（文字、训诂）的重视。[2]但从史语所前期开展的工作而言，傅斯年的追求，又不仅仅是想运用训诂的方法考订史料，以达到科学治史。傅氏那时的热情，还灌注在如何开发实物史料这一方面。[3]他领导对殷墟的考古发掘就是一个明例。另外，傅氏在史语所的"工作旨趣"中又强调指出，"历史学不是著史：著史多多少少带点古世中世的意味，且每取伦理家的手段，作文章家的本事。近代的历史学只是史料学"。[4]换言之，傅氏与20世纪初年梁启超等人主张写作"通史"，迥异其趣。

但饶有趣味的是，傅斯年对实物、考古史料的热衷和对"通史"著述的厌恶，都无法归因于兰克的影响。因为兰克一生虽然重视原始史料的爬梳，但却没有参与任何考古工作；他所研究的重点，是近代早期的欧洲史，所以也大致上不需要考古史料。其次，兰克虽然强调批判史料，但其目的是著史，亦即用叙述的手段，交

---

1 参 Fan-sen Wang, *Fu Ssu-nien*，第 62—63 页，以及注 44。

2 参见 Q. Edward Wang, *Inventing China Through History, The May Fourth Approach to Historiography*, Albany: State University of NewYork Press, 2001, p.88。

3 史语所同事李济回忆道，傅斯年那时对考古史料的兴趣远比文献史料要大，见《傅孟真先生领导的历史语言研究所》，载《傅所长纪念特刊》，台北："中研院"史语所，1951，第 16 页。

4 傅斯年：《历史语言研究所工作旨趣》，见《傅孟真先生集》，台北：台湾大学出版社，1952，第 4 册，第 169—182 页。

待历史的演化。现代人（特别是中文史学界的人士）提到兰克，一般只想到他对史料的批判，其实兰克之所以成为欧洲著名的史家，主要还是他"著史"的成功，亦即用精湛的文字和恰当的修辞，生动地描绘近代国家（states）在欧洲的兴起以及其历史性的作用。而到了晚年，兰克更是想写作一部世界史，勾勒自古以来文明历史的变迁。兰克对"著史"的兴趣和对写作"通史"的热忱，显然是傅斯年所无法认同的。由此看来，我们若把傅斯年视为或奉为兰克史学在中文学界的代言人，显然也是有所偏颇的。

的确，我们不应再把兰克史学等同于史料批判的代表，甚至视其为乾嘉史学的西方版。因为兰克作为叙述史大家的地位在西方学界一直有所认知。譬如西方史学史研究的著名人物巴特菲尔德（Herbert Butterfield）早在 1955 年出版的《人心中的过去：史学史研究》（*Man on His Past: The Study of the History of Historical Scholarship*）一书中，特别专辟一章讨论兰克的"通史"（general history）理念及其实践。[1] 盖伊（Peter Gay）在其 1974 年出版、反响甚佳的《历史学的风格》（*Style in History*）一书中，直称兰克为"戏剧家"（dramatist），认为兰克在著史时，善于编织史实，使其更具戏剧性和可读性。[2] 当代后现代史学理论的代表人物怀特（Hayden White），在其名著《元史学》（*Metahistory, The Historical Imagination in Nineteenth-century Europe*）中，也揭橥了兰克在叙述历史时所采取的"喜剧式"（comedy）的风格。[3] 顺便提一下，兰克让后人啧啧称道

---

1 Herbert Butterfield, *Man on His Past: The Study of the History of Historical Scholarship*, Boston, 1960, pp.100–141.

2 Peter Gay, *Style in History*, New York: McGraw-Hill, 1976, pp.59–67.

3 Hayden White, *Metahistory, The Historical Imagination in Nineteenth-century Europe,* Baltimore: Johns Hopkins University Press, 1973, pp.163–190.

的史料批判方法及其成就，其实并非由他首创，而是西方文艺复兴以来人文主义（humanism）、博古主义（antiquarianism，或称"古学运动"[antiquarian movement]）一路发展的结果——兰克只是他那个时代（19世纪）一个重要的继承者和普及者而已。

　　既然傅斯年和史语所的研究风格和兴趣，与兰克本人的治史作风和兴趣差别比较明显，那么，傅斯年"史学便是史料学"和他在史语所展开的一系列工作及其在现代中国史学界的影响，就其西方学术的渊源来说，到底来自何处呢？许多研究傅斯年的论著已经指出，傅氏在欧洲七年，一心想成为科学家，掌握科学的方法，涉猎甚广，以致他的老师胡适那时见到他有些失望，感到他有点贪多嚼不烂，不如顾颉刚专心致志。[1] 因此，检查傅氏的留学经历，只能给我们提供一点线索，但无法完全"确定"（pin down）傅氏思想的来源。不过，傅氏从英国到德国之后的学习经历，还是为我们留下了重要的蛛丝马迹。而这些蛛丝马迹，或许可以让我们顺藤摸瓜，做出这样的推测——其实傅斯年提倡的科学治史，与人文主义和博古主义的传统，亦即"前兰克时代"的西方学术传统，关系要比与兰克史学本身更为密切。如所周知，傅斯年到了德国以后，由于受到陈寅恪的影响，受到开始修习文史方面的课程，特别是"文字学/语言学"（philologie/philology）。"philology"这个词，后来为傅氏用作史语所的英文名称之一，与"历史"并列，[2] 因此颇为重要。但在西方文字中，"philology"至少有三个含义：（1）对学问的爱好，或者学问本身；（2）对文献资料真伪和意义的考订；（3）"语

<hr />

1 见胡适：《胡适的日记》，1925年9月5日。
2 史语所的英文名称为"Institute of History and Philology"，从傅斯年时代开始一直沿用至今。

言学"（linguistics）的前身。[1] 中文中，对"philology"的翻译也不统一。如胡适在《清代学者的治学方法》一文中，就将之译为"文字学"。[2] 而自 1976 年以后不断再版、十分流行的《新英汉词典》，则译为"语文学"和"语文文献学"。其实，若考虑该词原文的第二种含义以及中国的学术传统，那么或许也可将该词直接理解为"考证学"。但考虑到本文讨论傅斯年和史语所，而傅氏将"philology"译为"语言学"，而且已经约定俗成，以下的行文还是采傅氏的译法，但会加上引号。

根据西方学者的许多研究，"语言学"是"前兰克时代"的古学运动的一个重要标志和方法，源于文艺复兴时代的人文主义研究。[3] 人文主义运动的目的，是希望通过恢复希腊罗马时代的文献，重建古典文化的人文精神和世俗主义。由此，对于古典文献的考证，逐渐自成学问，也即"语言学"，其重点是对古籍（包括基督教的早期文献）做校订、校勘，寻找其原始的版本，辨别其作者的真伪，并希图恢复作品的原貌，清除、清查以前手抄的时代，将前人的评语（comments）和眉批（scholia）误入本文的混乱状况，更

1 可见 *Webster's New World Dictionary* 及其他词典。

2 胡适对"文字学"的定义是"字音的变迁，文字的假借通转，等等"，与"philology"的原意并不契合，因为英文中本来有"phonetics"和"etymology"来研究字音、字源的变迁，而研究文字的假借、通转，则又有"phraseology"、"paleography"和"orthography"等词来表示。有趣的是，胡适对"训诂学"的界定是"用科学的方法，物观的证据，来解释古书文字的意义"，这倒与"philology"颇为相近。但"训诂学"一般指的是用通行的语言来解读古文，所以也有些不合。参见《清代学者的治学方法》，载葛懋春、李兴芝编：《胡适哲学思想资料选》，上海：华东师范大学出版社，1981，上卷，第 101 页。

3 研究文艺复兴人文主义和博古主义及其对历史研究影响的学者不少，其中最著名的是 Arnoldo Momigliano, Rudolf Pfeiffer, John D'Amico, Anthony Grafton, Donald R. Kelley, Joseph M. Levine 等。为节省篇幅，此处不列他们的著作。但下面若有必要，会引用他们的论著。笔者的研究，曾求教于夏威夷大学的 Jerry Bentley 教授，此处谨表谢忱。而 Joseph M. Levine 是笔者求学时的老师之一，本文的写作，自然得益于他以前的教诲。

希望剔除伪书、伪作。如瓦拉（Lorenzo Valla）指出教会文件《君士坦丁赠与》（*Donatio Constantini*）为一伪作，便是早期"语言学"研究的一个著名例子。

到了 17、18 世纪，"语言学"研究有了进一步的发展：为了甄别文献的真伪，博古学家（antiquarians）开始注意实物史料的研究。由此缘故，虽然"语言学"仍然是古学运动的主要方法，但其他辅助学科也逐渐发展起来了，如"考古学"（archaeology）、"纹章学"（iconography）、"盔甲学"（heraldry）、"钱币学"（numismatics）、"金石学"（epigraphy）、"古文书学"（diplomatic）、"古文字学"（paleography），等等。因为这些研究都能帮助博古学家重建古典时代的文化，以达到真正认识、理解古书的目的。于是，古学运动发展到 18 世纪，就开始采纳跨学科（interdisciplinary）的手段，由研究古典文献，进而研究古代的历史和文化，希望能重建古代文化的整体氛围。在这当中，涌现出不少有名的人物。但在这里最值得一提的是德意志学者伍尔夫（Friedrich August Wolf）和他所提倡的"古典学"（*Altertumswissenschaft*）研究。因为伍尔夫所提出的"古典学"，正是想用跨学科的方式重建古典希腊罗马文化，与傅斯年对史语所的期望和在该所展开的工作十分类似。而且，傅斯年在中山大学创建史语所的时候，一开始将其命名为"语言历史研究所"，直到他应蔡元培之邀成立中央研究院时，才将其改名为"历史语言研究所"。此处亦可见傅氏受西方"语言学"研究的影响及其在回国以后思想、兴趣转化之一斑。虽然傅氏的藏书中，没有伍尔夫的著作（其实似乎也不应该有，因为傅氏虽然购书博杂，但如下所述，他可能不会对伍尔夫的专门研究——大都用拉丁文写成——有太大兴趣），但他在 1923 年就买了由格尔克（Alfred Gercke）和诺顿（Eduard Norden）所编的《古典学导论》（*Einleitung*

中国现代历史意识的产生

in die Altertumswissenschaft)，该书正好在傅氏留学期间出版，其中第一卷交代"语言学"的渊源发展，伍尔夫在当中占据了重要的位置。[1] 这里还值得一提的是，傅氏对兰克史学的接触，也主要通过一本导论式的书，即伯伦汉（Ernst Bernheim）的《史学方法和历史哲学教程》(*Lehrbuch der historichen methode und der Geschichtsphilosophie*)。虽然傅氏也对该书做了认真阅读，但书却非他私人所购，想来是史语所建立之后，傅氏开始转向历史研究以后才买的。[2] 以上种种可以进一步说明，在傅氏留学期间，他的确没有打算研究史学，而是一门心思想研究"科学"——"Altertumswissenschaft"意为"研究古代之科学"或"科学古学"。另，由"导论式"的书籍来了解西方学术，似乎还可以印证胡适对傅斯年浅尝辄止的批评。但傅氏那时仅是一个二十多岁的年轻人，而且他到欧洲，本来就有点"游学"的意图，并没有认真追求学位，更多的只是想接触一下西方的学问，所以我们也许不应对他像他老师那样苛求。显然傅氏自己也不曾料到，他回国以后，由于种种原因，他在欧洲所粗略接触的东西，经过他和他的同道、同僚的转手、再造，会在现代中国史学界

1 Alfred Gercke & Eduard Norden, eds., *Einleitung in die Altertumswissenschaft*, Leipzig, G. Teubner, 1914-1922. 此书现藏史语所傅斯年图书馆傅斯年纪念室。该书有四卷，主要以古代希腊罗马时代之文献、诗歌、语言为研究主题，而采用之方法包括"金石学"(*Epigraphik*)、"纸草学"(*Papyruskunde*)、"古文字学"(*Paläographie*)等，体现文献与实物史料之结合研究。另外，除了追述"语言学"研究的历史以外，该书还有一章专门讨论"文献考证"(*Textkritik*)的方法。笔者有关傅斯年藏书的研究，受惠于台北"中研院"近史所潘光哲先生，特表谢意。

2 Ernst Bernheim, *Lehrbuch der historichen methode und der Geschichtsphilosophie*, Duncke & Humboldt, 1903. 该书现藏傅斯年图书馆西文图书室。王汎森指出，傅斯年对 Bernheim 的书，显然曾做了多次阅读，以致该书不得不重新装订。见 Wang, *Fu Ssu-nien*, 第 63 页，注 45。有关现代中国史学中的德国影响及其中国学者对之所做的改造，参见 Q. Edward Wang, "Adoption, Appropriation and Adaptation: The German Nexus in the East Asian Project on Modern Historiography," *Berliner China-Hefte*, 26, 2004, pp.3-20。

引领一时风骚，而且影响如此深远，直到今天。这里既有他个人的造化，也由于时代风气和传统的作用，此处无法亦无须详述。[1]

既然笔者推测伍尔夫对傅斯年史学观念和实践的形成有所影响，也许我们对伍尔夫的生平志业，还须稍微做些介绍。古学运动兴起于 18 世纪德意志地区，以哥廷根大学和哈勒大学为基地。据说伍尔夫 18 岁进入哥廷根大学求学，便自己注册为以"语言学"为专业，但那时的哥廷根大学并没有将"语言学"立为一门学科。但伍尔夫执意坚持他的选择，可见他对"语言学"研究的热衷。[2]那时哥廷根大学的古学家，为有名的海涅（Christian Gottlob Heyne），以研究《荷马史诗》著名。但伍尔夫听了海涅的几堂课之后，颇不以为然，觉得后者的学问不过如此，认为自己可以加以超越。以后伍尔夫长期在哈勒大学任教，创立"研究班"（Seminar）的形式，培养出一批杰出的弟子（因此所谓兰克首创"研究班"的说法也须修正），并积二十年写出《荷马史诗导论》（*Prolegomena ad Homerum*）的巨著，提出荷马并非《荷马史诗》的唯一作者；《荷马史诗》是经过口口相传，逐渐累积而成的。[3]他的观点之激烈及其所激起的反响，可以与顾颉刚的《古史辨》在现代中国的地位相比仿。虽然伍尔夫的观点在当时受到批评甚多，但他所提出的"古典学"的建议，即通过跨学科的研究，重建古希腊（荷马时代）的历史和文化，则影响深远。不过，尽管伍尔夫极力撇清自己与老师海涅的关系，但他老师对"古典学"的界定，显然也有无可否认的影响，因为他们

---

1 有兴趣的读者，或可参照上引王汎森的著作和已出版的许多傅斯年传记和论文集、纪念集。

2 G. P. Gooch, *History and Historians in the Nineteenth Century*: Boston, Beacon, 1959, p.25.

3 Rudolf Pfeiffer, *History of Classical Scholarship, From 1300 to 1850*, Oxford: Clarendon Press, 1976, pp.175-176.

所采的"百科全书式的"（encyclopedic）研究方式十分类似。[1] 换言之，至 18 世纪末，古学运动在德意志地区，已经与历史研究相结合；亦即"历史学"与"语言学"（像史语所的建立那样），开始走到一起了。无怪古奇（G. P. Gooch）在其名著《十九世纪的史学与史家》中，花篇幅介绍伍尔夫及其弟子在"前兰克时代"对科学史学的建立所做的贡献。[2]

但重要的是，虽然古学家重建过去的意图与史学家大致相同，但两者研究的目的及其追求的成果，是有很大不同的。傅斯年强调近代历史学"不是著史"，正好点出了其中的不同，但却是从"语言学"的角度着眼的。伍尔夫也有一段大致相似的说法，译出在下面供读者参考："我们的首要任务是检验古代史料，而不是（阅读）那些近人出版的著作。后者也想呈现（历史的）变化，但远不如前者提供得多，所以一个忙碌的人不值得花时间在上面。"[3] 显然，伍尔夫非但不想"著史"，甚至认为连读史也是浪费时间的。而傅斯年也表达了"凡能直接研究材料，便进步……"这样的坚强信念。伍尔夫的目的，是想通过"语言学"来全面、整体地重建古代（*Encyclopedia philologica*）。如上所述，这些想法，并非伍尔夫独创，但他"古典学"的提出，则使得"语言学"研究，亦即对古代文献的考证、鉴定，成为 19 世纪以降德意志学问的常青树（*philologia perennis*）。[4] 傅斯年在留学德国期间，仍然并且自然受其熏陶，并不

---

1 Donald R. Kelley, *Fortunes of History: Historical Inquiry from Herder to Huizinga*, New Haven: Yale University Press, 2003, pp.62-63.

2 Gooch, *History and Historians in the Nineteenth Century*, pp.24-38.

3 引自 Anthony Grafton, "Prolegomenat to Friedrich August Wolf," *Defenders of the Text: The Tradition of Scholarship in An Age of Science*, Cambridge, MA: Harvard University Press, 1991, p. 227。

4 Pfeiffer, *History of Classical Scholarship*, p.176.

足怪，因为根据格拉夫顿（Anthony Grafton）的观察，第一次世界大战前后是"古典学（*Altertumswissenschaft*），亦即德国式跨学科古典研究的最有创造力的年代"。[1]

在成立了史语所之后，傅斯年曾有机会在北京大学讲授"史学方法导论"的课程。虽然讲稿现仅存一讲，但却能从中看出"古典学"的研究方法对傅氏史学方法理念的显著影响。傅氏在北大的授课，已经是他决意成为史学家以后，因此他讲稿的准备，也参考了伯伦汉的《史学方法和历史哲学教程》和法国史家朗格诺瓦（Charles Langlois）和瑟诺博司（Charles Seignobos）合著的《史学原论》（*Introduction to the Study of History*）的英译本（该书亦非傅氏个人所藏，而是在史语所成立以后所购）。不过两者相较，后者的影响显然要大于前者。笔者猜测，主要有两个原因，一是虽然傅斯年曾在英国和德国两处留学，但他的英文显然要好于他的德文；[2]二是伯伦汉的书，如其标题所示，既讨论史学方法论，又涉及历史哲学，用朗格诺瓦和瑟诺博司的话来说，伯伦汉"主要处理形而上学的问题，而他们则对此兴味索然"。[3]傅氏提倡以实证态度治史，对哲学思辨也没有兴趣。顺便一提，傅氏"史学便是史料学"的说法及其翻版"无史料即无史学"，也来自《史学原论》。该书开宗明义，在第一章便宣布"无史料即无史学"（no documents, no

---

1 Anthony Grafton, *Forgers and Critics: Creativity and Duplicity in Western Scholarship*, New Jersey: Princeton University Press, 1990, p.77.

2 据笔者了解，傅斯年在德国留学期间，听课笔记大多用的是英文。

3 Charles Langlois & Charles Seignobos, *Introduction to the Study of History*, London: Duckworth &Co., 1898, pp.10–11.

history）。[1] 甚至，傅氏之所以会用简洁的口号来概括近代历史学的特征，也有可能受到该书的启发。朗格诺瓦和瑟诺博司在《史学原论》的前言中曾引用法国史家古朗治（Fustel de Coulanges）的话："将'史学'方法的原则简化为最简练的公式是最有效的教导学生的方式。"[2] 傅氏"史学＝史料学"正是这样一个公式。

傅氏"史学方法导论"的第一讲（现不存），如其标题所示，主要讨论三个方面："论史学非求结论之学问；论史学在'叙述科学'中之位置；论历史的知识与艺术的手段。"[3] 这些问题。从讲稿的整个结构来看，是想描述在科学史学建立以前西方的史学传统。如果我们简化这三个问题，就是说明西方传统史学是以叙述为主的，而叙述便会采用"艺术的手段"。这些方面，在《史学方法和历史哲学教程》中有所涉及，而"叙述科学"中的"科学"，显然是德语的"wissenschaft"，不会是英语的"science"。但伯伦汉的书中，却没有"叙述科学"的提法。伯伦汉把西方已有的史学模式，分为三种："叙述史学"（*referierende Geschichte*），"劝戒（实用）史学"（*lehrhafte [pragmatische] Geschichte*）和"演化（追述）史学"（*entwickelnde [genetische] Geschichte*），并无"叙述科学"。当然，也许傅氏的"叙述科学"指的就是"叙述史学"（*referierende Geschichte* 或 *erzählenden Geschichte*）。[4]

从上下文来看，傅氏显然认为"叙述史学"已经过时。他在仅存的"史料论略"一讲中总结道："史学的工作是整理史料，不是做艺术的建设，不是做疏通的事业，不是去扶持或推倒这个运动，

---

1 Langlois & Seignobos, *Introduction to the Study of History*, p. 17.

2 Langlois & Seignobos, *Introduction to the Study of History*, p. 9.

3 傅斯年：《史料论略》，见《傅孟真先生集》，第二册，第 1 页。

4 Ernst Bernheim, *Lehrbuch der Historischen Methode und der Geschichtesphilosophie*, volume 1, pp. 21–42.

或那个主义。"他由此进一步说,要问整理史料的方法,"第一是比较不同的史料,第二是比较不同的史料,第三是比较不同的史料"。而在他眼里,这一比较史料的方法,在西方是在"十七八世纪"而"自觉的完成了"。显然,傅氏所指的这一方法,正是古学家运用和完善的"语言学"的方法,而 17、18 世纪,恰是古学运动的高峰时代。[1]

其实傅氏的"史料论略",就是在讲述古学运动的"语言学",而他再三强调的"比较不同的史料",也就是主要比较实物史料和文献史料,亦即"直接(direct)史料"和"间接(indirect)史料",这一区分来自朗格诺瓦和瑟诺博司的《史学原论》。[2]而对这两种史料的交互使用来获得对古代文化和社会的知识,正是格尔克和诺顿的《古典学导论》的重点内容。傅斯年在"史料论略"中,将史料分为八种类型,在"直接史料"和"间接史料"之后,又有"官家记载"对"民间记载","本国的记载"对"外国的记载","近人的记载"对"远人的记载"等,但从现存的篇幅上来看,显然傅氏最为重视"直接史料"与"间接史料"的关系,并用王国维、陈寅恪的研究来详细说明如何用实物史料来验证文献史料。[3]这一"二重证据法",恰是 17、18 世纪西方古学运动,也即"语言学"研究发展的重要成果。

毫无疑问,古学运动的深入发展及其与历史学研究的结合,是 19 世纪以来西方科学史学的基础。但两者的性质,不应混为一谈。有关博古主义,1998 年出版的《全球历史书写百科全书》(*A Global Encyclopedia of Historical Writing*)有一定义,可以清楚地指出它与历

---

1 傅斯年:《史料论略》,见《傅孟真先生集》,第 2—3 页。

2 Langlois & Seignobos, *Introduction to the Study of History*, pp. 63-64.

3 傅斯年:《史料论略》,见《傅孟真先生集》,第 1—3 页。

史研究的差别:"古学家与史学家的不同之处在于,后者依照年代顺序,讲述一个故事,而前者则避免故事和年代。史学家一般想通过他叙述的故事来影响他的读者,或者为了道德训诲,或者为了政治感化,因此会利用一切可使用的修辞手段,让故事讲述得生动感人。但古学家则对此不感兴趣。他愿意舍弃优雅的叙述风格,而不厌其烦地旁征博引、巨细无漏。"[1]易言之,即使史学家希望像古学家一样,对史料做细致的考证、检验和批判,以便保证他所述故事的逼真,但他还是没有放弃叙述,也即"著史"的目的。

的确,人文主义、博古主义的兴起对西方历史著述传统的冲击甚大;前者形成一门"批判学"(ars critica),可以说是颠覆了传统的史学(ars historica)的根基,使之不再从属于文学修辞的范围,而成为一门系统的学问,亦即"科学"(wissenschaft / science)。[2] 但是,史学家并没有放弃叙述这一西方史学的基本表达形式。他们还是希望"著史",即便像兰克指出的那样,不是为了道德训诲,也非为了政治宣传,而仅仅是为了"如实直书"而已。其实,在伍尔夫这些古学家的批判工作十分盛行的时代,也正是启蒙运动思想家希图对历史变化做出通盘解释的时代。历史哲学在那时兴起,便是一个显例。易言之,史家著史,不但要叙述故事,更想通过叙述,呈现历史的演变,借用司马迁的话,那就是要"通古今之变"。而古学家对古典文化顶礼膜拜,对启蒙运动时代信奉历史进步观念的

---

1 F. J. Levy, "Antiquarianism," in Daniel Wolf, ed., A *Global Encyclopedia of Historical Writing*, New York: Garl and Publishing, 1998, pp.36−37.

2 参见 Donald R. Kelley, *Faces of History: Historical Inquiry from Herodotus to Herder*, New Haven: Yale University Press, 1998, pp.203−207; Anthony Grafton, *What Was History: The Art of History in Early Modern Europe*, Cambridge: Cambridge University Press, 2007, pp.189−254。

思想家来说，是一种已经过时的历史观念。[1]

那么，史学家既要批判史料，得到可靠的史实，又要叙述生动，不"掉书袋"，两者之间如何调和呢？那就是通过注释（脚注或页注）。古学家的著作，常常用大开本，正文置于中间，周边都是研究的眉批和评语，昭示他们的考辨成果，但却妨碍了顺畅的阅读。而注释发明后，考证的成果被置于文末或者页末，只是让有兴趣者参考，著述本身则仍然能保持流畅的风格。18 世纪的伟大史家吉本和 19 世纪的兰克，都是运用注释的高手，以此来保证他们叙述的通畅、优美。根据格拉夫顿的研究，注释在 16 世纪便为史家所运用，是西方史学家改造原来的著述传统，吸收掌握古学运动的批判方法的一大发明。[2] 由此结果，历史研究和著述带上了科学的色彩。而有趣的是，博古主义或古学运动则在科学史学兴起以后，逐渐衰微，以致在当代西方，古学家已经成为古物收藏的业余爱好者的别称了。[3] 与之境遇相反的是，历史研究尽管不断科学化，采用不同科学学科的方法，但叙述史学仍然生气勃勃，[4] 以致当代后现代主义理论家将史学与文学相等同，也主要是因为历史叙述所含的"文学"因素。[5] 顺便一提，虽然傅斯年反对"著史"，但他还是知道，对读者来说叙述史比烦琐的考证文章更有说服力和影响

---

1 有关 18 世纪德国的启蒙史学，最好的英文著作为 Peter H. Reill, *The German Enlightenment and the Rise of Historicism*, University of California Press, 1975。

2 Anthony Grafton, *The Footnote: A Curious History*, Cambridge, MA: Harvard University Press, 1997.

3 参见 Levy, "Antiquarianism"，前揭书，第 39 页。

4 参见 Georg G. Iggers, *Historiography in the Twentieth Century: From Scientific Objectivity to the Postmodern Challenge*, Middletown, CT: Wesleyan University Press, 2005, p.97 以降。

5 以 Hayden White 为例，他对现代史学的后现代批评，目的是为了让史家认识到历史著述中修辞等文学因素的重要，也即反对将历史研究与科学研究相等同。据 White 与笔者的来往电邮。

中国现代历史意识的产生

力。他在 1931 年东北沦陷之后写作《东北史纲》和在抗战开始以后敦促张荫麟写作《中国通史》，均可说明这一点。[1]

那么，为什么傅斯年在史语所内部一再强调从考证史料出发，写作专题论文呢？这一问题的答案，也可从朗格诺瓦和瑟诺博司的《史学原论》，获得一些线索。自从古学研究的"语言学"方法，为兰克一代的历史学家采用之后，"语言学"就成了历史学的"辅助学科"（Hilfswissenschaften/auxiliary sciences）之一。但是，由于历史学家与古学家的研究工作十分类似，因此如何对两者加以区别，是许多讨论史学理论和方法的论著所必须面对的棘手问题。[2] 伯伦汉的《史学方法和历史哲学教程》和朗格诺瓦与瑟诺博司的《史学原论》也不例外。但两者的取径显然有所差别。也许是由于德意志思辨学术传统的影响，伯伦汉指出两者的重要差别在于历史学要对史实加以综合分析，而古学研究只是为了整理史料、重建史实。[3] 而如上所述，朗格诺瓦和瑟诺博司对于思辨的工作没有兴趣，他们只是想在经验和技术的层面总结、概括历史研究的方法，因此他们在《史学原论》中，对于古学研究和历史研究的差别，没能说出个所以然，反而指出，要想在批判史料之后，再重建史实，其实是非常困难的，几乎没有几个学者能担此重任，做到两全其美。因此在他们看来，一个人要成为"批判学者"（critical scholar，亦即古学家）还是成为史学家，完全看个人的兴趣和资质。[4] 换言之，单纯考据的工作，也可算是历史研究。这一看法，显然对傅斯年颇有吸引力，因为他本来就对古学研究充满兴趣。而且朗格诺瓦和瑟诺博司

---

1 见张荫麟：《中国通史》，上海：上海古籍出版社，2004，"初版自序"。

2 这就像让我们把钱大昕、王鸣盛等乾嘉学者定义为考据家还是历史家一样困难。

3 Bernheim, *Lehrbuch der Historischen Methode und der Geschichtesphilosophie*, pp.87–91.

4 Langlois & Seignobos, *Introduction to the Study of History*, pp.115–120.

还在《史学原论》中强调，历史著述的形式，可以有两种，一是专题论文（monographs），二是通论性的著作（general works），亦即通史。但他们指出，虽然后者也可以是科学史学的表现，但前者才是科学史学之理想的形式。尽管他们也说，即使写作专题论文，作者也不必过于炫耀自己的学问，而是要尽量将研究的成果浓缩、提炼，但他们却没有同时提到叙述在历史写作中的重要性。[1] 朗格诺瓦和瑟诺博司的这些看法，与傅斯年强调近代历史学不是"著史"，十分一致，也在史语所的学风中，有明显的反映。

朗格诺瓦和瑟诺博司的《史学原论》，出版于 19 世纪末，正是历史研究在欧洲走向科学化的高峰时期。受到当时盛行的科学主义的影响，那时许多史家的理想是将史学建设成像自然科学一样的"硬邦邦"（hard）的科学，乃至英国史家伯里（John B. Bury）倡言："历史学就是科学，一点也不多，一点也不少。"[2] 傅斯年的治史态度，也几乎如出一辙。在史语所的"工作旨趣"中，他高喊"要把历史学语言学建设得和生物学地质学等同样"。[3] 但如上所述，如果说在 19 世纪末 20 世纪初，史学科学化在西方学界形成一个高潮，并影响了其他地区，这一高潮至少在西方没有维持太久。几乎与此同时，反对之声便不绝于耳。从那时起直到今天，西方史学界对于历史学的性质（科学抑或艺术），仍然争论不断。其实在

1 Langlois & Seignobos, *Introduction to the Study of History*, pp.303–306.
2 伯里的原文是："[History] is herself simply a science, no less and no more." 引自 Fritz Stern, ed., *The Varieties of History: From Voltaire to the Present*, New York: Vintage, 1973, p. 223。此处的中文翻译，取自何兆武，见氏著《历史理性的重建》，北京：北京大学出版社，2005，第 114 页以降。有必要一提的是，伯里也高度赞扬伍尔夫（F. A. Wolf），称他的《荷马史诗导论》为史学科学化的重要奠基作品，第 211—212 页。
3 傅斯年：《历史语言研究所工作旨趣》，第 181 页。

中国现代历史意识的产生

傅斯年临终之前，他对史学的科学性质，也开始有所怀疑。[1] 不过，这些问题，已经溢出本文的探讨范围。拙文的写作，只是想就傅氏"史学便是史料学"的思想来源，提出一个新的看法，以求正于读者方家而已。

（原载《史学史研究》2007 年第 4 期）

---

[1] 此处参见许冠三：《新史学九十年》，上册，第 218—219 页。

14 钱穆与科学史学之离合关系（1926—1950）[*]

有关钱穆先生的学术定位问题，特别是有关他与新儒家之间的关系，在他逝世以后，已经有了不少讨论。[1]但不管钱先生是否是新儒家，都不影响他作为现代中国一代学问宗师的地位。事实上，这些讨论本身已经表明，虽然钱先生以史学成名，但他学问之淹博，已经使他的治学超越了史学的范围而成为所谓"国学大师"，以致在他逝世之际，他的弟子逯耀东如此感叹："绝了，绝了，四部之学从此绝了！"[3]在钱先生逝世十周年之际，由台湾大学中文系

* 笔者感谢台湾大学中文系的邀请，在"钱穆先生逝世十周年国际学术研讨会"上发表此文，也感谢"中研院"近史所黄克武先生的评论和《台大历史学报》两位审稿人的意见。

1 有关这些讨论可见余英时：《钱穆与新儒家》，载《钱穆与中国文化》（上海：上海远东出版社，1994），第30—90页；以及钱穆妻子胡美琦：《读刘著〈对于当代新儒家的超验内省〉一文有感》，《中国文化》第十三期（1996年6月，北京），第8—19页。中国大陆的学者，通常把钱穆与其他新儒家并列，如胡伟希：《传统与人文：对港台新儒家的考察》（北京：中华书局，1992）；方克立、郑家栋主编：《现代新儒家人物与著作》（天津：南开大学出版社，1995）。

3 将钱穆先生称为"国学大师"的做法，在大陆学者中颇为流行。在百花洲文艺出版社的"国学大师丛书"中，钱先生的传略就被列为一种。在所谓的"国学大师"中，自有高下之分。该丛书中有些传主之"大师"称呼，就颇有些商榷的必要。但钱先生的地位，则无可怀疑。钱仲联纪念钱穆的论文，将钱穆与王国维并列，便是（转下页）

主持召开钱穆学术生涯的综合讨论会，恰好反映了钱穆先生学问的博大精深和影响深远。

　　但钱穆先生首先而且毕竟是一位历史学家。历史研究不仅是他的本行和成名的基础，也是他治学的主要方法。在研究钱穆的论著中，不少人都称赞他"以史证经"、"以史证子"的成功。[1]那么，在现代中国史学史上，钱穆的史学究竟占有怎样的地位呢？这是本文探讨的主要问题。要想解答这一问题，笔者以为，我们必须将钱穆的史学置于现代中国史学的演变过程中考察。如所周知，中国进入 20 世纪以来，史学研究的传统受到了激烈的挑战，引起了一番深刻的改造。这一改造的结果是，各式各样的"新史学"层出不穷，使得史学界出现流派纷呈，相互竞争、递嬗的复杂局面。在中国史学史上，20 世纪可以称得上是史学界最为活跃的一个时期。钱穆先生置身于内、参与其间，其成就及影响使他卓然成一大家。但他"论学不立门户"的做法，又使他的史学研究有别于一些常见的流派。[2]因此，对钱穆史学的研究，就显得别有兴味。

（接上页）一例，见氏著《纪念国学大师钱穆先生》，载《钱穆纪念文集》（上海：上海人民出版社，1992），第 77—79 页。逯耀东的评语见氏撰，《夫子百年：钱穆与香港的中国文化传承》，收入李振声编：《钱穆印象》（上海：学林出版社，1997），第 124 页。

1 参见李木妙等人对钱穆《先秦诸子系年》和《刘向歆父子年谱》的评论，见李木妙编撰：《国史大师钱穆教授传略》（台北：扬智文化，1995），第 120—127 页。

2 在余英时回忆、讨论钱穆学术的论著中，他一再强调钱穆信奉章学诚"学者不可无宗主，而必不可有门户"来证明钱穆学问之博采众长。参见余著：《钱穆与新儒家》，载《钱穆与中国文化》，第 30—90 页。

一、科学史学的兴起及其演变

　　为了正确阐述钱穆史学与现代中国史学的关系，我们似乎必须对中国史学在 20 世纪的发展做一简述。中国史学的革新与改造，自然是与西方强权的侵入有关系的。在鸦片战争的时期及其以后，中国的有识之士便觉察到认识外部世界的必要。从林则徐的《四洲志》、魏源的《海国图志》到黄遵宪的《日本国志》，我们可以看到这一努力，其结果影响了中国人的世界观和历史观。具体而言，这一影响体现在两个方面。第一是中国人眼界的扩大。如魏源的《海国图志》就将一般人对世界的认识，从沿海的邻邦扩展到了欧洲、大洋洲和美洲。但从第二个方面来看，这一"开眼看世界"的结果，反而缩小了中国人的世界观，从原来的"天下"缩小到了"国家"，也即中国与外国，特别是与西方强国之间的关系问题上。但在这一新的国家观中，又包含了原来的天下和王朝等概念。日本学者沟口雄三对此有较清楚的分析。他认为在清末的知识分子中，国家观常常有不同的含义，取决于人们对清王朝的态度。[1] 保皇派可以将清王朝等同于国家，保国就成了保清朝；而革命派则将国家界定为中华民族的天下，清朝的灭亡正好是保国的必要条件。但无论如何，国家的兴亡已经成为中国人注意的中心。从天下到国家，反映的是中国人的认同观念的深刻变化。

　　这一认同感的变化与国家观的建立，自然而然地导致了民族主义史学的勃兴。1902 年梁启超在《新民丛报》上连载《新史学》和1905 年开始《国粹学报》上有关史学的论文，都代表了民族主义史

---

1 沟口雄三著、林右崇译：《近代中国像的再检讨》，收入氏著《作为方法的中国》，台北：台湾编译馆，1999，第 52—56 页。

学的兴起。如果说在 19 世纪末年魏源、王韬等人介绍西方的著作中，中国人对西方的知识只是原来的天下观念的延伸，那么到了 20 世纪初年，由于国家观念的普及，原来的中国为天下之中心的观念已经被中西之间的抗衡，甚至中国应模仿西方的认识所取代。梁启超在《新史学》中一方面将高扬民族主义视为史学研究的目的，在另一方面，他又以西方和日本的民族主义史学为样板，批判中国的传统史学。由此，中国史学开始"革命"，进入了一个全面革新的阶段。在梁启超看来，虽然中国史学汗牛充栋，但并没有对中国人的民族意识产生多少帮助。其中主要的原因在于，中国的"正史"，只是专制帝王的家谱，未能记载多少中国民众的事迹，即所谓中国的"旧史家"只知"有朝廷而不知有国家"。显而易见，梁启超的新史学是想将"国家"作为史学著述的中心。

同样的企图也见于"国粹学派"的著作中。所谓"国粹""国魂"，都首先由日本学者所发明使用。"国粹学派"的人物中有不少与梁启超一样，曾受到日本现代学术的影响。在"国粹学派"追寻中国这一国家的起源及其特质（即"国粹"）时，历史学也是他们重要的工具之一。从建设民族—国家的需要来衡量，"国粹学派"的学者对中国的传统史学也做了犀利的批判。如邓实就写道：

> 悲夫，中国之无史也。非无史，无史材也。非无史材，无史志也。非无史志，无史器也，非无史器，无史情也。非无史情，无史名也。非无史名，无史祖也。呜呼，无史祖、史名、史情、史器、史志、史材，则无史矣。无史则无学矣。无学则何以有国也。[1]

---

1 邓实：《国学微论》，《国粹学报》，第 2 期（1905），第 143—144 页。

邓实像梁启超一样，以民族主义史学为基准来检验中国传统史学，由此而发展中国"无史"的鸣呼。更有甚者，他认为没有史便没有学，而没有学就没有国，于是他将史学研究与国家建设紧密相连。这种以国家观念为中心的民族主义史学，是勾勒中国现代史学的主要脉络。以后史坛流派纷呈，但都不脱此藩篱。钱穆也不例外。因此余英时在回顾中国民族史学的兴起和演变时，也将钱穆的史学放在其中一并考虑。[1]

从天下到国家，反映的是清末民初中国人世界观的巨大变化。一旦放弃了中国作为天下中心的思想，而把中国视为世界上诸多国家的一个成员，就自然需要重新考虑中国在世界史上的地位。这是当时民族主义史学必须首先面对的问题。其实，就当时中国所处的情形来看，这一问题似乎十分简单明了，那就是在西方强劲的挑战面前，中国显得软弱无力、雄风不再。于是，许多开明、激进人士提倡改革、变法，以求中国之重振。这些想法在今天看来似乎顺理成章，但其实背后潜藏着一种历史观的深刻变化，即中国人开始以进化论的观点来考察历史的发展了。正是通过进化论，人们才开始将世界各地区的历史放在一个起点上考察，以观察它们前进速度的快慢。也正是由于进化论，即通过与外国特别是西方历史的比较，人们才注意到古代中国的先进和现代中国的落后，于是就有了所谓"复兴"的提法。"国粹学派"对"古学复兴"情有独钟，而五四时期的人物则提倡"文艺复兴"，都是显例。严复翻译的《天演论》，在当时的思想界自然有振聋发聩的作用，但进化论的一般道理（国

---

1 见余英时，"Changing Conceptions of National History in 20th Century China," Erik Lönnroth, Karil Molin, Ragnar Björk eds., *Conceptions of National History: Proceedings of Nobel Symposium* 78 (Berlin: Walter de Gruyter, 1994), pp.155–174。

中国现代历史意识的产生

家之间的孰先孰后），对于那时的中国人来说，应该并不难理解。[1]
正是由于进化论的观念如此显而易见又深入人心，康有为才会如此
煞费苦心地到儒学经典中寻找其痕迹，以求证明在中国古代学问
（三世说）中，也包含有这一"伟大的"真理。

由于进化论思想的普及，民族史学在中国便显得十分必要。因
为要想复兴中国，就不得不回过头去，看一看古代中国的先进具体
表现在何处，又如何能对当前复兴中国的任务提供何种帮助。于
是，历史研究就带上了"目的论"（teleology）的眼光，即如何从过
去的历史中，寻找能服务于当代的史实并提出新的历史解释。这一
方法在世界各地区民族史学中，都有明显的表现。[2]但是，由于中
国的历史悠久，可以撷拾的史实自然很多，因此就使得中国的民族
史学呈现特别活跃的局面。如"国粹学派"对中国民族历史的构造，
就力图从远古的时代入手，发现一些与现代科学相契合的因素，而
将这些"现代因素"的湮没不彰，归罪于儒学的兴盛。[3]毋庸赘言，
"国粹学派"复兴古学的目的是为了建设一个强盛的现代中国。这
种出自现代的关怀而回顾和"发现"过去的做法，成了中国民族主

---

1 吴展良在其《中国现代学人的学术性格与思维方式论集》（台北：五南图书，2000）
中指出，严复之翻译《天演论》，有其求道之宏旨，这是就严复个人的学术生涯而言。
从《天演论》的影响来看，它当时之所以风靡一时，则是由于它对中国人如何求"富
强"，提供了一个方案。事实上，当时中国人所求的是中国的"再度富强"。这里的进
化论观念，十分明白。

2 有关民族史学的研究论著很多，前举余英时参加写作的 Conceptions of National History，
就是一例。另可参见杜赞奇 (Prasenjit Duara), Rescuing History from the Nation (Chicago: University of Chicago Press, 1995)；拙著，Inventing China through History: The May Fourth Approach to Historiography (Albany, NY: SUNY Press, 2000)，对中国 20 世纪的民族史学，也做了一些分析。

3 如邓实就在《国学原论》一文中指出，在古代中国有所谓"鬼神学派"与"术数学派"，前者研究自然界的变化，后者探究科学。但这些学派在秦汉以后，则由于儒学的兴起而衰微。见《国粹学报》，第 1 期（1905），第 21—31 页。

义史学的重要标志。

同样为了"发现"过去、复兴古学，其做法可以多种多样，于是就有了不同的史学流派。更为重要的是，在中国悠久的学术传统中，对古代经典自有一个不断革新、变化的诠释传统。[1] 现代学者之复兴古学，就不可避免地会与之相联系。康有为在 19 世纪末期推崇今文经学、贬斥古文经学，便是现代学者从现代的立场"托古改制"，并与已有的诠释传统相结合的一个例子。

康有为之倡导今文经学，有着明显的政治目的。但他对所谓"新学伪经"的指责则对 20 世纪初年学术界"疑古"风气的形成有很大影响。当然，我们并不能将这一"疑古"的风气，完全归咎于康有为。事实上，由于进化论的影响，当时（19 世纪末和 20 世纪初）的中国人从现代中国的问题出发，已经对现存的文化传统，逐渐产生种种恶感，视之为造成中国落后于西方的原因。他们的着眼点，是将科学理性的发达视为西方文化强盛的基础，而将中国文化，特别是儒学传统中把科学研究视为"末技"的做法，视为现代中国贫弱的主因。如果说进化论让当时的中国人认识到自身的落后，那么科学主义则向他们揭示了落后的根源。因此，中国现代史学的改造必须仰赖科学方法，这一点从梁启超的《新史学》以来，成为不少人坚守不移的信仰。

用科学方法复兴古学、重振中国，梁启超首开其例。科学史学对写作《新史学》时候的梁启超而言，就是如何从进化论的观点出发，重新解释中国历史的演变。因此他在《新史学》中，将展示历

---

1 由黄俊杰在台大主持的"中国经典的诠释传统"的研究计划，已经对这一诠释学的传统做了不少探究。除了已经出版的中文著作以外，尚有涂经怡（Ching-i Tu）主编的英文文集，*Classics and Interpretations: The Hermeneutic Traditions in Chinese Culture* (New Brunswick NJ: Transaction Publishers, 2000)。

史的进化视为史学研究的宗旨。但是对小他一辈的胡适来说，进化论则应该是一种科学方法。而一旦进化论成了一种历史方法，它就对复兴古学产生了重要的影响。康有为对"新学伪经"的怀疑，如果用胡适的话来说，只是一种"大胆的假设"，缺乏详实的证据。而"进化"的方法，或"历史的态度"，则为如何证明这种怀疑提供了手段——追根溯源，找出伪书、伪经的来龙去脉，用事实来证明其伪。由此看来，在胡适 1917 年回国以后，学术界的"疑古"风气进入了一个新的阶段，也就是从提出怀疑到证实其怀疑。但是虽然胡适将进化论解释成一种方法，但这并未影响人们用进化论史观看待中国历史的演化。胡适提倡用科学方法"整理国故"，正好证明中国传统学术中科学精神的不足。因此，进化论史观所揭示的中国的落后，仍然是胡适等人"科学实验"的思想背景。

既然缺乏科学是造成中国落后的原因，那么胡适所领导的"整理国故"运动，就必然以寻求科学精神、提倡科学态度为主要目的。但是像"国粹学派"一样，胡适也有复兴古学的愿望。虽然他被认为是现代中国"西方化"的主要人物，但实际上他对古代中国文化的先进，仍然抱有信心，认为不会与科学的精神相差太远。胡适在美国攻读博士时以先秦哲学为研究对象，表明他像邓实等人一样相信，在远古的时代，中国文化中包含有科学的因素。的确，在他博士论文的起始，他就断言中国和西方的哲学中，都有逻辑方法存在和发展的例证。[1] 从胡适的这一立场来看，他把清代考证学家的方法视为科学方法的一种，也就不足为怪了。换言之，胡适提倡科学方法"整理国故"，正是想通过这一"整理"，发现中国文化中固有的

---

1 胡适：《先秦名学史》，见姜义华主编：《胡适学术文集（中国哲学史）》，北京：中华书局，1992，下卷，第 770 页。

科学精神，加以重振、复兴，以求富强。胡适将他所参与领导的这场"新文化运动"称为"文艺复兴"，清楚地表现了他的心态。

但既然有复兴的必要，也就表明在胡适看来，中国的文化在过去的某个时期，存在着不足，与科学的精神相背离了，因此有待现代中国人的重振。这一问题出在哪儿呢？胡适对当时中国存在的毛病提出了不少指摘，其中包括社会的、伦理的和政治的等各方面。但他注意的重点还是学术研究。在他看来，中国文化中虽然有科学的精神，但长期以来并未有长足的进展，于是许多文献资料就显得很不可靠。用科学精神"整理国故"，就是要剔除糟粕、保留精华。受到胡适的影响，顾颉刚挑起了"古史辨"的讨论。顾的大胆"疑古"，继承了康有为、廖平等人怀疑古文经学的传统，是那个时代"疑古"风气的一个集中表现。[1] 顾颉刚的"疑古"，虽然像康有为一样态度激烈，但对他影响最大的人还是胡适。这在他的自述和旁人的研究中都有证明。[2] 既然顾所受的影响主要来自胡适，那么他的"疑古"就必然带有求证的意图，即如何用事实来证明作伪的经过。如此一来，这一"疑古"就带有建设性的意向。顾颉刚本人也声明，他的"疑古"，是为了在科学的基础上重建古史。[3] 也就是说这只是他古史研究的第一步。但是由于他"疑古"成名之后，为声名所累，又由于战争与革命的影响，使他无法全力从事重建古史的工作。不

---

1 顾颉刚曾说，他的"疑古"是"今文古文讨论百余年后该作的工作"。这说明他有受到康有为等人的影响。《古史辨》（香港：太平书局，1962），第二册，"自序"，第 6 页。
2 顾颉刚的自述见他的《古史辨》，第一册，"自序"，第 1—103 页。对顾颉刚疑古思想渊源的考察，可见王汎森《古史辨运动的兴起》（台北：允晨文化，1987）和陈志明《顾颉刚的疑古史学》（台北：商鼎文化，1993）的有关章节。
3 顾颉刚在清华讲授中国古代史时，表示了用科学方法重建古史的意向。见他为《古史辨》第三册和第四册写的自序。他也认为考古的方法会帮助人们最终达到这一目的。见氏著《中国古代史述略》，载《顾颉刚古史论文集》（北京：中华书局，1988），第 2 册，第 474—478 页。

过，顾颉刚虽然自己无法全力以赴，但对别人用科学考证的方法重建古史，还是尽一切可能提供帮助和支持。因此，顾颉刚之提拔、推荐钱穆，并非偶然，而是他在学术界的一贯做法，也是他学术理念的一种反映。[1]

二、钱穆与科学史学

对顾颉刚提拔钱穆一事，一般人都归之于顾在学术上的宽宏。[2]这固然没有大错，但就当时的情形来看，顾之推荐钱，也是因为钱穆的治史，与顾在当时所推崇的方法有相通之处。如上所述，顾颉刚之"疑古"，也有重建的一面。而他掀起的"古史辨"论战，就其对现代中国史学的影响来看，是为科学史学、批判史学开辟了道路。胡适在评论"古史辨"的讨论时已经指出，不管双方意见如何，但都必须用同一种方法："就是寻求证据"。[3]由此看来，"古史辨"的讨论，与其说是批判传统，不如说是为现代史学研究标准的建立奠定基础。现代中国史学在 1920 年代逐步形成了一种学术规范，

---

1 在顾颉刚女儿顾潮写的《历劫终教志不灰：我的父亲顾颉刚》（上海：华东师范大学出版社，1997）一书中，记录了不少顾颉刚提拔别人的事情。据顾颉刚自述，在 1930 年代初的北京，学术界有三大"老板"：胡（适）老板，傅（斯年）老板和顾（颉刚）老板。但前两位都有研究所或基金会作后盾，而他自己则靠自己的薪金支持青年学者。见第 179—180 页。
2 持这种观点的人中包括上引顾潮的《历劫终教志不灰》，第 138—139 页。钱的弟子严耕望的《钱穆宾四先生行谊述略》中也说顾的"胸怀实极难得"，见李振声编：《钱穆印象》，第 8 页。美国的 Jerry Dennerline 也把钱穆视为顾颉刚的"对头"（opponent），见氏著 *Qian Mu and the World of Seven Mansions* (New Haven: Yale University Press, 1988), p. 56。
3 胡适：《古史讨论的读后感》，《古史辨》，第一册，第 190 页。彭明辉在《疑古思想与现代中国史学的发展》（台北：商务印书馆，1991）中也指出，"古史辨"论战的双方都遵守同样的"游戏规则"，第 71 页。

即以批判史料、考证史实为圭臬。[1] 钱穆之为顾颉刚赏识，正是由于钱的早期史学著作符合当时史学研究的规范。

如所周知，钱穆由于早年丧父，未能上大学深造，而是在无锡、苏州附近的小学与中学各教了十年书。由于江南一带文风的熏染，加上他本人的勤学，钱在教书期间，阅读了大量典籍，积累了丰厚的经史方面的知识。从他自学的情况来看，他的早期兴趣以研读、诠释经典为主，与传统的学者相近。钱最初的两部著作，《论语要略》和《孟子要略》反映了他那时的治学兴趣。

但是，青年时代的钱穆，虽然以教书为业，但却没有完全放弃继续升学的愿望。钱在19岁时，得知北京大学招生需章学诚《文史通义》和夏曾佑《中国古代史》两书，便购来勤读。这说明他有应考的想法。既有应考的想法，那么钱穆对当时北京学术界的情形，也一定关心。钱穆在《师友杂忆》中说道，他在那个时期逐月读北京的《新青年》杂志，这就是他关心学术界动向的一个证据。[2] 既然关心学术界的动向，那么钱穆对当时北京文史界的风云人物如梁启超、胡适、陈独秀和以后的顾颉刚，都一定很了解。对于他们的学问兴趣，也多知晓。事实上，在1920年代中期，钱穆还效仿梁启超而自学日文，就说明他还没有放弃升学，或者进入学术界的愿望。虽然钱穆在晚年回忆时对这些新文化运动的人物多有批评，但不难想象在青年时代，他还是一度有仰慕，甚至追随他们的想法的。当然，

---

1 拙文《论二十世纪中国史学的方向性转折》对此有较详细的论述，载《中华文史论丛》第 62 辑（上海：上海古籍出版社，2000），第 1—83 页。另见拙文，"Historical Writings in 20th China: Methodological Innovation and Ideological Influence," Rolf Torstendahl ed., *An Assessment of Twentieth-century Historiography* (Stockholm: The Royal Academy of Letters, History and Antiquities, 2000), pp.43–69.

2 钱穆：《八十忆双亲·师友杂忆》，台北：东大图书公司，1983，第 79—81 页。

这里的所谓"追随"，并不指钱穆同意胡适、梁启超对传统学术的批评，而是指他那时对这些人的治学方法和手段，有模仿之意。

钱穆当时在中学讲授"国学概论"，并写成和以后出版的《国学概论》一书，对我们了解他当时的治学兴趣，有很大帮助。应该说，在 1920 年代后半期，也即胡适的"整理国故"运动热火朝天的时候，钱穆受其感染不小。首先，他在中学讲授"国学"，就已经表示出在那个时代，学术界与教育界已经接受了那种始自 20 世纪初年、以国家为关怀的中心的文化理念。当然，钱穆虽然教授"国学"，但他对此尚有一些保留。1931 年《国学概论》出版时他在"弁言"中写道：

> 学术本无国界。"国学"一词，前既无承，将来亦恐不立。特为一时代的名词。其范围所及，何者应列国学，何者则否，实难判别。本书特应学校教科讲义之需，不得已姑采梁氏清代学术概论大意，分期叙述。[1]

这一段话，十分有意思。其中"学术本无国界"一语，表明钱穆仍然像传统儒家那样，没有忘怀天下。但他在同时又说他应时代之需采用了梁启超的观点，表明钱穆在当时也愿意跟随该时代的学术潮流。

在《国学概论》书内，更有不少例子说明钱穆对"新"学问非常了解。这一了解表现在两个方面。第一，钱穆在书的最后一章中，对"最近期之学术思想"做了较详细的介绍；第二，在前面各章中，他也不时参考梁启超、胡适、章太炎等人的著作，与前人的论述做

---

1 钱穆：《国学概论》，台北：商务印书馆，1997，第 1 页。

比较。我们可以在下面看几个例子。譬如，在钱穆当时下力很深的先秦诸子研究中，他就参考而且同意胡适的意见，认为"诸子出于王官论"的说法不可靠："遑论所谓'某家者流，出于某官'之说哉？故谓王官之学衰而诸子兴可也，谓诸子之学一一出于王官则不可也。"[1] 在谈到两汉今文古文的争论时，钱穆与顾颉刚一样，并不认为在汉代，有所谓今、古文之争。他们在研究那个时代的学术时，也都想突破今、古文讨论的藩篱。[2] 研究到了唐代，有关佛经的翻译，钱穆则引用了梁启超的论著。[3] 在讲述清代考据学时，钱更是大段引用梁启超的《清代学术概论》，可见他对那些"新"人物著作的熟悉程度。在总结清代考据学时，钱穆引用了胡适、梁启超的意见，认为这些考证的手段，代表了科学的精神，有助于史学的研究。不过，钱穆对清代学问还是有所保留。他引证了柳诒徵对之的批评。但更有意思的是，他似乎更喜欢胡适的批评。钱穆引了胡适《国学季刊发刊宣言》的说法，认为清代考证学，欠缺对"材料的组织与贯通"，因此在清朝三百年中，"只有经师而无思想家""只有校史者而无史家"。从钱穆以后的学术生涯来看，他是不满做纯粹的考证学问，而是有意成为一名"史家"的。[4] 看来胡适对早期的钱穆，也有一定的启发。

钱穆对他同代学者的直接评论，见于《国学概论》的最末一章"最近期之学术思想"。在该章中，他将章太炎、胡适和梁启超视为当时治先秦诸经与诸子的主要人物，对于胡适更是赞誉有加，认

---

1 钱穆：《国学概论》，第 34 页。

2 钱穆：《国学概论》，第 4 章，第 80—121 页。顾颉刚对今、古文经的态度主要见于他的《五德终始说下的政治和历史》，收入《古史辨》，第五册。

3 钱穆：《国学概论》，第 173—174 页。

4 钱穆：《国学概论》，第 9 章，第 246—317 页。

为他"介绍西洋新史学家之方法来治国故,其影响于学术前途者甚大"。[1] 这几乎是"夫子自道",即钱穆已经认识到,在那个时代即使做古代的学问,也须采用一些西洋的新方法。他在之后的论著中,不断将中西学问做比较,看来与此认识有关。事实上,在写作《国学概论》时,钱穆已经对西方的一些学术经典和思潮有一定的了解。[2]

当然,钱穆对胡适还是有所批评的。他提到胡在写作时,由于匆忙而对一些问题的处理显得潦草。但他马上又说:"要之其书(指胡适《中国哲学史大纲》)足以指示学者以一种明确新鲜之方法:则其功亦非细矣。"甚至在将胡适与梁启超比较时,钱穆仍然偏好胡适。他说虽然梁的著作"精美详备","惟其指陈途径,开辟新蹊,则似较胡氏为逊"。更为重要的是,钱穆对柳诒徵对章太炎、梁启超、胡适的批评不以为然,认为梁、胡等的做法,有扭转风气之功。[3] 由此看来,如果我们说那时的钱穆对"新学问"有仰慕之心、追随之意,恐不为过。而他那时对胡适等人的反对派,则并不见的有多少同情。

譬如,钱穆在评论柳诒徵在东南大学的同事吴宓、梅光迪等人的《学衡》杂志时,曾说这些人"隐然与北大胡、陈诸氏所提倡之新文化运动为对抗。然议论芜杂,旗鼓殊不相称",在简述了"学衡派"的"人文主义"以后,钱穆也只是说:"盖与前引二梁之书(指梁启超之《欧游心影录》和梁漱溟之《东西文化及其哲学》)相桴鼓,皆对于近世思想加以箴砭者也。惟学衡派欲直接以西洋思想

---

1 钱穆:《国学概论》,第 323 页。
2 钱穆:《国学概论》,第 61 页。其中钱穆谈到古代的柏拉图和现代的克鲁泡特金。
3 钱穆:《国学概论》,第 324—325 页。

矫正西洋思想，与二梁以中西分说者又微不同。"[1] 从这些不愠不火的评语可见，钱穆对这些新文化运动的批评者，并不看好。而他所认为与新文化运动可以相媲美的是孙中山的三民主义。这一认识到了后来也没有改变。[2]

钱穆在《国学概论》中的这些意见，可以帮助我们了解他在入京前夕，也即进入学术界以前的一些基本想法。因为虽然《国学概论》出版于1931年，在他去燕京大学任教以后，但据他自述，他写作该讲义，是在1926和1928年之间，也即在他结识顾颉刚以前。[3] 因此该书所反映的，是他对当时学术界的先进所持的比较真实的看法。从上面的讨论来看，钱穆在当时对梁启超、胡适、顾颉刚等人对传统的怀疑与批判并无恶感，而对他们在研究方法上的探索也颇为赞许。因此，他在1929年认识顾颉刚以后会马上被后者所欣赏，并非完全偶然。钱穆在《国学概论》中对顾颉刚等人的"疑古"颇为称许，认为他们"虽建立末遑，而破弃陈说，驳击旧传，确有见地"，并表示，他们提倡的研究方法，即胡适所谓的"历史的方法"（genetic method）或"剥皮主义"，有"注意之价值"。[4]

既然钱穆欣赏胡适、顾颉刚，那么他在研究上自然而然地向胡适等人所创建的学术标准靠拢也就不足为奇了。在钱穆早期的两部成名作中，我们可以看到他的治学与胡适、顾颉刚等人"互补"的情形。我们可以先看一下钱的《刘向歆父子年谱》。钱写作该长文，是在写《先秦诸子系年》之后，以应顾颉刚的稿约。从他的写作宗

---

1 钱穆：《国学概论》，第347—349页。
2 钱穆不仅在《国学概论》的末尾阐述三民主义的伟大，也在以后其他的著作中做相同的论述，如《国史大纲》等书。
3 钱穆：《国学概论》，第1页，"弁言"。
4 钱穆：《国学概论》，第330—331页。

旨来看，有不少与顾颉刚对古史的态度相契合。而钱穆自述他在研究方法上，则采用了他认为有"价值的"、胡适的"剥皮主义"。[1]与顾颉刚、胡适等人一样，钱穆想突破今文、古文的壁垒，对古书保持一种谨慎的态度，不明显偏袒一方。更重要的是，他们都希图用考证的方法，将古书的真伪做细致的研究。他们之间的区别是，钱穆对古典学问始终抱有一种崇敬的态度，不愿轻易将之摒弃，而胡适、顾颉刚则是"新文化运动"的健将，对传统学术持有一种批判的态度。不过，在钱穆写作《刘向歆父子年谱》和《先秦诸子系年》时，他并没有全面阐述他的学术观点。此时他的研究，重在"考史"，而非"著史"。这是他在那时为胡适、顾颉刚、傅斯年等"科学史家"所欣赏的主要原因。钱穆到北京大学任教以后，傅斯年在宴请外宾时，经常邀他作陪，并向外宾介绍说钱穆是《刘向歆父子年谱》的作者，俨然将钱视为同道。[2]

傅斯年欣赏钱穆的原因，与钱在《刘向歆父子年谱》的立场有关。钱穆写书的出发点，是反对康有为认为刘歆伪造古文经的说法，即批判所谓"新学伪经"论。而他采用的方法是，依据班固的《汉书》将刘向、刘歆父子一生的行迹逐年记述。由此，他得出了以下的结论：就刘向、刘歆的生卒年来看，刘歆领五经只有大约五个月的时间。在如此短的时间制造"伪经"，显然不太可能。而且，照康有为的说法，刘歆造"伪经"是为了帮助王莽篡权，但从时间上来看，也不成立。因为在刘歆争立古文经时，王莽还不具备篡权的机会。由此看来，钱穆的成功之处，是用历史的方法重

---

1 参见钱穆：《易经研究》，载《中国学术思想史论丛》，台北：东大书局，1980，第172页。

2 见钱穆的学生诵甘：《纪念钱师宾四先生》，见《钱穆纪念文集》，第45页。另见郭齐勇、汪学群：《钱穆评传》，南昌：百花洲文艺出版社，1995，第313页。

造古史，以此来鉴别经书的真伪。钱穆自谓："实事既列，虚说自消……，凡近世经生纷纷为今古文分家，又伸今文，抑古文，甚斥歆莽，偏疑史实，皆可以返。"而"发古人之真态"，则是他著书的"嚆矢"。[1] 这也就是说，他用考订史实的方法，重建历史、"再造文明"。难怪胡适、傅斯年会欣赏他了。如果说顾颉刚提拔钱穆是因为欣赏钱以史证经的方法，那么傅斯年欣赏钱穆，则还有另外一层含义。1920 年代末 1930 年代初，正是傅斯年从"疑古"走向"重建"的关键时期。换言之，此时的傅斯年，已经与顾颉刚"分道扬镳"，不再以怀疑、批判古史为重点，而是想通过科学方法重建中国的古史了。[2] 钱穆虽然没有运用傅所提倡的考古方法证史，但他的著作异曲同工，为重建古史做了贡献。[3]

至于顾颉刚与钱穆，在那个时候更是惺惺相惜、互相欣赏，主要也是由于研究兴趣与方法的相似。在钱穆应顾颉刚之邀，写作了《刘向歆父子年谱》以后，顾颉刚也写了《五德终始说下的政治和历史》，其中说道："我很佩服钱宾四先生，他的《刘向歆父子年谱》寻出许多替新代学术开先路的汉代材料，使我草此文时得到很多的方便。"[4] 虽然顾颉刚在文章中采用了康有为"新学伪经"的不少观点，与钱穆对当时今文经学的不满十分不同，但他们都以考证

---

1 钱穆：《刘向歆父子年谱自序》，见《两汉经学今古文平议》，台北：东大图书，1989，第 6—7 页。

2 参见杜正胜：《从疑古到重建——傅斯年的史学革命及其与胡适、顾颉刚的关系》，《当代》第 116 期（1995，台北），第 10—29 页。另见王汎森，"Fu Ssu-nien: An Intellectual Biography," (Ph. D. Dissertation, Princeton University, 1993)，第三章；拙著，*Inventing China thr-ough History*，第四章；以及 Jerry Dennerline, *Qian Mu and the World of Seven Mansions*, p.58。

3 其实，傅斯年虽然提倡用考古的方法研究古代历史，但他自己在治学时，仍然以文献材料为主。如他的《夷夏东西说》和《大东小东说》，都是例子。

4 见顾潮：《历劫终教志不灰》，第 138—139 页。该书还提到，钱穆的手稿在顾颉刚遗书中发现，其题目原来是《刘向刘歆王莽年谱》，由顾颉刚改为今题，见第 139 页。

的方法，重构古史，就研究手段而言，有不少相通之处。顾颉刚发表《五德终始说下的政治和历史》后，又请钱穆作评论。钱穆也不讳言，对顾的"疑古"，提出了批评，认为他还未能摆脱今文学家的影响。顾颉刚回应说："我对于清代的今文家的话，并非无条件的信仰，也不是相信他们的微言大义，乃是相信他们的历史考证。"[1] 如邓尔麟（Jerry Dennerline）所言，钱穆的《先秦诸子系年》"填补了顾颉刚 1926 年开始研究的新史学中的空白"。[2]

顾颉刚对钱穆历史考证手段的欣赏，从他 1929 年读到钱穆《先秦诸子系年》的初稿时就开始了。从该书的范围来看，钱穆的写作显然受到清末民初学术界对诸子学研究的影响，如王先谦、孙诒让、章太炎、梁启超和胡适等人的著作。而从钱穆书的结构来看，则又与胡适的《中国哲学史大纲》相埒，他们都想将先秦诸子学术的演变做一系统的整理。不过，胡适对诸子著作的态度有一种怀疑，认为必须用科学的方法加以重新整理；而钱穆虽也有疑，却又自然带有一种尊敬。用他自己的话来说，他与胡适、顾颉刚等人的区别在于："余疑《尧典》，疑《易传》，疑老子出庄周后，所疑皆超于颉刚。然窃愿以考古名，不愿以疑古名。疑与信皆须考，余与颉刚，精神意气，仍同一线，实无大异。"[3] 这段话十分重要。钱穆相当于是在说，虽然他们的方法相似，但信仰却很不同。正是这一信仰的不同，造成钱穆以后的变化。不过在当时，钱穆还没有全面阐述他的文化、历史观点。他还是以"考史"闻名。

但或许是由于两人研究相近的关系，胡适与钱穆之间总是有一种紧张的关系。虽然在钱穆《先秦诸子系年》发表以后，胡适承认

1 顾潮：《历劫终教志不灰》，第 139 页。

2 Jerry Dennerline, *Qian Mu and the World of Seven Mansions*, p. 59.

3 顾潮：《历劫终教志不灰》，第 143 页。

钱穆的学问：对人说若要问先秦诸子的事，不用问他，可以问钱穆。[1] 但他们两人初次见面在苏州，就有点话不投机。胡适与顾颉刚两人都由于东吴大学教授陈天一的介绍而认识钱穆，但胡适到苏州中学演讲遇到钱穆，双方都觉得"意见不相得"。[2] 钱穆到北京任教以后，又由于顾颉刚的介绍，再次与胡适相见，讨论学问，但后来还是往来很少。[3] 这里的原因，至少有两个。一是两人对中国传统文化的意见不同：胡适力求改造，而钱穆希图维护。而在具体的问题上，两人也有分歧，如对老子的看法，就是一例。[4] 二是或许两人当时的治学相近，以致"同行相轻"。胡适与冯友兰之间的紧张关系，与此有些类似。[5]

三、作为"国史大师"的钱穆

以上的论述表明，在钱穆 1929 年进京任教前后，他的学术研究便以"考史"为主，因此与当时史学界的主流十分契合。也由此，他得到"科学史家"胡适、顾颉刚、傅斯年的欣赏。但在学术信仰上，他们之间的差异已经显现出来，只是钱穆还没有机会具体论述。余英时在评论他老师的学术生涯时说："钱先生自民国十九年到北平以后，表面上他已进入中国史学的主流，然而他的

---

1 见钱仲联：《纪念国学大师钱穆先生》，见《钱穆纪念文集》，第 78 页。
2 罗义俊：《钱宾四先生传略》，见《钱穆印象》，第 34—35 页。
3 见顾潮：《历劫终教志不灰》，第 140 页。
4 胡适对于老子的看法，见其《中国哲学史大纲》。钱穆的有关论文，见《老子辩》，上海：大华书店，1932。
5 周质平对胡适与冯友兰之间的关系，有很好的研究，见氏著《胡适与冯友兰》，《知识分子》夏季号（1991，纽约），第 78—88 页。

真正立场和主流中的'科学'考证或'史料学'，又不尽相合。"这是非常道地的观察。对于这一占据"主流"的学问，据余英时的回忆，钱穆还是颇为欣赏的，认为是一种"客观的标准"，只是由于以后战争的破坏，才丧失了影响力。[1] 所谓"客观的标准"，也就是说史家在研究中对史料所采取的审慎和批判的态度。这一标准在中国史学界的建立，自然与胡适、顾颉刚、傅斯年等人的努力有关。钱穆在史学界地位的建立，也显然是由于他早期的著作符合了这一标准。

但是，钱穆进入中国学术界的 1930 年代，是中国现代史上的一个多事之秋。1931 年日本侵占东北，就已经在不少学者的心上投下了阴影。提倡科学史学最力的傅斯年在当时也已经提出"书生何以报国"的问题。他的具体做法是，通过历史语言研究所的人力和财力对中国古代文明做实证的考察，希望用考古发掘的事实批驳"疑古"的论调。而对于东北的丧失，他则以写作《东北史纲》来驳斥日本政府认为东北不属于中原大陆的说法。由于写作匆忙，他的《东北史纲》里面包含不少史实的错误，由此引起一些学者的嘲讽，认为他一方面提倡"史学就是史料学"，另一方面又不尊重史料。[2] 但该事件说明，当时中国的学界，几乎没有人可以对"九一八"事变无动于衷。

钱穆自然也不例外。据他自己说，他之研究历史，自"九一八"事变以后开始。[3] 这里的意思显然是，虽然钱穆以前也治史学，但

---

1 余英时：《犹记风吹水上鳞》，见《钱穆与中国文化》，第 15—16 页。有关当时史学界考证史学的影响，参见前引拙文，《论二十世纪中国史学的方向性转折》。
2 王汎森对傅斯年之写作《东北史纲》及其反响有很好的研究，见他的博士论文 "Fu Ssu-nien: An Intellectual Biography" 第五章。另见前引余英时文 "Changing Conceptions of National History in 20th-century China"，第 172 页。
3 见吴沛澜：《忆宾四师》，见《钱穆纪念文集》，第 52 页。

并没有"著史"，而是"以史证经"、"以史证子"。但自东北沦陷以后，他开始希望通过历史的叙述来重振民族的信心。换言之，虽然钱穆以"考史"出名，但他进入史学界以后，则由于时局的关系，逐渐改变了治学的方向，改以"著史"为主了。钱穆的"著史"包括了教学与著述两个方面，两者并不矛盾，而是相互补充。他的大部分著作都是在讲稿的基础上写成的，如著名的《中国近三百年学术史》和《国史大纲》。钱穆的第二次入京，是他讲授历史的开始。而这个时候，正好是 1931 年，即"九一八"事变的那一年。他所担任的课程是"中国上古史"和"先秦史"。但东北沦陷以后，由于民族主义的高扬，各校都遵教育部之命开设"中国通史"，傅斯年等人都支持这一课程，但在课程设置的方面却有不同的意见。从傅斯年提倡"专题研究"的立场出发，这一"中国通史"的讲述，应派几位专家分别担任，因此最初北大曾准备由 15 位专家承担这一课程。后来由于实行起来困难，才由钱穆建议，由他和陈寅恪两人主讲。最后，钱穆自告奋勇，决定一人承担。[1]由此便有了《国史大纲》的写作。

在如何教授"中国通史"上，钱穆与傅斯年的分歧可以视为钱穆与"科学史家"分道扬镳的一个最初标志。虽然表面上涉及的只是一个教学的问题，但在实际上却反映了史学观念的不同。从傅斯年的立场出发，现代史学的特征就是史家对史料的发掘和考证，以求得对某一阶段历史的认知。傅在《历史语言研究所工作旨趣》的一开始便说："历史学不是著史：著史每多多少少带点古世中世的意味，且每取伦理家的手段，作文章家的本事。近代的历史学只是

1　参见罗义俊：《钱宾四先生传略》，见《钱穆印象》，第 37 页；Jerry Dennerline, *Qian Mu and the World of Seven Mansions*, pp. 59–60。

史料学，……"[1] 而从钱穆讲授和写作"中国通史"的情况来看，正好像傅斯年所批评的那样，其中既讲儒家的伦理道德精神，又追求文采和微言大义。难怪从那个时候开始，钱穆与傅斯年的关系就逐渐恶化，以致傅斯年后来对人说，钱穆写的东西他从来不看。这与钱穆初到京时，傅斯年经常在宴客时邀他作陪的情形成天壤之别。[2]

钱穆与傅斯年交恶的主要原因，正是由于钱穆此时在治学的兴趣与方法上的转变。研究方法上，钱穆自进京以后就很少再从事"考史"的工作。除了前述有关老子其人其书的文章以外，钱穆仅在 1939 年写过《史记地名考》，其他的时间都用在阐述中国传统文化精神和特质等方面上。余英时在一篇纪念钱穆的文章中用"一生为故国招魂"为题概括钱穆的学问重点，可谓十分贴切。[3] 这一重点在全面抗战开始以后，特别明显。但在 1930 年代初期，已见端倪。因此，钱穆的治学方法和兴趣的转变并非突然，而是与当时中国的国际形势以及北京学术界的风气息息相关。

钱穆得以进入北大历史系，与顾颉刚的推荐有很大的关系。本来北大想请的是顾，而顾由于种种原因无法去北大，就安排钱穆前往。顾颉刚是古代史的专家，钱穆替代他，自然也担任这一方面的课程。[4] 他在走上讲坛以后，马上就发现这是一个争议很大的领域。由于顾颉刚挑起了"古史辨"的争论，各派立场都有代表，互不相让。钱穆自己说道："当时在北大上课，几于登辩论场。"教授的讲义稿在授课以前就广为散发，可见听课的学生很关心教授的立

1《傅孟真先生集》，第 4 册，第 169—170 页。
2 诵甘：《纪念钱师宾四先生》，见《钱穆纪念文集》，第 45 页。
3 见余英时：《钱穆与中国文化》，第 19—29 页。
4 有关顾颉刚推荐钱穆去北大的事情，详见顾潮：《历劫终教志不灰》，第 140—143 页，钱穆 1929 年进京时在燕京大学教的是国文。

场。[1] 但就 1930 年代青年学生的兴趣和态度来说，看来是赞同顾颉刚的为多数，对中国的传统文化持一种怀疑和批判的态度。据钱穆的学生吴沛澜回忆，他在大学一年级时上了钱穆的"中国通史"，也读了顾颉刚《古史辨》七册。他更欣赏顾的观点，并以此为出发点，写了一篇长文。但给钱穆看了以后，钱穆"加以批评，态度严肃，声色俱厉，历时亦长"。[2] 这虽然只是一个例子，可由此可见，当时胡适、顾颉刚、傅斯年等"主流"历史学家影响之大。

钱穆在起初的时候也持一种谨慎的态度。据他的另一位学生杨向奎回忆，1931 年钱穆到北大教书时，他也正好上北大一年级，修了钱的"中国古代史"，"按一般规定，中国古代史应当自虞夏商周讲起，但钱先生并不如此，他只是根据他的《先秦诸子系年》的内容，自先秦诸子讲起，联系史实讲下来，一年也没有出这个范围"。[3] 但钱穆同时也在寻求变化。他也许感到那些"主流"历史学家对传统的态度过于偏激，不利于中国的民族主义立场，因此试图尽自己的力量改变风气。如他在北大开选修课时，就自定为"中国近三百年学术史"，希望对这一时代思想史的发展提出与梁启超不同的解释。他的《中国近三百年学术史》就是以该课的讲义为基础写成。钱穆的这部著作体大思精，是一部力作。但从当时北京学术界的风气来看，他之讲授"中国通史"和"中国近三百年学术史"，都无异是对清末民初，特别是新文化运动以来的学术文化主流的一个挑战。因此钱穆也遇到一些阻力。譬如他在 1932 年提出开"中国政治制度史"时，历史系主任、留洋归来的陈受颐认为中国已进入民国时代，以往的君主专制政治不必再研究，以致钱的课上没有

---

1 严耕望：《钱穆宾四先生行谊述略》，见《钱穆印象》，第 9 页。
2 吴沛澜：《忆宾四师》，见《钱穆纪念文集》，第 52—54 页。
3 杨向奎：《回忆钱宾四先生》，见《钱穆纪念文集》，第 3 页。

历史系的学生。反而是法学院院长周炳琳（也是留洋归来的学者）认为政治系的学生也应知中国政治，遂令政治系的学生来修，才使课得以开成。[1]

虽然钱穆开设"中国通史"和"中国近三百年学术史"课程，近乎一种政治表态，引起一些人的反感，但他在 1930 年代初期和中期，并没有对清末民初以来中西文化之间的复杂关系，提出自己明确的见解。他只是通过讲坛和著述，伸扬中国传统文化的价值，希望学生在推崇西方文化和科学时，也注意到自身文化的长处。他在那段时间，与各派人士都有交往，达三四十人，实践他的"学者不可无宗主，而必不可有门户"的信仰。[2] 但是，正如余英时所言，钱穆虽然起初为"主流派"的学者所提拔，但"他和反主流派的学人更为投缘，甚至左派学人中也不乏和他谈得来的"。所谓的"反主流派"人士，主要是那些与胡适等人不太投缘，或观点相左的人。[3] 而钱穆之所以得到某些左派人士的赏识，则是由于他的民族主义立场。虽然这些人接受了来自西方的马克思主义，但他们同时又是民族主义者。因此，钱穆对中国历史的解释对左派学者有参考的价值。[4] 从钱穆自己的回忆来看，他在北大和西南联大时，交

---

1 钱穆：《八十忆双亲·师友杂忆》，第 147—148 页。另见李木妙：《国史大师钱穆教授传略》，第 27 页。

2 有关钱穆的几部传略中都提到钱穆在三十年代交游之广，如郭齐勇、汪学群：《钱穆评传》，第 314 页；另见李木妙：《国史大师钱穆教授传略》，第 29 页。

3 余英时：《犹记风吹水上鳞》和《钱穆与新儒家》，见氏著《钱穆与中国文化》，第 16、57—61 页。

4 有关中国马克思主义史学中的民族主义，可参见 Arif Dirlik, *Revolution and History: Origins of Marxist Historiography in China,1919-1937* (Berkeley: University of California Press, 1978)。拙文，"Between Marxism and Nationalism: Chinese Historiography and the Soviet Influence, 1949-1963," *Journal of Contemporary China,* 9:23 (2000), pp.95-111，对此也有分析。

往最为紧密的是汤用彤、蒙文通和熊十力。[1] 这些人都不是"新文化运动"中的人。唯有例外的是顾颉刚，钱穆对顾一直抱有知遇之恩。在抗战时期，顾颉刚在成都借齐鲁大学设立国学研究所，希望钱穆任主任，钱遂离开西南联大，于1940年到成都协助顾。虽然研究所所处的成都赖家园僻处乡野田间，但钱穆认真讲授，培养了严耕望、方诗铭等历史学家。[2]

钱穆离开西南联大，自然是由于顾颉刚的邀约，但也与那时校园的激进空气有关。钱穆自述："自余离开联大以后，左倾思想日益嚣张，师生互为唱和。闻一多尤为跋扈，公开在报纸骂余为冥顽不灵。……凡联大左倾诸教授，几无不视余为公敌。"[3] 这种情形虽然发生在钱穆离开联大以后，但可以想见，在他未离开以前也已经有了不少反对者。钱穆当时的反应就是，潜心写作《国史大纲》，全面阐述他对中国历史和中西文化的看法。为此需要，他一定抽空阅读了不少西方著作，以致他在完成《国史大纲》以后又花一年多的时间自学英文，以求能读原著。[4] 到抗战结束以后，钱穆在与学生的交谈中，已经不时掺杂他对西方哲人的评论，可见他对西方的历史与文化也下过一定功夫。[5]

余英时指出，"钱先生自《国史大纲》起才公开讨论中西文化问题。他以鲜明的民族文化的立场表明了他在学问上的'宗

---

1 钱穆：《八十忆双亲·师友杂忆》，第155—156页。
2 参见严耕望的回忆《钱穆宾四先生行谊述略》，见《钱穆印象》，第13页；方诗铭：《钱宾四先生散忆》，见《钱穆纪念文集》，第37—39页。
3 钱穆：《八十忆双亲·师友杂忆》，第232—233页。
4 余英时：《犹记风吹水上鳞》，见氏著《钱穆与中国文化》，第9页。
5 见诸宗海在《国魂常在、师道永存：为纪念宾四先生逝世一周年写》中回忆道，钱穆在抗战以后，与学生交谈时，"于儒家学说、释道思想，俱有阐发，对康德、尼采、柏格森、黑格尔，各有评论"。见《钱穆纪念文集》，第66页。

主'"。[1] 换言之，从那时开始，他已经决定公开向西化的思潮反击了。钱穆自己也说，写作《国史大纲》是他学术生涯的一个改变。"自《国史大纲》以前所为，乃属历史性论文，仅为古人申冤，作不平鸣。"[2] 而《国史大纲》则是他表明立场，确定学问宗主的开始。钱穆在 1940 年发表《国史大纲》以前，就决定将其"引论"首先在报纸上发表，反映了他在那时的急切心情。如果写作《国史大纲》是为了褒扬中国的传统文化，那么他的引论就是这一立场的公开宣言。

有关钱穆《国史大纲》中的历史观点，已有不少论述，笔者也另有专文。[3] 此处仅想以《国史大纲》的引论为主，分析一下该书在钱穆学术生涯中的含义。钱穆写作《国史大纲》所公开的立场，可以见于两个方面。第一有关中西文化之间的关系，第二有关当时史学界的流派。他在引论中开宗明义，从中国的历史着眼，正面肯定中华民族文化的地位，反击"西化"论者贬低本族文化的论点。钱穆说道，"中国为世界上历史最完备之国家"，其表现有三：一"悠久"、二"无间断"和三"详密"。钱穆这里所谓的"历史"，有历史与史学两个意义。"悠久"指历史，而"无间断"与"详密"指中国的史学传统。钱穆指出："若一民族文化之评价，与其历史之

---

1 余英时：《钱穆与新儒家》，见《钱穆与中国文化》，第 40 页。
2 引自罗义俊：《钱宾四先生传略》，见《钱穆印象》，第 43 页。
3 有关的专题论文很多，这里仅举几例：杨承业：《读"国史大纲"与"国史新论"感言：道统与法统献论》，见《钱穆先生八十岁纪念论文集》，香港：新亚研究所，1974，第 379—420 页；何兹全：《钱穆先生的史学思想：读〈国史大纲〉、〈中国文化史导论〉札记》，见《钱穆印象》，第 138—162 页；拙文：《儒学与史学：钱穆〈国史大纲〉中之历史观分析》，发表于台北"中央研究院"文哲所 1999 年 7 月的"儒学与现代东亚"学术讨论会。

悠久博大成正比，则我华夏文化，于并世固当首屈一指。"[1] 可见钱穆维护中国文化的立场十分鲜明。

既然历史与史学是钱穆立论的主要根据，他就必然要阐明他的历史观与史学观。在他看来，史学包含"历史材料"与"历史智识"两种。"材料累积而愈多，智识则与时以俱新。历史智识，随时变迁，应与当身现代种种问题，有亲切之联络。"[2] 换言之，"历史智识"是一种历史的解释，反映了现代人对过去的认知。这种认知必须不断更新。由此可见，钱穆的史学观反映了一种现代的历史意识，与以往史家单纯记游历史的做法有重大区别。[3] 用钱穆的话来说，即他认为现代史学家不应像"传统派"的史家那样，"主于记诵"，而须温故知新。除了"传统派"以外，在钱穆看来，当时的史学界还有两派，一是"革新派"，一是"科学派"。他对"科学派"所下的定义十分明白，认为它"以科学方法整理国故"为代表，显然指的是胡适、傅斯年等人的史学。但在钱穆眼里，这一学派并无什么价值。下面请看他的评语：

> 此派与传统派，同偏于历史材料方面，路径较近；博洽有所不逮，而精密时或过之。二派之治史，同于缺乏系统，无意义，乃纯为一种书本文字之学，与当身现实无预。毋宁以"记诵"一派，犹因熟谙典章制度，多识前言往行，博洽史实，稍近人事；纵若无补于世，亦将有益于己。至"考订派"则震于"科学方法"之美名，往往割裂史实，为局部窄

---

1 钱穆：《国史大纲》，台北：商务印书馆，1995，引论，第1页。
2 钱穆：《国史大纲》，引论，第2页。
3 有关现代历史意识在中国的产生，笔者在《中国二十世纪史学与西方：论现代历史意识的产生》中有所论述，《新史学》9卷1期（1998，台北），第55—84页。

狭之追究。以活的人事，换为死的材料。治史譬如治岩矿，治电力，既无以见前人整段之活动，亦于先民文化精神，漠然无所用其情。彼惟尚实证，夸创获，号客观，既无于成体之全史，亦不论自己民族国家之文化成绩也。[1]

这一评语，十分尖锐，其矛头与其说是指向胡适，毋宁说是指向傅斯年，因为胡适尚有一部《中国哲学史大纲》。而傅斯年反对"著史"，以专题研究为重，又崇尚实证、客观之史学，与钱穆所言更为相合。[2] 显然，到了1940年代，非但傅斯年宣称他从来不读钱穆的书，钱穆对傅也无多少好感可言了。钱穆在回忆录中还试图将顾颉刚与傅斯年的治史方法进行区别，认为他自己与顾颉刚"精神意气仍同一线，实无大异，而孟真所主者，则似尚有迥异于此者"。[3]

钱穆比较欣赏的是三派中的"革新派"，从他的解释来看，指的是清末民初以来章太炎、梁启超等提倡的民族主义史学。因此，余英时在回顾中国民族主义史学的发展时，将钱穆列于其中，颇有道理。[4] 但是，钱穆对章、梁等人的民族主义史学，也有批评，认为他们对传统文化批评太多，而于西方文化过多赞扬，因此也有必要修正。[5] 毋庸赘言，钱穆的《国史大纲》，就是这一修正工作的开

---

1 钱穆：《国史大纲》，引论，第3—4页。
2 这一治史之传统在现今的"中央研究院"史语所和近史所，仍然流行。其研究人员升等，仍以在该所集刊上的论文为重。
3 钱穆：《八十忆双亲·师友杂忆》，第146页。另见李木妙：《国史大师钱穆教授传略》，第27页。
4 见前引余英时 "Changing Conceptions of National History in 20th-century China" 一文。另见余英时的解释：《犹记风吹水上鳞》，见《钱穆与中国文化》，第17—18页。
5 钱穆：《国史大纲》，引论，第4—6页。

始。除了该书以外，他在当时和以后的论著中，都对中国文化的传统，从历史的角度，做了大量的正面介绍与肯定。[1]

由此看来，钱穆《国史大纲》的写作，是他公开与胡适、傅斯年等人决裂的一个重要标志。该书的出版，表明钱穆已经不再以"考史"为治学的主要手段，而是以伸扬中国文化、强调中国生生不息的历史精神为己任，自此以后一直未有改变。据许多人回忆，1986 年钱穆在台北"素书楼"的最后一课，以"你们是中国人，不要忘了中国"为结束，可见他直到晚年，始终没有动摇、放弃过他对中国文化传统的信仰。[2] 钱穆如此公开地批评胡适、傅斯年，对方也有反应。1945 年抗战结束以后，傅斯年代胡适任北大校长，就没有聘请钱穆回北大任教。当时未收到聘书的原北大教员大都是因为在抗战期间与日本有所妥协，而钱穆没有此等"污迹"，可见他与傅斯年学术上的分歧是他未获聘书的主要原因。钱穆在 1949 年以后，没有马上到台湾，而是在香港创立新亚学院，也说明钱穆在那个时候已有自己的打算和安排。[3]

综上所述，在 1950 年以前，钱穆的学术生涯，如果从他与"科学史学"的关系来看，可以大致上分为两个时期。从 1920 年代到 1930 年代初期为第一时期，当时钱穆治学的特点是逐渐走出传

---

1 钱穆于 1941 年在《教育杂志》"历史教育特辑"上与陈立夫、黎东方、缪凤林等人一起发表的题为《历史教育几点流行的误解》的文章，就是一例。《教育杂志》31:11（1941，重庆），第 20—23 页。而在他的晚年，更有多部从史学的观点"为故国招魂"的著作，如《中国历史精神》《中国史学发微》等。其观点、内容，与《国史大纲》相近。
2 见李木妙：《国史大师钱穆教授传略》，第 50 页。
3 钱穆与傅斯年还见过一次面，那是在 1950 年，钱已在香港创办了新亚书院。为了获得国民党当局的援助，钱到了台湾。那时陈诚设宴招待，由傅斯年作陪，两人大谈乾嘉学派。见钱穆：《八十忆双亲·师友杂忆》，第 281 页。

统，与新学问接触并有所靠拢，试图用考证的方法，爬梳、整理古代学问。这也使他的著述得到科学史家的赞赏，成为当时"整理国故，再造文明"的学术主流的一部分。但他对中国传统的态度与胡适等人还是有区别的。1931年钱穆到北大任教以后，由于国际形势的变化、民族危机的加深，他逐渐与提倡"西化"或受到"西化"思潮影响的人物分离，转而希望通过对中国历史的全面考察，强调中国文化的长处和价值。他一人承担北大"中国通史"的教学和从正面角度评价清代的学术文化，是他与科学史学的人物逐渐疏远的标志。而他在1940年出版的《国史大纲》，则表明他已经公开与科学史学的人物决裂了。不过在当时，以胡适、傅斯年等人为首的"科学史学"的地位，也已经大不如前了。抗战期间民族主义的勃兴，使得人们对那种单纯以考订史实为主的科学史学兴趣顿减，而对紧密联系现实的马克思主义史学兴趣提升。钱穆所代表的则是在这两派之外的另一种取径，其影响十分深长久远，而在近年有扩大之势。从这一趋势来看，传统文化对现代的中国人，仍然保持着强烈的吸引力，虽经多次"革命"，终未能改变。

在结束本文以前，笔者还想做一点说明。此文以探讨钱穆与科学史学之间的关系为重点，因此便有将两者硬性对立起来的嫌疑。但这并非笔者的真意。事实上，本文所想揭示的，正是历史现象之间的复杂性，特别是钱穆学问中的多面性。而中国现代史学的变化，更是形态多样。近现代中国的历史起伏动荡，置身其中的知识分子不免发生变化。梁启超就是一个著名的例子。[1] 而1937年全面抗战的开始，更使得不少人为了民族大义重新为自己的学术

---

1 本文中将梁启超视为"科学史学"的代表，但梁在1920年代已经对中国的传统史学有了不同的看法。详见拙著 *Inventing China through History*, pp.103—111。

定位。即使是这里作为钱穆之"对立面"的傅斯年，也经历过明显的变化。因此以上对史学界各种流派的划分，只是一种"暂时的"（temporal）做法。历史的持续与变化，特别是其在一定时间与空间内的分化组合，向来是历史研究的主要的吸引力，也是笔者写作此文的主要动机。

（原载《台大历史学报》2000 年第 26 期）

15　陈寅恪的"体、用"观及其魏晋隋唐史研究

　　从陈寅恪所存不多的遗照上看，他头型稍长，脸颊瘦削，双目有神，嘴唇紧闭，给人一种不苟言笑、严肃冷峻的印象。曾亲炙陈寅恪教诲的北大教授王永兴，便有"先生为文著述，从不空泛议论"这样的评语。而细读吴宓的日记，我们又似乎可以见到陈寅恪的另一面：他与吴宓这位密友之间，常常倾心交谈，其话题不仅涉及中西文化、学术理想，而且对世俗日常、人间情爱，也无所不谈。[1] 其实，陈寅恪对其治学目的、人生计划，乃至政治变动和人事好恶，均有无所顾忌的披露和直抒胸臆的评论。比如他的第一篇见诸于铅字的文字，就是 1923 年发表在《学衡》杂志上的《与妹书》——他不但发表了这封兄妹之间的家信，而且还在其中向读者公示他的人生规划，那就是以"殊族之文、塞外之史"为专攻。1933 年他为冯友兰的《中国哲学史》写的审查报告，则是另一著例，因为他在报告的最后，忍不住交代了他自己的治学理念："寅恪平生为不古不今之学，思想囿于咸丰同治之世，议论近乎曾湘乡

1　王永兴：《陈寅恪先生史学述略稿》，北京：北京大学出版社，1998，第 15 页。吴宓日记中详细记载了他们两人在哈佛期间的畅谈，见吴宓：《吴宓日记》，北京：生活·读书·新知三联书店，1998，第七册。

张南皮之间。"[1]他的这种做法，可以说是中外罕见，因为很少有审查者会选择在那样的场合表述他本人的立场和观点的。但陈寅恪非但这么做，而且还不止一次。[2]

然而，尽管无所忌讳，甚至可谓真情流露、畅所欲言，但陈寅恪的上述和其他许多表达，一般人却并不易懂。由此之故，余英时曾用心梳理和释证陈寅恪晚年的诗文和著作，罗志田也仔细探究过陈寅恪作文的"意趣"。[3]如果说陈寅恪难读、难懂，自然有时代相隔的因素。但笔者还以为，陈寅恪自小便学诗、写诗，之后又论诗并用诗入史，他的作文也常常如写格律诗那样用典，因此让人不易理解。而他世家子弟的出身、才高八斗的气概，又让他对他的读者，有一种很高的（在他自己看来是相应的）期待——如果你们无法懂我，并无关吾事。换言之，从心理和情感的角度来看，陈寅恪的一生治学，均表现出一种高度的自信或任性。他在海外游学十多载，专研各种欧亚语言而不屑获取世俗意义上的功名——一个洋学位，便是一个显著的表现。他对中西学问、文化变迁乃至自己治学目的之表述，也自然带有同样的特点——他希望他的读者能真切、深入地体会和理解他的言简意赅、微言大义，他自己则毋庸饶舌细说。饶有趣味的是，当代学界的陈寅恪研究，似乎也大致朝着陈寅

---

1 陈寅恪：《陈寅恪史学论文选集》，上海：上海古籍出版社，1992，第512页。

2 陈寅恪先生在1935年所作的《陈垣元西域人华化考序》中还自谓："寅恪不敢观三代两汉之书，而喜谈中古以降民族文化之史。"见《陈寅恪史学论文选集》，第506页。根据邓小南的回忆，她父亲邓广铭曾跟随陈寅恪左右，而陈寅恪一旦讲话，便滔滔不绝，旁人无法插嘴，可见陈寅恪颇喜发表大段议论，为吴宓日记所留下的陈寅恪形象，做了旁证。见邓小南：《我的父亲邓广铭与三位大师》，《各界杂志》2021年第3期。

3 余英时：《陈寅恪晚年诗文释证》，台北：东大图书公司，1998；罗志田：《非驴非马：陈寅恪的文字意趣一例》，《读书》2010年第4期；罗志田：《陈寅恪学术表述臆解》，《文史知识》2001年第6期。

恪本人所指的方向迈进：不少论著都以理解和诠释如他所谓的"不古不今之学"和"曾湘乡张南皮之间"这些说法为研究之出发点。[1]本文的写作，其实也不例外。笔者亦试图从理解他的这段议论出发，探讨一下陈寅恪的史学理想和实践，并对他的成就从史学史的角度，斗胆做一评述。笔者以为，虽然陈寅恪用词和表述可以用微言大义来形容，但如同本文起始所言，他性格上具有真率、坦诚的一面，[2]在许多时候，并不故弄玄虚，有意让人猜谜，而是希望读者能体会和理解他的表述。

不古不今，唐代、清代

一般而言，学界认为陈寅恪所指的"不古不今之学"，基本就是隋唐史的研究。这一论断应该大致无误，但如果结合他之前所做的"殊族之文、塞外之史"的研究，那么这里的"不古不今"应该还可以有更宽泛的理解，那就是汉朝灭亡之后的历史。陈寅恪自承："不敢观三代两汉之书，而喜谈中古以降民族文化之史。"[3]那么，这个"不古不今"又在何时截止呢？如所周知，陈寅恪对宋代学术，特别是史学，评价很高，但他又没有写过有关宋代的历史及其史学的论著，因此我们或许可以这么理解，他所指的"不古不

---

1 罗志田撰有《陈寅恪的"不古不今之学"》，不但仔细回顾学界对这一表述的研究，而且也提出了自己的意见，可以参考（《近代史研究》2008 年第 6 期）。
2 举例而言，陈寅恪在晚年曾坦白回顾他在早年如何"年至壮岁，尚未婚娶"，以及回国任教清华之后，如何与妻子唐筼相识相爱、结为连理的过程细节，可见他对个人私事也颇愿坦诚相告，无所隐瞒。陈寅恪：《关于寅恪之婚姻》，见《陈寅恪集·寒柳堂集》，北京：生活·读书·新知三联书店，2015，第 235—237 页。
3 陈寅恪：《陈垣元西域人华化考序》，见《陈寅恪史学论文选集》，第 506 页。

今"，大致的起迄时段从魏晋至隋唐。根据牟发松的观察，陈寅恪与日本的内藤湖南或许都认为，自宋代开始，中国的历史已经步入内藤所谓的"近世"或陈寅恪眼里的"今世"了。西方唐史研究的领军人物杜希德（Denis Twitchett）也将内藤湖南和陈寅恪两人并称，视作为隋唐史领域的两个开创性人物。[1]

陈寅恪在魏晋隋唐史的研究领域，以《隋唐制度渊源略论稿》、《唐代政治史述论稿》和《元白诗笺证稿》三部著作而闻名于世，本文的写作，主要以前两部史著为对象。从其书名可见，《隋唐制度渊源略论稿》的内容以魏晋南北朝和隋唐两代并重，试图呈现隋唐诸多制度的前朝渊源。陈寅恪在该书的"叙论"中交代："隋唐之制度虽极广博纷复，然究析其因素，不出三源：一曰（北）魏、（北）齐，二曰梁、陈，三曰（西）魏、周。"[2] 可见他十分关注魏晋南北朝的历史与隋唐史之间的关联。从陈寅恪开课的情况来看，也可以看出他之两者并重。他在 1926 年任教清华国学研究院之后，起初并没有开设历史课。1929 年国学研究院解散，他出任清华大学史学和中文系合聘教授，才为前者开设了"魏晋南北朝史专题研究"和"隋唐五代史专题研究"。陈寅恪在中文系的课程，也可以看出他将两个时段并重的做法，譬如他在那时开设的"世说新语研究"和"唐诗校释"两门课程，便是例证。[3]

---

1 牟发松：《内藤湖南和陈寅恪的"六朝隋唐论"试析》，《史学理论研究》2002 年第 3 期，第 62—74 页；*The Cambridge History of China*, eds. by Denis Twitchett & John K. Fairbank (Cambridge: Cambridge University Press, 2007), vol. 3, part 1, *Sui and T'ang China, 589-906*, ed. by Denis Twitchett, pp. 8-10。

2 陈寅恪：《隋唐制度渊源略论稿 唐代政治史述论稿》，见《陈寅恪集》，北京：生活·读书·新知三联书店，2001，第 3 页。

3 蒋天枢：《陈寅恪先生编年事辑》，上海：上海古籍出版社，1987，第 75 页。

陈寅恪的学术研究以研究佛经翻译为起始，而佛教自汉末才逐步为国人所接受，到了唐代臻于全盛，因此陈寅恪之研究兴趣，其实有一个从魏晋到隋唐的转向，也即他之关注前者，应该早于后者。当代唐史学者陆扬认为，陈寅恪之转向唐史研究的学理上的准备，自 1929—1930 年间便已开始。笔者对此并无异议，但也想强调日本侵华战争的爆发，是促使陈正式书写唐史并对隋唐之间的历史演化做一宏观解释的重要契机。[1] 如果魏晋至隋唐的历史在陈寅恪的眼中，均是"不古不今之学"，是他中年时代治学的主要兴趣，那么其原因何在呢？陈寅恪虽然乐意直率坦陈自己的治学，但对这点则有点语焉不详，并未有直接的说明。陈寅恪在《隋唐制度渊源略论稿》之末，加了一个附论，交代了其写作的缘由：

　　　　寅恪自惟学识本至浅陋，年来复遭际艰危，仓皇转徙，往日读史笔记及鸠集之资料等悉已散失，然今以随顺世之缘故，不能不有所撰述，乃勉强于忧患疾病之中，姑就一时理解记忆之所及，草率写成此书。命之曰稿者，所以见不敢视为定本及不得已而著书之意云尔。[2]

　　上述自述，没有明确交代陈寅恪研究中古史的原因，因为他所谓的"今以随顺世之缘故，不能不有所撰述"之句，其意颇为含糊，而所用的"顺世"一词，似乎包含多重含义，比如那时学术界的要求、陈家经济上的需要（如版税收入）等等。当然，"顺世"一词

1　陆扬：《视域之融合：陈寅恪唐史研究特点与贡献之再考察》，《北京大学学报》2020 年第 4 期，第 75—87 页；王晴佳：《陈寅恪治学兴趣和研究转向再议：以二十世纪 20、30 年代为中心》，《中华文史论丛》2023 年第 1 期。
2　陈寅恪：《隋唐制度渊源略论稿 唐代政治史述论稿》，第 175 页。

也可以做引申的理解，那就是他之探究隋唐制度的渊源，有顺应时变、经世致用的目的。陈寅恪转向唐史，正是抗战硝烟滚滚之时，他那时视网膜已经受损，但还是细读了李心传的《建炎以来系年要录》一书。他所得的版本虽然字小，还是不忍释手，自承"读来亲切有味"。[1] 显然，李心传对靖康之变之后宋史的描绘，让日寇侵华之后流离失所、被迫南迁的陈寅恪，有身临其境的感受和感悟，促使他研究、思考和解释中古历史的变动。

陈寅恪的弟子和他的研究者，对陈寅恪之从事"不古不今之学"，从不同的角度对之做了推断和说明，颇多启发。譬如王永兴指出，陈寅恪出身"忠义之家"，自小受其先祖和父辈影响，坚守民族大义，因此推崇宋代史学，力求以史为鉴，于是专攻中古史学。胡戟则认为，魏晋之后佛教的传入，是中国历史上吸收外来文化的一次成功经验，因此陈寅恪对之特别关注。而牟发松指出，六朝隋唐时期出现的民族、文化的大融合和大交流，是吸引陈寅恪的所在。[2] 熟知西方思想文化的陆扬，用"视域之融合"的表述，指出陈寅恪之研究中古特别是隋唐的历史，与其生活在清代和目睹清朝的变革，颇有关联，因为两个朝代都面临"种族、胡汉、党争、边疆和外来威胁等问题"。他的这一推断，与其他学者的观察有一定相似之处，但又表达更为明白。[3] 其实，在笔者看来，陈寅恪之所以在多处场合坦陈自己的治学理念，恰好表明他之从事学术研究，与他的人生经验息息相关。易言之，他之交代自己专治"不古不今

---

1 蒋天枢：《陈寅恪先生编年事辑》，第 129 页。
2 王永兴：《陈寅恪先生史学述略稿》，第 1—12 页；胡戟：《陈寅恪与中国中古史研究》，《历史研究》2001 年第 4 期，第 145 页；牟发松：《内藤湖南和陈寅恪的"六朝隋唐论"试析》，第 67—68 页。
3 陆扬：《视域之融合：陈寅恪唐史研究特点与贡献之再考察》，第 81—82 页。

之学"，与他所言"思想囿于咸丰同治之世，议论近乎曾湘乡张南皮之间"是一体两面，两者之间无法分开。

陈寅恪说"咸丰同治之世"，自然指的是一个时代，不过也有他特殊的寓意。咸丰帝在位十一年，从 1850 到 1861 年，之前是道光帝的三十年统治。历史上一般将这两朝并称为"道咸"，因为在这期间，清朝遭受了西方的挑战，经历了两次鸦片战争。但重要的是，咸丰帝驾崩的 1861 年，又是清朝决定开展洋务运动，以求富国强兵的时期，比如设立总理衙门、经办军工企业、建立同文馆、派遣留学生等的举措，均在那个阶段实施并取得了一定的成绩，于是在同治年间，有清朝"中兴"一说。陈寅恪将"咸丰、同治"并称，间接显现了他对清朝历史变动的一个评价，因为咸丰帝虽然早逝，但洋务运动是由他启动的。而曾国藩和张之洞两人，一前一后，在发动和推进洋务运动中，其功劳为人所瞩目。简单描述他们的"议论"，那就是"师夷制夷""中体西用"。因此，陈寅恪所谓"思想囿于咸丰同治之世，议论近乎曾湘乡张南皮之间"的表述，虽然用典，其实含义颇为明晰，那就是他希望吸收和消化外来文化，但又不忘本族文化之根本。

因此，陈寅恪亲身经历的晚清社会及其"体、用"观的历史认识，应该是他"喜谈中古以降民族文化之史"的主要缘由。换言之，他不但主张"中体西用"，而且还希望"古为今用"，用历史实例来加以证明和说明。这一做法，首先是因为他的家庭出身和早年教育，让他有很强的使命感，以更新、革新中国文化的传统为己任。陈寅恪的老友吴宓在评论陈寅恪父亲诗文的时候，有这样的感叹："故义宁陈氏一门，实握世运之枢轴，含时代之消息，而为中国文化与学术德教所托命者也。寅恪自谓少未勤读，盖实成于家学，渊孕有自。"[1] 陈家几代，饱读诗书，经历了清朝末年动荡不安的岁月，痛心疾首，有心报国。陈寅恪曾回忆道："咸丰之世，先祖亦应进士举，居京师。亲见圆明园干霄之火，痛哭南归。"但他的祖父陈宝箴回归家乡之后，并未消沉，而是起兵举义，得到了曾国藩的赏识，之后官至湖南巡抚，因此陈寅恪祖籍江西，生于长沙。陈寅恪也讲述了他父亲陈三立（号散原）的人生际遇："先君虽中甲科，不数月即告终养。戊戌政变，一并革职。后虽复原官，迄清之末，未尝一出。然以吏能廉洁气节文章颇负重名于当代。"[2]

因此，陈寅恪自承他的"思想囿于咸丰同治之世"，笔者以为我们可以从字面上来理解其含义，那就是他如他祖父和父亲一样，是希望通过与外来文化的交流，为已有的文化注入新的血液，促使其复兴和再生。陈宝箴对太平天国所持的敌对态度，是因为他与曾国藩那样，认为洪秀全皈依、推广基督教，试图改造中国文化的根本，将"中国数千年礼义人伦诗书典则"，"扫地荡尽"，[3] 那是不足取也是他们所不允许的。根据陈寅恪自己对其先祖、先父的研究，陈宝箴本人不但参与曾国藩等人领导的洋务运动，在其中扮演了重要的角色，而且还举荐了张之洞，以求进一步推动清朝的新政改革。陈寅恪的父亲陈三立也支持其父的立场，是"维新四公子"之一，并在戊戌变法失败后同样受到牵连，罢官回乡。[4]

陈寅恪不仅在思想上继承了其先辈的衣钵，而且还在不同的场合和时段做了重复的表述。譬如他在1918年因为欧战的缘故，无

---

1 引自王永兴：《陈寅恪先生史学述略稿》，第12页。
2 陈寅恪：《陈寅恪集·寒柳堂集》，第167、188页。
3 曾国藩：《讨粤匪檄》，见《曾国藩全集·诗文》，长沙：岳麓书社，1995，第139—141页。
4 陈寅恪：《戊戌政变与先祖先君之关系》，见《陈寅恪史学论文选集》，第710—720页。

法继续在欧洲留学，因此转学哈佛，与表弟俞大维会合，并结识了吴宓。他在那年寒假中，与吴宓长谈，指出中国传统学问中的哲学、美术和科学等领域，发达程度逊于希腊和西方文化，但在"家族伦理之道德制度，发达最早"，而周公所创的"典章制度实中国上古文明之精华"。但陈寅恪并不抱残守缺，而是认为"汉晋已还，佛教输入，而以唐为盛"。佛教的传布，是世界文明史上的大事，"大可研究"，因为"佛教于性理之学 Metaphysics 独有深造。足救中国之缺失，而为常人所欢迎。惟其中之规律，多不合于中国之风俗习惯"。尽管有此违和之处，陈寅恪指出佛教在唐代臻于极盛。到了宋代，宋儒"神通佛教"，"救中国之缺失，而又忧其以夷复夏也。乃求得而两全之法，避其名而居其实，取其珠而还其椟。采佛理之精粹以之注解四书五经，名为阐明古学，实则吸收异教。声言尊孔辟儒，实则佛之义理，已浸渍濡染。与儒家之宗传，合而为一。此先儒爱国济世之苦心，至可尊敬而取谅之者也。故佛教实有功于中国甚大"。[1]

发表上述长篇大论的陈寅恪，未及而立之年，无怪吴宓对之学识，崇拜之至。对本文的写作而言，上面这段论述较为明确地显现了陈寅恪对汉代之后中国文化和历史变迁的认识，也间接说明他之后以佛经翻译作为自己研究方向的原因。陈寅恪这里对宋儒成就的评价，或许显得略有些保留。但大致而言，他认为他们立场坚定，虽然"吸收异教"，并藉此阐明、改造儒学，但又绝不想"以夷复夏"，所以用心良苦，"至可尊敬"。他之后对宋代史学评价甚高，想来与此也有关联。因为宋代学者在吸收了外来文化之后，将之吸收运用，创造性地复兴了儒家传统。他在抗战期间给邓广铭的

---

1 吴学昭：《吴宓与陈寅恪》，北京：清华大学出版社，1992，第10—11页。

著作写序时说，"华夏民族之文化，历数千载之演进，造极于赵宋之世"，可见他对宋代学术文化评价之高。[1] 其原因显而易见：宋儒能创造性地吸收外来文化，将之转为己用，发扬光大了中华文化的"体"。从其唐史研究中亦可看出，他不但受到李心传的影响，在《唐代政治史述论稿》中，还称司马光的《资治通鉴》，"尤为空前杰作"。

那么，读者或许会问，既然陈寅恪对宋代学术评价如此之高，他为何没有亲自操刀，深入研究宋代的历史和史学呢？有关这一问题，应该有多种解答，前人也有论述。比如他本人对学习"殊族之文"即外国语言文字的兴趣；当时日本学者的亚洲史和中国史研究，在国际学界产生了很大的影响，以致"群趋东邻受国史，神州士夫羞欲死"，而陈寅恪想与之争胜，夺回中国历史解释的话语权等，显然都是原因。但笔者以为，如果陈寅恪的治学，与他认定唐史和清史之间的相似有关，也即他的历史研究是其史观的反映和实践的话，那么他之专注唐史而不是宋史的研究，可谓顺理成章。陈寅恪所处的清代，是外来文化冲击、激荡的时代，类似隋唐间佛教、儒教和道教之间的博弈和交融，而他梳理、研究唐代如何输入、消化佛教，为的是从其中获取经验教训，以求、以待出现一个类似宋代那样的中国文化转型和复兴的新时代。陈寅恪在上引评论华夏文化在宋代造极之后，又加了八个字——"后渐衰微，终必复振"。这表现出他对中国历史的宏观看法，同时亦是他对之抱持的期待和信心。

质言之，陈寅恪之研究、书写唐代历史，反映了他对中国历史演化的一个宏观认识。他的表弟、以后又结为姻亲的俞大维，曾在

---

1 见邓小南：《我的父亲邓广铭与三位大师》。

晚年回忆陈寅恪的时候，有这样一段评语：陈寅恪"平生的志愿是写成一部'中国通史'及'中国历史的教训'，……在史中求史识。因他晚年环境的遭遇，与双目失明，他的大作（*Magnum opus*）未能完成，此不但是他个人的悲剧，也是我们这个时代的悲剧"。[1] 俞大维的说法，当然是一种假设，如果陈寅恪没有失明，晚年也诸事顺遂，他是否会写作一部中国通史，我们无从得知。但至少有一点比较明确，那就是陈寅恪治史——转向隋唐史的书写——与他对中国历史演进整体过程的通盘理解，有一种内在的关联。

陈寅恪在《陈垣敦煌劫余录序》中借用佛教的术语指出："一时代之学术，必有其新材料与新问题。取用此材料，以研求问题，则为此时代学术之新潮流。治学之士，得预于此潮流，谓之预流（借用佛教初果之名）。其未得预者，谓之未入流。此古今学术史之通义，非彼闭门造车之徒，所能同喻者也。"[2] 易言之，陈寅恪专注唐代佛教和历史的研究，实质上是一种"预流"，希图以古鉴今，展现历史演进的未来趋势并为之到来做准备。"预流"即"入流"，陈寅恪治史，显然是将自己的学术生命融入历史的发展潮流之中。

由此缘故，他在各种场合和机会，都不忘对读者谆谆教诲，以切身的体会和过往的殷鉴，来告诫时人在面对外来文化侵入的时候，应该采取怎样的态度。他在为冯友兰《中国哲学史》写审查报告的时候，首先回顾了中国历史，特别是思想文化史的发展演化，强调需要有"纵贯的眼光"和"史学之通识"，庶几方能深入理解"一人一时之作"。他总体认为，冯著基本上达到了这样的规模，对此做了肯定。结合上面俞大维对陈寅恪的回忆，可见陈寅恪的确

---

1 蒋天枢：《陈寅恪先生编年事辑》，第 51 页。
2 陈寅恪：《陈寅恪史学论文选集》，第 503 页。

希望学者和世人对中国历史，有一种宏观的认知。从这一历史主义的立场出发，他以写作审查报告这一酒杯，浇心中之块垒，再度抒发了自己以古鉴今、古为今用的思想。由此，陈寅恪将汉末的历史与他所处的清代，做了颇为直接的比较：

> 至道教对输入之思想，如佛教摩尼教等，无不尽量吸收，然仍不忘其本来民族之地位。既融成一家之说以后，则坚持夷夏之论，以排斥外来之教义。此种思想上之态度，自六朝时亦已如此。虽似相反，而实足以相成。从来新儒家即继承此种遗业而能大成者。窃疑中国自今日以后，即使能忠实输入北美或东欧之思想，其结局当亦等于玄奘唯识之学，在吾国思想史上，既不能居最高之地位，且亦终归于歇绝者。其真能于思想上自成系统，有所创获者，必须一方面吸收输入外来之学说，一方面不忘本来民族之地位。此二种相反而适相成之态度，乃道教之真精神，新儒家之旧途径，而二千年吾民族与他民族思想接触史之所昭示者也。[1]

这段议论虽然较长，但笔者以为它所提供的语境，让我们能在历史的场景中，更清晰地理解他的名言："一方面吸收输入外来之学说，一方面不忘本来民族之地位。"用陈寅恪自己的话来说，那就是"以旧瓶装新酒"，以昨天说今天。不忘本民族的地位，其实就是坚持文化交流中的"体"，而外来学说就是"用"；后者需要为我所用，吸收之后加以改造，否则便如同玄奘的唯识宗，最后"归于歇绝"。陈寅恪同时期还说过，中国那时旧道德与新道德并存，

---

1 陈寅恪：《陈寅恪史学论文选集》，第 512 页。

"今后旧者恐难复存，惟新者来自外国，与我国情形每有格格不入之处"。换言之，新旧的融合、交替，不但是势在必行——"旧者恐难复存"，而且还有助历史的演进。陈寅恪数次强调，不能妄自尊大，认为"汉族文化最高深"，亦指出唐代文化之所以"强健活泼"，正是因为注入了异族的血液。[1]但外来文化必须经过改造，与本地文化相融合，方能发挥其适当的作用。

汉、胡相融与"体、用"结合

如果说陈寅恪信奉的"体、用"观，是他研究魏晋隋唐史的初衷，希求以那段历史为鉴，预测中国文化的未来走向，那么他的研究从史学史演进的角度衡量，又有什么具体的创新之处和价值呢？笔者并非唐史专家，本来对陈寅恪在唐史研究上的成就，无从置喙，但细读他的相关论著及陈寅恪身后中外学人的相关评论，产生一些心得体会，所以冒昧陈言，以求正于读者方家。

首先，虽然陈寅恪的学术道路经过了几次明显的转向[2]，但以他的国际影响来看，陈寅恪对唐史的研究为其主要成就。他在出版《隋唐制度渊源略论稿》和《唐代政治史述论稿》之前，便以其他论著在 1939 年获得了牛津大学的邀请出任该校的汉学教授。1979 年和 2007 年《剑桥中国史》的唐史卷两度出版的时候，杜希德在该卷的导言中，及其他学者在他们撰写的章节中，都数次提到了陈寅恪的杰出贡献。杜希德在导言中宣称，虽然法国学者在 18 世纪

---

1 蒋天枢：《陈寅恪先生编年事辑》，第 79、75、99 页。
2 余英时：《试述陈寅恪的史学三变》，见氏著《陈寅恪晚年诗文释证》，第 331—377 页。

后期已经对唐代历史做了专门研究，但唐史研究这一领域的建立，主要仰赖内藤湖南和陈寅恪的功劳。内藤的主要功绩在于在 20 世纪初年，便提出了之后名之为的"唐宋转型论"观点。杜希德指出，内藤对中国中古历史的变迁，有一种"直觉的理解"（intuitive understanding），为后人指出了唐至宋的历史演变的大致走向。他的论述虽然已经为人所修正，但还是大致经得起现代学术发展的考量。而此后陈寅恪对唐代政治和制度历史的研究，"其研究之仔细、论证之严密、说服力之强，远远超过之前出版的任何书籍。他对我们了解这一时期的主要贡献是点出了各种对立的利益集团，指出他们如何主导了唐代宫廷政治的变迁"。[1]

杜希德的评述，不仅指出了陈寅恪在今天唐史学界的重要地位，而且也为我们探讨陈寅恪的唐史研究，提供了一个观察的视角。笔者以为，陈寅恪之书写唐史，有一个明确的对话和商榷的对象，那就是内藤湖南及之后日本学者的唐史研究。这里应该有两个原因，第一是涉及上面提到的他的诗句"群趋东邻受国史，神州士夫羞欲死"所反映的状况。无疑，陈寅恪的诗句带有一种民族主义的情绪——他像傅斯年等人一样，热切期盼中国能成为"东方学"的正宗，而陈寅恪之反复强调在文化交融的过程中"不忘本来民族之地位"，也显然是这一情绪的写照。[2] 的确，虽然中国文明以注重历史著名，但自 20 世纪以降，传统史学的观念、方法和形式都已经跟不上时代的变化。梁启超在 1902 年以《新史学》提倡"史界革命"，便是一明证。传统史学的一个弊病是，以朝代史为主体的

1 *The Cambridge History of China*, vol. 3, part 1, *Sui and T'ang China, 589-906*, ed. by Denis Twitchett, p. 10.

2 参见张谷铭：《Philology 与史语所：陈寅恪、傅斯年与中国的"东方学"》，《"中研院"历史语言研究所集刊》第 87 本第 2 分（2016 年），第 432—442 页。

"正史"，并无法让人产生对中国历史的整体理解。因此在19、20世纪之交，留日学生引介和翻译的日本史家的作品，如那珂通世的《支那通史》、桑原骘藏的《东洋史》等通论性的著作，颇为畅销，所以"群趋东邻受国史"反映了当时的实况。

第二，目睹日本学者写作的中国史书广为流行，有"神州士夫羞欲死"心情的并不只是陈寅恪、傅斯年等人而已。梁启超《新史学》发表后不久，中国学者已经开始写作新型的叙述体史书，如刘师培、夏曾佑等人的著作，便是明例。不过这些新式的历史书写，虽有开创之功，但又虎头蛇尾，不能终卷。刘、夏和那时其他人写的中国通史，都在远古、上古部分浓墨重彩，却没能通贯整个中国历史的演变。以唐史而言，他们都无暇或无力涉及。在陈寅恪之前对唐史有所叙述的是1917年开始任教北大的邓之诚。邓在其《中国通史》课程的讲义基础上写作的《中华二千年史》，于1934年出版，正好是陈寅恪开始转向唐史研究的时候。我们无从知晓陈寅恪是否参考过邓之诚的著作，但从邓著的写作方式和所用史料来看，应该不会成为陈的主要对话对象。[1] 邓著的隋唐史部分像其他朝代一样，基本以采撷"正史"及《资治通鉴》《通志》之类的相关记载写成，没有参考其他一手材料。邓之诚在"叙录"中说，他的写作主要采用的是纪事本末体，但其实还保留着纪传体的痕迹。譬如他的隋唐史部分均以"隋世系"、"唐世系"开始，与纪传体"正史"中以"本纪"为纲领相埒。[2]

史书写作所用的体裁常为史家的史观所左右，邓之诚的隋唐

---

1 虽然不知陈寅恪是否看重邓著，但邓之诚曾赠诗给陈，可见他们两人应该认识。蒋天枢：《陈寅恪先生编年事辑》，第235页。

2 邓之诚：《中华二千年史》，北京：中央编译出版社，2015，上册，第2、485—486、536—538页。

史观，基本将隋唐两代视为中原（汉族）王朝的复兴。譬如他在"隋世系"的末尾总结道：隋朝统治时间虽短，但在"中国史局"上，十分关键，因为汉末之后，鲜卑等族强盛，但此后"诸族居内地久，习染华俗，渐失其刚劲之风。至隋则中土已渐强，一变永嘉以来之局势"。邓之诚还以音乐为例，指出隋文帝试图复兴汉族文化的努力。他说在隋代，以龟兹为代表的胡乐盛行，"琵琶、箜篌、胡笛等器，充斥中原。古之雅乐，几至绝迹"。而隋文帝虽想改革，却有点无能为力。[1] 这里邓之诚以汉族为中心的史观，展露无遗。与此相反，陈寅恪以其对"殊族之文、塞外之史"的研究出发，强调隋唐的强盛，正是由于各族融合的结果，所谓"盖取塞外野蛮精悍之血，注入中原文化颓废之躯，旧染既除，新机重启，扩大恢张，遂能别创空前之世局"。[2] 他的《隋唐制度渊源略论稿》开宗明义，指出了隋唐两代的制度，有三大来源，分别是北魏、北齐，南梁、南陈和西魏、北周。这三种来源中，非汉族（鲜卑、拓跋等）的因素无疑占据了主要的部分。而更重要的是，陈寅恪虽然指出民族和文化的互动和融合是理解魏晋隋唐时期历史演变的关键，也强调在文化交流中，需要"不忘本来民族之地位"，但他同时又告诫读者，在那个民族大交融的时代，北朝文化中虽有汉种胡种的区分，但其实质却是汉化、胡化的问题，"所谓有教无类者是也"。[3] 换言之，陈寅恪所处理的不是简单的胡、汉对立以及后者如何复兴，而是两种文化的互动和交流如何推动历史的演变。

与生活在同时代的邓之诚等人一样，陈寅恪无疑是一个民族主

---

1 邓之诚：《中华二千年史》，上册，第 486、495 页。

2 陈寅恪：《金明馆丛稿二编》，见《陈寅恪集》，北京：生活·读书·新知三联书店，2001，第 344 页。

3 陈寅恪：《隋唐制度渊源略论稿 唐代政治史述论稿》，第 3—4、79 页。

义者，但他对隋唐史的认识，则又说明他抱持了一种现代学术的科学态度，客观地指出经过魏晋南北朝时代，民族之间的血脉相融到了隋唐时期已经是一个不争的事实。比如他与邓之诚不同，指出到了隋唐时期，所谓的胡乐和雅乐已经很难区分。隋代虽然采用了"胡中乐器"如琵琶和箜篌，但曲调仍不失为"纯粹华夏正声"，因为据他考证，隋代的音乐颇受南梁、南陈所保存的中原文化的影响。陈寅恪对隋唐音乐的肯定，颇能展现他的"体、用"观，也即胡乐可以为"用"，但却没有失掉"体"，照样弹出了"华夏正声"。[1]在同一时期陈寅恪还写过《狐臭与胡臭》一文，收入其《寒柳堂集》，从现在被视为身体史、医疗史的角度，以实例讨论汉末以来民族之间的融合，颇具新意。他的文章以唐代从中亚传入的柘枝舞舞者为例，指出中古时代华夏民族开始杂有西胡血统，于是唐代孙思邈经南宋直至明代李时珍的医书，均谈及人之所谓"腋气"，俱是证明。[2]

既然民族融合是中古历史的特色，而这一融合是隋唐强盛的一个原因，那么陈寅恪所想做的就是爬梳各种史料，细致呈现这一过程。笔者与陆扬的看法一致，他如此做法的一个目的是商榷和挑战日本学者的前期成果。[3]如上所述，内藤湖南在 20 世纪初年，便从东西方历史比较的角度出发，以杜希德所谓"直觉的理解"，将隋唐的历史视作一段转折期，成为了唐史研究的一位开创性人物。内

---

1 陈寅恪：《隋唐制度渊源略论稿 唐代政治史述论稿》，第 132 页。
2 陈寅恪：《狐臭与胡臭》，见《陈寅恪史学论文选集》，第 157—160 页。笔者也曾注意到，秦代的兵马俑虽然神态各异，但均是单眼皮，而唐代的墓室壁画（如永泰公主墓）则显示，双眼皮已经开始在那时出现了。从世界范围来看，单眼皮是东亚人所独有，所以双眼皮的出现应该也是中古时代民族、种族交融的一个结果。
3 陆扬：《视域之融合：陈寅恪唐史研究特点与贡献之再考察》，第 82—87 页。

藤认为唐代成为转折，体现在贵族政治的衰落和君主独裁的兴起，后者主要表现在宋代，因此有其"唐宋转型论"。[1] 陈寅恪没有研究宋史，但可推测他不一定会同意内藤有关君主独裁在宋代兴起的论断。但他的两部唐史著作，则均以描述和分析贵族政治的衰降为主要内容，因此牟发松会将两人相提并论。不过，如果内藤湖南靠的是"直觉"，那么陈寅恪显示的则是博洽——他对"殊族之文、塞外之史"的渊博知识，让他详细、充分地论证和阐明了贵族政治衰落的过程和原因。1936 年他在回复一个年轻契丹学者的信时说，日本学者白鸟库吉的论著，受到了西方东方学的影响，但其资料和解释，都已经有点落伍，而更重要的是，"日人于此数种语言，尚无专门权威者，不过随西人之后，稍采中国材料以补之而已"。白鸟在当时的日本学界，可谓一代翘楚，但陈寅恪对他态度平平，告诫来信者说"白鸟说若误，可稍稍言及，不必多费力也"。[2] 而陈寅恪的自信，显然就是因为他留学欧美多年，在印欧语言的学习上花了大量的功夫。

在隋唐史的领域，陈寅恪以他自幼便掌握的文史知识，显得更为自信和从容。他的《隋唐制度溯源略论稿》从礼仪、职官、刑律、音乐、兵制和财政六个方面，具体讨论汉末以降贵族政治的兴衰。可能由于内藤湖南的论著出版较早，所以陈寅恪没有直接提他的名字和著作，但他在书中提到了内藤之子内藤乾吉和弟子冈崎文

---

1 有关"唐宋转型论"的最初评述见 Hisayuki Miyakawa, "An Outline of the Naito Hypothesis and Its Effects on Japanese Studies of China," *The Far Eastern Quarterly*, 14:4 (Aug. 1955), pp.533–552; 内藤湖南的相关论点，其大要可见其《中国近世史》中"近世史的意义"一章，收入氏著《中国史通论》，夏应元等译，北京：社会科学文献出版社，2004，上册，第 323—335 页。

2 蒋天枢：《陈寅恪先生编年事辑》，第 245 页。该书还记载了陈寅恪弟子偶遇白鸟库吉，后者对陈的学问表示的崇敬之情（第 222—223 页）。

夫，并对他们的研究有所商榷和修正。比如他提到内藤乾吉发表有关《唐六典》在当时的施行，认为讨论颇为详细，不过他又以自己的学识和理解，指出《唐六典》虽然对了解唐代的体制有帮助，但其实有所局限。在陈寅恪眼里，《唐六典》是"不今不古之书"，为史官奉召修纂，"计出无聊"，因此"依据《唐六典》不徒不足以唐代现行官制合于周礼，且转能反证唐制与周礼其系统及实质绝无关涉"。[1] 他做如此结论，其实就是间接否定了内藤乾吉的研究。

冈崎文夫是魏晋南北朝史的专家，著有《魏晋南北朝通史》和《魏晋南北朝的社会经济制度》等著作。陈寅恪的《隋唐制度渊源略论稿》因为探究隋唐制度的前朝渊源，在内容上与冈崎的研究有重合之处。如下所述，陈寅恪对隋唐的社会经济发展，亦有不少关注。而在《兵制》一章，陈寅恪对冈崎的研究做了中肯的评价，一方面认可后者治史的谨慎，另一方面则指出其征引史料上的不足及观察、解释上的问题。具体言之，冈崎认为隋唐的兵制（府兵制）承袭了北齐，隋至唐之间又有所变化。陈寅恪则在《隋唐制度渊源略论稿》的叙论便指出，隋唐两朝的典章制度"传授因袭几无不同，故可视为一体"，而在兵制的演变中，亦不例外。陈寅恪写道："又以其他法制诸端论，唐初开国之时大抵承袭隋代之旧。…… 岂独有兵役丁赋之大政，转有钜大之创设？"[2] 质言之，陈寅恪的《隋唐制度渊源略论稿》貌似笔记，内容显得零散，但其实首尾连贯，是对隋唐制度缘起和演变的一个通盘论述。

陈寅恪对隋唐史的宏观考察及其贡献，笔者看来主要集中于两个方面。首先是他对胡化、汉化，抑或胡人、汉人的基本看法。如

---

1 陈寅恪：《隋唐制度渊源略论稿 唐代政治史述论稿》，第 107—109 页。
2 陈寅恪：《隋唐制度渊源略论稿 唐代政治史述论稿》，第 146—155 页。

同上述，陈寅恪认为由于汉末以来长达数百年各民族之间的冲突、交流和融合，胡人还是汉人已经无法也没必要区分。他于1931年在隋唐史的领域所写的第一篇论文，其主题便是李唐氏族的渊源。此后他又就这一主题连续写了三篇，还意犹未尽，到了1952年又写了李唐及其他显贵家族的婚姻问题。陈寅恪的主要观点是，李氏家族具有大致一半的鲜卑人血统，主要来自母系，但之前的史书有所避讳，加上唐代有不少胡人采用汉姓，因此在他之前没有人对此详细论证。而他指出："李唐先世疑出边荒杂类，必非华夏世家。"他后来推断，李唐氏族为了掩盖其胡人出身，曾将其家世与山东赵郡的李家相连，但这一推论在此后的学者看来，有点牵强。[1]但关键的一点是，陈寅恪强调李唐氏族，并非出身高贵，而是胡汉混血。而且陈寅恪认为这种民族间的交融，并不必加以隐晦，而是代表了"新兴之精神，强健活泼之血脉"。[2]由此，他对以前史家讳莫如深的李渊早期曾向突厥称臣一事，反复做了考证，认为确有其事。陈寅恪在《唐代政治史述论稿》中写道：

> 隋末中国北部群雄并起，悉奉突厥为大君，李渊一人岂能例外？温大雅大唐创业起居注所载唐初事最为实录，而其记刘文静往突厥求援之本末，尚于高祖称臣一节隐讳不书。……然则隋末唐初之际，亚洲大部民族之主人是突厥，而非华夏也。但唐太宗仅于十年之后，能以屈辱破残之中国一举而覆灭突厥者，故由唐氏君臣之发奋自强，遂得臻此，

---

1 陈寅恪对李氏家族的研究，收入《金明馆丛稿二编》。有关他的研究及其评论，参见胡戟：《陈寅恪与中国中古史研究》，第155—156页。
2 蒋天枢：《陈寅恪先生编年事辑》，第75页。

实亦突厥本身之腐败及回纥之兴起二端有以致之也。[1]

　　这里陈寅恪不但承认李渊曾向胡人突厥称臣，而且还强调在那个时代，亚洲之主人是突厥，而非华夏。十多年后，陈寅恪在1951年又发表《论唐高祖称臣突厥事》，再次重申了他的观点。如此可见，陈寅恪尽管有强烈的民族主义情绪，亦努力与日本、欧美学者在学问上争胜，但他绝非一个"族裔中心论者"（ethnocentrist），更非"汉族中心论者"。他之研究魏晋隋唐史，秉持一种实事求是的科学态度，指出在汉代之后，讨论胡人与汉人的区分已经不再符合历史的实情。譬如他在书中提到唐中期的名将李光弼，指出他出身东北胡人，与安禄山同乡，但立场相左。由此他强调，虽然民族与文化是研究魏晋隋唐史的关键，但后者远比前者重要。他举不少例子证明，胡人可以全面接受汉化，自认为是汉人，而汉人亦可以竭诚为胡族服务。陈寅恪的结论是：汉人和胡人之区别，"不论其血统，只视其所受之教化为汉抑为胡定之……又此点为治吾国中古史最为关键，若不明乎此，必致无谓之纠纷"。[2]

　　其次，既然民族与文化相较，后者更为重要，陈寅恪对隋唐制度的演变，从文化渊源的角度做了深入的考证和描述，这是他的第二个重要发现和贡献。如上所述，陈寅恪指出隋唐制度有三大来源，其中北朝的影响占据三分之二。而他的渊博和高明则在于看到了北魏和西魏等胡人政权中的华夏因素，也即这些北方王朝如何吸收了南朝（梁、陈）所承继的华夏文化。北魏孝文帝的汉化政策是他第一个例子。南人王肃之投效北魏为人所熟知，陈寅恪写道：

1　陈寅恪：《隋唐制度渊源略论稿 唐代政治史述论稿》，第 323 页。
2　陈寅恪：《隋唐制度渊源略论稿 唐代政治史述论稿》，第 223、201 页。

"王肃北奔，孝文帝虚襟相待，盖肃之入北实应当日魏朝之需要故也。"同时他又提到，另外还有两位南人刘芳和崔光，他们被俘之后却"见知于魏孝文及其嗣主者，乃以北朝正欲模仿南朝之典章文物，而二人适值其会，故能拔起俘囚，致身通显也"。[1]

在魏晋南北朝期间，华夏文化主要保留在江左和山东。陈寅恪指出，前者本是"神州文化正统之所在"，后者也代表了"文化之正统"，"遥与江左南朝并为衣冠礼乐之所萃"。而除了这两大为人所熟知的地区之外，陈寅恪又在西北发现了另一个保存华夏文化的所在地——河（西）陇（右），即今天甘肃的西部。他的睿智和洞察使他看到，汉末学校制度松弛，学术的留传主要见于地方家族，与京邑不再像之前那么联系紧密，于是河陇地区的某些世家大族在经历了民族的冲突和动荡之后，仍然能"保存汉代中原之学术"。西魏的苏绰，便是他举例的对象。苏绰出身武功（今咸阳境内）大族，先辈中有不少人曾出任重要的地方官员。他由于博学多识，得到了西魏宰相宇文泰的信任，为西魏的制度出谋划策，功勋卓著。陈寅恪指出，西魏与北魏一样，其制度的建设需要借助华夏文化。宇文泰那时欲与山东和江左所保存的中原文化争胜，"以关中地域为本位，融洽胡汉为一体"，因此苏绰得以施展才华。宇文泰创制的结果是"非驴非马"，但正因如此，反而铸成了霸业，并在许多方面有助之后隋唐制度的建设和发展。陈寅恪对宇文泰所创关陇文化之原因及特点，有如此的描述：

> 故宇文苟欲抗衡高氏及肖梁，除整军务农、力图富强等充实物质之政策外，必应别有精神上独立有自成系统之文化

1 陈寅恪：《隋唐制度渊源略论稿 唐代政治史述论稿》，第 10—12 页。

政策，其作用既能文饰辅助其物质即整军务农政策之进行，更可以维系其关陇辖境以内胡汉诸族之人心，使其融合成为一家，以关陇地域为本位之坚强团体。此种关陇文化本位之政策，范围既广，包括甚众，要言之，即阳传周礼经典制度之文，阴适关陇胡汉现状之实而已。[1]

此处所说的高氏代表了山东而肖梁则代表江左，所以宇文泰的关陇文化政策是希望借助关中的文化传统，融合胡汉。陈寅恪用"非驴非马"或"童牛角马"这样的形容词来描述，显示他对之有些贬义。但总体而言，他作为一个史家对关陇集团的兴起及其历史作用，又大致抱持肯定的态度，赞赏胡汉相融而推动历史的发展。换言之，陈寅恪虽然对宇文泰的政策似有讥讽，但他对北魏至西魏期间关陇文化及其集团的兴盛，则相当重视。在"礼仪"一章，他称赞关陇文化虽然出自"西北一隅偏塞之区"，但不仅有关中人士如苏绰、苏威父子的相援，而且还有南朝旧族所存学术文化的助长，"凝铸混合"，成就了"北朝最美备之结果"，所以隋唐制度的建设，结合了前朝南北文化的综合因素。而在"刑律"一章，他更直截了当，指出北魏刑律的制定，集合了南北各朝所保留的多种文化因素，所以"集当日之大成"，表现出"取精用宏""广收博取"的特点，因此成就"伟业"并非"偶然"。当然，在陈寅恪眼里，关陇集团之历史作用，主要在于宇文泰所倡导的"关中本位政策"及其创建的府兵制。两者为隋唐两朝的建立，打下了基础。他在《隋唐制度渊源略论稿》的"兵制"一章中，详细记述了这一兵农合一制度的演变，而在《唐代政治史述论稿》中，更是将府兵制的衰败和关

---

[1] 陈寅恪：《隋唐制度渊源略论稿 唐代政治史述论稿》，第 101 页。

陇集团的瓦解视为唐朝最终走向衰亡的终极原因。[1]

陈寅恪的《隋唐制度渊源略论稿》追溯了隋唐两朝的创建及其胡汉相融的制度渊源，他的《唐代政治史述论稿》则是对整个唐代兴衰的整体分析。他对后者的分析，结合了政治和文化两大因素，突出了武则天当政时期唐代政治的变迁，并将其变迁原因主要归结为社会阶级的升降。他指出由于科举制度的施行，山东、江左的士人借助其文化传承的优势，进入了朝廷，对之前掌握唐朝命脉的关陇集团发起了挑战，牛李党争便是一显例。陈寅恪的这些分析，为之后的唐史研究，提供了一个富有启发性的解释框架。同时他的具体结论，又为后代的学者有所修正和批评。譬如岑仲勉和美国唐史专家卫士勒（Howard Wechsler）都举例指出，陈寅恪对新兴阶级与关陇集团成员之间的划分（如牛党和李党的属性和对立），或有可商榷之处。[2]

笔者以为，陈寅恪对唐史的解读和诠释，细节不够完备之处可谓在所难免。本文余下的篇幅，将从今天史学发展的角度总结他对魏晋隋唐史的研究，议论一下陈寅恪的治学态度、治史方法和写作体裁。首先是他在治学上秉持和实践的实事求是的科学立场。如上所述，陈寅恪之研究隋唐史，带有明确的民族主义立场，有着经世致用的目的，为的是点明中国文化演化的一个理想未来。但他的具体研究，又没有对魏晋隋唐史的演变做简单、图式化的处理，一厢

---

1 陈寅恪：《隋唐制度渊源略论稿 唐代政治史述论稿》，第 47、123—124 页。

2 参见岑仲勉：《隋唐史》，石家庄：河北教育出版社，2000，第 177 页，注 1；Howard J. Wechsler, "Factionalism in Early T'ang Government," in *Perspectives on the T'ang*, ed. Arthur Wright & Denis Twitchett (New Haven: Yale University Press, 1973), pp. 87–120；汪荣祖的《陈寅恪评传》（南昌：百花洲文艺出版社，1997）讨论了他们的批评，并为陈寅恪做了辩护（第 116—118 页）。

情愿地将其描述为华夏文化从衰世走向盛世的过程，以求激励身处战乱中的国人。诚然，陈寅恪在讨论汉末之后文化发展的时候，不但指出江左和山东的文化传承，而且也突出河陇地区所保留的华夏文化，或许有证明其经久不衰之生命力的用意。[1] 但总体而言，他所关注的是汉末以来中国历史发展的特殊性，并将各民族间的冲突和融合及诸文化间的互动和交流，归纳为那个时代的特征并承认其历史地位。从这个意义上说，陈寅恪以"体、用"关系总结的"一方面吸收输入外来之学说，一方面不忘本来民族之地位"的立场，概括了他对那个时代历史发展的总体看法，并不仅仅局限于隋唐的历史，更不只是与汉族的历史相关，因为在他眼里，经历了汉亡之后几百年的民族大融合，文化远比种族重要——与其强调胡人、汉人之分，毋宁讨论胡化、汉化更为恰当。

举例而言，陈寅恪认为隋唐的兴起和统一中国，与西魏宇文泰所创立的"关中本位政策"关系甚大，而宇文泰借助苏绰等汉族人士之力所建立的"非驴非马"的关陇文化，在他眼里应是"一方面吸收输入外来之学说，一方面不忘本来民族之地位"的一个成功的实例。上面所引陈寅恪形容宇文泰"阳传周礼经典制度之文，阴适关陇胡汉现状之实"，便是他对这一关陇文化的概括。毋庸讳言，对西魏的胡人政权而言，"周礼经典制度之文"便是"外来之学说"，而宇文泰创建关陇文化，目的是为了找到适合该地区"胡汉现状"实际的政策。陈寅恪对这一做法，似有讥讽，但其实是认其为文化交流中势在必需、世所必行的共有现象。他在《唐代政治史述论稿》中写道："中国无论何代，即当坚持闭关政策之时，而实际终

---

1 王永兴在其《陈寅恪先生史学述略稿》中，认为陈寅恪研究中华文化如何在河陇保留，目的是指出其经久不息的生命力，从而鼓舞抗战中的人心（第142—150页）。

难免不与其他民族接触。"对于宇文泰的"关中本位政策"的历史作用，他在多处做了公允的评价："盖宇文泰当日融洽关陇胡汉民族之武力才智者，以创霸业；而隋唐继其遗产，又扩充之。"[1]笔者以为，陈寅恪从魏晋隋唐的历史出发，强调历史发展阶段的个别性，然后以此为例，以小见大，概括历史演化的一些通则，表现出一种历史主义的思维，是德国近代科学史学的特点，本文将在结尾时再论。

其次，如果说陈寅恪的治学理念，与近代史学有类比之处，那么他的治史手段，则又与一些现代史学流派相通。上面已经提到他从民族史、身体史和医疗史的角度考察胡汉民族间的交融，而与此同时，陈寅恪还从女性史和性别史的视角，证明此一历史现象。他在《唐代政治史述论稿》的起始，便引用了《朱子语类》的说法，"唐源流出于夷狄，故闺门失礼之事不以为异"，从性别史的角度证明唐代是一个胡汉混杂、无分彼此的朝代。[2]然后他在写作《元白诗笺证稿》时，又考证了杨贵妃进宫之前是否为处女的事例，用来说明唐代宫廷中和社会上，男女关系之开放程度，大于之前和之后的时代。[3]陈寅恪对女性和性别的重视，更见于他对武则天的研究。前代史书对这位中国历史上唯一的女皇帝，描述虽然不少，但大多含有性别偏见和敌视。近代的邓之诚也说在武后当政的时代，"惟为收拾人心，每滥用爵禄。无耻之徒，夤缘并进，养成模棱、唾面之风，社会人心，蒙其恶影响者至巨"。[4]与此相比，陈寅恪指出，

1 陈寅恪：《隋唐制度渊源略论稿 唐代政治史述论稿》，第 347、234 页。
2 陈寅恪：《隋唐制度渊源略论稿 唐代政治史述论稿》，第 183 页。
3 陈寅恪：《元白诗笺证稿》，见《陈寅恪集》，北京：生活·读书·新知三联书店，2001，第 14—21 页。
4 邓之诚：《中华二千年史》，上册，第 608 页。

中国现代历史意识的产生

武则天作为女性取代唐室而成功登基借助了佛教的力量，于是展示了儒释道三教在唐代的起伏跌宕，而武则天起用新兴的科举阶层，貌似进行了一场宫廷政变，其实开展了一场"社会革命"，意义深远，是唐代历史的一个转折点。[1] 由此可见，陈寅恪之研究武则天，注意到了她的性别及其影响，却不因此轻视，反而重视她的历史地位。同时，陈寅恪之研究武则天，还兼涉了家族史、婚姻史和社会史的领域，亦为他晚年写作《柳如是别传》，为一个青楼女子树碑立传，埋下了伏笔。如上种种，均能展现陈寅恪在史学方法上，颇多"预流"、创新之处。除了尝试新的研究领域，陈寅恪还在开拓和利用史料的方面，比如诗史互证、实物史料与文献史料并用、正史与野史和笔记比较等等，均有不少建树。前人对此已有了许多论述，此处不赘。

复次，本文以评论陈寅恪的表述风格开始，这里也想顺次讨论一下陈寅恪的历史书写体裁。对于现代读者来说，陈寅恪所写的史学论著，特别是他的两部唐史，或许有些陌生之感，因为里面征引了相当多的史料，而作者本人的评价和议论则篇幅相对较少。易言之，陈寅恪的历史书写，与我们熟悉的叙述体有明显的距离。这里应该有两个原因。第一是陈寅恪的大多数论著，均不用脚注，而是采取了古已有之的"诗话"的方式，即先引一首或几首诗，或者一二段史料，然后作者对之加以评论。陈寅恪长期担任清华大学和西南联合大学历史系和中文系的双聘教授，他之写作《元白诗笺证稿》和本文所倚重的两部唐史，采用了同一种形式，显示他治学上的文史相兼和诗史互证，不但体现在研究内容上，而且也表现在

---

1 陈寅恪：《武曌与佛教》，见《陈寅恪史学论文选集》，第 352—370 页；《隋唐制度渊源略论稿 唐代政治史述论稿》，第 202 页。

写作体裁上，值得研究者留意。第二，在 20 世纪上半叶，陈寅恪的写作风格，并非孤例，而是颇为通行。譬如陈寅恪所推崇的王国维，其著名的《人间词话》便承袭了中国古代的"诗话"传统，而王所著的学术论著，亦采取相似的方式，并不加脚注。柳诒徵、钱穆、邓之诚等与陈寅恪差不多同代的史家，其著述亦同样不加脚注，而是像陈寅恪一样，选择铺陈几段史料之后加以针对性的评论，由此而阐发自己的见解。笔者以为，这一表述形式，虽然与现代学术流行的体裁不符，却也有利于教学与研究之间的沟通。陈寅恪的弟子们回忆其师时常说，陈虽然身材羸弱，但教学时常常吃力地带着一大堆资料，将所讲的史料满满地写在黑板上，然后才坐在椅子上娓娓道来，分析和评价这些史料的价值和意义。讲完一节之后，又将黑板上的板书擦去，再写上几段新的史料，如此往复进行。[1] 陈寅恪的学术论著，应该不少基于他的上课笔记；柳诒徵、钱穆、邓之诚的不少历史著述，也同样如此。由此，我们注意那个时代史家的写作风格，亦能从一个侧面展现中国近代教育和学术的演变。以今天世界范围的历史书写来看，附有脚注的叙述体已经成为了大宗，但如同安东尼·格拉夫敦的《脚注趣史》所示，其实这一体裁的形成在西方也经历了一个演变、发展的过程。[2] 如果说陈寅恪所采之体裁，代表了民国学术界、史学界的一个主流，那么分析这一形式的缘起和利弊，或许有助我们今天探讨那时的学人与西方同僚之间的互动和交流，考察西方近现代学术对中国学术之影响。事实上，新西兰的汉学家倪来恩（Brian Moloughney）已经就此问题撰文，指出柳诒徵、钱穆和陈寅恪等人所用的体裁——征

---

1 蒋天枢：《陈寅恪先生编年事辑》，第 249—250 页。

2 安东尼·格拉夫敦：《脚注趣史》，张弢、王春华译，北京：北京大学出版社，2014。

引大段史料再加评论——表现为一种"文本互证"（intertextuality），不但是对中国传统史学的推陈出新，而且还促使我们反思历史书写中叙述体的多面性。[1] 总之，从史学史研究的角度着眼，我们对民国时期的史学在理念、方法和体裁等方面，均有进一步深究的必要和可能。

简短的结语

最后，笔者将回到陈寅恪学术与德国历史主义的关系，稍加评论，以作本文的结束。陈寅恪从早年开始，在海外留学十余年，又以德国为主，因此他与德国近代学术之间的关系，向来受到学界的重视。比如汪荣祖所著的陈寅恪传记，便指出德国以尼布尔、兰克所代表的"历史语文学派"对陈寅恪的影响。陈怀宇的《在西方发现陈寅恪》则描述了陈寅恪与欧洲"东方学"学术传统之间的交流。沈卫荣也探讨了陈寅恪学术与欧美语文学之间的联系。[2] 他们所用的术语虽然不同，但其实指的都是近代欧洲盛行的文字学（philology）研究，而历史主义则是基于和总结这一学术传统的思维模式。有关"历史主义"（Historismus）的界定颇为多样，而国际知名的德国史学史专家格奥尔格·伊格尔斯的《历史主义的由来及其含义》一文，为我们提供了一个简易的理解。伊格尔斯指出，

---

1 Brian Moloughney, "Derivation, Intertextuality and Authority: Narrative and the Problem of Historical Coherence," *East Asian History*, 23 (June 2002), pp. 129–148.

2 汪荣祖：《陈寅恪评传》，第 48—51 页；陈怀宇：《在西方发现陈寅恪：中国近代人文学的东方学与西学背景》，北京：北京师范大学出版社，2013，第 100—236 页；沈卫荣：《陈寅恪与语文学》，《北京大学学报》2020 年第 4 期，第 99—108 页。

"历史主义"这一词语的发明者应该是文字学家弗里德里希·施莱格尔（Friedrich Schlegel），但为之后不少德意志学者所沿用和阐发。伊格尔斯点明："历史主义表示一种历史研究的态度，承认在具体时空条件下的个别性。…… 历史主义既不同于追求事实的经验主义，又不同于无视事实，旨在建立系统的黑格尔式的历史哲学。"当然，也有学者认为黑格尔的历史哲学亦属于历史主义的一种表现。但若以历史研究的实践而言，兰克史学的模式影响更大。兰克提倡考订历史事实的真伪，主张使用一手史料，并认定"历史研究的目的不仅是为了对过去的事实加以重新叙述，而且是为了掌握过去的历史背后的一致性"。从其思想渊源来看，历史主义作为近代德意志的学术传统，有着与法国启蒙思想家所主张的历史进步主义商榷的意图，因为后者强调后代对前代的超越，否定了每个时代的"个别性"及其相对价值。[1]

　　陈寅恪的治史理念和方式与历史主义的主张颇多呼应。他与兰克一样，其学术生涯始于文字学，而文字学以过往的文献为研究重心，希望考订其真伪，解释其渊源及变化。陈寅恪对"殊族之文、塞外之史"的研究，与之相符。而他对汉末以来中国历史演化的看法，也与历史主义的理念相合。比如陈寅恪虽然认可隋唐之伟大，但并不因此而否定魏晋南北朝。相反，他认定每个时代都有其个别性及独特的存在价值——正是魏晋南北朝时期的民族互融和文化交流才是隋唐盛世的根源所在。因此，如果说陈寅恪承认胡汉结合造就了隋唐，提倡"从外族来看国史"是"扩大了中国史学史的视野"，这样的理解还是表现为一种"族裔中心论"，没有真正理解

---

1 格奥尔格·伊格尔斯：《历史主义的由来及其含义》，王晴佳译，《史学理论研究》1998 年第 2 期，第 72—73 页。

陈寅恪的历史主义史观。[1] 在陈寅恪眼里，魏晋隋唐史有其特殊性，需要在具体的历史场景中去理解和分析，不能将之简单纳入中国历史的朝代世系。但强调历史时代的个别性和特殊性，并不意味着放弃探究和揭橥其背后所存的一致性或关联性（Zusammenhung）。陈寅恪通过研究魏晋隋唐史所得出的文化交流的"体、用"观——"一方面吸收输入外来之学说，一方面不忘本来民族之地位"——便是一显例，因为这一历史的"一致性"是"二千年吾民族与他民族思想接触史之所昭示者也"。

（原载《北京大学学报（哲学社会科学版）》2023 年第 1 期）

1　见汪荣祖：《陈寅恪评传》，第 106 页。

16 陈寅恪、傅斯年之关系及其他

—— 以台湾"中研院"所见档案为中心

    自 1990 年代以来，有关中国现代著名史学家陈寅恪的研究，可以说是层出不穷，蔚然成为一个热点。不仅陈寅恪先生的学生、同事和研究助理纷纷著书论文，而且一些年轻的学者也以陈寅恪先生为中国现代学人的榜样而为之立传。[1] 一些有识之士，能独具慧

---

1 据我目前所见，中文学术界所出版的有关陈寅恪的纪念文集、研究论著和传记有如下许多种。最早的一本应该算是俞大维等人编的回忆文章《谈陈寅恪》(台北：传记文学出版社，1970)。然后有蒋天枢《陈寅恪先生编年事辑》(上海：上海古籍出版社，1981，1997 年再版)，汪荣祖《史家陈寅恪传》(台北：联经出版公司，1997，增订版；汪著的简体本以《陈寅恪评传》为名在百花洲文艺出版社 1992 年出版)，余英时《陈寅恪晚年诗文释证——兼论他的学术精神和晚年心境》(台北：时报文化，1984，余书以后两次再版，最近一版是由台北东大图书在 1998 年出版的)，冯衣北《陈寅恪晚年诗文及其他——与余英时先生商榷》(广州：花城出版社，1986)，《纪念陈寅恪先生诞辰百年学术论文集》(北京：北京大学出版社，1989)，《纪念陈寅恪教授国际学术讨论会文集》(广州：中山大学出版社，1989)，王永兴编《纪念陈寅恪先生百年诞辰学术论文集》(南昌：江西教育出版社，1994)，胡守为主编《〈柳如是别传〉与国学研究：纪念陈寅恪教授学术讨论会论文集》(杭州：浙江人民出版社，1995)，陆键东《陈寅恪的最后二十年》(香港：香港三联书店，1995)，吴定宇《学人魂：陈寅恪传》(台北：业强出版社，1996)，刘以焕《国学大师陈寅恪》(重庆：重庆出版社，1996)，钱文忠《陈寅恪印象》(上海：学林出版社，1997)，李玉梅《陈寅恪之史学》(香港：香港三联书店，1997)，王永兴《陈寅恪先生史学述略稿》(北京：北京大学出版社，1998)，蔡鸿生《仰望陈寅恪》(北京：中华书局，2004)，胡守为主编《陈寅恪与二十世纪中国学术》(杭州：浙江人民出版社，2000) 等。

               中国现代历史意识的产生

眼，把目前的陈寅恪、钱锺书"研究热"，视为一种文化现象，由此而对以往的中国学术界状况，做一番针砭。

　　笔者也不例外，在美国攻读博士学位的时候，也选择陈寅恪及和他一辈的史家为重点，讨论他们在中西史学交流、汇通方面所做的努力。[1] 但是可惜的是，在我 1992 年完成博士论文答辩的时候，还没有机会读到陈寅恪和他的老友傅斯年的一些通信。博士论文完成以后，我有机会多次访问台湾"中研院"，继续搜集有关资料，特别在傅斯年所创办的历史语言研究所和"中研院"于 1955 年成立的近代史研究所所藏的档案中，发现不少有意思的通信。在我修改博士论文，并将其在美国出版时曾加以运用。[2] 但有些材料，似乎中文学界的读者会更有兴趣，因此特别写作此文，供同行方家参考指正。

　　首先，我们还得从陈寅恪名字的读法谈起。中国学术界中对陈寅恪略知一二的人士都知道，陈寅恪的名字读法与众不同，"恪"字不念"ke"，而是念"que"。以季羡林、周一良等人为首署名的《纪念陈寅恪先生诞辰百年学术论文集》，有一英文副题，也用的是"Chen Yin-que"。[3] 这一读法，看来是从陈寅恪先生的朋友、学生那里来的，可以说是一种"口述文化"。予生也晚，无缘亲炙陈寅恪先生，但我想他的这些朋友、弟子如此称呼他，或许也得到陈先生的首肯。1999 年我访问北大与师生座谈，也言及此事。在座的张芝联先生回忆到，那时人们称呼陈寅恪先生的兄弟陈衡恪，也

1　Qingjia E. Wang, "Chinese Historians and the West: Origins of Modern Chinese Historiography" (Ph. D. Dissertation, Syracuse University, 1992). 其中有一章讨论陈寅恪。

2　参见 Q. Edward Wang, *Inventing China through History: the May Fourth Approach to Historiography* (Albany: State University of New York Press, 2001)。

3　该书的副标题是 "Studies in Honour of Professor Chen Yin-que"。

念"que"，而不是"ke"。看来该字的读法，他们陈家有特别之处。

　　但是，如此称呼并不完全正确。主要原因是陈寅恪本人在海外求学的时候，并不如此署名。我至今已经发现三个证据，其中一条与刘桂生教授依据陈寅恪在德国留学时的学籍材料所写成的短文相同，但刘教授没有特别注意该材料所显示的读音问题，因此在这里再提一下。刘教授的短文，主要通过德国中国学家、现任教于荷兰莱顿大学的施耐德（Axel Schneider）教授的帮助，找到了陈寅恪在德国求学时的学籍注册单。有趣的是，陈寅恪在注册单上的署名是"Chen Yinkoh"，显然，这一"koh"是"ke"的不同拼法，而绝对不会念成"que"，因为如果是念"que"，则无论如何也不会拼成"koh"。[1]

　　其实，在最早出版的回忆陈寅恪的文章中，就已经有相应的证据。1970年陈的表弟俞大维编辑了《谈陈寅恪》一书，其中有赵元任、杨步伟的回忆文章。赵不但是中国著名的语言学家，也是陈寅恪先生的老友、史语所的老同事。他很早就发现陈寅恪在署名时根据的是标准的读法。作为一个语言学家，赵还特别作了说明，认为把"恪"读成"却（que）"，是当时北方人的误读。他在文中说，他和妻子杨步伟参加了毛子水的请茶会，在座的有罗家伦、傅斯年、陈寅恪和张幼仪（徐志摩的前妻），时为1924年8月7日，地点在德国柏林。赵在事后记了日记，用了Y. C. Chen。但是，

　　　　到了八月二十日才发现寅恪自己用的拼法，那天的日记上就写了去访"Yinko Tschen"。"陈"字的拼法当然就是

1　刘桂生：《陈寅恪、傅斯年留德学籍材料之劫余残件》，载《北大史学》1997第4期，第308—316页。

按德文的习惯，但是"恪"字的确有很多人误读若"却"或"怯"。前者全国都是读洪音ㄩ母，没有读细音其ㄑ母的，而"却、怯"在北方是读ㄑㄩㄝ，所以我当初也跟着人叫他陈寅ㄑㄩㄝ；所以日记上也先写了"Y. C. Chen"了。[1]

我在阅读陈寅恪给傅斯年的信中，对陈寅恪名字的读法有所注意。凑巧的是，我发现陈寅恪在第二次世界大战以后到英国治眼病时给傅斯年的一封信，其中自然谈了不少有关他眼睛开刀以后的情况，在最后落款时，他希望傅斯年方便时回信，由当时在英国牛津的邵循正先生转。此处他（由他妻子唐筼代笔）用英文写下他的名字与地址，赫然便是（下面为原文）：

Prof. Chen Yin-ke（陈寅恪）
co Prof. H. C. Shao（邵循正）
Balliol College
Oxford, England[2]

如此看来，虽然我们可以用当时人称呼陈寅恪兄弟的办法念他们的名字，但似乎照汉字的标准读法，也没有什么大错，并不是一件大不了的事，因为陈寅恪本人也知道并且运用过这一标准读法。而且我们照标准读法念他的名字，还对得起语言大师赵元任几十年前所作的考证。

---

1 赵元任、杨步伟：《忆寅恪》，俞大维等编：《谈陈寅恪》，台北：传记文学出版社，1970，第 26 页。
2 "陈寅恪致傅斯年信"，见"傅斯年档案"，藏台北"中研院"历史语言研究所傅斯年图书馆，I-709。该信落款日期是二月 19 日，应在 1946 年。

此处讲到陈寅恪到英国治病的事，档案中也有一些材料，可以帮助我们了解这一过程的具体情况以及他与傅斯年之间关系的另一面。我们知道，陈寅恪的英国之行，起源于英国大学的邀请，到那儿去讲学。此事在当时有所轰动，使人对陈先生的学问，更是推崇备至。据说当时的女史家陈衡哲就说道：

> 　　欧美任何汉学家，除伯希和、斯文赫定、沙畹等极少数人外，鲜有能听得懂寅恪先生之讲者。不过寅公接受牛津特别讲座之荣誉聘请，至少可以使今日欧美认识汉学有多么个深度，亦大有益于世界学术界也。[1]

　　从陈寅恪给傅斯年的信中可以知道，陈在1939年的2月9日已经受到牛津的邀请，因为他在信中谈到去那里的薪水、税率等事，并且与傅商量是否要带全家一同前去。[2]

　　但是他最后没有走成，除了他在"文革"中所作的"交代"回忆，是由于欧战的爆发以外，[3]还有金钱和其他因素。他在2月9日的信中说，从税率上看，似乎全家一同去英国比较划算，因为如果他只身前去，必须要付20%的税，而有家人负担则基本不付税。但是，要家人同去，就必须增加旅费和行装费。因此他希望傅斯年帮助向中英庚款委员会申请300英镑。

　　可是这样一来，事情就变得复杂起来。从陈寅恪以后的信中看出，他没有马上拿到中英庚款委员会的补助，而拿到以后，妻子又生病，船票还订不到。到了6月，他还在等香港方面的"入境许可

1　蒋天枢：《陈寅恪先生编年事辑》，上海：上海古籍出版社，1981，第118页。

2　"陈寅恪致傅斯年信"，见"傅斯年档案"，III-19。

3　蒋天枢：《陈寅恪先生编年事辑》，第119页。

证"，因为他必须从香港坐船出发。而且由于亚洲的战事和欧洲的紧张局势，他必须绕道，因此川资还有所不够。[1] 直到 7 月 26 日他给傅斯年的信中才说，他已经订了 8 月 31 日的法国船票。这个时候，陈寅恪已经有点精疲力尽，对成行已经不抱特别大的希望，因此信中有"天意人事，家愁国难"等句。[2]

据余英时先生的考证，陈寅恪在 1938 年还曾经想到英国的剑桥大学，只是由于推荐信到得略晚，因此没有成功。陈寅恪有意到英国，只是想治疗他已经受损的视力。他若走成，或许能保住他的眼睛，但他后来改变了主意。还是根据陈寅恪的交代材料，邀请他的学校应是牛津，而不是剑桥。[3]

其实当时剑桥也的确曾想请陈寅恪去讲学。不过由于种种原因没有办成。但陈寅恪并不是他们首先考虑的人选。这里提供一个佐证。在"中研院"近史所所藏的"朱家骅档案"所见，1939 年张歆海（哈佛博士，白璧德的弟子，曾任中央大学和光华大学教授）曾写信给朱家骅，说牛津大学有意聘请他为汉学教授，因此需要曾担任中央大学校长和教育部长的朱家骅写一推荐信，并且拟了一份推荐信的草稿，让朱过目。但朱可能认为事关重大，因此写信给傅斯年，让傅提供意见。傅斯年并不赞成，他认为张的英文素养自然没有问题，但汉学修养并不怎么样。用傅斯年的原话说："歆海兄之英文学，虽在中国人中出群超数，如此与汉学并不相干。若论其汉

---

1 "陈寅恪致傅斯年信"，见"傅斯年档案"，III-6。

2 "陈寅恪致傅斯年信"，见"傅斯年档案"，III-7。

3 余英时：《跋新发现的陈寅恪晚年的两封信》，《陈寅恪晚年诗文释证》，台北：东大图书公司，1998，第 265—267 页。余英时在第一次写作该文时，曾根据胡适等人的信件，认为 1939 年邀请陈寅恪讲学的是剑桥大学，而不是牛津大学。见余英时的同名文章，收入《文化评论与中国情怀》，台北：允晨文化，1992，第 349—350 页。但重刊时他放弃了这一说法。

学，可谓一无知解。"他甚至举例证明，说张歆海有次为外国人介绍殷墟的发掘，将年代搞错了"二三千年"。傅斯年还在张拟的英文推荐信上批道："中国人之汉学比歆海强者，斗量车载矣。"[1]

傅斯年这些颇为尖刻的话，有些夸张，并不完全符合事实，只是表明了他"霸道"的个性。有关这一点，以下还将述及。作为胡适的弟子，他显然对曾与梅光迪同学哈佛、并一同成为白璧德入室弟子的张歆海抱有成见。[2] 事实上，张歆海写得一手好字，并曾在泰戈尔等外国学者访华时，多次充当翻译，晚年任教美国大学，著有多部有关中国文化的学术著作和文学作品。

让我们把话头转回到陈寅恪。在傅斯年给朱家骅的回信中，他不但不主张朱推荐张歆海去牛津讲学（后来朱的确婉言拒绝了张的请求），而且还提到在这以前，剑桥曾想请陈寅恪去。"近来英国大学中汉学位置，颇思寻中国人为之，此好事也。以前并不如此，今乃如此，是些进步。……剑桥之中国史及语言教授，有人推荐寅恪。"[3] 但是，傅斯年对陈寅恪的评价，也并不如想象的那样充满友情，而是透露出一些不满。他接着说："此公（指陈寅恪）自然是第一把手，然中国失之数年，毋亦可惜。彼身体太坏，出国一走亦佳。"[4] 这最后一句话，用小字写成，似乎是一脚注，表明傅对

---

1 见"朱家骅档案"，藏"中研院"近史所档案馆，全宗号 301，435-2。
2 有关张歆海与白璧德的关系，及梅光迪与胡适交恶的过程，参见王晴佳《白璧德与学衡派：一个学术文化史的比较研究》，载《"中研院"近史所集刊》第 37 期（2003 年 6 月），第 41—92 页。
3 1938 年 9 月 17 日，当时在中英庚款董事会工作的杭立武曾有信给傅斯年，谈到剑桥大学有意聘请陈寅恪，询问陈的英文程度及其可能任教的时间长短等等。见杜正胜、王汎森编：《傅斯年文物资料选编》，台北：傅斯年先生百龄纪念筹备会，1995，第 218 页。
4 参见"朱家骅档案"，435-2。

陈，虽然在学问上推崇有加，但并不认为陈在学术上，做出了充分的贡献。但我们同时也应看到，傅斯年与朱家骅交情深厚，他在此处对陈寅恪的抱怨，属于朋友间发发牢骚而已。[1] 这些言语，自然反映了傅斯年的真情实感，但我们似乎也不能以此来认定那时傅斯年与陈寅恪已经交恶。傅斯年与陈寅恪关系的微妙之处，以下还要述及。

陈寅恪拿到牛津的邀请函以后没有去成，而是困居香港几年，不但物质上有不少痛苦，而且精神上也受到汪伪政权和日本人的威胁利诱，十分烦扰。但他还是拒绝了当时日本人和伪北大送来的钱款，表现出一种民族气节。在如此艰难的条件下，陈寅恪酷爱学问的脾气仍然未改，照样读书著作，并将自己在香港大学的讲稿作了整理。

陈寅恪能逃脱香港，得以返回内地，他的老友兼上司傅斯年帮了忙。1941年3月19日，陈在香港时托人转信给傅，希望傅能速汇款，由陈乐素转给他。其中有"近来贫病交迫，居港无日用，返乡无旅费，需待接济"等字句。[2] 该信后来附在吴晗给傅斯年的信中，吴也请求傅斯年出力接济，"为国家保全一学者，为后学保全一导师"。不过吴晗发信的时候，已经是4月24日了。[3]

傅斯年得到信后，看来马上采取了行动。到了5月初，陈寅

---

1 傅斯年与朱家骅同在德国留学，以后朱又在傅斯年回国的时候（1926年），聘请傅任中山大学的文学院院长。朱家骅之后出任国民党当局的各种职务，傅斯年一直是他与学界联系的主要桥梁。他们之间的友情，在傅斯年1950年去世时，朱写的悼文《悼亡友傅孟真先生》中，有充分的展现。该文见"朱家骅档案"，270-4。杨仲揆的《中国现代化先驱——朱家骅传》（台北：近代中国出版社，1984）中，对朱与傅斯年之间深厚的交谊，也有交待，见第216—218页。

2 见"傅斯年档案"，I-1688，该信写给元胎，让其告诉"傅君"，即傅斯年。

3 见"傅斯年档案"，I-1689。

恪一家就得以坐船离开香港。等他在 1941 年 6 月 18 日到达桂林的第二天，陈马上就致信傅斯年，表述其感激之情，用了"何可言谕，九死一生"等话，并向傅描述了他在香港的处境。比如他说为了保证家人的安全，他有两个月没有脱鞋睡觉。陈那时已有三个女儿，为了躲避"日兵索'花姑娘'，迁居四次"。至于生活上，的确如前信所谈的那样，十分艰苦，"数月食不饱"，"已不食肉食数月之久"。偶然有一个鸭蛋，"五人分食，视为奇珍"。傅斯年到底给陈多少帮助，信中没有说明，只说在 4 月底得"意外之助"。[1] 不过因为信是写给傅斯年的，这意外之助一定与傅有关。

可是，自陈寅恪离开香港回到内地以后，他和傅斯年两人的关系却产生进一步的隔阂，问题还是出在陈寅恪不愿到史语所上班。从傅斯年方面来讲，他帮助陈寅恪，不但是因为陈是他在 1920 年代留学德国时就已经交往的好友，更主要的是陈寅恪是他创办和领导的中央研究院历史语言研究所的核心成员，因此他救出陈寅恪，自然希望陈马上到当时史语所的所在地四川李庄报到，履行其研究员的职责。

但是，陈寅恪逃出香港以后，有点筋疲力尽，不想马上长途旅行到李庄，这也可谅解。其中有好几层原因。首先是他自己目力已经所剩无几，妻子身体也不好，还有三个幼小的女儿。要想在战时由广西入四川，并非易事。其次是在陈寅恪到达桂林以后，附近的一些大学、研究机构都纷纷想拉住他，让他到那些学校任教，如广西大学、武汉大学等。毕竟在清华国学研究院的大师级人物中，陈寅恪可以说是硕果仅存（另一导师赵元任那时已在美国），那些学校有些动作，也理所当然。另外，陈寅恪的妻子唐筼是广西人，他

---

1 见"傅斯年档案"，I-1693，该信落款 6 月 19 日，应为 1942 年。

们一家留在广西，一定是为了求得一些亲友的照顾。

可是中央研究院在陈寅恪回到内地以后，已经发了研究员的聘书给陈。陈寅恪在1942年的8月1日致信给傅斯年，解释他不能马上到李庄就职，因为旅途十分劳累，不便舟车劳顿，长途跋涉，因此就任广西大学讲座教授之职了。[1]傅斯年得知以后，十分不快。他在8月6日（应该是刚收到陈的信）写信给当时中央研究院的总干事叶企孙，认为陈在两处以上兼任，不合中央研究院规定，必须让陈将聘书退还。傅在信中还附了中央研究院的有关规定，引证有据。[2]

陈寅恪通过某种渠道知道了傅的不快，因此在8月11日致函给傅，说已经将中央研究院的聘书退还总干事处。信中还提及前面有三封信给傅，看来陈也知道不马上到李庄，有些不妥。[3]傅在收信以后，8月14日写回信给陈，解释中央研究院的规定，敦促陈到李庄就任。其中有比较强烈的语气："兄昔之住港，及今之停桂，皆是一拖字，然而一误不容再误也。"[4]但是，陈始终未去李庄。

傅斯年自然更加不乐意，认为陈的举止，是受了他妻子唐篔的影响。他在8月21日致函叶企孙，有一段有趣的话，不但对陈的决定表示不满，也涉及陈在史语所的表现，不妨一读：

> 弟一向之态度，是一切由寅恪自决（实则他人亦绝不能影响他，尤其不能影响他的太太）。彼决后，再尽力效劳耳。

---

1 见"傅斯年档案"，III-63。
2 "傅斯年致叶企孙"，见"傅斯年档案"，III-60。
3 "陈寅恪致傅斯年"，见汪荣祖：《史家陈寅恪传》，第82页，注48。此信我没能在傅档中见到，未知汪何处见来。
4 "傅斯年致陈寅恪"，见"傅斯年档案"，III-62。

> 其实彼在任何处一样，即是自己念书，而不肯指导人（本所几个老年助理，他还肯说说，因此辈常受他指派查书，亦交换方便也。一笑）但求为国家保存一读书种子耳。[1]

由此可见，傅对陈在史语所的研究工作，并不满意。当时的史语所，有点类似现在的博士后研究点，新聘的助理都由年长的研究员指导。而陈寅恪虽有大名声，但对所内工作，并不参与，因此傅有怨言。

傅的类似意见，也在他给当时一位叫真如（张颐？）的信中谈及。真如给傅写信，要求傅能允许他聘请陈来校（武汉大学？）主持文史研究所。傅回信中表示了这样的意见，他说陈寅恪是否愿意，"一切看他夫人身体"，因为"寅恪伦常甚笃"。但更主要的是，

> 贵校办研究所计，寅恪并非最适当者，因寅恪绝不肯麻烦，除教几点钟书以外，未可请其指导研究生。彼向不接受此事，而创办一研究部，寅恪决不肯"主持"也。[2]

这与傅斯年给叶企孙的信中所表示的态度，十分一致。

傅斯年对陈寅恪的不满，可以用"坚持原则""不徇私情"来赞扬，但也可看出他作为一位学术领导人，不免有些"霸气"。[3]其

---

1 "傅斯年致叶企孙"，见"傅斯年档案"，III-58。
2 "傅斯年致真如"，疑真如即张颐，因张曾在 7 月 31 日给傅斯年发函，要求傅让陈到武汉大学主持新办之文史研究所。见"傅斯年档案"，III-65，张颐之信在同一卷宗。
3 读过陈寅恪、傅斯年两人交往信件的汪荣祖，也有同样的看法。见汪著《史家陈寅恪传》，"增订版自叙"。

实，傅斯年的"霸气"，在早年就有所表露，使得他在中山大学与老同学顾颉刚闹得不愉快，最后分手了之。[1]

但是，傅斯年对陈寅恪，向来是十分照顾的。当时傅斯年在史语所有一规定，所内人员不得在所外兼职。但他为了聘请赵元任和陈寅恪这两位清华国学研究院的导师到所内工作，只能对他们有所例外，允许他们仍在清华上课。其实，傅斯年对陈寅恪的怨言，也是事出有因。如上所述，这两位名闻遐迩的导师，对史语所没有什么具体的贡献。赵元任长期在美国，而陈寅恪虽然在国内，但他"虽是历史组负责人，却一直是挂名的，并不负责具体的行政工作"。[2] 看来，由于时事的变化，傅斯年已经不再想一直给陈寅恪这一"特别待遇"了。

陈寅恪对被中央研究院解聘之事，也不会感到愉快。他在事后（1943年）写给史语所同仁的诗中，有这么几句：

> 沧海生还又见春，岂知春与世俱新。
> 读书渐已成秦吏，钳市终须避楚人。
> 九鼎铭词争颂德，百年粗粝总伤贫。
> 周妻何肉尤吾累，大患分明有此身。[3]

其中第一和第三句，主要是谈他从港归来所目睹的时事变化，但第

---

1 顾颉刚在谈到他与傅斯年分手的原因时说："孟真乃以家长作风凌我，……予性本倔强，不能受其压服，于是遂与彼破口，十五年之交谊臻于破灭。"见顾潮：《顾颉刚年谱》，北京：中国社会科学出版社，1993，第152页。
2 陆键东：《陈寅恪的最后二十年》，香港：香港三联书店，1995，第37页。陆在下面说："傅斯年也不苟求陈，但对陈的意见几乎是言听计从。由此可见傅斯年对陈寅恪相知之深。"这些评语，看来并不尽然。
3 引自汪荣祖：《史家陈寅恪传》，第82页。汪对该诗做了一些解释，但比较笼统。

二和第四句，则似乎隐含了他对傅斯年的不满和对自己生活的一种解释。他认为傅斯年已成"秦吏"，自己需要躲避一下。同时又解释他自己有家庭牵累，无法像傅斯年所要求的那样行事。该诗的意思，应该比较明白。

陈寅恪的确对傅斯年采取了躲避政策。从1942年直至1949年史语所撤至台北的这段时间，他没有到史语所工作过，而是在离开桂林以后，任教于燕京大学和清华大学，其中有一段时间出国到英国治病，途经美国回国。1948年他到了广州岭南大学。陈寅恪的这一做法，表现出他已经感觉到，在史语所工作不再能享受他所崇尚的"学术独立"了。

由上所见的陈寅恪、傅斯年两人的关系，有助于我们了解为什么陈寅恪最后没有随史语所迁至台湾，以及以后他为什么不愿到北京的历史研究所工作。陆键东说得对，在当时陈寅恪的朋友中，能够劝说和有力量安排陈寅恪到台湾的，只有傅斯年。[1]当然，除了傅斯年之外，可能还有胡适，否则陈寅恪就不会在1948年随同胡适登机离开北京到南方了。[2]不过，胡适对陈寅恪的影响力，可能也仅此而已了。事实上，傅斯年对陈寅恪的影响力，也并没有大多少，因为陈到了广州以后，虽然傅曾多次催促他到台湾，但他始终没有动身。

其实在1940年代，陈、傅之间的关系，至少从陈寅恪一方来看，已经不再那么融洽了。换言之，陈寅恪之学术、人格独立，是超越于党派之上的。因此，陈寅恪在"文革"中的交代稿中会这样说：

---

1 陆键东：《陈寅恪的最后二十年》，第33—34页。
2 汪荣祖《史家陈寅恪传》对陈寅恪与胡适的关系以及陈一家如何随胡适离开北京的事，有所交代。见第253—278页。

当广州尚未解放时，伪中央研究院历史语言研究所所长傅斯年多次来电催往台湾。我坚决不去。至于香港，是英帝国主义"殖民地"。"殖民地"的生活是我平生所鄙视的。所以我也不去香港。[1]

陈在说这些话时，一定想起了他在 1940 年代初期的往事。一是他在香港所受的千辛万苦；二是他在脱离香港回到内地以后，没有能马上去史语所所在的李庄而遭傅斯年解聘的事。那"坚决不去"的说法，并不是为了"讨好"问话者（以陈寅恪的独立人格而言，他不会这样做），而是反映了他对傅的真实心情。如上所述，早在 1942 年之后，陈寅恪与史语所之间，就已经没有多少实际的联系了。

我这样说，除了有上面的那些陈、傅的来往信件作为根据以外，还有陈寅恪的诗为证。据邓广铭回忆，1950 年傅斯年在台湾因脑溢血过世以后，陈寅恪曾作诗一首如下：

> 不生不死最堪伤，犹说扶余海外王。
> 同入兴亡烦恼梦，霜红一枕已沧桑。
> ——《霜红龛集望海诗云"一灯续日月不寐照烦恼不生不死间如何为怀抱"感题其后》[2]

该诗先由余英时做了许多诠释，然后冯衣北对此表示了不同意见。[3]

---

1 蒋天枢：《陈寅恪先生编年事辑》，第 147 页。
2 邓广铭认为该诗为悼念傅斯年所作，见《陈寅恪的最后二十年》，第 38—39 页。诗可见陈美延、陈流求编：《陈寅恪诗集》，北京：清华大学出版社，1993，第 65 页。
3 余英时：《陈寅恪晚年诗文释证》，台北：东大图书公司，1998，第 98—101 页；冯衣北：《陈寅恪晚年诗文及其他》，广州：花城出版社，1986，第 29—31 页。

我在此无意参与他们之间的争论，只是想说明当时陈寅恪在听到傅斯年死后的感伤，否则他不会有"不生不死"的感触，进而用典来比喻当时情势，对老友之死的感伤和对时事的感叹，溢于言表。

陈寅恪不但在傅斯年过世的时候想到他，而且在拒绝担任中国社会科学院历史研究第三所所长时，也想到了他。陈寅恪在 1953年有《答北客》一诗，曰：

> 多谢相知筑菟裘，可怜无蟹有监州。
> 柳家既负元和脚，不采萍花即自由。[1]

陆键东和余英时对该诗都有解释，在此不再赘述。[2] 但诗的第三句"柳家既负元和脚"，则显然指的是他当年不愿跟随傅斯年到台湾，继续在史语所工作的事。余英时在解释该诗时注意到，"元和"指的是傅斯年，因为 1927 年陈寅恪曾有《寄傅斯年》一诗，曰：

> 不伤春去不论文，北海南溟对夕曛。
> 正始遗音真绝响，元和新脚未成军。
> 今生事业余田舍，天下英雄独使君。
> 解识玉珰缄札意，梅花亭畔吊朝云。[3]

其中第二句说的是王国维的过世，使得传统学术"成绝响"，而傅斯年等人的新学问——"元和新脚"，则在当时（1927 年）还"未

---

1 陈美延、陈流求编：《陈寅恪诗集》，第 82 页。
2 余英时：《陈寅恪晚年诗文释证》，第 288—290 页；陆键东：《陈寅恪的最后二十年》，第 127—128 页。陆著对陈寅恪的决定，有较详尽的讨论。
3 《陈寅恪诗集》，第 17 页。

中国现代历史意识的产生

成军"。但是，我们还可以将"柳家既负元和脚"与傅、陈两人之间在 1940 年代的恩怨和陈之不去台湾，联系起来看。其实，陈的意思很明显：我当年既然已经"辜负"了傅斯年的史语所，那么我现在也不会"采"社会科学院的"萍花"了。他的目的，自然是保持一种"自由"。

不过，陈寅恪虽然决定留在大陆，不去香港和台湾，但他的夫人似乎有些不同意见。余英时曾根据他的老师钱穆的回忆，加上他自己对陈寅恪晚年诗文的诠释，认为在 1949 年，陈夫人曾一度到了香港，有意打探到台湾之行。汪荣祖等人则表示了不同的意见，认为那只不过是陈寅恪夫妇之间的一次吵架而已。[1] 有关这事，在"朱家骅档案"中藏有一封傅斯年于 1949 年 5 月 28 日给朱的回信，似乎提供了很重要的线索，支持了余英时的说法。傅斯年在信中说："关于陈寅恪先生入境手续（当指到台湾），因其属于历史语言研究所，自当照办。"[2] 从信的口吻来看，似乎有人询问朱家骅，如果陈寅恪想到台湾，是否可办入境手续，而朱向傅斯年咨询。而且，似乎询问的人并不是陈寅恪本人，因为如果是他本人，傅斯年的口气就不会如此"公事公办"。而且，傅的口吻，似乎还有不甚相信此事是真的迹象。自然这种怀疑，也是情有可原的，因为傅斯年在这以前，曾多次催促陈一家到台湾而未成。如此看来，这个询问如何办理赴台手续的人，很可能是陈夫人。当然，最后陈夫人被朋友劝回广州，与陈团聚，此事也就不了了之了。

至于陈寅恪以后对自己留在大陆这样的决定，是否有所反悔，似乎已经超出本文的主题，也即他与傅斯年的关系的问题，因此

---

1 余英时的意见，散见氏著《陈寅恪晚年诗文释证》一书，特别是第 131—161 页。汪荣祖的意见，则见氏著《史家陈寅恪传》，第 175—176 页。
2 "朱家骅档案"，137-2，此信写于 1949 年 5 月 28 日。

不再论述。[1]不过，本文所引档案既反映了陈寅恪与傅斯年这两位近代中国学术巨人之间的微妙关系，也从一个侧面展现了陈寅恪在 1940 年代的心境及其政治态度。陈寅恪以学术自由为至高无上，既超越了政治的疆野，也不为友情所累。笔者希望拙文的写作，不但能补充陈寅恪研究的史实，而且也能使读者对陈寅恪的独立人格与学术志趣，有更进一步的认识。

（原载《学术研究》2005 年第 11 期）

---

1 有兴趣的读者可细读余英时《陈寅恪晚年诗文释证》一书及冯衣北《陈寅恪晚年诗文及其他》，形成自己的意见。

文
景

Horizon

社 科 新 知 文 艺 新 潮

中国现代历史意识的产生：从整理国故到再造文明

王晴佳 著

出 品 人：姚映然
责任编辑：周官雨希
营销编辑：胡珍珍
封扉设计：周伟伟

出 品：北京世纪文景文化传播有限责任公司
　　　　（北京朝阳区东土城路8号林达大厦A座4A　100013）
出版发行：上海人民出版社
印　　刷：山东临沂新华印刷物流集团有限责任公司
制　　版：北京百朗文化传播有限公司

开 本：890mm×1240mm　1/32
印 张：14.375　　字数：312,000　　插页：2
2024年4月第1版　2024年9月第2次印刷
定 价：89.00元
ISBN：978-7-208-18617-0 / K·3337

图书在版编目（CIP）数据

中国现代历史意识的产生：从整理国故到再造文明/
王晴佳著.—上海：上海人民出版社，2023
（光启文景丛书/陈恒主编）
ISBN 978-7-208-18617-0

Ⅰ.①中… Ⅱ.①王… Ⅲ.①史学史–中国–文集
Ⅳ.①K092–53

中国国家版本馆CIP数据核字（2023）第201006号

本书如有印装错误，请致电本社更换　010-52187586

社科新知　文艺新潮　｜　与文景相遇

微信公众号　　　　微　博　　　　　豆　瓣

bilibili　　　　　　抖　音　　　　　小红书